Lew Tolstoj und seine Frau Sofja führten während ihrer fünfzigjährigen Ehe einen ausgedehnten Briefwechsel. Diese Briefe geben Einblicke in das Alltags- und Familienleben der Tolstojs und in die Entstehung von Tolstojs großen Werken wie *Krieg und Frieden*, *Anna Karenina*, *Die Auferstehung* und *Die Kreutzersonate*. Vor allem aber sind sie Dokument einer großen und zugleich schwierigen Liebe.

»Die Briefe lesen sich wie eine innere Biografie dieses Paares. Sehnsucht, Streit: Es war was los in dieser Ehe!« *Die Tageszeitung*

»Hundert Jahre nach Tolstojs Tod kann man anhand des Briefwechsels zwischen dem Schriftsteller und seiner Gattin das Eheleben der Tolstois Revue passieren lassen und lesend ergründen, warum er am Ende seines Lebens fluchtartig das Landgut seiner Familie verliess, wo er geboren wurde, und seiner Frau jenen Brief hinterließ, in dem er ihr nach fast fünfzig Jahren Ehe mitteilte, er halte das Leben ›in diesen Verhältnissen des Luxus‹ nicht mehr länger aus und gehe nun fort aus dem weltlichen Leben, um in Zurückgezogenheit und Stille seine letzten Tage zu verbringen. Idealerweise liest man den Briefwechsel zusammen mit der Biografie Sofja Tolstajas (*Ein Leben an der Seite Tolstojs*), die das Herausgeber- und Übersetzerinnenduo Ursula Keller und Natalja Sharandak letztes Jahr veröffentlichte. Dann erhält man Einblick in eine Ehe, in der die 16 Jahre jüngere Sofja Andrejewna von seiner sexuellen Erfahrung und Begierde überfordert ist und in der er sich als rabiater Patriarch gebärdet, der für die Emanzipation nur Verachtung übrig hat.« *Neue Zürcher Zeitung*

Ursula Keller hat Slawistik und Germanistik studiert und war zu zahlreichen Forschungsaufenthalten in Rußland. Sie lebt als freie Autorin und Übersetzerin in Berlin.
Natalja Sharandak, in Kiew geboren, studierte Kunstgeschichte an der Akademie der Künste in Leningrad. Sie lebt als freie Autorin seit 1992 in Berlin.

insel taschenbuch 4086
Lew Tolstoj – Sofja Tolstaja
Eine Ehe in Briefen

Sofja und Lew am Hochzeitstag 1910 – das letzte Photo von Tolstoj

Lew Tolstoj
Eine Ehe in Briefen
Sofja Tolstaja

Herausgegeben und
aus dem Russischen übersetzt
von Ursula Keller
und Natalja Sharandak

Insel Verlag

insel taschenbuch 4086
Erste Auflage 2011
© Insel Verlag Berlin 2010
Alle Rechte vorbehalten, insbesondere das der Übersetzung,
des öffentlichen Vortrags sowie der Übertragung
durch Rundfunk und Fernsehen, auch einzelner Teile.
Kein Teil des Werkes darf in irgendeiner Form
(durch Fotografie, Mikrofilm oder andere Verfahren)
ohne schriftliche Genehmigung des Verlages reproduziert
oder unter Verwendung elektronischer Systeme verarbeitet,
vervielfältigt oder verbreitet werden.
Vertrieb durch den Suhrkamp Taschenbuch Verlag
Umschlag: bürosüd, München
Druck: CPI – Ebner & Spiegel, Ulm
Printed in Germany
ISBN 978-3-458-35786-5

1 2 3 4 5 6 – 16 15 14 13 12 11

Inhalt

Vorwort

Im »Strauß von Blumen und Briefen«, mit dem die Familie Behrs Lew Tolstoj am 28. August 1862 zu seinem vierunddreißigsten Geburtstag gratulierte, erfreute eine Blüte den Schriftsteller ganz besonders: das Billett mit der Gratulation der achtzehnjährigen Sonja. Lew Tolstoj war verliebt, und kaum einen Monat später wurde das Fräulein Sofja Andrejewna Behrs seine Ehefrau.

Als viertes von insgesamt fünf Kindern in eine der vornehmsten Familien Rußlands geboren, führte Tolstoj in seiner Jugend das übliche ausschweifende Leben der *Jeunesse dorée* jener Zeit. Er besuchte Bälle, Diners und Soireen, gab sich dem Kartenspiel und den Frauen hin und suchte nach dem Sinn seines Lebens. Sein Studium an der Universität Kasan brach er ab. Mit Anfang zwanzig »verbannte« er sich in den Kaukasus, wo er hoffte, durch die Disziplinierung der Armee seine »schlechten Angewohnheiten« – Spiel, Trinkgelage und Frauen – ablegen zu können.

Im Kaukasus begann Tolstoj zu schreiben. Die Geschichte seiner *Kindheit* (1852) rief sowohl bei der Kritik als auch beim Publikum beachtliche Aufmerksamkeit hervor. Nach den traumatischen Erlebnissen des Krimkrieges nahm Tolstoj seinen Abschied aus der Armee. Seine *Sewastopoler Erzählungen* (1855) machten ihn zum gefeierten Star der Literatur. Selbstbewußt und nicht immer diplomatisch trat er bei einem Aufenthalt in Sankt Petersburg den Autoritäten der literarischen Welt gegenüber und zog sich schon bald wieder nach Jasnaja Poljana zurück, auf das rund zweihundert Kilometer südlich von Moskau gelegene Landgut seiner Eltern, das ihm als Erbe zugefallen war. Dort versuchte er ein nützliches Leben zu führen. Er unternahm Reisen nach Westeuropa, gründete eine Schule für Bauernkinder, für die er sogar seine literarische Tätigkeit zurückstellte, und war auf Freiersfüßen. Jedoch wollte keine der zahlreichen Kandidatinnen seinem Wunschbild von der idealen Ehefrau entsprechen.

Erst die um vieles jüngere Sofja Behrs vermochte das Herz des Junggesellen zu erobern. Bereits im Jungmädchenalter hatte Sofja von dem Schriftsteller geschwärmt, seine Werke hatten tiefen Eindruck bei ihr hinterlassen.

Sofja entstammte einer bürgerlichen Familie der russischen Intelligenzija, der Vater Andrej Jewstafjewitsch Behrs war Kaiserlicher Hofarzt mit gutgehender Praxis. Wie damals üblich, wurden die Töchter von deutschen und französischen Gouvernanten zu Hause erzogen. Vor der Eheschließung legte Tolstaja 1861 an der Moskauer Universität das Hauslehrerinnenexamen ab, was damals der besten Bildung für junge Frauen entsprach. Das Studium an der Universität selbst war Frauen erst ein Jahrzehnt später möglich.

Das Fräulein Behrs war künstlerisch begabt, widmete sich der Malerei und der Photographie, schrieb eine Erzählung, von der Tolstoj begeistert war. Doch als der Schriftsteller um ihre Hand anhielt, war Sofja, ganz nach traditionellen Werten erzogen, sogleich bereit, ihr eigenes Leben den Vorstellungen des Gatten zu unterwerfen und ihren eigenen Interessen und Begabungen zu entsagen. Noch am Abend der Hochzeit brach das Ehepaar nach Jasnaja Poljana auf, um dort fernab von den Vergnügungen der Stadt ein Leben nach jenem Ideal zu führen, das Tolstoj für sich und seine Ehefrau erdacht hatte: ein einfaches und rechtes Leben in gegenseitiger Liebe und Hingabe an die Familie, das Wahrhaftigkeit und Genügsamkeit dem Ideal des *comme il faut* der Gesellschaft entgegenstellt.

Die Tolstojs lebten zurückgezogen auf Jasnaja Poljana und in rascher Folge wurden zahlreiche Kinder geboren. Gleichwohl vermochten die weiblichen Pflichten allein Tolstaja nicht zufriedenzustellen. Sie war überglücklich, als ihr Mann, der sich nach der Veröffentlichung des Romans *Familienglück* im Jahr

1859 von der Literatur abgewandt hatte und zum passionierten Gutsbesitzer und Pädagogen geworden war, seine literarische Arbeit wiederaufnahm, und wurde ihm zur unermüdlichen Helferin. Zunächst machte Tolstoj sich an die Überarbeitung und Fertigstellung der Werke, die er bereits vor der Ehe begonnen hatte. Die Erzählungen *Die Kosaken* und *Polikuschka*, beide 1863 erschienen, waren die ersten Werke ihres Mannes, die Tolstaja in ihrer »unschönen, aber deutlichen Handschrift« abschrieb. Unausgefüllt von ihren Hausfrauenpflichten warf sie ihre ganze kreative Energie und Begabung auf die literarische Tätigkeit ihres Mannes. »Wir lebten auf dem Lande, ohne zu reisen, verfolgten die Neuigkeiten nicht, sahen nichts, wußten nichts – und es interessierte uns auch nichts«, heißt es in Sofja Tolstajas *Kurzer Autobiographie*. »Das Leben war so erfüllt und unsagbar glücklich durch unsere gegenseitige Liebe, die Kinder und vor allem die Arbeit an dem so bedeutenden Werk meines Mannes, das ich und später die ganze Welt liebte, daß wir nach nichts anderem strebten.«

Die Abschrift der Werke ihres Mannes wurde Tolstajas wichtigste und liebste Aufgabe. Als der Schriftsteller 1863 mit der Arbeit an dem Roman *Krieg und Frieden* begann, übernahm sie voller Tatendrang die Rolle der »Amme des Talents ihres Mannes«, übertrug seine nahezu unleserlichen Manuskripte, die Tolstoj unzählige Male überarbeitete, ins reine, diskutierte mit ihm seine Ideen und gab ihm Ratschläge im Umgang mit Verlegern und den Zensurbehörden.

Nur selten waren die Eheleute in den ersten beiden Jahrzehnten voneinander getrennt. Wenn Tolstoj in geschäftlichen Angelegenheiten nach Moskau reiste oder sich zur Kur begab, schrieben die Ehepartner sich fast täglich. Jeder Abschied voneinander fiel ihnen schwer, und sie versprachen sich, aufrichtig und wahrhaftig über alles zu schreiben, was sie bewegte. Diesem Versprechen blieben sie bis ans Ende ihrer Ehe treu. Die Briefe sind die »Enzyklopädie des Lebens« der Familie Tolstoj, und sie sind Gespräche über die Werke des Schriftstellers, die seine Frau, oftmals auch in seiner Abwesenheit, ins reine übertrug und die sie seit 1885 als Verlegerin betreute.

Bei aller Begeisterung für das Werk ihres Mannes jedoch war Tolstaja bereits in der ersten Zeit ihrer Ehe mitunter erschreckt über die Übermacht ihres Mannes, der sie ihre eigene Persönlichkeit ganz unterordnete: »Bisweilen möchte ich mich ganz schrecklich gern von seinem ein wenig belastenden Einfluß befreien, nicht allein ihm zu Diensten sein, doch ich vermag es nicht«, hielt sie bereits im Jahr ihrer Hochzeit im Tagebuch fest. »Es ist schwer, denn ich denke seine Gedanken, blicke auf alles mit seinen Augen, bemühe mich, werde doch nicht wie er, aber verliere mich selbst.« »Sie ist jung, und es gibt vieles an mir, das sie nicht versteht und nicht liebt«, notierte Lew Tolstoj im Januar 1863, »vieles, das sie um meinetwillen in sich unterdrückt, und all diese Opfer wird sie mir dereinst in Rechnung stellen.« Tatsächlich sollte Tolstaja ihrem Mann gegenüber diese Rechnung eines Tages aufmachen. Zunächst aber lebte sie ohne Aufbegehren jenes Leben, das er für die Familie ersonnen hatte.

Nach sechs Jahren angespannter Arbeit an *Krieg und Frieden* war Tolstoj erschöpft. Beständig wurde er von finsteren Attakken der Depression und Selbstzweifel übermannt. Die depressive Verstimmung ging mit körperlichem Mißbehagen einher, und der Schriftsteller begab sich auf ärztlichen Rat zur Kumys-Kur in der baschkirischen Steppe. Bereits vor seiner Hochzeit hatte ein Aufenthalt bei den Baschkiren, die dieses Getränk aus vergorener Stutenmilch als Heilmittel bei den unterschiedlichsten Beschwerden anbieten, Tolstojs Lebenskräfte wieder erwachen lassen. »Denke vor allem an Dich, an Deine Gesundheit und Seelenruhe und nicht so viel an uns«, beschwor Tolstaja ihren Ljowotschka. »Ich fühle, daß die Kinder mein Trost sind, Deiner jedoch ist Dein geistiges, inneres Erleben. Gebe

Dich um Gottes Willen nicht den Ängsten hin, der Schwermut, der Selbstquälerei.«

Ungeachtet dessen, daß sie mit ihren zahlreichen Aufgaben vollauf ausgefüllt war, fehlte ihr der geistige Austausch mit ihrem Mann. »In all dem Lärm ist es hier ohne Dich wie seelenlos«, schrieb sie ihm. »Ich bin daran gewöhnt, mich gemeinsam mit Dir auf jene geistige Höhe zu erheben, die mich erleuchtet und mit dem Preis für das Birkhuhn (d.h. mit dem Haushalt) versöhnt.« Und auch Tolstoj merkte bei dieser ersten langen Trennung, wie sehr er seine Sonja liebte und brauchte »Einen Brief von Dir zu bekommen«, vertraute er ihr an, »ist wie ein kleines Rendezvous: ich empfinde dasselbe Gefühl der Ungeduld, Freude und Angst, wenn ich ihn zur Hand nehme, als ob ich nach Hause komme.«

Nach Tolstojs Rückkehr kam es zum ersten schwerwiegenden Konflikt zwischen den Eheleuten. Da die Niederkunft mit dem fünften Kind, der Tochter Maria, Tolstaja im Februar 1871 fast das Leben gekostet hätte, fürchtete sie, wieder schwanger zu werden. Der Wunsch, keine Kinder mehr zu bekommen, war jedoch Tolstojs Vorstellung des Familienlebens derart entgegengesetzt, daß er sogar eine Trennung in Erwägung zog. Erst als Sofja Andrejewna ihre Weigerung, weitere Kinder zu bekommen, aufgab, normalisierte sich die Beziehung wieder. Nicht zum letzten Mal sah Tolstaja sich gezwungen, sich dem Willen ihres Mannes unterzuordnen. Sechzehn Schwangerschaften machte Tolstaja in den ersten drei Ehejahrzehnten durch und gebar dreizehn Kinder.

1873 begann Tolstoj die Arbeit an seinem nächsten großen Roman: *Anna Karenina*. »Die Umstände, unter denen *Anna Karenina* geschrieben wurde«, erinnert sich die Schriftstellergattin, »waren sehr viel schwerer als jene, unter welchen *Krieg und Frieden* entstanden war. Damals lebten wir in ungetrübtem Glück, nun aber starben nacheinander drei Kinder und zwei Tanten.«

»Deine *Anna Karenina* (die vom Dezember) wird in *Golos* und *Nowoje Wremja* über alle Maßen gelobt«, berichtete Tolstaja ihrem Mann begeistert, nachdem die letzten Teile des Romans im Dezember 1877 erschienen waren. Noch ahnte sie nicht, daß das Familienglück sich dem Ende zuneigte und eine Zeit unüberwindbarer Konflikte begann. »Das zwanzig Jahre während glückliche Zusammenleben endete in einem Drama, das sich lange zuvor angekündigt hatte und unsere Familie zerstörte«, schreibt die Tochter Tatjana in ihren Erinnerungen. »Unsere Familie fand sich in einem tragischen Dilemma, aus dem es keinen Ausweg gab.«

Während er an den letzten Kapiteln der *Anna Karenina* arbeitete, durchlebte Tolstoj eine schwere Krise, suchte seinen Weg zum Glauben. Später bezeichnete er 1877, also sein neunundvierzigstes Lebensjahr, als das wichtigste Jahr in seinem Leben. »Wie man sagt und ich es an mir selbst fühle«, erklärte er seiner Frau, »bringt eine Phase von sieben Jahren dem Menschen Veränderung. Meine größter Wandel erfolgte im Alter von 7 × 7 = 49 Jahre.«

Die Schicksalsschläge der letzten Jahre hatten in Tolstoj wieder seine Angst vor dem Tod wachgerufen. Vergeblich suchte er die Antwort auf die Frage nach dem Ziel jeglicher Existenz im orthodoxen Christentum. Einstmals in Jugendjahren war in Tolstoj die Idee erwachsen, sein Leben der Gründung einer neuen Religion zu widmen, »die auf der Lehre Christi beruhen sollte, gereinigt von Dogmen und Mystik«. Nun, als reifer Mann, beschloß Tolstoj, daß er für seine Berufung bereit sei.

Um den ältesten Kindern eine standesgemäße Ausbildung zu ermöglichen, lebte die Familie ab 1881 während der Winter in Moskau. Für Tolstoj war das Leben im »verruchten Babylon« von den ersten Tagen an eine Qual. Erschüttert von der furchtbaren Not und der Armut der proletarisierten Massen in den Armenvierteln und Nachtasylen schien es dem Schriftsteller verwerflich und unmoralisch, sein Leben und seine Arbeit »umgeben von schamlosem Wohlstand inmitten des Elends« unverändert fortzusetzen. Häufig floh er vor den Eindrücken der Stadt nach Jasnaja Poljana, wo er in der ländlichen Ruhe fernab von der »ansteckenden Kloake« der Stadt seine Antwort auf die Fragen der Armut und sozialen Ungleichheit zu finden suchte. Die gesamte Last des Haushalts, der Erziehung der Kinder und die Sorge um das finanzielle Wohlergehen der Familie lag nunmehr auf den Schultern Tolstajas. »Ich glaube, daß ich mich nirgends besser und ruhiger fühlen könnte«, rechtfertigte Tolstoj seine Aufenthalte in Jasnaja Poljana. »Du, die zu Hause stets von Sorge um die Familie geplagt bist, kannst den Unterschied gar nicht empfinden, der für mich zwischen Stadt und Land liegt.«

Während die Familie in Moskau ein Leben führte, wie es in ihren Kreisen üblich war, arbeitete Tolstoj an der Vereinfachung des Lebens und wollte allem vermeintlichen Luxus entsagen. Der Literat Tolstoj wandelte sich zum religiösen und sozialen Denker. Kompromißlos verurteilte er die bestehende, auf Ausbeutung und Unterdrückung gründende Gesellschaftsordnung. Besitz schien ihm das größte Übel. Der Appell, der aus dieser Überzeugung entsprang, lautete: Die Wohlhabenden mögen ihren Reichtum an die Armen verteilen und selbst nach den Geboten der Bergpredigt ein sittlich geläutertes Leben in Bescheidenheit und selbstloser Nächstenliebe führen.

Seine Forderungen galten auch für die eigene Familie. Tolstoj versuchte seine Frau von der Notwendigkeit zu überzeugen, den gesamten Besitz an die Bauern zu übergeben und von der eigenen Hände Arbeit zu leben. Sofja Tolstaja jedoch hielt unerschütterlich an ihren eigenen Grundsätzen fest: »Du hast stets sorgsam die Frage der Verpflichtungen gegen die Familie ausgelassen«, hielt sie ihm entgegen. »Gäbe es diese Verpflichtungen nicht, die ich mir keineswegs ausdenke, sondern die mein ganzes Wesen bestimmen, so widmete ich mein Leben der

Wohltätigkeit, um, wie Du sagst, nicht am Elend der niederen Klassen vorüberzugehen, sondern bemühte mich zu helfen, wo ich nur kann. Doch ich kann es nicht zulassen, daß aus unseren Kindern, die mir von Gott geschenkt wurden, ungehobelte und ungebildete Menschen erwachsen, während ich mich dem Wohle mir fremder Menschen widme.«

Tolstaja stand den neuen Ansichten ihres Mannes kritisch gegenüber und sprach ihre Meinung offen aus. Im Gegensatz zu den visionären Antworten Tolstojs auf die Frage, wie das Übel in der Welt zu bekämpfen sei, war sie stets Realistin und überzeugt, es sei dienlicher, die Menschheit nicht mit Predigten verbessern zu wollen, sondern mit konkreter Hilfe zu unterstützen. »Wenn man einem zu essen gibt, so ist dies gut, wenn man zweien zu essen gibt, so ist es noch besser«, heißt es in einem ihrer Briefe. »So gib auch Du den Hungrigen zu essen, und ich werde, wie Iwan der Narr die Blätter zu Gold verwandelt, so viel Geld mit Deinen Werken verdienen, wie nur immer notwendig dafür.«

Im Juni 1884 eskalierten die Auseinandersetzungen um die richtige Lebensweise derart, daß Tolstoj einige Habseligkeiten in ein Bündel warf und die Familie verlassen wollte. Bereits in Tula aber kehrte er um. In derselben Nacht kam seine Frau mit dem zwölften Kind, der Tochter Alexandra, nieder.

Tolstoj war nicht imstande, seine Frau zu verlassen, zu groß war die Liebe, die beide miteinander verband. Doch diese beiden einander liebenden Menschen fanden sich nun auf unterschiedlichen Seiten. Auseinandersetzungen, Streit und gegenseitige Anschuldigungen standen von nun an auf der Tagesordnung. Auch in ihren Briefen kämpften sie für ihre Überzeugungen, die nicht mehr miteinander zu vereinbaren waren. Sie kämpften um ihre Liebe und rangen sich Kompromisse ab, die ein weiteres Zusammenleben ermöglichten.

1883 erteilte Tolstoj seiner Frau Vollmacht für alle Vermögensangelegenheiten. Nun war Tolstaja auch offiziell für das finanzielle Wohlergehen der Familie verantwortlich. Sie führte die Geschäfte nach ihrem Gutdünken, legte ihrem Mann aber stets Rechenschaft ab. Seit 1885 gab die Schriftstellergattin die Werke ihres Mannes als Verlegerin heraus und war fast ohne Unterlaß mit Korrekturen, Verhandlungen mit Zensurbehören und Buchhändlern, Papiergroßhändlern und Druckereibesitzern beschäftigt. In den fünfundzwanzig Jahren bis zu Tolstojs Tod im Jahr 1910 gab sie dreizehn Auflagen seiner Gesammelten Werke in Druck.

Acht Jahre später befreite Tolstoj sich ganz von jeglichem Besitz. Der Grundbesitz wurde unter den Nachkommen aufgeteilt, und er gab eine öffentliche Erklärung ab, derzufolge seine nach 1881 verfaßten Werke nicht mehr dem Urheberrecht unterlägen. Der auf Tolstojs Anregung gegründete Verlag *Posrednik* [*Der Vermittler*], der von überzeugten Tolstoj-Jüngern geführt wurde und erbauliche Literatur in hohen Auflagen zu niedrigen Preisen publizierte, erhielt das Recht der Erstveröffentlichung aller Werke Tolstojs. Gleichwohl blieb die Verlagstätigkeit Tolstajas weiterhin die Haupteinnahmequelle der Familie.

Ebenso wie Tolstoj, der sich häufig nach Jasnaja Poljana zurückzog, um dort ungestört arbeiten zu können, floh seine Frau vor dem zunehmend belastenden Zusammenleben in ihre Arbeit als Verlegerin. »Hinsichtlich meiner verlegerischen Tätigkeit sage ich folgendes«, schrieb sie ihrem Mann: »Ich flüchte mich in diese peinvolle Aufgabe, um zu vergessen; dies ist meine Schenke, in der ich die schwierige Lage der Familie hinter mir lasse. [...] Ich muß mich irgendwohin flüchten vor diesen Szenen, Vorwürfen, vor diesem Leiden im Namen eines neuen, guten Glücks, welches das alte Glück zerstört.«

Zugleich war ihre verlegerische Arbeit aber auch Tolstajas erster Schritt zur Emanzipation vom übermächtigen Einfluß ihres Ehemanns. Nachdem die literarische Arbeit für Tolstoj nach der Fertigstellung von *Anna Karenina* in den Hintergrund getreten war und er vor allem philosophische und sozialkritische Arbeiten verfaßt hatte, veränderte sich auch das Selbstverständnis seiner Frau. Nach fast drei Jahrzehnten der Ehe, in denen sie die Rolle des »Dienstmädchens des Schriftstellers und Gatten« bereitwillig übernommen hatte, begann sie nun, nach Verwirklichung ihres eigenen Ichs zu streben. Im Alter von fast fünfzig Jahren begann Sofja Tolstaja wieder zu schreiben: *Eine Frage der Schuld* lautet der Titel ihres Kurzromans, den sie in den Jahren 1892/93 als Antwort auf *Die Kreutzersonate* ihres Mannes verfaßte und in dem sie der »erbarmungslosen Haltung Lew Nikolajewitschs der Frau gegenüber« eine weibliche Sicht entgegenstellte. »Mich braucht er nur als Gegenstand«, klagt ihre Protagonistin Anna in diesem Roman ihren Ehemann an, und damit beschrieb Tolstaja auch den Grund für die Tragödie ihrer Ehe. Erst fünfundsiebzig Jahre nach ihrem Tod sollte ihre literarische Replik auf *Die Kreutzersonate* erscheinen.

Trotz aller Spannungen gab es jedoch auch immer wieder Zeiten der Annäherung der Eheleute. Als das Russische Reich zu Beginn der 1890er Jahr von einer Hungersnot heimgesucht wurde, stellten Tolstoj und die ältesten Tolstoj-Kinder sich ganz in den Dienst der Hilfe für die Notleidenden. Tolstaja blieb mit den jüngeren Kindern in Moskau und verfaßte einen Aufruf, der die Bevölkerung aufwühlte. Von allen Seiten wurde die humanitäre Hilfe der Tolstojs national und international durch Spenden unterstützt.

Durch die gemeinsame Arbeit für die Anliegen der von der Hungersnot Bedrohten traten die Auseinandersetzungen im Hause Tolstoj in den Hintergrund. Als aber der Alltag wieder einkehrte, brachen die alten Konflikte erneut auf. Mehr als zuvor litt Tolstoj an seinem Leben: »Dieser Luxus. Dieser Handel mit den Büchern. Dieser moralische Schmutz«, notierte er im Tagebuch. Doch er wurde sich darüber klar, daß er seine

Frau und seine Familie nicht verlassen konnte. Das Zusammenleben mit ihnen, das seinen eigenen Überzeugungen entgegengesetzt war, sah er nun als ihm von Gott auferlegte Prüfung. Ein »Kreuz«, das ihm zu seiner Selbstvervollkommnung unabdingbar ist, um demütiger zu werden, zu verzeihen und zu lieben.

Im Februar 1895 starb unerwartet der jüngste Sohn der Tolstojs, Wanetschka, kurz vor seinem siebten Geburtstag. Beide Ehepartner trauerten außerordentlich um den Liebling der Familie. »Alles, alles ist von mir gegangen. [...] Plötzlich ist das Leben zu Ende«, beschrieb Tolstaja ihre Seelennot. Sie fand Trost in der Musik. Die »Tür zum Verständnis der Musik« öffnete ihr der Komponist und Pianist Sergej Iwanowitsch Tanejew, der über viele Jahre lang häufiger Gast bei den Tolstojs in Jasnaja Poljana und Moskau war.

Aus Tolstajas Leidenschaft zur Musik erwuchs eine schwärmerische Begeisterung für den Musiker. Drunter und drüber ging es nun bei den Tolstojs. Von Eifersucht geplagt machte der Schriftsteller seiner Frau heftige Vorwürfe. Seine Briefe an sie aus dieser Zeit bezeugen seine tiefe Verbundenheit mit ihr nach über dreißig Jahren Ehe. »Du hast bei Deinem Aufenthalt hier einen so kraftvollen, munteren und schönen Eindruck hinterlassen, sogar allzu schön für mich, denn nun fehlst Du mir noch mehr als sonst«, machte Tolstoj seiner Sonja im Mai 1897 eine Liebeserklärung, »Mein Wiedererwachen zum Leben und Dein Aufenthalt hier – sind die stärksten und glücklichsten Eindrücke meines Lebens; und dies im Alter von 69 Jahren von einer 53jährigen Frau.« Sie antwortete ihm postwendend: »Wir sollten versuchen, unsere Einhelligkeit nicht dadurch zu zerstören, indem wir unsere grausamen Tagebücher lesen oder einander mit Eifersucht und Vorwürfen quälen oder mit Verachtung dafür, womit sich der andere beschäftigt. Wir müssen unsere Beziehung behüten.«

Ihre Hinneigung zur Musik und platonische Verliebtheit in Tanejew verarbeitete Tolstaja in ihrem Roman *Lied ohne Worte*, in dem sie mit großer Empfindsamkeit über ihre damalige Zerrissenheit zwischen dem Pflichtgefühl der Ehefrau und Mutter und ihrer Leidenschaft erzählt.

Sergej Tanejew war lange Zeit ahnungslos, daß er der Grund zahlreicher Eifersuchtsszenen im Hause Tolstoj war. Doch dann kamen auch ihm die Gerüchte zu Ohren. Er zog sich zurück, wich seiner einstigen Musikfreundin aus. Bei den Tolstojs kehrte für einige Zeit Ruhe ein.

Das Zusammenleben um die Wende des 19. zum 20. Jahrhundert verlief recht harmonisch, und die Ehegatten schienen in stillem Einverständnis die Verschiedenheit ihrer Anschauungen zu respektieren. »Zuerst war ich traurig, daß wir heute nicht beieinander sind«, schrieb Tolstaja ihrem Mann am achtunddreißigsten Hochzeitstag im September 1900, »doch dann wandte sich mein Herz mit inniger Zärtlichkeit der Erinnerung an unser gemeinsames Leben und Dir zu, und da verspürte ich den Wunsch, Dir für das einstige Glück, das Du mir gabst, zu danken und zu bedauern, daß es nicht unser ganzes Leben lang so stark, still und vollkommen bleiben konnte.«

Im Juli 1898 nahm Tolstoj die Arbeit an seinem Roman *Auferstehung* wieder auf, den er einige Jahr zuvor begonnen hatte. Die ganze Familie arbeitete an der Reinschrift. Obwohl Tolstaja der Roman, der von einer jungen Frau handelt, deren Leben zerbricht, nachdem ein junger Aristokrat sie verführt hatte, nicht eben gefiel, war sie glücklich, daß ihr Mann endlich wieder literarisch zu arbeiten begonnen hatte. Das fürstliche Honorar, das Tolstoj mit dem Verleger Marx vereinbarte, sollte der in Rußland Verfolgungen ausgesetzten Religionsgemeinschaft der Duchoborzen für ihre Übersiedlung nach Kanada gespendet werden.

Die Machthaber sahen in Tolstojs neuem Werk eine »Karikatur der herrschenden Ordnung und der Gesellschaft«. Der Roman war für sie ein willkommener Anlaß, den Schriftsteller, dessen Standpunkte ihnen schon lange ein Dorn im Auge waren, da sie die Grundfesten von Staat und Kirche in Frage stellten, endlich in seine Schranken zu weisen. Die Orthodoxie, die in Tolstoj den »Verkünder einer neuen Irrlehre« sah, beschloß, den Aufrührer zu maßregeln. Ende Februar 1901 erfuhr der Schriftsteller aus der Morgenzeitung von seiner Exkommunikation. Als Vorwand dafür diente die Beschreibung eines Gottesdienstes in der Gefängniskapelle in *Auferstehung*. Empört über die Selbstherrlichkeit der Kirchenfürsten verfaßte Tolstaja einen offenen Brief, in dem sie ihrem Protest flammend und selbstbewußt Ausdruck verlieh: »Die Schuld für den sündigen Abfall von der Kirche tragen nicht jene Verirrten, welche die Wahrheit zu erkennen suchen, sondern jene, welche sich stolz als ihre Oberhäupter bezeichnen und, statt Liebe, Vergebung und Güte zu üben, zu geistigen Henkern all derer werden, die eher Vergebung von Gott erlangen werden, da sie in Frieden und fern aller irdischen Versuchungen ein Leben in Liebe und Hilfe für den Nächsten leben, wenngleich auch außerhalb der Kirche, als jene strafenden und den Kirchenbann aussprechenden Hirten, die mit Brillanten besetzte Mitra und Insignien tragen.« Obwohl die Veröffentlichung der Stellungnahme Tolstajas umgehend untersagt wurde, erreichte sie in hektographierten Kopien in Rußland ebenso wie im Ausland dennoch ein großes Publikum.

Nach langer, schwerer Krankheit Tolstojs lebte das Ehepaar seit 1902 wieder gänzlich auf Jasnaja Poljana und war, wie in den ersten Jahren der Ehe, kaum mehr als wenige Tage getrennt. Beide Ehepartner gingen ihren Beschäftigungen nach. Tolstoj schrieb *Hadschi Murat* und sammelte Zitate für seinen *Lesekreis*, einem Konvolut aus den Werken der Dichter aller Zeiten, und arbeitete an seinen *Erinnerungen*. Tolstaja widmete sich mit Leidenschaft der Malerei und der Fotografie, schrieb »unermüdlich« an ihrer Autobiographie *Mein Leben* und reiste gelegentlich in Angelegenheit ihres Verlags nach

Moskau. Im Historischen Museum, dessen Archiv sie den Großteil der Manuskripte Tolstojs und seiner Korrespondenz übergeben hatte, exzerpierte sie für ihre Autobiographie, in ihren Mußestunden besuchte sie Ausstellungen und Konzerte.

Die leidliche Ruhe, die im Hause Tolstoj eingekehrt war, wurde indes nach der Rückkehr des Tolstoj-Adepten Wladimir Tschertkow aus der Emigration im Jahre 1907 wieder gestört. Bei Wladimir Grigorjewitsch Tschertkow glaubte Tolstoj jenes Verständnis zu finden, das er bei seiner Frau und seiner Familie vermißte. Tschertkow war, nachdem er im Dezember 1883 die Bekanntschaft des von ihm leidenschaftlich verehrten Tolstoj gemacht hatte, rasch zu einem der führenden Tolstojaner aufgestiegen. Die Schriftstellergattin sah die kritiklose Verehrung Tolstojs kritisch: »Ich mag ihn nicht«, notierte sie bereits im Oktober 1887 in ihrem Tagebuch. »Er ist nicht klug, sondern verschlagen, einseitig, schlecht. Lew Nikolajewitsch fühlt sich nur deshalb zu ihm hingezogen, weil er von ihm umschmeichelt wird.«

Während seiner Emigration war Tschertkow zum alleinigen Sachverwalter Tolstojs außerhalb Rußlands aufgestiegen. Als er nach zehn Jahren in die Heimat zurückkehren konnte, fühlte Tolstaja sich von Tschertkow und seinen Gefolgsmännern aus dem Leben ihres Mannes verdrängt.

Mit Tschertkows Rückkehr nahm auch die Zahl der Besucher in Jasnaja Poljana wieder zu. Die wichtigsten Vertreter des Tolstoj-Kultes ließen sich in der Nähe des Anwesens ihres Meisters nieder und versammelten sich fast täglich um ihn. Ein normales Privatleben wurde unmöglich. Das Heim zerfiel in zwei Parteien, die sich erbittert bekämpften. Auf der einen Seite standen Tschertkow und die jüngste Tolstoj-Tochter Alexandra, auf der anderen Tolstaja und die Söhne. Die Situation eskalierte, als Tschertkow Tolstoj Ende des Jahres 1909 dazu drängte, ein Testament abzufassen, in dem er seine gesamten Schriften »der Allgemeinheit« vermachte. Als Tolstaja zufällig von diesem Vorgang erfuhr, der auf Tschertkows Drängen vor ihr geheimgehalten worden war, war sie empört.

Am Morgen des 28. Oktober 1910 verließ Tolstoj sein Heim in Jasnaja Poljana. Tolstaja war außer sich, versuchte ihrem Leben ein Ende zu machen. Sie schickte ihrem Mann, dessen Aufenthaltsort anfangs niemandem bekannt war, verzweifelte Briefe. Zu einer Versöhnung der einander so tief verbundenen Ehepartner kam es gleichwohl nicht mehr. Auf seiner Fahrt in ein neues Leben, die er erst an seinem Lebensabend anzutreten wagte, erkrankte Tolstoj und starb am 7. November 1910. Seine Frau ließ man erst zu ihm vor, als er bereits bewußtlos war.

Kurz vor seinem Tod sagte Tolstoj zu seiner Tochter Tatjana: »Vieles stürzt auf Sonja nieder, wir haben schlecht gehandelt.« Tolstaja selbst war sich dessen bewußt, daß vieles auf sie niederstürzen würde. Schon bald nach dem Tod des Schriftstellers erschienen Erinnerungen seiner Adepten, die seine Gattin als bösartiges Frauenzimmer darstellten. Gegengewicht hierzu wurden die Briefe Tolstojs an seine Frau, die Tolstaja bereits 1913 in einer Auswahl herausgab. »Nach meinem Tode wird man meine Beziehungen zu meinem Manne und die seinen zu mir möglicherweise falsch beurteilen und darstellen«, heißt es in ihrem Vorwort. »Man möge sich doch für die lebendigen und wahrhaften Quellen interessieren und nach ihnen urteilen und sich nicht um Vermutungen, Nacherzählungen und Erfindungen kümmern!«

Die Publikation wurde ein großer Erfolg. Die Rezensenten nannten den Band »ein Buch unendlich großer Liebe«, doch sie bemerkten zugleich, daß erst Tolstajas Stimme das Bild dieser großen Liebe vollständig machen würde. Auch von ihren eigenen Briefen an ihren Mann fertigte Tolstaja ein Typoskript an und versah sie mit Anmerkungen. Eine Veröffentlichung jedoch wagte sie nicht.

Die Briefe Lew Tolstojs an seine Frau (insgesamt 840 Dokumente) wurden unter der Redaktion von M. A. Zjawlowski und P. S. Popow im Band 83 der neunzigbändigen Ausgabe der gesammelten Werke Lew Tolstojs 1938 sowie 1949 unter der Redaktion von P. S. Popow und N. N. Gussew im Band 84 auf Russisch vollständig herausgegeben. Auf Deutsch erschien 1925 eine auf der Auswahl Sofja Tolstajas basierende, von Dmitri Umanski aus dem Russischen übersetzte und mit einer Einleitung der Tolstoj-Tochter Tatjana Suchotina-Tolstaja versehene Ausgabe der Briefe Lew Tolstojs an seine Frau.

Ein Großteil der Briefe der Schriftstellergattin an Lew Tolstoj (443 von insgesamt ca. 660) wurde 1936, von A. I. Tolstaja und P. S. Popow kommentiert und mit Anmerkungen versehen, zum ersten und einzigen Mal in Rußland publiziert. Sie wurden bisher nicht ins Deutsche oder eine andere Sprache übersetzt.

In der nun vorgelegten Auswahl von Briefen Lew Tolstojs und Sofja Tolstajas werden hundert Jahre nach dem Tod des Schriftstellers erstmals die Stimmen der Ehegatten einander gegenübergestellt. Sie zeigen psychologisch klare und nüchterne Analysen des Trennenden und führen doch immer wieder zu der Erkenntnis, daß die Ehegatten trotz allem ohneeinander nicht leben können. Ihr Briefwechsel spiegelt nicht nur die Höhen und Tiefen ihrer schwierigen Liebe, sondern zeigt auch die Schriftstellergattin als außergewöhnliche Persönlichkeit.

Eine Ehe in Briefen

I. Die erste Ehezeit

Die ersten beiden Jahrzehnte der Ehe leben die Tolstojs zurückgezogen auf ihrem Landgut Jasnaja Poljana. Tatkräftig unterstützt von seiner Ehefrau, die seine Manuskripte in Reinschrift überträgt, arbeitet der Schriftsteller an den großen Romanen *Krieg und Frieden* (1863-1869) und *Anna Karenina* (1873-1878).

1862

[Sofja Andrejewna Behrs an Lew Nikolajewitsch Tolstoj]
[28. August 1862]
[Pokrowskoje, Glebow-Streschnew[1]]
Wenn ich eine Königin wäre, schickte ich Ihnen zu Ihrem Geburtstag ein herzallerliebstes Reskript, als gewöhnliche Sterbliche aber gratuliere ich Ihnen einfach dazu, daß Sie eines schönen Tages Gottes Welt erblickten, und wünsche Ihnen, noch lange, wenn möglich für immer, auf diese mit ebensolchen Augen zu blicken wie heute.
Sonja[2].

[Lew Nikolajewitsch Tolstoj an Sofja Andrejewna Behrs]
[14. September 1862]
[Moskau]
Sofja Andrejewna!
Ich ertrage es nicht länger. Seit drei Wochen sage ich mir jeden Tag: »Heute sage ich alles« und gehe doch mit derselben Sehnsucht, Reue und Angst und mit demselben Glück im Herzen wieder fort. Und jede Nacht, wie auch jetzt, deute ich das Geschehene, quäle mich und sage mir: Warum habe ich es nicht

gesagt, ja, wie und was ich hätte sagen sollen? Ich nehme diesen Brief mit, um ihn Ihnen zu überreichen, wenn es mir wieder nicht gelingt und mir der Mut fehlt, Ihnen alles zu sagen.

Die falsche Auffassung Ihrer Familie von mir besteht, wie mir scheint, darin, daß man meint, ich sei in Ihre Schwester Lisa[3] verliebt. Das stimmt nicht. Ihre Erzählung[4] geht mir nicht aus dem Kopf, denn nachdem ich sie gelesen hatte, war ich überzeugt, daß es mir, Dublizki, nicht anstünde, vom Glück zu träumen, daß Ihre romantischen Vorstellungen von der Liebe etwas besonderes seien, daß ich nicht eifersüchtig war und sein werde auf den, den Sie lieben werden. Ich glaubte, ich könne mich an Ihnen freuen, wie an Kindern.

In Iwizy[5] schrieb ich: ›Ihre Jugend erinnert mich allzu deutlich an mein Alter, ja, gerade Sie…‹

Aber damals und auch danach belog ich mich selbst. Damals hätte ich noch einhalten können und mich in mein Kloster einsamer Arbeit und unermüdlichen Schaffens zurückziehen können. Nun kann ich dies nicht mehr und fühle, daß ich in Ihrer Familie alles durcheinandergebracht habe, daß die einfachen und teuren Beziehungen zu Ihnen, als einem Freund und ehrlichen Menschen, verloren sind. Ich kann nicht abreisen, aber bleiben kann ich auch nicht. Sie sind ein ehrlicher Mensch, Hand aufs Herz, sagen Sie mir, um Gottes Willen nicht unbedacht, was soll ich tun? Was man verlacht hat, dafür muß man sich nachher plagen. Ich wäre vor Lachen gestorben, wenn Sie mir vor einem Monat gesagt hätten, daß man sich derart quälen kann, wie ich mich nun quäle, ja freudvoll quäle. Sagen Sie mir als ehrlicher Mensch, wollen Sie meine Frau werden? Aber nur, wenn Sie von ganzem Herzen mutig sagen können: Ja. – Sagen Sie lieber: Nein, wenn Sie auch nur den Schatten eines Zweifels in sich tragen.

Bei Gott, prüfen Sie sich gut.

Es wird mir furchtbar sein, ein Nein zu vernehmen, doch ich sehe es voraus und werde in mir die Kraft finden, es zu ertragen. Doch sollte ich als Ehemann nicht ebenso geliebt werden, wie ich liebe, wird dies furchtbar sein![6]

1864

[Lew Nikolajewitsch Tolstoj an Sofja Andrejewna Tolstaja]
22./23. April 1864. 22.10 Uhr.
Pirogowo[7].
Wir sind sehr gut angekommen, nichts ist gebrochen, nichts gerissen, und Sascha[8] war mit dem Sitz sehr zufrieden. In Pirogowo gingen wir zuerst zum Gestüt, und mir ward ganz traurig zumute – als ich die Stallungen sah, in denen früher wertvolle Rassepferde standen und welche nun leerstehen oder mit Bettstellen belegt sind. – Ich war 4 Jahre nicht in Pirogowo, und es ist schrecklich traurig, nach dem einstigen Reichtum und Überfluß die Widerwärtigkeit der Lotterwirtschaft zu erleben [...]. In der Wirtschaft Serjoshas[9] bleibt für mich nichts zu tun, obwohl ich doch merke, daß ich schon durch ein überzeugendes Gespräch mit dem Dorfältesten und dem Verwalter durchaus nützlich sein kann. [...]
23. April 4 ½ Uhr. Ich wachte um 4 auf, ungeachtet dessen, daß ich mich erst gegen 12 schlafen gelegt hatte, habe alle aufgeweckt und den Samowar anzuheizen und die Pferde anzuspannen geheißen. Das Haus ist buchstäblich ein Spielzeug aus Karton und bis ins Detail unübertrefflich gut eingerichtet; doch es ist derart kalt, daß wir in der Küche zu Mittag, oder besser zu Abend, aßen. [...]
Nach dem Essen besichtigte ich das ganze Haus und erkannte Serjoshas Sachen wieder (verschiedene Kleinigkeiten), die ich seit langem nicht mehr gesehen habe, die mir aber schon seit 25 Jahren, seit unserer beider Kindheit, vertraut sind, und es ward mir schrecklich traurig zumute, als ob ich ihn auf immer verloren hätte. Und tatsächlich ist dies fast der Fall. Sie schlie-

fen alle oben, ich unten, vermutlich auf jenem Diwan, auf welchem Tanja[10] hinter dem Paravent Serjosha festhielt[11]. Und diese ganze poetische und traurige Geschichte wurde in meinem Gedächtnis wieder lebendig. Sie beide sind feine Menschen, schön und rechtschaffen; er wird zwar älter, ist aber immer noch Kind, und beide sind nun unglücklich; ich kann verstehen, daß die Erinnerung an jene Nacht – zu zweit allein im leeren, hübschen Haus – für sie die poetischste aller Erinnerungen ist, da sie beide, besonders Serjosha, so bezaubernd waren. [...]

Dann begann es, mir im Ohr zu klingen, und ich hatte Sehnsucht nach Dir (um den kleinen Serjosha[12] ist mir noch nicht weh), und ich wurde von Furcht erfaßt, da ich Dich allein ließ; dann schlief ich ein und sah im Traum verschiedene Personen meines Romans[13]. [...]

Und bitte, laß Dich nicht gehen, wenn ich nicht da bin, wozu Tanja Dich immer verführt, sondern sei so, wie Du es an jenen Tagen bist, wenn Du zum Mäuschen[14] gehst, auf dem Fortepiano spielst und allein Serjosha Dich abzulenken vermag. (Wenn Serjosha erkranken sollte, schicke sogleich einen Boten.) Ich bitte Dich, nicht herumzusitzen, sondern Dir Bewegung zu verschaffen, da es Dir sonst (ich besitze die Kühnheit, dies anzunehmen) ohne mich traurig zumute sein könnte. – Ich werde Dir jeden Tag, ebenso wie heute, alles schreiben – und sollte ich die Briefe auch selbst mitbringen –, schreibe, bitte, auch Du mir. [...] Lebt wohl, ich küsse die Hand der Tantchen[15].

[Sofja Andrejewna Tolstaja an Lew Nikolajewitsch Tolstoj]
[23. April 1864]. Am Abend.
[Jasnaja Poljana]
Ich wollte Dir ebenso gewissenhaft und wahrhaftig alles beschreiben, was sich bei hier uns und mit uns in diesen andert-

halb Tagen zugetragen hat, doch dann begann Serjosha plötzlich zu keuchen, seine Brust war ganz eng, und mich erfaßte eine solche Angst, daß ich, wie immer, ganz kopflos wurde und mich zu fürchten begann. Und ohne Dich ist alles noch furchtbarer und schlimmer. Ich wende alle Mittel gegen Erkältung an, gebe Gott, daß die Krankheit nicht gefährlich ist. Mir ist schrecklich, schrecklich schwer, traurig und ängstlich ohne Dich. Gerade schläft er, und ich nehme es auf mich, Dir alles genau zu beschreiben. – Gestern, als Du weggefahren bist, habe ich mich zusammengenommen und nicht geweint. Und dann schien mir plötzlich, ich hätte sehr viel zu tun, ich war ganz geschäftig, lief und hastete hin und her, aber wenn Du mich heute fragen würdest, was ich getan habe – ich weiß es nicht. Vor allem habe ich mich um Serjosha gekümmert und ihn kaum einmal aus den Armen gelegt. Spazieren war ich nicht, am Abend habe ich gestrickt. Als ich dann ins Schlafzimmer ging und mich schlafen legen wollte, empfand ich plötzlich Sehnsucht nach Dir und blieb noch zwei Stunden auf, begann einen Brief, doch er wollte nicht gelingen, ich weinte und habe die ganze Nacht fast gar nicht geschlafen. Als ich dann schließlich doch einschlief, hatte ich die ganze Zeit schreckliche Träume, ich wachte auf und fürchtete mich. [...]
Um elf Uhr stand ich auf, fühlte mich wie krank, so erbärmlich war mir. Serjosha war heiter, es ging ihm besser, und er war sehr lieb. Beim Tee sagte man mir, Nikolaj[16] sei krank und könne nicht kochen. Ich begab mich in die Küche und war den ganzen Vormittag mit Kochen beschäftigt. In die Küche brachte Tanja mir Deinen Brief. Ich freute mich so sehr, daß mir über und über warm wurde. Ich las und bekam vor lauter Freude kaum Luft. Es scheint ganz so, als ob Du vor langer Zeit schon abgereist seiest. [...] Ich freue mich sehr über Deine Absicht, mir zu schreiben – wir haben ja gar nicht über alles gesprochen, ich konnte an dem Tag gar nicht sprechen, denn der Abschied fiel so schwer. Und nun macht es mich traurig, Dir zu

schreiben, ich vermeide die ganze Zeit, Dich beim Namen zu nennen, denn das ist, als ob ich mich mit Dir unterhielte, doch Du bist nicht bei mir, und dann sehne ich mich noch mehr nach Dir. [...] Serjosha hustet sehr; ich bin schon ganz mutlos und schicke morgen nach dem Doktor und nach Dir, sollte es ihm nicht besser gehen.

24. [April]. Nach dem Essen.

Hier bei uns hat es aufgeklart, mich quält, daß Du unterwegs bist, und ich bin ganz furchtbar beunruhigt unser aller wegen. Ich werde Dir alles persönlich erzählen, schreibe, damit die Zeit schneller vergehen möge, und doch ist es ganz so, als ob ich mit Dir spräche. Was gestern war – ich mag mich gar nicht daran erinnern! Ganz unerwartet, wir saßen beim Tee, begann Serjosha plötzlich wieder zu husten, ich stand auf, schaute nach, mir schien, es sei nichts Besonderes. Dann wurde der Husten immer stärker; ich schrieb ein wenig, hörte von neuem Husten, lief ins Kinderzimmer, er war am Ersticken. In den ersten Minuten war ich ganz außer mir, erinnere mich gar nicht mehr, was um mich herum geschah. Er hustete ganz tief und rang um Luft, doch ich kam schnell wieder zu mir, obwohl ich die ganze Zeit über weinte. [...] Ich gab ihm Rizinusöl, machte Senfwickel. Wenn Du nur gesehen hättest, wie schlimm es um ihn stand. Er weinte, rang um Luft, der Senfwickel brannte ihm; er strampelte und riß an meinem Haar, an meinen Ohrringen, am Kragen, als ob er ganz in mich hineinkriechen wolle oder bitten wolle, daß wir ihn retten. [...]

Nach den Senfwickeln ging es ihm besser, doch er atmete die ganze Nacht sehr schwer. Ich machte ihm weiterhin heiße Umschläge, und er schlief ohne Windeln, so anrührend und lieb anzusehen, in allerliebsten kindlichen Posen. Tantchen Tatjana Alexandrowna und ich haben *à la lettre*[17] nicht eine Minute geschlafen. [...] So vieles habe ich in dieser Nacht überdacht, so sehr liebte ich Dich, so gut verstand und fühlte ich, welch vorzüglicher Mensch Du bist und wie sehr ich Dich liebe. [...] Gegen fünf Uhr erschien Iwan Iwanowitsch[18] mit dem Doktor. [...] Dieser gab dreimal 85 antimonhaltige Tropfen, legte die Senfwickel nicht wie wir auf die Brust, sondern auf den Rücken und gab einen Sirup, der sehr gut bei Husten hilft. [...] Serjosha hörte auf, um Luft zu ringen, atmete immer leichter und leichter und schlief ganz ruhig ein. Wir tranken dann alle gemeinsam Tee, es war ganz hell, denn es war bereits sechs Uhr morgens. Alle kamen zur Ruhe, ich sah, daß die Gefahr vorüber war, doch sein Husten und seine Atmung machten mir nach wie vor Sorgen, bis jetzt bin ich noch nicht ganz beruhigt. Er hat gut gegessen, ordentlich geschlafen und hatte guten Stuhl. Seine Zartheit bringt mich noch um den Verstand. [...] Er hat etwas abgenommen und ist Dir dadurch noch ähnlicher geworden. Du bist ja nicht hier, und so suche ich immerfort in seinem kleinen Gesicht Deine Züge. [...] Ich kann Deine Rückkehr kaum erwarten, so sehr möchte ich Dich endlich wiedersehen.

[Lew Nikolajewitsch Tolstoj an Sofja Andrejewna Tolstaja]
9. August 1864, Sonntag.
Pirogowo

Wir fuhren den alten Weg. Nach 4 Werst[19] lief ich ins Moor und gab einen Fehlschuß auf eine Schnepfe ab. Später, schon fast bei Pirogowo [...], erlegte ich eine Sumpfschnepfe und eine Schnepfe. Tanja und ein Haufen von Knaben aus dem Dorf waren dabei und kreischten. – In Pirogowo empfingen uns Maschenka[20] und die Kinder, Grischa[21] und Serjosha. [...] Es wäre alles bestens gewesen, aber die Anwesenheit sowohl Serjoshas als auch Tanjas verlieh dem Beisammensein eine gewisse Anspannung und Unaufrichtigkeit. Dieses Musizieren, dieses Heraustreten auf den Balkon und ähnliches ist mir schrecklich unangenehm. Die ganze Geschichte verdirbt mir ziemlich das Leben hier. Immerfort fühle ich mich peinlich berührt und habe Angst um beide. [...] Wir übernachteten bei den Bauern. Ich schlief vorzüglich im Stall, von Dorka[22] gewärmt und ohne von Insekten belästigt zu werden. Des Morgens um 4 Uhr weckten uns Schüsse aus dem Moor, das $^1/_4$ Werst vom Dorf entfernt ist. Dort waren bereits 5 Pers. auf der Jagd. Wir zogen los, ich verfehlte eine Schnepfe, später traf ich eine. [...] Dann ritten wir weiter. Und fanden nichts als andere Jäger. Ich hätte zwei Wochen früher kommen sollen, denn das Moor hier ist schon so berühmt, daß von allerorten Menschen zur Jagd kommen. [...]

Ich aß bei Bibikow[23] etwas mit bitterem Öl und wollte schon weiter, als plötzlich Serjosha erschien. Er hatte keine Ahnung, daß wir dort waren, sondern machte mit den Sefiroten[24] eine Ausfahrt und schaute einfach einmal vorbei. Gemeinsam begaben wir uns nach Hause. Wir tranken Tee und aßen zu Abend, und ich legte mich mit Dorka im Seitenflügel schlafen, wo es, wie es heißt, Wanzen geben soll, doch ich schlief ganz vorzüglich und kann nicht sagen, ob es sie dort gibt oder nicht. Zwischen Serjosha und Tanja war etwas, ich bemerkte dies anhand gewisser Anhaltspunkte, und mir ist dies sehr unangenehm. [...] Gerade bin ich aufgestanden, alle anderen schlafen noch, habe ein Heft zur Hand genommen und schreibe an Sonja, ohne die mir das Leben schwerer fällt. – Gestern kam ich nach Pirogowo zurück mit dem Gedanken, daß ich heute wieder nach Jasnaja zurückkehre; derart bang war mir um Dich und Serjosha, den ich im Traume sah. [...] Als aber Tantchen verkündete, daß sie morgen mit Tanja abreise, beschloß ich, nach Nikolskoje[25] zu fahren. [...] Ich bin völlig auf den Hund gekommen. Du sagst, daß ich Dich vergesse. Nicht eine Minute, besonders in Gesellschaft. Auf der Jagd vergesse ich Dich, denke nur noch an die Schnepfen, aber in jeder Begegnung mit anderen Menschen, bei jedem Wort, erinnere ich mich Deiner und möchte Dir all jenes sagen, was ich niemandem, außer Dir, sagen kann. Heute bin ich in Nikolskoje, bleibe dort den ganzen morgigen Tag, werde dann wohl nirgendwohin mehr fahren und komme übermorgen zurück.

[Sofja Andrejewna Tolstaja an Lew Nikolajewitsch Tolstoj]
[10. August 1864]. Montag.
[Jasnaja Poljana]
Ich fürchte, dieser Brief erreicht Dich nicht mehr; Du bist vielleicht schon auf dem Rückweg. Doch es ist besser, wenn er irgendwo verlorengeht, als gar nicht zu schreiben, mag sein, daß Du den Brief ja doch erhältst [...]
Über Deinen Brief habe ich mich so gefreut, ich kann gar nicht sagen wie sehr. Man brachte ihn in dem Augenblick, als ich mich zu meinem einsamen Mahl niederließ. Ich lief in mein Zimmer, um ihn dort zu lesen, und es war geradezu peinlich – immerfort lachte ich auf vor Glück. Wieder und wieder habe ich ihn gelesen! Du tust mir ganz und gar nicht leid, da Du auf den Hund gekommen bist, denn ich bin so froh, daß Du Dich meiner erinnerst und daß ich Dir fehlte. Nach Hause aber rufe ich Dich nicht, ich bin froh, daß ich dieses Mal nicht außer mir gerate vor Sehnsucht und Angst um Serjosha, und bin sogar froh, daß Du aus Pirogowo nicht nach Hause zurückgekehrt bist. Wenn wir uns schon einmal getrennt haben, dann solltest Du das, was Du Dir vorgenommen hast, auch tun, ansonsten müßten wir uns ja bald noch einmal trennen. Schade, daß Du zu spät zur Jagd gekommen bist, sie hätte Dir so viel Vergnügen bereitet. [...] Wenn Serjosha schläft, finde ich keine Ruhe, so sehr zieht es mich zu Dir, und ich warte immerfort auf Dich, als ob Du nur für kurze Zeit weggegangen seiest. [...] Dies war das erste Opfer, das ich dem Sohn brachte, daß ich nicht mit Dir fuhr.
Es bereitet mir nun Freude, darüber nachzusinnen, wie es wäre, wenn wir zusammen wären, wenn wir nur zu zweit irgendwohin gefahren wären, um dort eine Weile zu leben, wie Jungver-

mählte. Doch dies ist nun vorbei, niemals wird dies Wirklichkeit. Serjosha bekümmert mich sehr mit seiner Krankheit, die nicht vergehen will. Nicht eine Minute gibt er mir Erholung. Dauernd Durchfall, Durchfall und Durchfall! Ich bin überzeugt, daß ich einfach nicht in der Lage bin, ihn großzuziehen, aber was soll ich denn tun! Wenn Du mir etwas Richtiges in bezug auf ihn sagst, dann scheine ich oft ungehalten, in meinem Innern aber bin ich glücklich darüber und schätze alles, was Du sagst. [...]

Ich denke oft darüber nach, aber ich vermag mir nicht begreiflich zu machen, welche Gefühle Du für Serjosha empfindest. Wohl nicht dieselben, wie ich – auf welche Art liebst Du ihn? Ich empfinde vor allem Angst um ihn und Mitleid. [...] Bis ich gestern Deinen Brief erhielt, quälte mich fortwährend, daß in letzter Zeit eine gewisse Kälte zwischen uns herrschte, vor allem von Dir ausgehend, ja sogar eine gewisse Verlegenheit, aber Dein Brief ist von solcher Schlichtheit, so schön, daß all diese Gedanken verflogen sind. Gestern, nach Deinem Brief, erschien mir alles wieder so heiter. Die Zeit ohne Dich schien nicht mehr so lang, und auch Serjoshas Krankheit schien nicht mehr so gefährlich zu sein, alles, alles war plötzlich schöner, als ob Du selbst hier gewesen seiest. Ich sage, von Dir ausgehend, aber ich selbst habe Dir zwei Wunden zugefügt, was mir nunmehr peinlich ist, und die Erinnerung daran macht mich schrecklich traurig. Je länger ich mit Dir zusammenlebe, desto schwerer ist mir jede Gemeinheit, die ich Dir antue. Ich würde Dir noch mehr schreiben, doch ich fürchte, den Brief zu spät aufzugeben, daß die Post schon weg sein wird. Deshalb küsse ich Dich nun bis auf weiteres. Warte nicht auf einen weiteren Brief von mir, Du wirst ihn bestimmt nicht mehr erhalten. [...] Lebe wohl, Liebster, vielleicht bringt man mir heute einen Brief von Dir.

[Sofja Andrejewna Tolstaja an Lew Nikolajewitsch Tolstoj]

[11. August 1864] Dienstag, am Abend.

Jasnaja Poljana

Heute ist mir plötzlich so traurig zumute, lieber Ljowotschka[26], mein Frohsinn ist verflogen, und so sehr wollte ich Dich
bald, ganz bald wiedersehen. Das alles hat Dein lieber Brief mit
mir gemacht, Deine Liebe zu mir und daß unser Zusammenleben immer schöner und schöner wird. […] Meinen Tag habe
ich folgendermaßen verbracht: Ich stand, wie die ganzen letzten Tage, um acht Uhr auf, es war die erste Nacht, in der ich
ausgezeichnet schlief, denn Serjosha schlief gut. Dann habe ich
Tanja nach Jassenki[27] geschickt. Sie hat mir Deinen Brief mitgebracht. Ich habe den ganzen Vormittag Bücher in Ordnung
gebracht, habe sie alle abgestaubt, die Regale ausgewischt und
war danach sehr geschafft. Bevor ich niederkomme, wird das
letzte Mal gewesen sein, daß ich dies getan habe; es ist keine
leichte Arbeit. Dann überkam mich ein allgemeiner Wunsch
nach Ordnung, und ich habe angefangen, alles aufzuräumen.
Vor dem Essen zeichnete ich, es gelang mir nicht gut, aber dieses Mal will ich Charakter beweisen und das Begonnene zu
Ende führen. Um Punkt vier gab es Essen. Der Haushofmeister
ist sehr exakt und wir auch. Dann ging ich mit Serjosha spazieren und war in allen Gärten. […]
Unser Tantchen spaziert mit dem Sonnenschirm alle Wege entlang und hat Lust, alles aufzuessen: die Pfirsiche, den Hahn,
die Äpfel. Sie ist sehr guter Stimmung und sehr gütig. Heute
hat sie so ergreifend von alten Zeiten erzählt, vom Tod aller ihr
Nahestehenden, ihre Stimme zitterte dabei wie stets etwas, Du
kennst das ja, und sie war so anrührend aufgeregt. Ich habe
derweil weitergemalt, und auch Tanja lauschte ihren Erzählungen. Ljowa, Lieber, mögest Du nur alsbald zurückkommen.
Ich träume schon davon, daß dieser Brief Dich in Tschern
bereits auf Deinem Rückweg erreicht. […] Ich küsse Dich, Lieber.

[Lew Nikolajewitsch Tolstoj an Sofja Andrejewna Tolstaja]

[11. oder 12. August 1864]

Heute ist der 11. Ich habe endlich einmal ausgeschlafen. Ein wunderbarer Morgen; und ich habe mir fest vorgenommen, den ganzen Tag dem Projekt des Neubaus zu widmen, das Land für das Gehöft und das Vieh usw. zu besichtigen, ohne mich dabei ablenken zu lassen. [...]

Die Einnahmen aus Nikolskoje werden dieses Jahr, ausgehend von den jetzigen Preisen, etwa 4000 betragen, Getreide aus dem letzten Jahr ist noch vorhanden in Höhe von etwa 1000 R[ubel]. Nach Rückzahlung aller Schulden[28] bleiben etwa 2500 übrig. – Wenn nun nichts mehr dazwischenkommt, werde ich heute alle Angelegenheiten hier erledigen und am Abend abreisen, wenn ich mich frisch fühle; wenn ich aber allzu müde bin, dann reise ich morgen in der Früh ab und werde schon am Abend Deine Melone[29] befühlen und Dein liebes Gesicht sehen. Lebe wohl, Liebe, ich grüße Serjosha und befehle ihm, keine Launen zu haben, sondern atata, atata.

[Sofja Andrejewna Tolstaja an Lew Nikolajewitsch Tolstoj]

22. November [1864]. Sonntag. 10 Uhr am Abend.

[Jasnaja Poljana]

Gerade habe ich mein kleines Mädchen[30] schlafen gelegt, lieber Ljowotschka, und setze mich nun hin, Dir zu schreiben, bis ich über dem Brief einschlafe. Die Kleine hat heute den ganzen Tag rebelliert, und der Knabe hat starken Durchfall, d. h. sechsmal, obwohl er in der Nacht gut geschlafen hat. [...] Ljowotschka, mein Liebster, schreibe mir bitte die ganze aufrichtige Wahrheit. Ich weiß, daß es nach acht Wochen sehr schwierig und schmerzhaft ist, ja sogar gefährlich, eine Ausrenkung zu beheben, doch ich hoffe, daß trotz allem alles ein gutes Ende finden wird. Mach Dir über uns keine Gedanken, sondern denke nur an Dich selbst, kuriere Dich. Vielleicht gibt es ja in Petersburg noch bessere Spezialisten als in Moskau?[31] Du bist jetzt wohl schon angekommen, wenn die Kutsche pünktlich war und keinen Radbruch hatte. Sicher waren unsere Behrsens froh, Dich zu sehen.[32] [...] Nachdem Du heute abgefahren bist und ich zu den Kindern gegangen bin und in ihre Bettchen geschaut habe, verflog mein kleiner Ärger auf sie, welchen ich empfand, als ich mich von Dir verabschiedete. Das Mädchen erwachte sogleich, und ich saß lange mit ihr da, stillte sie und mir schien, daß ich sehr glücklich sei, dank Deiner und dank dessen, wieviel Gutes Du mich gelehrt hast. [...] Heute habe ich den ganzen Tag ins reine geschrieben und hoffe, bald fertig zu werden. Ich nutze jede freie Sekunde, um wenigstens ein Wort zu schreiben – alles geht gut voran.[33] Sobald ich fertig bin, schicke ich alles unverzüglich nach Moskau. Ich möchte Dich an etwas erinnern, das Du selbst gesagt hast. Lies niemandem den Roman vor, der Dir Richter sein könnte. Vergiß nicht, daß man Dich oft vom Weg abgebracht hat, nun aber ist die Sache zu ernst, als daß Du Dir ein dummes Wort, das irgend jemand sagt, zu Herzen nehmen solltest. Wenn Du jemanden für die Reinschrift brauchst, gib es Mamachen, sie ist ein vorzüglicher Schreiber und wird voller Vergnügen ins reine übertragen. Was macht Tanja? Umsorgt sie Dich? [...]

Der gestrige Abend und unser Abschied voneinander, Deine Abreise – all dies scheint mir heute wie ein Traum, so verschlafen war ich und in einer unnatürlichen, angespannten Stimmung. Aber wie schön hatten wir es in der letzten Zeit, wie glücklich waren wir, wie einmütig, da hat dieses Unglück gerade gefehlt. Ganz furchtbar traurig fühle ich mich ohne Dich, und alles mögliche geht mir durch den Sinn: Er ist fort, wozu ist das nun wieder gut? [...] Ich war heute den ganzen Tag unten und habe mit allen Kräften ins reine geschrieben und dies zerstreut mich.[34]

[Lew Nikolajewitsch Tolstoj an Sofja Andrejewna Tolstaja]

[27. November 1864]

[Moskau]

Gestern war der erste Tag, an dem ich keine Zeit fand, Dir am Abend zu schreiben, deshalb schreibe ich nun des Morgens, alle schlafen noch, damit der Brief vor 9 auf die Post gebracht werden kann. [...] Es ist nicht vergnüglich, ganz und gar nicht vergnüglich ist es im Kreml. A[ndrej] Je[wstafjewitsch], wenn er denn einmal etwas sagt, spricht einzig und allein über seine Krankheit, deren Ursache er in den Gedärmen vermutet. Lisa[35] sitzt unbeteiligt da und kümmert sich nur um ihre eigenen Angelegenheiten, Tanja weint die ganzen Tage, wie zum Beispiel gestern früh. Weshalb? Das ist nicht zu erfahren, entweder immer noch dessentwegen, oder einfach, weil sie sich langweilt. Dies ist die Wahrheit. Vor 2, 3 Jahren war Euer beider Leben eine ganz eigene Welt, mit den Verliebtheiten und den Bändchen, mit all der Poesie und den Dummheiten der Jugend, und nun, nach dem Leben in unserer Welt, welches sie sehr zu lieben begonnen hat, und nach all dem Trübsal, d. h. nach all der Gefühligkeit, fand sie, als sie nach Hause zurückkehrte, ihre alte Welt nicht mehr vor, welche sie mit Dir teilte, allein die gutmütige, aber langweilige Lisa war noch da, und sie fand sich selbst in Angesicht zu Angesicht zu den Eltern wieder, welche in Folge der Krankheit schwierig geworden sind. [...]

Gestern kam Ljubimow[36] im Auftrag von Katkow[37]. Er steht dem »Russki westnik« vor. Ich mußte ertragen, wie er wohl 2 Stunden lang mit mir aufgrund von 50 R[ubeln] für den Druckbogen feilschte und dabei lachte er, mit Schaum vor dem Mund, professoral. Ich blieb hart und erwarte heute seine Antwort. – Sie wollen sehr und werden vermutlich mit 300 einverstanden sein, während es mir, ich gestehe es, ein wenig bange ist, das Buch selbst zu veröffentlichen, wegen der Scherereien mit der Druckerei und, vor allem, mit der Zensur. [...] Während des Essens klingelte es, Tanja lief öffnen, die Zeitungen, es klingelte nochmals – Dein Brief. Alle baten mich, ihn lesen zu dürfen, aber ich gab ihn nicht gern. Er ist allzu schön, aber sie verstehen ihn nicht und haben ihn nicht verstanden. Auf mich aber wirkte er wie schöne Musik, heiter und traurig zugleich, und erquicklich – man möchte weinen.

Wie klug Du bist, da Du schreibst, ich solle den Roman niemandem zu lesen geben. Selbst wenn es nicht klug wäre, würde ich, allein da Du es möchtest, diesen Rat befolgen. Zwischen den Eltern gab es keine Fehden aufgrund des Salzfäßchens o. ä., und Tanja wurde nach dem Essen etwas fröhlicher. [...] Beim Tee las ich, unterhielt mich, lauschte dem Gesang Tanjas [...].

Lebe wohl. Der Arm schmerzt, doch ich hoffe. [...]

[Sofja Andrejewna Tolstaja an Lew Nikolajewitsch Tolstoj]
25. November [1864], Mittwoch, am Abend[38].
[Jasnaja Poljana]

[...] Ich weiß nicht, ob ich mich freuen oder grämen soll. Natürlich freut es mich, daß Du den Schmerzen, dem gefährlichen Unterfangen der Operation entgehst, zugleich macht es mich traurig, daß nun alles dahin ist. Deine alte Kraft, die Muskeln, Bewegungsfreiheit – all dies wird wohl nicht wiederhergestellt werden. Auch ist traurig, daß Du, da Du Dich der gymnastischen Behandlung unterziehen mußt, noch lange nicht zurückkehren können wirst, denn dieser muß man sich mit Ausdauer, Beharrlichkeit widmen. Aber was soll's, das sind Nichtigkeiten, daß all dies nur nicht vergeblich, sondern von Nutzen sein möge. Ich bin glücklich, daß Dein Allgemeinbefinden besser ist, dies ist das Wichtigste. Wie trostlos, daß immer noch keine Briefe von Dir gekommen sind. Dein Geist umweht mich, wenn ich einen Brief von Dir lese, und dies macht mich ruhig und belebt mich, auch all die Kleinigkeiten. [...] Wir mußten uns voneinander trennen und müssen dieses Leid ertragen, man kann ja nicht immer nur glücklich sein. Es ist wirkliches, schlimmes Leid, das man zu ertragen lernen muß.

Wie geht es Euch allen dort? Geht es Dir gut? Denke nicht an mich, unternimm alles, was Deine Laune hebt. Besuche den Klub, Bekannte, wen immer Du möchtest; ich bin nunmehr diesbezüglich ganz gelassen, Deiner so glücklich und sicher, daß ich nichts auf der Welt fürchte. Dies sage ich ganz aufrichtig, und es freut mich selbst, dies so zu empfinden. Bei uns ist alles beim alten, ohne die mindeste Veränderung. Ich bin immerfort unten, dort ist mein Reich, sind meine Kinder, meine Aufgabe und mein Leben. [...] Mit der Abschrift bin ich noch nicht fertig, was soll ich machen, ich hatte keine Zeit. Morgen werde ich sie unbedingt fertigstellen.

Die Kleine war sehr unruhig. Sie glüht nach der Pockenimpfung, es zeigten sich auf der einen Hand eine, auf der anderen Hand drei Pocken. Bei Serjosha scheint die Impfung nicht angeschlagen zu haben, obwohl die Njanja davon überzeugt ist. Er hat immer noch recht starken Durchfall, vermutlich schlägt deshalb die Impfung nicht an. [...] Doch bei uns in der Kinderstube ist alles soweit recht ordentlich, und was nicht in Ordnung ist, wird, gebe es Gott, auch vorübergehen.

Wie wundervoll ist alles, was Du mir zur Abschrift hiergelassen hast. Wie sehr gefällt mir die Fürstin Maria![39] Man sieht sie geradezu vor sich. Ein so fabelhafter, sympathischer Charakter. Ich werde Dich aber auch kritisieren. – Fürst Andrej[40] ist meiner Ansicht nach noch nicht klar genug. Man weiß nicht recht, was er für ein Mensch ist. Wenn er doch klug ist, warum ist er dann nicht imstande, sein Verhältnis zu seiner Ehefrau zu verstehen? Der alte Fürst[41] ist auch sehr gelungen. Allerdings gefiel mir der erste, mit dem Du unzufrieden warst, besser. Ich habe jenen bereits als vollkommen gesehen, und wie er nun ist, entspricht dem nicht. Die Szene, in der Fürst Andrej abreist, ist sehr gut und mit der Person der Fürstin Maria ist sie ausgezeichnet. Es bereitete mir Vergnügen, sie abzuschreiben.

Schreibst Du in Moskau auch? Warst Du bei Katkow? Was das Finanzielle betrifft, so meine ich, daß Du eine Bezahlung in Sonderdrucken nicht akzeptieren solltest. Alle, die den »Russki westnik« erhalten, werden diese nicht kaufen, und ein großer Teil der Bessergestellten hat die Zeitschrift abonniert. Warte besser etwas ab, vielleicht wirst Du den Roman dann selbst verlegen.

Dies ist nicht meine Angelegenheit, ich weiß, aber es kam mir nur gerade in den Sinn.

Ljowotschka, mein Lieber, wann nur sehe ich Dich wieder? Denkst Du immer noch mit Freude an unser Leben in Jasnaja, gefällt Dir Moskau nicht besser? Ich glaube nicht. Ich bin Jasnajas ohne Dich schon überdrüssig. Nirgendwohin möchte ich aus meiner Kinderstube gehen, nichts möchte ich unternehmen. Aber denke nur nicht, daß ich mich gehen lasse. Ich bin trotz allem sehr rührig und munter. Nun also, lebe wohl. Ich küsse Dich sehr fest. Das nächste Mal, wenn ich Dir schreibe, schicke ich auch das Manuskript. Dies wird vermutlich am Samstag sein. Gebe Gott Dir alles Gute. Schone Dich um Gottes Willen. Denke an mich und die Kinder.

Deine Sonja.

[Sofja Andrejewna Tolstaja an Lew Nikolajewitsch Tolstoj]
26. November [1864]. Spät am Abend.
[Jasnaja Poljana]
Hier, lieber Ljowotschka, mein Freund, sende ich Dir das von mir Abgeschriebene und bitte um Verzeihung, daß ich faul war und so lange gebraucht habe. Jetzt ist es mir weh, daß ich schon fertig bin. Es hat mir solche Freude bereitet, um so mehr, als Du mir am Tag Deiner Abreise gesagt hast: »Du bist mir Helferin.« Ich würde gern von früh bis spät kopieren und dir helfen. Ich habe heute Deinem Bruder Serjosha einen Brief an Papá migegeben, daß die Pockenimpfung bei Serjosha *fils*[42] nicht

angeschlagen habe, doch nun habe ich gerade gesehen, daß sie an beiden Händen doch angeschlagen zu haben scheint. – Gerade kam Iwan[43] aus Tula und brachte mir keinen Brief von Euch. Das bekümmert mich sehr. Schreibt mir, meine Lieben, dies würde mich sehr beruhigen. Ljowotschka, hier wird das Wachstuch für den Boden des Kinderzimmers angepaßt, zugeschnitten und verlegt.

Was macht Dein Arm, mein lieber Ljowotschka? Machst Du Deine Übungen? Hat Dir die Reise nach Moskau wenigstens etwas Erleichterung verschafft? Bei Gott, wie sehr wünsche ich, Dich zu sehen, mit Dir zu sprechen, mit Dir zusammenzusitzen. Was machst Du in Moskau, wen besuchst Du, mit wem triffst Du Dich? Schrecklich ist es, so viele Tage lang nur ein paar wenige Worte über Dich zu erfahren und gar nichts Genaues, bis jetzt habe ich immer noch keinen Brief von Dir. Ljowotschka, ich schreibe Dir für alle Fälle auf der Rückseite eine Liste der Dinge, die wir aus Moskau benötigen, bitte Tanja und Mamá, dies alles einzukaufen, wenn möglich.

[Lew Nikolajewitsch Tolstoj an Sofja Andrejewna Tolstaja]
[29. November 1864]
[Moskau]

Von Ljowotschka.

Hier mein Bericht über zwei Tage. Als man mir sagte, und ich es glaubte, daß die Übungen allein Heilung bringen könnten, habe ich begonnen, den Arm hin- und herzuschwingen, und ich muß gestehen, daß er dadurch in schlechten Zustand geriet, daß ich sehr niedergeschlagen war, und in dieser Niedergeschlagenheit fuhr ich zu Redlich[44]. Als Redlich, der ja an mir Geld verdiente, bei der Gymnastik sagte, ich solle den Arm richten lassen, habe ich mich endgültig entschieden. Tatsächlich aber hatte ich dies bereits am Abend zuvor im Theater beschlossen – die Musik spielte, die Tänzer tanzten, Michel Bode[45] war Herr über seine beiden Arme, ich hingegen machte einen mitleiderregend krummen Eindruck, im Ärmel war es leer und zog. [...] Ich vergaß, so scheint es, Dir vom Treffen mit Ljubimow zu berichten. [...] Er kam direkt von Katkow und verkündete, wieder schäumend lachend, Katkow sei mit allen meinen Bedingungen einverstanden, und dieses idiotische Feilschen hatte ein Ende, d.h., ich überließ ihnen für 300 R[ubel] pro Druckbogen den ersten Teil meines Romans, den er auch sogleich mitnahm. Doch als mein *portefeuille* leer war und der schäumende Ljubimow das Manuskript forttrug, ward mir traurig zumute, und zwar auch deshalb, da Du ungehalten sein wirst, weil nun nichts mehr überarbeitet und verbessert werden kann. Nun der folgende Tag, der 28. Bereits des Morgens begannen ungewöhnliche Ereignisse und ein Treiben im ganzen Hause, als da wären: Zuerst zogen die jungen Damen, welche mir ihr Zimmer abgetreten haben, um; zum zweiten: Annotschka *ma chère*[46] mit der Wäsche, welche ebenfalls nicht geringe Aufregung brachte; dann 3: Mamá fuhr mit den Mädchen, Stjopa[47], dem Kleinen[48] und der Njanja in die Banja; 4: Es kam die Sacharina, ebenfalls ein Ereignis; 5: Die Putzleute bohnerten und waren allen im Weg, während sie über die Dielen tanzten; 6: Die Schneiderin mit den Pelzen und 7: Warten auf Professor Popow und Vorbereitungen auf die Operation. Von der Operation berichtete Dir Tanja bereits, die von all dem ja mehr weiß, als ich; ich weiß nur, daß ich vor der Operation überhaupt keine Angst empfand, danach hatte ich Schmerzen, welche aber durch kalte Kompressen schnell vergingen. Man umsorgte und umsorgt mich so, daß nichts zu wünschen übrigbleibt, ich mich nur ein wenig unwohl fühle. Doch ungeachtet dessen wünschte ich mir gestern, mit meinen vom Chloroform zerrütteten Nerven und nach Deinen Briefen, die eine Viertelstunden nach der Operation gebracht wurden, Gott weiß wie sehr, daß Du hier seiest, und zwar nicht, damit Du etwas für mich tätest, sondern einfach nur, daß Du hier seiest. [...]

Meine Nerven sind noch nicht ganz wiederhergestellt, deshalb habe ich heute nichts geschrieben, obwohl Lisa angeboten hat, nach meinem Diktat zu schreiben. Wie lieb Tanja ist, werde ich Dir berichten. Papá erzählte, daß er weinte, als er Deine Briefe an mich las, ich selbst konnte mich kaum zurückhalten, nicht dasselbe zu tun. Gerade habe ich Euer großes Paket erhalten. [...] Ich halte mich zurück, verschiedene Dinge über Dich und die Kinder zu schreiben, denn diese Dinge muß man sagen oder schreiben, sie zu diktieren fällt schwer. Ich küsse die lieben Sefiroten und Mascha[49] und Serjosha[50], der, so hoffe ich, immer noch bei Euch ist. [...] Und ich küsse Dich in der Kinderstube, hinter dem Paravent, im grauen Morgenrock.

[Sofja Andrejewna Tolstaja an Lew Nikolajewitsch Tolstoj]
30. November [1864]. Am Abend.
[Jasnaja Poljána]
[...] Gestern erhielt ich spät des Abends das sehr ermutigende und beruhigende Telegramm, daß der Arm gerichtet wurde und Du es gut überstanden hast. Gott sei es gedankt, denn mich störte ein wenig, ich gestehe es, der Gedanke, daß Du möglicherweise behindert geblieben wärest, und zwar deshalb, da dies Dir alles ein wenig verdorben und Dich in allem gestört hätte. Ich war derart erschüttert, daß ich es gar nicht beschreiben kann. Besonders nach jenem Brief, in dem Du so ausführlich darüber schreibst, daß man es nicht richten könne [...]. Was hat Dich dazu bewogen, den Arm doch richten zu lassen? Wer riet Dir zu, wie wurde es gemacht? Nicht allzu bald werde ich all dies erfahren. [...] Danke, mein Liebster, daß Du mir so oft und so aufrichtig telegraphiert hast. Ich sehe daraus, daß Du an mich denkst und weißt, wie wichtig es für mich ist, alles zu erfahren, was Dich betrifft. [...] Warum langweilst Du Dich denn, mein Dummer, in Moskau? Ich habe Dir bereits geschrieben, daß Du Dich vergnügen mögest, suche die Ab-

wechslung, wenn Du nun einmal nach so langer Zeit woanders bist. Du aber langweilst Dich. Ich bin sehr glücklich, daß Du arbeiten kannst. Das ist für mich stets ein Glück. Gib mir, gib mir etwas abzuschreiben. Ich sehne mich bereits danach, wieder etwas ins reine zu übertragen. […]

Meine Kleine gedeiht in Gesundheit, Liebreiz und Fülligkeit. Es ist ein Wunder, wie sie wächst. Gebe Gott, daß das so bleibe. In ihrer Entwicklung indes ist sie zurück. Versteht noch gar nichts und hat während Deiner Abwesenheit noch keine Fortschritte gemacht. Und Serjosha, statt endlich zu laufen zu beginnen, ist plötzlich ganz schwach und versucht nicht einmal zu laufen und sich dabei an den Stühlen festzuhalten. […]

Gerade kam der große Serjosha und brachte Deinen Brief mit, mein liebster, teuerster Ljowotschka. Die ganze Geschichte mit dem Arm ist Vergangenheit – ich war so glücklich darüber und so gutging es mir nach Deinem Brief. Allein die arme Tanja, sie tut mir so leid, und sie macht mich traurig. Sie macht mir das Leben schwer, denn ich habe sie so lieb. Nach Dir und den Kindern habe ich sie und Mamá am liebsten. […]

Was Dein Werk betrifft, so danke ich Dir, daß Du auf mich gehört hast. Und meine Briefe gib besser niemandem mehr zu lesen. Was werden sie denn denken, und mir wird es schwerer fallen, Dir zu schreiben. Wenn ich Dir schreibe, ist es ganz gleich, ob es schlecht oder gut klingt, wenn es Dir nicht gefällt, dann ist es eben so, doch von ihnen bin ich schon zu weit entfernt. Das eine oder andere kannst Du ihnen vorlesen, doch gib ihnen nicht die Briefe in Gänze zu lesen.

Nun trägst Du einen Verband, kannst nicht selbst schreiben, und ich bekomme Deine mir so liebe, große, enge Schrift nicht zu Gesicht. Aber irgendwann werde ich Deine liebe Visage wiedersehen und sie über und über küssen. […] Gestern, mein lieber Ljowotschka, habe ich mir eine kleine Extravagance erlaubt. Nach dem Essen gingen Lisa[51] und ich spazieren. Zuerst gingen wir zum Stall. Ich habe zum ersten Mal Deinen kleinen

Stier von Paschkowski gesehen. Ein Wunder, welch schöner englischer Stier. Welch ernsthaftes, unbewegtes Gesicht, wie satt und von unübertrefflicher Statur. Den von Kopylowski habe ich auch gesehen. Dem geht es gar nicht gut. Mager, hustet, ist kein bißchen gewachsen und ganz zersaust. Die kleinen englischen Schweine sind überaus lustig: dick, kurz laufen sie umher und alle Gelenke und Muskeln erzittern unter ihrem Gang. [...] Dann haben wir Mut bekommen und sind zum Wald aufgebrochen, von dort weiter zur Furt, dann auf den Berg und am Tschepysh[52] vorbei wieder nach Hause. Wir liefen so schnell, als ob der Wind uns trüge, und unterhielten uns die ganze Zeit. Es dunkelte bereits, und es war ein wenig unheimlich, doch auch schön. Ich bin gekräftigt, war kein bißchen müde. Doch die Natur ist so bemitleidenswert. Alles ist nackt, leer, an manchen Stellen liegt ein wenig Schnee. Es ist nicht Herbst und nicht Winter, sondern etwas Mitleiderregendes, Unbestimmtes. Lisa war sehr verständnisvoll. In ihr ist etwas Poetisches, sie sprach so schön über den Wald und die Natur, und auch ihr war ein wenig unheimlich. Als wir zu Hause ankamen, war es schon ganz und gar finster. Unsere Wangen glühten, wir waren müde, und dann begannen meine Kleinen herumzutoben, man brachte Dein Telegramm und Deine Briefe, und alles begann von neuem. Aus dem Leben der Poesie in die Obliegenheiten des Alltags. [...]

Was ist, lieber Ljowotschka, liebst Du mich denn in Moskau immer noch? Oder kommst Du zurück und sagst mir, Du hättest Dich getäuscht? Bisweilen, das muß ich gestehen, empfinde ich Eifersucht, und ich fürchte, daß Du aufhören könntest, mich zu lieben, aber meist fühle ich mich ruhig. [...] Lebe wohl, mein Geliebter, ich küsse Dich. Sollte etwas mit Dir sein, so telegraphiere.

Deine Sonja.

[Lew Nikolajewitsch Tolstoj an Sofja Andrejewna Tolstaja]

[1. Dezember 1864]

[Moskau]

Von Ljowotschka.

Meine Gesundheit ist sehr gut, aber das wichtigste Faktum ist, daß der Arm zweifeln läßt. [...] Doch mein Gewissen ist ruhig: Ich habe alles versucht, und mittlerweile ist es mir über, immerfort an den Arm zu denken und von ihm zu sprechen. Nun der Bericht über mein Leben hier: [...] Der ganze gestrige Tag war, ungeachtet der Festlichkeit, für alle anstrengend und langweilig[53]. Wer auch zu Besuch kam, mit wem ich auch sprach [...], alle nahmen Anteil und waren sehr gütig, aber, Gott weiß warum, es war langweilig und anstrengend mit ihnen allen, wie zur Strafe saß ich mit ihnen zusammen. Wie es sich in unserem Leben erwiesen hat, daß wir gar kein Haus brauchen, sondern nur eine Kinderstube, so ist es auch im übrigen Leben, seit ich erwachsen geworden bin, daß ich außer fünf oder sechs nahestehenden Menschen niemanden brauche. [...]

Wie ergeht es Dir? Seit Deinem großen Umschlag[54] habe ich nichts mehr erhalten, und bisweilen ist mir ohne Dich sehr traurig zumute, um so mehr, als ich die letzten zwei Tage nicht schreiben konnte. Ich habe gestern Tanja erklärt, warum ich die Trennung von Dir leichter ertrage, als ich es könnte, wenn ich nicht meine Literatur hätte. Neben der Liebe zu Dir und den Kindern (ich empfinde allerdings noch wenig Liebe für sie) gilt meine Liebe und Sorge meiner Schriftstellerei. Wenn es diese nicht gäbe, so könnte ich, wie mir scheint, nicht einen einzigen Tag ohne Dich sein, Du verstehst dies sicher, denn ebenjenes, was für mich die Kunst ist, sind für Dich vermutlich die Kinder. [...] Ich bin stets anfällig für Lob, und Dein Lob der Person der Fürstin Maria hat mich sehr gefreut, aber heute habe ich alles von Dir Abgeschriebene nochmals durchgelesen, und mir schien, daß es so überaus armselig sei, daß ich unter der Einschränkung durch meinen Arm zu leiden begann. Ich wollte etwas korrigieren, etwas ausstreichen und konnte es nicht. Überhaupt fühle ich Enttäuschung hinsichtlich meines Talents, und zwar um so mehr, als ich Lisa gestern einen schrecklichen Unsinn diktiert habe. Ich weiß, daß dies nur eine Stimmung ist, die vorübergeht, die möglicherweise darauf zurückzuführen ist, daß meine Nerven sich noch nicht ganz vom Chloroform erholt haben und ich mich auch wegen des engen Verbands um die Brust noch nicht in einem normalen Zustand befinde. Aber denke bitte nicht, daß ich nicht gesund sei; ich esse und schlafe gut und werde morgen unbedingt etwas spazierengehen oder ausfahren, um ein wenig frische Luft zu schnappen. [...]

Nun also, lebe wohl, meine liebe Freundin. Ich hoffe, daß Deine Sorgen meinetwegen nunmehr ganz verflogen sind.

Ich küsse alle. Auf Deiner Liste hast Du Tee vergessen, ich kaufe welchen; alles andere wird Mamá besorgen. Die Brahmaputra-Hühner habe ich gekauft und bringe sie mit. Das Geld, welches ich für den Roman erhalte, übergebe ich den Behrsens. [...] Lebe wohl meine Liebe, geh spazieren, geh mit den Sefiroten auf die Suche nach Hasenspuren, schicke jeden Tag nach Tula und schreibe mir.

[Sofja Andrejewna Tolstaja an Lew Nikolajewitsch Tolstoj]

[3. Dezember 1864]

[Jasnaja Poljana]

Die erste Hälfte des Briefes schreibe ich heute am Vormittag, denn am Abend habe ich viel Arbeit. Das Wannenbad und das Umstellen der Möbel. Ich möchte wieder nach unten umziehen, denn heute wird bereits alles fertig, und hier oben frieren die Kinder. Der Boden im Kinderzimmer ist sehr schön geworden, einfach wunderbar. Die zweite Hälfte des Briefes schreibe ich, wenn ich Deinen erhalten habe. Ich hoffe unbedingt, heute endlich Nachricht von Dir, mein lieber Ljowa, zu erhalten, sonst wäre es doch allzu traurig. [...] Serjosha geht es immer noch schlecht. Sein Durchfall ist nicht mehr so häufig, doch der Stuhl gänzlich wie Wasser und sehr hell. Es ist eindeutig, daß die Milch, welche er trinkt, ausgeschieden wird, ohne verdaut zu werden. [...]

11 Uhr am Abend.

Gerade erhielt ich zwei Pakete mit Briefen von Dir, Tanja und Papá und habe sie, stell Dir vor, im Wannenbad sitzend gelesen. [...] Was den Arm betrifft, klingt dies alles ja nicht sehr beruhigend, da er ja wohl noch nicht wieder ganz an seinem Platze ist. Sicher ist wohl nur, daß es besser ist? Und wie traurig wurde mir erst zumute, als ich las, daß Ljubimow Dein Manuskript fortgetragen hat. Es ist ja auch so schon gut, aber womöglich hätte es noch besser sein können. Sonst habe ich Dich immerzu gescholten, daß Du unaufhörlich korrigierst, und nun tut es auch mir leid, daß Du es verkauft hast. Es ist furchtbar, die eigenen Gedanken, Gefühle, Dein Talent, ja Deine eigene Seele hast Du verkauft! Ja, bei Gott, das ist bedauerlich, solange es nicht zur Gänze veröffentlicht und von rechtschaffenen Leuten beurteilt worden ist.

Den Namenstag Papás habt Ihr wunderbar beschrieben, am Tag der Operation war also allerhand Durcheinander. Ich wurde, als ich dies las, ganz in Eure Welt versetzt. Aber mir ist meine Welt hier in Jasnaja mittlerweile teurer. Offenkundig ist das Nest, welches man sich selbst erbaut, doch schöner als jenes, aus welchem man fortfliegt. Nicht bald werde ich Dich wiedersehen, mein lieber Ljowotschka. Immerfort denke ich bei mir: Laß es mich leichter ertragen, lieber Gott, gib mir Kraft, lieber Gott. Denn, weißt Du, mit jedem Tag läßt meine Kraft nach, besonders, wenn ich einen Brief bekomme, der mich mit Deinem Geist umweht, und das macht mich dann so traurig, ich fühle mich plötzlich ganz verwaist. [...]

Ljowotschka, schone Deinen Arm, damit nicht alles vergebens

war. [...] Ich bin sehr müde vom Wannenbad und Umstellen der Möbel, deshalb schreibe ich nicht mehr weiter. Lebe wohl, mein Lieber, die Kleine schreit und Serjosha auch. [...] Deine Sonja.

3. Dezember. Donnerstagabend.

[Lew Nikolajewitsch Tolstoj an Sofja Andrejewna Tolstaja]
[2. Dezember 1864]
[Moskau]
Meine liebe Sonja, heute abend habe ich Deinen niederdrükkenden Brief erhalten und kann nun über nichts anderes schreiben und an nichts anderes denken, als daran, was bei Euch vorgeht. [...] Das Wichtigste ist: Sei stark, verzweifle nicht, wärme Serjosha den Bauch, gib keine Medizin, doch rufe den Doktor, laß ihn unverzüglich kommen, wenn auch nicht seiner Medizin wegen, sondern damit Du seine beruhigenden Worte vernimmst. [...] Ich komme alsbald zurück, kann nicht leben ohne Dich, doch ich werde mich nicht auf den Weg machen, bevor ich nicht weiß, ob es mit Serjoshas Durchfall ein Ende hat, der mich so sehr quält. Die Pockenimpfung ist nicht so schlimm, dies meinen alle hier. Wenn ich jedoch daran denke, was geschehen kann, überwältigt mich die Angst, und deshalb denke ich nicht daran. Das einzige, was mich beruhigt, ist, daß aus Deinem Brief offensichtlich ist, daß Deine Stimmung schlecht ist, und ich beruhige mich mit dem Gedanken, daß Du vor Dir selbst und deshalb unwillkürlich auch vor mir die Lage übertreibst. Wüßte ich sicher, daß Ihr mir beim allerschlimmsten Ausgang telegraphiertet, so könnte ich ruhig sein. Ich weiß, was Du darauf entgegnest: Warum denn so eilig ein Unglück übermitteln, er erfährt es doch früh genug. Deshalb gib mir Dein festes, aufrichtiges Wort, mir sogleich mitzuteilen, was auch immer geschehen möge, denn andernfalls ist das Weiterleben hier mir unmöglich. [...] Heute morgen habe ich Tanja

ein wenig diktiert, Bücher für den Roman gelesen und Dokumente aus dem Archiv durchgesehen, die mir [...] nach Hause
gebracht werden. Aber ungeachtet des reichen Materials, oder
vielleicht gerade deswegen, fühle ich, daß ich hier ganz ins
Schwimmen gerate und das Schreiben nicht gelingen will. [...]
Lebe wohl, meine Liebe, Geliebte, Liebste. Alles kann ich nicht
diktieren. Ich liebe Dich so sehr mit allen meinen Lieben. Meine liebste Freundin. Und je mehr ich Dich liebe, desto mehr
fürchte ich um Dich. – Bitte gib mir Dein Wort, alles zu telegraphieren, sobald der Verband abgenommen wird, was wohl in
5 Tagen der Fall ist, werde ich sogleich abreisen, ich werde
nicht mehr hier bleiben. [...] Ich küsse Euch alle, den lieben
Sefiroten antworte ich morgen. Schreibt noch einmal, liebe
Sefiroten, bitte.

[Sofja Andrejewna Tolstaja an Lew Nikolajewitsch Tolstoj]
5. Dezember [1864].
[Jasnaja Poljana]
[...]
Am Abend.
Serjosha ist immer noch krank und schwach. Der Durchfall
hält an, und dies treibt mich in Verzweiflung. [...] Es stimmt
mich traurig, daß Du die Kinder nur wenig noch liebst. Mir
sind sie so lieb und teuer. Doch wenn das so ist, so werde ich
Dir nichts mehr von ihnen berichten. Wie es ihnen geht und
was es von ihnen Neues gibt. Schade ist nur, daß Serjosha
immer noch nicht laufen wird, wenn Du zurück bist. Es ist eine
ganze Epoche für mich – Deine Abwesenheit. Aber eine traurige Epoche. Und in welcher Welt lebst Du, lieber Ljowa, nun.
Wir haben miteinander getauscht: Ich lebe in Deiner und Du in
meiner Welt. Wer jenes Fräulein Sonjetschka Behrs im Kreml
war, darüber existieren nur noch Legenden, aus dem Gedächtnis ist es verschwunden. Nun will ich mich meinem Ideal der

guten, vor allem tätigen und zu allem begabten Hausfrau annähern. Ganz zu schweigen von der Sorge für die Kinder, die
sich ganz von selbst ergibt. Meine Tochter ist ganz so, wie ich
sie mir erträumt habe. Ein solches Kind habe ich mir gewünscht:
Gesund, kräftig, ruhig, mein eigenes Kind. Mit ihr habe ich
überhaupt keine Scherereien. Serjosha spielt gerade zu meinen
Füßen auf dem Boden und legt sich immerfort mit dem Ge-
sichtchen auf das Wachstuch. Es kühlt seine Skrofeln auf den
Wangen, und er wechselt immerzu den Platz, nachdem es warm
geworden ist. Heute schien mir, Ljowotschka, daß Du gleich
kommen wirst, nun aber bin ich niedergeschlagen und erwarte
Dich nicht mehr, doch meiner Seele ist es so weh, so weh. Ein
weiteres Mal werde ich vielleicht nicht mehr bereit sein, mich
von Dir zu trennen, mein liebster Freund. [...]
Vielen Dank für die Brahmaputra-Hühner, ich freue mich sehr
über sie. Ich fürchte nur, daß meine alte Magd sie mir krepieren
läßt. Ich überlege, sie in der Küche zu halten. Da werden sie
genug zu fressen haben und bald schon Eier legen. Serjosha
krabbelt immer noch auf dem Boden herum, er hat so viel Platz,
und das macht mein Herz so froh. Nur eines – das Wachstuch
ist nicht allzu glatt gelegt worden, an manchen Stellen ist es faltig. [...]
Gerade wurde Dein Brief gebracht, mein lieber Ljowa. Welches Glück war es, Dein Gekrakel zu lesen, das Du mit der
kranken Hand schriebst. Mit allen Lieben – und ich weiß gar
nicht, mit welchen Lieben ich Dich liebe, doch ich halte mich
immer zurück, denn Du hast einmal gesagt: »Warum darüber
sprechen; darüber spricht man nicht.« So sehr beunruhigst Du
Dich Serjoshas wegen, dies tut mir so leid, obwohl ich nicht
übertrieben habe. Nach dem Doktor habe ich noch nicht geschickt, werde erst nach ihm schicken, wenn es ganz schlecht
steht. Nun geht es ihm ja schon ein wenig besser, und er krabbelt herum, spielt und ißt. Natürlich hätte ich telegraphiert
und Dich nicht im Ungewissen gelassen. Beeile Dich nicht,

mein liebster Freund, wir sehen uns ja ohnedies bald, das Wichtigste ist, daß Du Deinen Arm schonst; andernfalls wirst Du es bereuen. – Warum nur will Dir das Schreiben nicht gelingen? Wie bedauerlich. Das alles bewirkt das scheußliche Chloroform. Auch beim ersten Mal waren Deine Nerven danach ja zerrüttet – erinnerst Du Dich? –, und Du warst auch damals unzufrieden mit Dir selbst und bisweilen finster, Deiner selbst unsicher. Glaube Deinen Nerven nicht, mein lieber Ljowotschka, sie belügen Dich. Dein Talent zu beurteilen, steht nicht Dir an, es ist nicht verloren, sondern das Chloroform hat dies alles bewirkt. Warte ein wenig, und alles kommt wieder. Und wenn das Schreiben nicht gelingen will – dann schauen wir uns die Schweine an, die Schafe, Kühe, Stiere und die Brahmaputra-Hühner, die Du mitbringst. Wir werden durch den frisch gefallenen Schnee wandern und uns an der Natur erfreuen. Werden uns gegenseitig vorlesen und für unsere Kinder sorgen. Alles hier wird wie neu für Dich sein. […] Lebe wohl. Ich würde schreiben und schreiben, doch es ist Zeit zu Bett zu gehen, und auch die Kleine will noch gestillt werden. Ich schlafe mitten im Zimmer auf dem Boden, und das gefällt mir sehr. Ich küsse Dich, Lieber, und liebe Dich so sehr, wie Du mich, mag sein, schon gar nicht mehr zu lieben vermagst. Deine Briefe habe ich wohl zwanzigmal gelesen, Danke, daß Du jeden Tag schreibst.

[Lew Nikolajewitsch Tolstoj an Sofja Andrejewna Tolstaja]

[4. Dezember 1864]

[Moskau]

[Zusatz Lew Nikolajewitsch Tolstojs unter einem Brief von Tatjana Behrs]

Sonja, meine Liebe, ganz schlecht ergeht es mir ohne Dich, ohne Dich habe ich keine Ruhe, keine Entscheidungskraft, keine Schöpferkraft – und alles nur deshalb, weil ich ohne Dich mein *équilibre*[55] verliere, es ist, als ob ich ohne Dich auf nur einem Bein stünde.

Meine liebe Sonja, gerade war ich bei Aksakow[56], welcher Dir, Du erinnerst Dich, so viele Tränen und mir so viel Zerknirschung bereitete.[57] Wie gut erinnere ich mich jenes Gefühls, als ich mich dem Hause näherte und Du mir entgegenliefst. Alles, was mich an Dich erinnert, ist meine einzige Freude hier. Und gerade hat das Beisammensein mit Aksakow in mir die Erinnerung daran lebendig werden lassen, als Du in Pokrowskoje mit Nil Popow[58] auf den Stufen saßt, und ich den Anschein erweckte, als machte ich mir nichts daraus, zugleich jedoch furchtbar eifersüchtig war und Dich liebte, ganz anders allerdings als nunmehr. [...]

In den vergangenen zwei Tagen habe ich täglich einen Brief von Dir erhalten, daher bin ich nun ruhig und heiter. Wie klug ist es, mit dem lieben Sefiroten Lisa spazieren zu gehen. Mir scheint, ich wäre gerade sehr glücklich mit Dir, wenn ich aber zurück bin, werden wir uns womöglich wieder wegen jeder Lappalie streiten. [...]

Ich hoffe, daß ich Dich bald wieder auf meinem rechten Arm herumtragen kann und dem, der Dich beleidigen, eine Kopfnuß verpassen kann. Der Arm ist immer noch geschwollen und schwach nach der Operation. Ich kann ihn absolut nicht heben, und bei Berührung schmerzt er. Außerdem habe ich von Katkow weder das Manuskript noch das Geld erhalten, daher gedenke ich, noch bis zum Ende der nächsten Woche hier zu bleiben. Ich habe die letzten Tage nicht geschrieben, denn entweder will es mir nicht gelingen, oder ich finde keine Zeit dazu, allerdings habe ich vieles vorbereitet und werde dies auch weiterhin tun. Lebe wohl, meine liebe Freundin. Wie sehr liebe und küsse ich Dich. – Alles wird gut werden, und uns wird kein Unglück widerfahren, wenn Du mich nur so liebst, wie ich Dich liebe.

[Lew Nikolajewitsch Tolstoj an Sofja Andrejewna Tolstaja]
[6. Dezember 1864]
[Moskau]
Heute habe ich Deinen in schlechter Stimmung geschriebenen
Brief erhalten, doch auch er ist mir Freude und Beruhigung.
Aus der Ferne liebe ich Dich sogar, wenn Du so bist, ja, und
auch, wenn ich bei Dir bin, liebe ich Dich so. Ich kann mir gar
nicht vorstellen, daß Du anders wärst als mit Deinen fortwäh-
renden Schwankungen in Stimmung und Liebe und bisweilen
von einer solchen Laune übermannt wirst, in welcher Du den
Brief schriebst, welche ich stets im Körperlichen begründet
sehe, was Dich dann gegen mich erbost. In einer solchen Stimmung fällt es Dir dann bisweilen ein, eifersüchtig zu sein, wie,
Du erinnerst Dich sicher, kurz vor meiner Abreise. [...]
Ich fürchte, Dir falsche Hoffnungen zu machen, doch in einer
Woche werde ich wohl schon bei Dir sein und Dich aus der Kinderstube mit mir nach oben nehmen. Gestern und heute habe
ich ein Wannenbad genommen, und das Bad, das Balsamieren
und der Verband Netschajews[59] lassen den Arm fast geheilt
erscheinen. [...] Ich ließ mich in den letzten drei Tagen sehr gehen, arbeitete nicht, war nicht einmal in der Bibliothek, obwohl es erforderlich wäre, habe mich nicht mit Katkow über
den Roman besprochen. [...] Ich habe mir fest vorgenommen,
mich selbst ab morgen streng zu halten, wenn auch nicht zu
schreiben, so doch hier alles Wichtige zu erledigen. Am Montag, Dienstag, Mittwoch wieder Bäder, dann lasse ich den Arzt
kommen, um zu erfahren, was er noch tun kann und was er
weiterhin anordnet. Am Donnerstag und Freitag zu Hause
bleiben und am Samstag abreisen, um Dich, meine Liebe, am
Sonntag umarmen zu können, Dich, wenn auch nur mit dem
linken Arm, zu umarmen und zu küssen, küssen.
Und da ist noch etwas, das mich niederdrückt – das Schreiben
beginnt mir gleichgültig zu werden, und, stell Dir nur vor, Du
Dummerchen mit Deinen nicht »allzu hochgeistigen Interes-

sen« hast mir die aufrichtige Wahrheit gesagt: Alles Historische will nicht gelingen und gerät überaus trocken. Ich beruhige mich damit, daß es deshalb nicht recht vorangeht. Ich bin ganz zerschlagen und rechtfertige mich damit, daß der Grund dafür mein Arm sei, der wieder Probleme macht. Und das verdrießt mich.

Wenn ich Dir nur wenig über die Kinder schreibe, so schließe daraus nicht, daß ihr Befinden mich nicht interessierte, im Gegenteil: Ich möchte alles bis ins kleinste Detail erfahren. In Deinem letzten Brief schreibst Du, Serjosha habe wieder Durchfall, schreibst aber nicht genau, wie schlimm er ist. Heute morgen habe ich Tanja etwa eine Stunde ein wenig diktiert, aber nicht gut, allzu ruhig und ohne Erregung, aber ohne Erregung geht es bei unserer Schriftstellerei nicht. Dann fuhren wir zur Eisbahn, und ich habe, mit dem Großvater auf der Bank sitzend, Tanjas und Petjas Erfolge bewundert. [...] Ich danke Maschenka für ihren Brief und küsse sie. Ich schreibe ihr und den Sefiroten morgen. Hoffe, bald wieder in Arbeitslaune zu sein.

[Sofja Andrejewna Tolstaja an Lew Nikolajewitsch Tolstoj]
9. Dezember [1864]. Mittwoch. Abends.
[Jasnaja Poljana]
Mein lieber Ljowotschka, endlich ein beruhigender Brief, der froh macht, da Du schreibst, daß Du bald zurückkommen wirst. [...] Ljowa, mein Lieber, was bist Du denn so verzagt; schämst Du Dich denn nicht, mein Liebster, das sieht Dir doch gar nicht ähnlich. Dies wird vergehen, das alles sind noch die Folgen des Chloroforms – ich habe dies vorausgesehen und mit Deinem Bruder schon darüber gesprochen. Deine Nerven sind zerrüttet und niemand, der Dir Mut zusprechen könnte. Alle dort sind selbst unglücklich und nicht lebensfroh. Arme Tanja, arme Mamá. Am liebsten würde ich sie alle in die Welt meiner

Kinder mitnehmen, in mein *intérieur*[60], in der mein heiterer Serjosha mit zwei Rohrpfeifen spielt, und die Augen meiner Tanjuscha strahlen, in der es mir so gut geht und das Leben so schön und leicht ist – wenn Du auch da bist. Ohne Dich aber ist alles leer, schwer und trostlos. Ich schäme mich sehr, daß ich Dir Briefe in schlechter Stimmung schrieb. [...]

Ljowa, Lieber, das mit Deinem Roman bedrückt mich sehr. Was machst Du denn für Sachen? Allerorten fühlst Du Dich niedergedrückt, und nichts will Dir gelingen. Warum bist Du so verzagt, warum läßt Du den Mut sinken? Hast Du wirklich keine Kraft, Dich aufzurichten? Erinnere Dich doch, wie sehr Du Dich auf Deinen Roman gefreut hast, wie gut Du alles durchdacht hast, und nun will Dir nichts mehr gefallen? Nein, Ljowotschka, das ist müßig. Wenn Du wieder bei uns bist und statt des jämmerlichen Hauses im Kreml unseren im Sonnenlicht strahlenden Tschepysh wiedersiehst und all die Beete, auf denen Johannisbeeren, Himbeeren und so vieles andere wächst, wenn unser glückliches Leben sich wieder einstellt und wir gemeinsam durch den Schnee gehen, der gerade erst fiel und unsere Kinder umsorgen, dann wirst Du mir wieder mit glücklicher Miene von Deinen Plänen für das Schreiben zu berichten beginnen, Deine Hypochondrie wird vergehen, [...] und alles wird wieder gut. Bezüglich des Arms bin ich überzeugter als zuvor, daß er sich wieder ganz wird bewegen lassen. Das Warten ist schwer, doch irgendwie bekommen wir die Zeit schon herum. Du wirst mir diktieren, und die Gedanken werden wieder fließen. Und wenn Du nicht mehr schießen kannst, dann ist das eben nicht zu ändern. [...]

Nun, mein lieber, nichtsnutziger, aber teurer Gatte, den ich furchtbar liebe, bin ich ganz erstarkt, da ich weiß, daß Du bald kommen wirst. Ich werde den ganzen Tag auf Dich warten, mich bemühen, wohlauf zu sein, bemüht sein, daß die Kinder wohlauf sind und daß alles hier beglückend ist. Und Du, mein Armer, Behinderter, Lieber, sei um Gottes willen nicht verzagt, sei heiter. […] Lebe wohl, ich muß mich um die Kleine kümmern, die ich allein gelassen habe, um Dir schreiben zu können. […] Ich küsse Dich, immer noch nur in Gedanken, bald aber in Wirklichkeit.

[Lew Nikolajewitsch Tolstoj an Sofja Andrejewna Tolstaja]
[7. Dezember 1864]
[Moskau]
Gestern habe ich Deinen schönen Brief erhalten, meine liebste Freundin. Heute ist schon der vierte Tag, an dem beim Essen stets der Briefträger klingelt und Deine Briefe bringt.
[…] Vor dem Essen war ich ein wenig spazieren, konnte weder in die Bibliothek noch Einkäufe erledigen, da heute Sonntag ist. Nach dem Essen wieder »Meine Jugend ist vertan«[61] und um 7 »Ein Leben für den Zaren«[62]. Sehr schön, aber eintönig. Im Theater nur das Sonntagspublikum, und deshalb bereiteten mir meine Beobachtungen nur das halbe Vergnügen. Aber als wir nach Hause kamen, waren wir allein: L[jubow] A[lexandrowna], die sehr, sehr lieb und gütig ist, Lisa, Tanja und Petja[63], und wir waren sehr vergnügt. Schwelgten in Erinnerungen und diskutierten. […] Ach Sonja, mögen die verbliebenen 5 Tage nur schnell vergehen. […]
Alle schwarzen Behrsens sind mir lieb und teuer. L[jubow] A[lexandrowna] ist Dir ganz furchtbar ähnlich. Vor einigen Tagen fertigte sie einen Lampenschirm – ganz wie Du, wenn Du Dich mit etwas beschäftigst und Dich nichts davon abzubringen vermag. Selbst die schlechten Eigenschaften sind Euch gemein. Ich höre manchmal, wie sie voller Inbrunst über etwas zu sprechen beginnt, von dem sie nichts versteht, überzeugen will und übertreibt – und erkenne Dich darin. Doch Du gefällst mir auf jegliche Art. Ich schreibe im Arbeitszimmer, und vor mir stehen Deine Portraits aus vier unterschiedlichen Lebensaltern.

Meine Liebste, Sonja. Wie klug bist Du doch in allem, worüber Du nachzudenken gewillt bist. Wenn Du auch, wie ich sagte, geistigen Interessen gleichgültig gegenüberstehst, so hast Du doch einen großen Verstand, der keineswegs beschränkt ist. Und dies ist bei Euch allen, die Ihr mir so sympathisch seid, schwarzen Behrs der Fall. Es gibt schwarze Behrsens – L[ju-bow] A[lexandrowna], Du und Tanja [...] und weiße – alle anderen. Bei den schwarzen schläft der Verstand, sie können, aber sie wollen nicht, daher kommen auch ihre Gewißheit, welche bisweilen unangebracht ist, und ihr Taktgefühl. Ihr Verstand aber schläft, da sie allzu sehr lieben und da die Geburtshelferin der schwarzen Behrsens, d.h. L[jubow] A[lexandrowna], unentwickelt blieb. Die weißen Behrsens indes besitzen großes Interesse für geistige Dinge, ihr Verstand aber ist gering und schwach. [...] Aber ich sagte noch gar nicht, worin Deine Klugheit besteht. Du denkst, wie es einer klugen Ehefrau ansteht, an Deinen Mann wie an Dich selbst, und ich erinnere mich daran, wie Du mir sagtest, daß die ganzen Kriegsszenen und alles Historische, welches mir so wichtig ist, schlecht gelingen werden, das andere, das Familienleben, die Charaktere, das Psychologische, indes gut. Und dies ist so wahr, wie es wahrer nicht sein könnte. Ich erinnere mich daran, wie Du mir dies sagtest, und so sehe ich Dich vor mir. Und wie Tanja möchte ich laut rufen: Mamá, ich will nach Jasnaja, zu Sonja. Ich begann Dir in schlechter Stimmung zu schreiben und beschließe den Brief als ganz anderer Mensch. Meine teuerste Geliebte. Nur: Liebe mich so, wie ich Dich liebe, und alles wird bedeutungslos für mich sein, alles wundervoll. Lebe wohl, es ist an der Zeit, wieder an die Arbeit zu gehen.

Heute morgen habe ich Dir geschrieben und schreibe nun am Abend weiter. [...] Ich war heute in Arbeitslaune. Kaum hatte ich den Brief an Dich zu Ende geschrieben, ging ich in die Bibliothek und saß dort drei Stunden über Büchern, die mir sehr nützlich sind. [...] Morgen werde ich noch die Rjumanzew-Bibliothek aufsuchen und am Abend zu Hause schreiben. Wenn bis morgen keine Nachricht von Katkow eintrifft, so werde ich ihn nach dem Essen aufsuchen und mein Manuskript zurückfordern. Wie einfühlsam Du bist, daß Du meine Gefühle, als ich das Manuskript aus den Händen gab, nachzuvollziehen vermagst. Eigenschaften dieser Art sind mir die wichtigsten und schönsten Beweise Deiner Liebe zu mir. L[jubow] A[lexandrowna] sagte heute in der ihr eigenen unfeinen Schlichtheit: »Wenn Du wieder zu Hause bist, wird Sonja sogleich erneut schwanger werden, ganz ungeachtet dessen, daß sie stillt.« Dies wird sehr traurig sein, doch ich fürchte, es wird tatsächlich so kommen. So sehr sehne ich mich danach, Dich zu sehen. – Ich sehe Dein Gesicht vor mir, wie Du sagst: »Wie garstig!« usf. [...] Leb wohl, meine Geliebte, Liebste. [...] Noch 5 Tage.

[Sofja Andrejewna Tolstaja an Lew Nikolajewitsch Tolstoj]

7. Dezember [1864]. Am Abend.

[Jasnaja Poljana]

Ich sitze in Deinem Arbeitszimmer und weine. Ich beweine mein Glück, Dich, der du nicht da bist. Ich erinnere mich meiner Jugend, weine, denn Maschenka hat gerade begonnen, Klavier zu spielen, und die Musik, die ich schon so lange nicht mehr gehört habe, trug mich mit einem Mal aus meiner Welt der Kinderstube und Windeln heraus, die ich so lange schon mit keinem Schritt mehr verlassen habe, sie trug mich weit weg dorthin, wo alles anders ist. Mir wurde sogar ängstlich zumute, längst habe ich all diese Dinge in mir erstickt, die ich liebte und die ich bei den Klängen der Musik empfand, beim Anblick der Natur, bei all dem, das Du nicht in mir gesehen hast und worüber Du manchmal böse bist. Aber in dieser Minute empfinde ich all dies, und es tut weh, aber zugleich ist es schön. Dies alles brauchen wir Hausfrauen und Mütter nicht. Wenn Du nur sehen könntest, wie sehr ich weine, Du wärst verwundert, da ich selbst nicht weiß, warum. Ich habe stets bereut, daß ich allzu wenig Verständnis für alles Schöne besitze, nun aber wünschte ich mir, daß in mir niemals dieses Gefühl erweckt wird, das Dir, dem Dichter und Schriftsteller unentbehrlich, mir aber, der Mutter und Hausfrau, nur schmerzlich ist, da ich mich ihm nicht hingeben kann und darf.

Ljowotschka, frage mich, wenn wir uns wiedersehen, niemals, was mir war und weshalb ich weinte. Nun kann ich Dir alles sagen, später wird es mich beschämen. Gerade lausche ich der Musik, und sie hebt meine Befindlichkeit, ich liebe Dich so sehr, blicke aus Deinem Fenster auf den Sonnenuntergang, und die Melodien Schuberts, gegen die ich so gleichgültig war, verwandeln mein Inneres, und ich kann mich nicht enthalten, bitterste Tränen zu weinen, obgleich es doch so schön ist. Ljowotschka, Lieber, Du wirst mich auslachen, sagen, daß ich den Verstand verloren habe. Nun werden die Kerzen entzündet, man ruft mich, das Kind zu stillen, ich werde sehen, wie Serjosha sich vollgemacht hat – und diese Stimmung wird ganz plötzlich verfliegen, als ob nichts gewesen sei. [...] Ich blicke mich in Deinem Arbeitszimmer um und erinnere mich an alles. – Wie Du Dich am Waffenschrank zur Jagd ankleidest, wie Dora springt und sich freut, wie Du an Deinem Schreibtisch sitzt und schreibst, und ich, ängstlich die Tür öffnend, nachsehe, ob ich Dich auch nicht störe, und Du, der Du siehst, daß ich zu schüchtern bin, sagst, ich möge eintreten. Das war es doch, was ich wollte. Ich erinnere mich, wie Du krank auf dem Diwan darniederlagst, erinnere mich der schweren Nächte, die ich bei Dir saß, nachdem Du Dir den Arm ausgerenkt hattest, und wie Agafja Michailowna[64] bei uns im Halbdunkel auf dem Boden schlief. Gebe Gott, daß wir uns nicht noch einmal trennen müssen. Dies ist eine schwere Prüfung. Noch fast eine ganze Woche lang werde ich Dich nicht wiedersehen, mein teurer Geliebter. [...] Dir scheint es jetzt, zu Hause, in Jasnaja Poljana, sei alles ersprießlich, aber wenn Du kommst und einige Zeit wieder hier lebst, werde ich und wird alles hier Dir erneut über werden. Die Durchfälle, die Kinder – alles wird Dir betrüblich erscheinen. [...] Ljowotschka, Lieber, solange wir einander lieben, können wir mit dieser Liebe alles ertragen, und für alles werden wir Kraft haben.

[Lew Nikolajewitsch Tolstoj an Sofja Andrejewna Tolstaja]
[11. Dezember 1864]
[Moskau]

Sonja, Liebste. Ich bin bester Stimmung. Zumindest so, wie ich es ohne Dich sein kann. [...] Heute morgen kam Ljubimow im Auftrage von Katkow, handelte wieder 3 Stunden mit mir und brachte mich dahin, daß ich nachgab, d. h., ich gestatte ihnen, 500 Exemplare zu ihren Gunsten herauszugeben (beim Honorar kam ich ihnen aber nicht entgegen), doch er brachte mich so auf, daß ich ihm ziemlich schroff sagte, daß sie unverschämt seien. Als er wieder ging, hatte er sich auf alles eingelassen und mich gebeten, ihnen das Manuskript zu lassen. Es sieht so aus, als ob diese Angelegenheit nun erledigt sei. Nun zu Deinem langen Brief. Meine Liebste, ich bin Deiner Tränen glücklich, ich habe Verständnis für sie, liebe sie sehr, sehr. Was ich fürchte ist allein, ob sich in ihnen nicht auch Reue birgt und ob ich nichts tun kann, damit Du diese Reue nicht empfindest. [...] Bitte sage und denke nicht, daß ich die Kinder nicht liebe. Einer meiner größten Wünsche ist es, daß es ihnen gut gehen möge. Nichts anderes wünschte ich mir von einer guten Fee. Doch ich liebe sie nicht so sehr, wie ich Dich liebe. –
Einen angenehmen, sehr angenehmen Eindruck hinterließ bei mir der heutige Besuch von Shemtschushnikow[65], dem ich, gegen Deinen Rat, versprochen hatte, etwas aus meinem Roman zu lesen. Zufällig kam auch Aksakow dazu. Ich las bis zu

der Stelle, an der Ip[olit] erzählt: »Ein Mädchen ...«, und beiden, besonders Shemtschushnikow, gefiel es außerordentlich. Sie sagten: brillant. Und deshalb bin ich glücklich und freue mich darauf, weiterzuschreiben. Es ist gefährlich, wenn man kein Lob hört oder ein falsches, aber wenn man fühlt, daß man einen starken Eindruck erzielt hat, so ist das sehr hilfreich.

Unter dem Eindruck dieses schönen Gefühls unterhielten wir uns sehr angeregt im Schlafzimmer, und ich aß an jenem Tisch zu Abend, an dem Du auf mich wartetest, nachdem ich um Deine Hand angehalten hatte, und ich erinnerte mich lebhaft daran. Wie sollten wir das vergessen. Gott sei es gedankt, es sind schöne Erinnerungen, und die Träume von der Zukunft und der Gegenwart werden sich auch erfüllen. Wie schön wird es sein, wenn wir uns wiedersehen und ich Dein glückliches Gesicht wieder erblicke, welches in solchen Minuten so schön ist. Ich habe mich auch sehr lebhaft Deines verschreckten Gesichts und Deines veilchenblauen Kleides erinnert. [...] Ich küsse die Hände des Tantchens und küsse Mascha, die Sefiroten, den großen und den kleinen Serjosha, Tanja ist ja noch kein richtiger Mensch. Gebe Gott, daß ich diesen Brief selbst mitbringe!

1865

[Lew Nikolajewitsch Tolstoj an Sofja Andrejewna Tolstaja]
[27. Juli 1865]
[Woin]

Sonja! Aus dem Stempel kannst Du ersehen, woher ich schreibe.[66] Ich bin gestern spät am Abend bei den Nowosilzows[67] angekommen und konnte, obwohl ich es wollte, nicht vor dem heutigen Tag um 2 Uhr abreisen.

Der alte Nowosilzow erzählte mir ausufernd seine Anekdoten und Histörchen über die gute alte Zeit des Jahres 1812[68], er diente in seiner Jugend als Kavalleriegardist. Und der Sohn quälte mich dann damit, daß er mir das Gut zeigte. [...] Alles sehr erlesen und ehrgeizig: Parks, Teepavillons, Teiche, *points de vue*[69], alles sehr schön. Aber Jasnaja ist schöner. Und stell Du Dir vor, der Anblick des Gutes weckte in mir den Wunsch danach, was Du schon lange wünschst und möchtest: den Park in Jasnaja in Ordnung zu bringen. [...] Es ist seltsam dies zu sagen, aber bereits auf dem Weg hierher fühlte ich, wie grauenvoll es ist, Dich allein zu lassen. – Lebe wohl, meine Liebste, sei ein gutes Mädchen und schreibe mir. Pjotr Petrowitsch läuft hier herum während ich schreibe, stört und sagt Dinge wie: *»mettez moi aux pieds de la Comtesse«*[70].

Lebe wohl.

L. Tolstoj.

27.

[Lew Nikolajewitsch Tolstoj an Sofja Andrejewna Tolstaja]

[27?. Juli 1865]

[Orjol]

Ich schreibe Dir noch ein paar Worte aus Orjol, von wo ich heute abreise. [...] Meine Gesundheit ist einigermaßen, obwohl eines der Ohren überaus unangenehm verstopft ist. Die Fahrt ist ermüdend, doch die Zeit, die ich bei den Nowosilzows verbrachte, war sehr angenehm und interessant.

Ich gehe nun die Stiefel kaufen, doch schaffe ich es wohl nicht mehr, sie Dir zu schicken. Und falls ich es schaffte, so kämen sie kaum vor mir an. [...]

Noch nie waren wir beim Lebewohl derart gleichgültig wie bei diesem Mal, und daher ist mir Deinetwegen sehr traurig zumute. Lebe wohl, meine Liebste. Notiere alles ausführlich in Deinem Tagebuch, dann werde ich es nach meiner Rückkehr lesen[71].

L. Tolstoj.

[Sofja Andrejewna Tolstaja an Lew Nikolajewitsch Tolstoj]

31. Juli 1865
[Pokrowskoje]

Heute empfand ich den ganzen Tag eine solche Wehmut, einfach grauenvoll. Ganz deutlich sah ich alle möglichen Unglücke vor mir, die Dir, mein lieber Ljowotschka, widerfahren sein könnten. Bei Gott, gib auf Dich acht, denke daran, wie ich mich erschrecken und quälen werde, sollte Dir etwas zustoßen.

Heute habe ich ins reine geschrieben und gelesen, was ich noch nicht kannte, nämlich jene Stelle, wie der bemitleidenswerte alte Mack[72] mit einer Binde um den Kopf zurückkehrte und eingestand, daß seine Truppen geschlagen wurden und dabei fast in Tränen ausbricht, und wie die neugierigen Adjutanten um ihn herumstehen, sowie seine Zusammenkunft mit Kutusow. Es hat mir ganz schrecklich gefallen, deshalb schreibe ich Dir dies. Heute sind fast alle Barone zum Essen gekommen, ich habe mich aber erst gezeigt, als es zu Tisch ging, vor dem Essen saß ich im Wannenbad, umgeben von all jenem, was Du hervorgebracht hast, d. h. von Deinen Kindern und Deinen Schriften, die ich ins reine schreibe. Nur so ist mir das Leben ohne Dich möglich. Ich fühle mich dann ruhig und gut. [...] Die Kinder habe ich mitgenommen ins Haus, wo man sie ein wenig zügelte, doch sie sind ja, Gott sei es gedankt, wohl erzogen und waren lieb. Ich selbst habe wenig am Gespräch und am allgemeinen Vergnügen teilgehabt. Habe allein dagesessen und ins reine geschrieben. So ging es heute den ganzen Tag, und nun ist mir traurig und schwer zumute. Ich habe schon überlegt, ob ich Dir nicht schreiben solle, ich sei krank, damit Du zurückkommst. Dann habe ich mich aber sogleich für meine Gemeinheit geschämt. Dies täte ich selbstverständlich niemals, im Gegenteil, ich verheimlichte Dir sogar, sollte ich krank werden. [...] Ich bin gerade in einer Stimmung, in der ich alle liebhabe und mit allen mitfühle, und ich selbst fühle mich ganz elend, und alles Mögliche geht mir über Dich

durch den Kopf. Ich liebe Dich schrecklich und möchte Deine Hand und Dich küssen und Dir sagen, wie lieb und wunderbar Du bist. Ich weiß nicht, ob ich Dir nach diesem Brief noch einmal schreiben soll, vielleicht wird es ja nicht mehr notwendig sein, da Du schon zurück bist. Wann wird dieses Glück sein? Vielleicht ist es notwendig, sich zu trennen, um es zu empfinden? Aber das Glück des Wiedersehens ist kleiner als die Trauer über die Trennung. Ich würde Dir ja gern etwas von uns berichten, aber es gibt absolut nicht Interessantes. Wir haben gar nichts unternommen, sitzen immer nur herum. [...] Lebe wohl, mein Liebster, warum nur schreibst Du nicht?
Deine Sonja.

1866

[Lew Nikolajewitsch Tolstoj an Sofja Andrejewna Tolstaja]
[11. November 1866]
[Moskau]
Soeben sind wir angekommen, meine teure Geliebte. Und wir sind gut angekommen und haben alle wohlauf angetroffen. Die Fahrt ging doch schneller als gedacht, und es war noch nicht 7 Uhr, als wir am Hofärztlichen Tor vorfuhren. Ich weiß nicht, wer sich gerade wo aufhielt, aber plötzlich kamen alle mit dem Dir bekannten Gekreisch auf der Treppe und im Eßzimmer zusammen. [...] Wir haben, Tanjas Praxis folgend, die ganze Fahrt über nichts gegessen, und daher bin ich sehr frisch hier angekommen; jetzt habe ich Tee getrunken und Birkhuhn gegessen, das mir Andr[ej] Jewst[afjewitsch] in seiner lieben und einfachen gastfreundlichen Art selbst zuteilte, und fühle mich nun müde und faul. Ansonsten weiß ich nichts Interessantes zu berichten. [...] Morgen besuche ich Baschilow[73] und das Rumjanz[ew] Museum, um über die Freimaurer zu lesen. Lebe wohl, Liebste, Geliebte, wisse und erinnere Dich stets

dessen, daß ich auf der Fahrt nicht weniger an Dich dachte und nun nicht weniger an Dich denke und auch zukünftig nicht weniger an Dich denken werde als Du an mich. Lebt wohl, liebe Sonja, Serjosha, Tanja, Iljuscha[74]. Ich küsse dem Tantchen die Hände. Auf morgen.

[Sofja Andrejewna Tolstaja an Lew Nikolajewitsch Tolstoj]
11. November 1866. Am Abend.
[Jasnaja Poljana]
Die ganze Zeit habe ich Euch im Geiste begleitet, mein lieber Ljowotschka, und auch nun stelle ich mir vor, wie heiter es bei Euch zugehen mag, wie sehr sich alle über Euer Kommen freuten. Ich muß zugeben, daß mir hier, ohne die fröhlichen, lieben Stimmen Serjoshas und Tanjas, beim monotonen Schnarchen des Tantchens und Nataschas[75], die des Abends einnicken und dösen, sehr traurig, ja sogar eintönig zumute wäre. Ich habe heute fast den ganzen Tag ins reine geschrieben, doch habe ich nur wenig geschafft, denn ich war nicht bei der Sache. Das Abschreiben ist so schön, als ob im Zimmer ein naher Freund sei, um den man sich nicht zu kümmern braucht, allein seine Anwesenheit tut gut. [...] Ich habe heute auch die unterschiedlichsten Arbeiten begonnen, allein, ich verspüre bisher noch nicht jenen Betätigungsdrang, der mich gewöhnlich während Deiner Abwesenheit überfällt. Ich verspüre nur überall Leere und Leblosigkeit und Unzufriedenheit meiner selbst und Verdruß über alle anderen. [...] Heute abend gedenke ich, in der von den Kindern freien Zeit zu lesen, dies ist sehr wohltuend, wenn man in solcher Stimmung ist. Ich habe mir »Rudin« von Turgenjew[76] angesehen, doch mir scheint, ich bin mittlerweile zu alt dafür. Dieses Mal hat mir der Roman ganz und gar nicht gefallen.
Tanja und Iljuscha sind wie auch gestern immer noch recht fröhlich und husten nur des Morgens, Serjosha hat leichten Durchfall, der aber wohl bis morgen vergehen wird. Ich über-

lege immer noch, ob ich eine Engländerin anstellen soll, kann mich einfach nicht entscheiden. [...] Gerade trat Tanja zu mir heran und sagte: »Nehmen Sie Papascha von der Wand, ich möchte ihn streicheln«, und heute morgen fragte Serjosha: »Ist Papascha denn noch nicht wiedergekommen?« Sie bemerken, daß Du nicht hier bist. Wie könnte dies denn auch unbemerkt bleiben! [...]

Und wie ergeht es Euch, was macht Tanja, ihre Gesundheit, was befanden die Doktoren und die Eltern? [...] Schreibe mir, lieber Ljowotschka, oft. Ich liebe Dich, mein Teurer, so sehr, ohne Dich bin ich ein solch elendes Geschöpf. [...] Lebe wohl, Liebster. Serjosha hat heute gar nicht geschlafen, und ich höre, wie launenhaft er sich aufführt, doch nun ist es ja schon spät. Lebe wohl.

[Lew Nikolajewitsch Tolstoj an Sofja Andrejewna Tolstaja]
[12. November 1866]
[Moskau]

Hier also, meine liebe Freundin, Liebste, mein Brief mit al-len Ereignissen des Tages: Aus irgendeinem Grund schlief ich schlecht – wachte vor 7 auf – Du kennst diese meine nervöse Anspannung, die meinem Zustand vorhergeht, wenn ich mich wie in den 70ern fühle, ganz so war es. Des Morgens tranken wir alle gemeinsam Kaffee. Wir warteten auf Raswetow[77], und deshalb ging ich nicht aus. [...] Als Raswetow kam, hörte er Tanja ab. Dieses Abhören und diese Gespräche machen mich immer ganz furchtbar nervös. Raswetow sagte sehr bestimmt, Tanjas Lungen befänden sich in schlechterem Zustand als vor einem Jahr, ja sogar, sie leide, seiner Meinung nach, an einer beginnenden Schwindsucht. Er rät zu einer Reise ins Ausland, und alles andere, das wir bereits wußten, d. h. *régime* der Ruhe, Diät, keine Anstrengung durch Gesang u. ä. [...]

Um 12 Uhr ging ich zu Baschilow. Er hat bisher nur 13 Bilder geschafft. Einige davon, wie der Tod Besuchows und der Kuß, sind außergewöhnlich gut. Doch der gesamte Teil, der letztes Jahr veröffentlicht wurde, ist noch nicht illustriert. Richau[78] ist noch mehr im Rückstand, so daß die Arbeit bis Anfang des nächsten Jahres nicht mehr zu schaffen ist. Deshalb habe ich beschlossen, in diesem Jahr ganz ohne Illustrationen in Druck zu geben. [...]

Dann war ich bei Katkow im Verlag. Dort gab man mir eine Rechnung für die Druckkosten über 1200 R[ubel]; ich werde lediglich eine Anzahlung von 300 R[ubeln] leisten. Morgen erhalte ich von dort endgültig Bescheid. – 3600 Exemplare. Von dort ging ich zur Gymnastik, aber ich war ein solcher 70jähriger, daß ich gar nichts zustande brachte, außerdem wird nunmehr bei den Behrsens um drei gegessen.

Nach dem Essen, bei dem nur Kat[herina] Jegor[owna][79] zuge-gen war, schlief ich hinter dem Wandschirm im Schlafzimmer ein [...] und verbrachte dann den ganzen Abend zu Hause. [...] Beschütze Euch Gott, ich küsse Deine Hände und Dich, teure Geliebte. Küsse das Tantchen und die Kinder von mir.

[Sofja Andrejewna Tolstaja an Lew Nikolajewitsch Tolstoj]

12. November [1866]. Samstag abend.

[Jasnaja Poljana]

Mein lieber Ljowotschka, stell Dir vor, heute vor dem Essen tauchte völlig unerwartet die große Engländerin der Lwows mit ihrer Schwester[80], unserer Engländerin, hier auf. Ich wußte mir gar nicht zu helfen, und auch jetzt sind meine Gedanken ganz durcheinander, daß mir der Kopf vor Aufregung schmerzt. Wie soll ich Dir alles erklären? Sie ist so, wie ich erwartet habe: sehr jung, recht nett, hat ein angenehmes Aussehen, ja, sie ist sogar richtiggehend hübsch, doch unsere gegenseitige Un-kenntnis der Sprache der anderen ist furchtbar. Ihre Schwester wird heute über Nacht bleiben, bis jetzt dolmetscht sie, aber was dann werden soll, weiß Gott allein. Ich bin völlig verloren, vor allem ohne Dich, mein liebster Freund. Ich erinnerte mich Deines Grundsatzes, daß man sich vorstellen möge, daß einem all dies in einem Jahr ganz lächerlich und unbedeutend erscheinen wird. Doch im Moment ist es wirklich allzu schwierig. Die Kinder kamen gut mit ihr aus, Tanja saß auf ihrem Schoß, streichelte die Bildchen und erzählte ihr irgend etwas, Serjosha lief mit ihr umher und sagte dann: »Sie spielt mit mir!« Später im Kinderzimmer führte Tanja vor, wie die Engländerin spricht, und sicher wird sich das alles geben, doch im Moment ist es etwas gespreizt, unnatürlich und schrecklich. Ich verlange mit ganzer Seele nach Dir, der Du mir Stütze bist, doch auch ohne Dich wird sich alles geben. Es ist nur furchtbar, daß wir einander überhaupt nicht verstehen können. [...] Morgen berichte ich Dir, wie es sich ohne die dolmetschende Schwester gestaltete. – Meine Kinder sind wohlauf, nur Iljuscha hustet ein wenig, Tanja hingegen gar nicht mehr. [...]

Was mich in letzter Zeit geistig und moralisch ungemein erhebt, ist Dein Roman. Sobald ich mich zum Schreiben niedersetze, werde ich in eine poetische Welt getragen, und es scheint mir manchmal, daß nicht nur Dein Roman besonders gut ist, sondern daß auch ich besonders klug bin. [...] – Nun etwas, Ljowotschka, das Du gar nicht gerne hörst, doch es ist tatsächlich unumgänglich. Die Sache ist die, daß Du mir 50 R[ubel] gegeben hast und fast alles bereits ausgegeben ist, für Seile, Schlitten, Lohn, die Reise nach Moskau und ähnl. Immer heißt es: Der Graf hat es angeordnet, es ist unabdingbar. [...] Ich weiß nicht, wie ich über die Runden kommen soll. Am besten wäre es, wenn Du baldmöglichst kämst. Der Trubel hier ist groß. Die Wirtschaft, die Kinder, die Engländerin und alles andere. Während ich schreibe, höre ich das Lachen unserer Hannah und ihrer Schwester Jenny. Ob ihr denn nicht traurig und schrecklich zumute ist? Jenny hat in einem fort darauf gedrungen, daß ihre Schwester fünfmal am Tag zu essen bekäme, vor allem Fleisch, sie sei es so gewöhnt. Und auch dies muß ich nun bedenken. Schreibe mir einen Brief *encourageant*[81].

Lebe wohl, Liebster, es ist mir, als hätte ich mich ein wenig mit Dir unterhalten. Küsse alle meine Lieben im Kreml von mir […]. Ich küsse Dich fest, mit aller Kraft. Behüte Dich Gott, bleib gesund, denke immer an mich und liebe mich. Wann nur findet meine geistig-moralische Einkerkerung, d. h. das Leben ohne Dich, ein Ende.

Sonja.

[Lew Nikolajewitsch Tolstoj an Sofja Andrejewna Tolstaja]

[16. November 1866]

[Moskau]

Gleich morgens ging ich heute ins Rumjanz[ew]-Museum. Dort fand ich überaus Interessantes. Es ist nun bereits der zweite Tag, daß ich dort gar nicht bemerke, wie 3 oder 4 Stunden vergehen. Dies wird, außer den Behrsens, das einzige sein, das ich an Moskau vermissen werde. Dann ging ich zu Baschilow und mit ihm nach Hause. Wir aßen zusammen und plauderten. Ich wartete auf die Antwort aus dem Verlag und habe sie schließlich erhalten. Alles geklärt. […] Heute hatte ich einen Brief von Dir. Er ist sehr lieb, doch bedrückend, er hat mich zurecht veranlaßt, mir selbst Vorwürfe zu machen. Zum ersten habe ich natürlich Schuld, da ich weder der Engländerin noch den Lwows geschrieben habe. Und 2. habe ich Dir zu wenig Geld gegeben. Alles wird gut, ganz sicher. Ich bin glücklich, daß die Engländerin Dir gefällt. Und ich fühle, daß Du den Brief müde und in schlechter Stimmung schriebst. Doch auch wenn Du schlechter Stimmung bist, bist Du mir das Liebste auf der Welt, und ich zürne gegen die Post, die offensichtlich einen oder gar zwei Deiner Briefe noch nicht zugestellt hat. […] Die Eisenbahnlinie ist bereits eröffnet[82], ich werde am Freitag um 5 mit der Bahn abreisen und Dich am Samstag mor-

gen umarmen und küssen, meine teure Geliebte. Mit der Engländerin, den Kindern, dem Geld wird alles gut werden. Lebe
wohl meine Liebste, küsse die Kinder und Tantchen von mir.

[Sofja Andrejewna Tolstaja an Lew Nikolajewitsch Tolstoj]
14. November [1866]. Montag.
[Jasnaja Poljana]
Soeben sind wir von unserer Ausfahrt zurückgekehrt, lieber
Ljowa; die Kinder werden zu Bett gebracht, und ich möchte
mein Vergnügen, Dir zu schreiben, ausdehnen, indem ich Dir
am Morgen und am Abend schreibe.
Bei der Ausfahrt war es schön warm, die Kinder sind ganz
gesund und auch mich hat die Luft erfrischt. Hannah war so
glücklich, daß sie im Schlitten aufsprang und immer wieder
ausrief: »So nice«[83], d.h. wohl, daß es ihr gefiel. Und sie erklärte mir, daß sie mich und die Kinder sehr gern habe, daß das
country[84] schön sei und sie »very happy«[85]. Ich verstehe sie nun
recht gut, doch ich muß mich sehr anstrengen. [...] Wir schlagen im Dictionnaire nach und deuten auf die Wörter, die wir
nicht verstehen. [...]
Ich wartete heute ganz schrecklich auf einen Brief von Dir, es
ist furchtbar, so lange ohne Nachricht zu sein. Die ganze Zeit
male ich mir aus, wie großartig es wäre, führe doch endlich die
Eisenbahn! Wie ergeht es Dir in Moskau? Wie hast Du hinsichtlich unseres Heiligsten – Deines Romans entschieden? Ich
beginne zu empfinden, daß dies Dein und irgendwie auch mein
Kind ist, und indem ich diesen Packen Papier aus den Händen gebe und nach Moskau schicke, ist mir, als ob ich Kind aus
den Händen gebe und mich ängstige, daß jemand ihm etwas
Schlimmes zufügt. Ich habe Deinen Roman sehr liebgewonnen. Wohl kaum werde ich jemals ein anderes Werk so lieb-
haben wie diesen Roman.
[...]

Am Abend.
Eben kam der Bote aus Tula und brachte immer noch keinen Brief von Dir, ich mache mir solche Sorgen, bin derart beunruhigt, niedergeschlagen und mir ist bang. Morgen ist ja schon der letzte Tag [...]. Warum nur wird mir ein solches Leiden geschickt, womöglich, weil ich Dich allzu sehr liebe? [...] Ljowotschka, lebe wohl, ich würde Dir noch länger schreiben, aber das macht mich nur noch trauriger.

1867

[Sofja Andrejewna Tolstaja an Lew Nikolajewitsch Tolstoj]
Samstag, den 17. Juni 1867. Am Abend.
[Jasnaja Poljana]
Mein lieber Ljowotschka, einen ganzen Tag bin ich jetzt ohne Dich und setze mich nun voller Freude nieder, Dir zu schreiben. Dies ist mein wahrer und größter Trost, auch wenn ich nur über allernichtigste Dinge berichte. [...] Den Kindern und den Behrsens geht es gut. Heute morgen ging ich ziellos im Haus umher und fühlte mich sehr einsam und unglücklich. Tee trank ich ganz allein. [...] Nach dem Essen habe ich die Wirtschaft inspiziert, geschaut, ob die Pferde gefüttert waren, und bemerkte, daß sie kein Brot bekommen hatten. Ich rief den Starosta[86] und ordnete an, Brot zu füttern, sollen sie nur wissen, daß ich mich kümmere, das ist doch das Wichtigste, oder? Dann war ich beim Vieh und werde, wie Du gebeten hast, mich auch um die Bienenzucht kümmern, ich versuche, zweimal täglich dorthin zu gehen. [...] Kusminski[87] ist heute nicht hier, aber er kommt morgen. Er ist eigentlich gar nicht übel, und ich habe ihn gern, ungeachtet dessen, wie Du ihn findest. Schlimm ist nur eines, nämlich daß es keine Liebe ist. Tanja erklärte mir heute ganz aufbrausend und echauffiert, daß es zwischen ihnen keine flammende Liebe geben könne, da sie einander

bereits so lange kennen und schon früher ineinander verliebt gewesen seien. Warum dann die Ehe? Wozu? Dies alles ist ein wenig schleierhaft und bedrückend. Ganz im Gegensatz zu uns, da ist alles klar und schön. Und der Liebe ist allzuviel, es ist jedesmal so schwer, sich voneinander zu trennen, und stets habe ich Angst um Dich. Daß Tanja sich mit dieser kleinen und jugendlichen Liebe Saschas abfindet, kann ich einfach nicht verstehen. Ich weiß ja, daß Du mich liebst, und doch wünsche ich mir mitunter, daß Du mich noch mehr liebtest, zweifle, will Beweise, suche herauszufinden, ob Du mir aus irgendeinem Grunde böse bist, will, daß Du mir immer wieder sagst, daß Du mich liebst, liebst, liebst. – Ljowotschka, […] ich stelle mir vor, wie Du Dich voller Energie an Deine Angelegenheiten gemacht hast; wie nur wirst Du alles zu Ende bringen? Sei um Gottes willen bedachtsam, heiter, überwirf Dich mit niemandem, achte auf Deine Gesundheit und denke oft an mich, sorge Dich nicht um uns, ich passe auf alle auf und werde auch selbst keine Dummheiten machen. Und wisse, welche Freude es mir machen wird, wenn Du früher zurückkommst. […] Ljowotschka, […] ich erwarte Dich *au plus tard*[88] am Samstag zurück. Dies schreibe ich, tatsächlich aber erwarte ich Dich schon Mittwoch, Donnerstag, Freitag. Lebe wohl mein Liebster, ich küsse Dich fest, zärtlich und leidenschaftlich. […] Ich gehe nun zu Bett. Wo magst Du nur heute abend sein? Sicher bist Du schon angekommen.

Sonja

[Lew Nikolajewitsch Tolstoj an Sofja Andrejewna Tolstaja]
[18. Juni 1867]
[Moskau]

Es lastet auf meinem Gewissen, daß ich Dir, liebe Freundin, gestern nicht schrieb, aber es ist wohl auch besser so, denn gestern hätte ich Dir einen garstigen Brief geschrieben, denn ich war nicht bei Laune. [...] Bartenjew[89] kommt morgen aus Petersburg zurück, und ich werde ihn treffen. Ich werde sehr froh sein, wenn ich mit ihm übereinkomme und auf Katkow verzichten kann. Was die Illustrationen betrifft, so sagte Baschilow, daß sie für die erste Auflage wohl nicht fertig werden. [...]

Heute war ich bei Sacharin[90], traf ihn nicht an, aber er ist in Moskau. Ich habe ihm eine Nachricht hinterlassen und um einen Termin gebeten. Sollte er sich nicht melden, so werde ich übermorgen Kissinger Heilwasser kaufen, nach Jasnaja schicken lassen und zu trinken beginnen, wie A[ndrej] Je[wstafjewitsch] es mir rät.

Als ich mich gestern Moskau näherte mit seinem Staub und den Menschenmassen, seine Hitze spürte und seinen Lärm vernahm, ward mir so schrecklich zumute, daß ich schnell wieder unter Deine Fittiche kriechen möchte. Ich liebe Dich jedesmal, wenn ich nicht bei Dir bin, nur noch mehr. [...]

Heute abend geht es mir besser, ich hoffe, morgen gesund zu sein. Diese Erschöpfung hat aber auch etwas Gutes. Denn wäre ich nicht in diesem Zustand, so wäre es mir nicht eingefallen, Sacharin aufzusuchen, und ich hätte nicht begonnen, Heilwasser zu trinken, welches auch er vermutlich verschreiben wird und welches auf jeden Fall zuträglich ist. Was machen Deine Zahnschmerzen? Gehst Du denn tatsächlich baden? Wie sehr ich Dich doch liebe! Du bist mir lieber, reiner, ehrlicher, teurer und wertvoller als alle auf der Welt. Ich betrachte die Portraits Deiner Kindheit und bin glücklich.

Ich werde wahrscheinlich schon bald abreisen, denn alles hier gestaltet sich recht günstig, und ohne Dich habe ich gar keine Ausdruckskraft.

Küsse die Kinder, das Tantchen und alle von mir. Lebe wohl meine Liebe.

Sonntagabend.

[Lew Nikolajewitsch Tolstoj an Sofja Andrejewna Tolstaja]

[20. Juni 1867]

[Moskau]

Die Post ist wunderbar – Deinen Brief vom Samstag erhielt ich am Montag, den von Sonntag heute, am Dienstag, als ich aus dem Park kam. Ich sitze allein oben im Zimmer, habe gerade den Brief gelesen und kann Dir die Zärtlichkeit, zu Tränen rührende Zärtlichkeit, gar nicht beschreiben, welche ich für Dich empfinde, nicht nur jetzt, sondern in jeder Minute des Tages. Meine Geliebte, Liebste, die Allerbeste auf der Welt. Schreibe mir, um Gottes willen, jeden Tag, bis Samstag. Ich sehe keine Möglichkeit, früher als am Sonntag zurückzukommen. – Was macht Tanjas Husten? Ziehe ihr Flanellhemden an und wickle sie gut ein – die Jahreszeit ist mißlich, Sommerkälte. – Was Du über Tanja und Kusm[inski] schreibst, schreckt mich noch nicht allzusehr, es ist eine Ausflucht, die Liebe nicht ausschließt. Am meisten besorgt mich ihre Sinnlichkeit, die mir nicht gefällt, die ich aber bei ihnen bemerkt habe. Aber es ist nicht an uns zu urteilen. [...]

Nun zu meinen Gängen des heutigen Tages. Gestern abend noch erhielt ich eine Nachricht von Sacharin, der mir ausrichten ließ, er stehe heute zwischen 2 und 4 zu meinen Diensten und werde mich entweder aufsuchen oder bitte mich zu ihm. Ich entschied mich für letzteres. [...] Er untersuchte mich lächerlich aufmerksam und pedantisch genau; hieß mich mit geschlossenen Augen gehen, liegen und auf bestimmte Weise atmen, pochte und klopfte mich überall ab. Er sagte mir folgendes: »Sie leiden unter 1) starker nervlicher Zerrüttung und 2) Steinen in der Gallenblase – beides ist nicht gefährlich und leicht zu behandeln. Allerdings ist es möglich, daß Sie darüber hinaus 3) an einer Unterzuckerung des Harns leiden, ich gehe zwar nicht davon aus, kann es jedoch nicht zweifelsfrei ausschließen, ohne eine Harnprobe untersucht zu haben. Schicken Sie mir morgen eine Probe, und ich sage Ihnen dann am Don-

nerstag, wie ich Sie zu behandeln gedenke.« – [...] Morgen, am
Donnerstag und am Freitag werde ich die Korrekturen des ersten Teils vornehmen, den ich hierzulassen versprochen habe.
Außerdem habe ich versprochen, einige der historischen Kapitel Pogodin[91], Sobolewski[92], Samarin[93] und Schtschebalski[94]
vorzulesen. Morgen werde ich die Herrschaften treffen. [...]
Ich will selbst wieder richtig leben, aber ohne Dich ist mir nicht
nur traurig und schrecklich zumute, mehr noch, ohne Dich bin
ich wie tot, kein lebendiger Mensch. Ich liebe Dich allzusehr,
wenn Du nicht bei mir bist. Das ist dumm. Lebe wohl, Liebe,
Liebste.
Ist die noch nicht ins reine geschriebene Fortsetzung des Romans zu Hause geblieben oder nicht?

[Lew Nikolajewitsch Tolstoj an Sofja Andrejewna Tolstaja]
[22. Juni 1867]
[Moskau]
Ich schreibe Dir in Lisas Zimmer nach all den tagelangen, ja
fast eine Woche dauernden Anstrengungen, die nunmehr fast
gänzlich zur Zufriedenheit abgeschlossen sind. [...] Heute morgen kam Ries[95], der Schriftsetzer, wir haben den Vertrag unterzeichnet, und ich gab ihm 500 R[ubel] Anzahlung. Dieser Ries
ist ein feiner Kerl, ein sehr praktisch veranlagter und korrekter
Deutscher. Bartenjew, dem ich 10% für Veröffentlichung, Verkauf und Lagerung der Bücher zahle, ist auch ein sehr korrekter Mensch, der sein Handwerk versteht, und mir scheint, man
hätte die Angelegenheit der Publikation nicht besser gestalten
können, alles zusammen wird etwa 4500 R[ubel] kosten. Sie
wird in den ersten Novembertagen fertig, die Korrekturen
nehme ich selbst vor, dann prüft Bartenjew noch einmal, sogar
auf sprachliche Korrektheit, was ich ihm furchtlos gestattet
habe[96]. Es werden 4800 Exemplare gedruckt, die zu 8 R[ubeln]
je Exemplar verkauft werden, davon gehen insgesamt 30% zu

je 10% an Bartenjew und 20% an die Buchhändler. Entgegen ersten Vereinbarungen gebe ich weitere 5% an Bartenjew, zu meiner eigenen Beruhigung. Nun muß ich den gesamten korrigierten ersten Teil hierlassen und einen gewissen Teil des zweiten, dafür aber brauche ich 6 Stunden, die ich bis Samstag zu finden hoffe. Nachdem ich bis um 3 mit Ries und Bartenjew zugebracht hatte, fuhr ich zu Sacharin, wo ich eine Stunde wartete und eine weitere bei ihm verbrachte. Die von ihm angenommene Krankheit hat sich nicht bestätigt, wozu er mich beglückwünschte, die nervliche Zerrüttung und die Gallensteine will er mit Karlsbader Heilwasser behandeln. [...]

Ich fühle mich heute vollständig gesund, und je näher das Ende unserer Trennung rückt, desto weniger versuche ich, an Dich und das mir, ungeachtet der Tagelöhner und Gehilfen, so liebe Jasnaja zu denken. Noch darf ich meinen Empfindungen keinen freien Lauf lassen und muß, wie immer in der Stadt, chaotisch und rastlos, meine Angelegenheiten hier zu Ende bringen.

Lebe wohl, Liebste. – Ich küsse Mamá, Tantchen und die Kinder.

[Lew Nikolajewitsch Tolstoj an Sofja Andrejewna Tolstaja]

[27. September 1867]

[Moskau]

Gerade bin ich aus Borodino[97] zurückgekehrt. Ich bin sehr, sehr zufrieden mit meiner Reise und damit, wie ich sie ungeachtet des fehlenden Schlafes und des unregelmäßigen Essens überstanden habe. Möge Gott mir Gesundheit und Ruhe geben, dann werde ich die Szenen der Schlacht von Borodino derart beschreiben, wie es noch nicht dagewesen ist. (Immerfort lobt er sich selbst!)

Ich habe Dich, im Klosterbett liegend, im Traum gesehen, und es war derart nachdrücklich, daß ich mich an diesen Traum wie an etwas tatsächlich Geschehenes erinnere, und ich denke voller Angst an Dich.

[...]

Dort erhielt ich Deine beiden Briefe.[98] [...] Es wurde mir durch Deine Briefe ganz wohl ums Herz, denn Du bist in ihnen. Du legst Dein Bestes in die Briefe an mich und in Dein Nachsinnen über mich. Im Alltag wird dies allzuoft erstickt von Deiner Garstigkeit, Deiner Streitsucht. [...] Deine Briefe, mein Herz, sind mir das größte Vergnügen und denke doch nicht solchen Unsinn, daß ich sie den anderen zu lesen gebe.

In Borodino fühlte ich mich wohl und hatte das Gefühl, daß ich etwas Wichtiges erledige; hier in der Stadt ist es mir unerträglich, obgleich Du sagst, ich liebte die Vergnügungen hier. Ich wünschte mir so sehr, daß Du nur einen zehnten Teil dessen, wie ich es tue, das Leben auf dem Land liebtest und die Vergnügen des Stadtlebens haßtest. [...] Lebe wohl, Liebste, ich küsse Dich und die Kinder.

27.

[Sofja Andrejewna Tolstaja an Lew Nikolajewitsch Tolstoj]
6. [November 1867]. Montag. Am Abend.
[Jasnaja Poljana]
Deinen Brief, den Du mit den Pferden geschickt hast, lieber Ljowotschka, habe ich erhalten. [...] Ich war schrecklich glücklich, daß Du mir schriebst, vor allem darüber, was Du schriebst. Welchen Ärger könnte ich denn gegen Dich verspüren? Ich erschrecke vor mir selbst nach jedem, selbst dem kleinsten Streit und fühle mich jedesmal ganz hoffnungslos schuldig, und allein deshalb fühle ich mich bemitleidenswert. Heute war ich sehr niedergeschlagen, da Du, wie es schien, voller Ärger fortfuhrst, und ich war sehr glücklich darüber, daß Du mir nicht zürnst. Ich warte so sehr auf den Befund Sacharins bezüglich Deiner Gesundheit und Deiner Lungen, die mir

schreckliche Sorgen bereiten. Nur daran habe ich den ganzen Tag gedacht. [...]

Weißt Du, jedesmal, wenn ich Dich erbose, erschrecke ich nicht darüber, daß ich einen so unverbesserlichen Charakter habe (dies weiß ich ja), sondern darüber, daß mein unverbesserlicher Charakter sich gegen Dich wendet, den zu betrüben, zu verletzen oder zu erzürnen, ich mich gar nicht imstande sehe. Du wirst sicher diese konfusen Gedanken nicht begreifen, doch mir ist das alles sehr klar. Lebe wohl, ich küsse Dich. Verpasse den Zug aus Moskau zurück nicht, denn ich werde sehr auf Dich warten.

1869

[Sofja Andrejewna Tolstaja an Lew Nikolajewitsch Tolstoj]

4. September [1869]. Abends.

[Jasnaja Poljana]

Es gibt Minuten, in denen ich mich ganz und gar verzweifelt fühle, da Du nicht bei mir bist, lieber Ljowotschka, und ich mir ausmale, was mit Dir geschehen sein könnte, besonders, wenn der Tag sich dem Ende neigt und ich des Abends müde mit meinen schwarzen Gedanken, meinen Zweifeln und Ängsten allein bin. Es ist eine solche Qual, ohne Dich zu sein. [...]

Ich habe Alexandrines[99] Brief an Dich aus Liwadija[100] erhalten, den sie an Deinem Geburtstag geschrieben hat. Sie schreibt Dir viele Zärtlichkeiten und mich verdrießt dies. Sie ist ganz Verständnis für Deinen letzten Brief an sie und für Deine Verstimmungen, die Dich seit einiger Zeit quälen, für Deine Vorbereitungen auf den Tod, daß ich bei mir gedacht habe, es sei womöglich besser gewesen, wenn Du einst sie geheiratet hättest, denn ihr würdet einander besser verstehen, sie ist so sprachgewandt, besonders im Französischen. Eines aber bemerkte sie zurecht, nämlich, daß sie aufgrund ihrer unglücklichen Liebe dahin gekommen ist, alles vom Standpunkt des Todes aus zu betrachten. Allerdings schreibt sie, sie verstünde nicht, auf welchem Wege Du dorthin gelangt seist, doch scheint es, daß sie sich fragt, ob nicht womöglich auf demselben Wege wie sie, und ich begann wie sie darüber nachzudenken, ob Du vielleicht nicht aufgrund einer unglücklichen Liebe, sondern aufgrund dessen, daß Dir die Liebe zu wenig gab, dazu gelangt bist, daß Du nunmehr von diesem beruhigenden Standpunkt aus das Leben, die Menschen und das Glück betrachtest. Ich habe mich heute sehr in mich zurückgezogen, betrachte von diesem Standpunkt aus, wo denn mein Weg der Beruhigung sein möge, und ich sehnte mich danach, aus meinem alltäglichen Einerlei auszubrechen, das mich ganz und gar verschlungen hat, in Gesellschaft zu gehen, eine Beschäftigung zu haben, die mich mehr erfreut und zufriedenstellt. Was dies aber sein könnte, das weiß ich nicht.

Wie die kleine Tanja heute immerfort nach Dir fragt und bei jeder nur möglichen Gelegenheit von Dir spricht, das würde Dir gefallen, könntest Du es hören. Serjosha hat zweimal nach Dir gefragt, Iljuscha versteht es noch nicht. Dem Armen hat Serjosha gerade mit der Tür die Nase blutig geschlagen, er atmet ganz schwer und niest ohne Unterlaß. Die kleine Tanja ist wohlauf, Mamá, das Tantchen und allen geht es gut, aber mir schmerzt der Hals, und ich bin ganz heiser. [...]

Ich [...] habe Dir ja gesagt, daß ich ganz aus der Übung bin im Briefeschreiben. Ich möchte Dir alles so schnell als möglich sagen, aber alles auf einmal zu sagen ist unmöglich. Und nun mußt Du diesen konfusen Brief lesen, wenn Du hier wärst, hättest Du mir sicher wieder einmal gesagt: »Du hättest Dich lieber mit dem Samowar unterhalten sollen.« An diesen Ausspruch habe ich mich gerade erinnert und bin nun beleidigt. Lebe nun also wohl, wenngleich ich verstimmt bin, da es mir ohne Dich so schwer ist, küsse ich Dich fest. Und ich, wie auch das Tantchen, möchte Dir sagen: Behüte Dich Gott. Lange noch werden wir uns nicht sehen.

[Lew Nikolajewitsch Tolstoj an Sofja Andrejewna Tolstaja]

[4. September 1869]

[Saransk]

Ich schreibe Dir aus Saransk, liebe Freundin. Bin fast ange-kommen. Von hier aus sind es noch 46 Werst.[101]

Wie geht es Dir und den Kindern? Es ist doch nichts passiert? Mich quält seit zwei Tagen große Unruhe. Am dritten Tag un-serer Reise übernachteten wir in Arsamas, und dort geschah mir etwas Absonderliches. Es war zwei Uhr nachts, ich war furchtbar müde, wollte schlafen, nichts tat mir weh. Plötzlich jedoch überfielen mich Schwermut, Angst, Entsetzen, wie ich es noch niemals zuvor erlebt habe. Genaueres über dieses Ge-fühl berichte ich Dir später; doch ein solch quälendes Gefühl habe ich noch nie zuvor empfunden und Gott behüte, daß irgend jemand sonst es einmal erleben muß.[102] Ich sprang auf, befahl anzuspannen. Während angespannt wurde, schlief ich noch einmal ein, und als ich wieder aufwachte, fühlte ich mich gesund. Gestern, auf der Fahrt, kehrte dieses Gefühl in weit schwächerem Maße wieder zurück, doch ich war darauf vor-bereitet und ließ nicht zu, daß es mich übermannte, es war ja auch viel schwächer. Heute fühle ich mich gesund und heiter, zumindest so, wie ich es ohne die Familie sein kann.

Während dieser Reise habe ich zum ersten Mal erkannt, wie sehr ich mit Dir und den Kindern zusammengewachsen bin. Ich kann allein bleiben, um Geschäfte zu erledigen, wie es in Mos-kau der Fall ist, doch sobald ich ohne Beschäftigung bin, fühle ich ganz entschieden, daß ich nicht allein sein kann. [...]

Seit Nowgorod etwa 2/3 des Weges ein und dasselbe Bild: Sandboden, prachtvolle Bauernhäuser wie in der Umgebung Moskaus. Mir gefällt diese Landschaft nicht. Bei Saransk be-ginnt die Schwarzerde, alles gleicht der Umgebung Tulas, sehr malerisch. Ich hoffe, meine Reise kurz zu halten, schreibe aber nichts Genaues, bevor ich nicht an Ort und Stelle angelangt bin. [...]

Lebe wohl Liebste. Eines ist gut, nämlich daß ich weder über den Roman noch über die Philosophie nachdenke.[103]

1871

[Sofja Andrejewna Tolstaja an Lew Nikolajewitsch Tolstoj]
10. Juni [1871]. Donnerstagabend.
[Jasnaja Poljana]
Ich schicke Dir, lieber Ljowotschka, Stjopa[104], der nun doch mit Dir fahren möchte, und die kleine Ikone, die immer und allerorten bei Dir war. So soll es auch dieses Mal sein. Du wirst sicher erstaunt sein, daß ich sie Dir schicke, doch der Gedanke, daß Du sie mit Dir nimmst und sie in Ehren halten wirst, ist mir Beruhigung. [...]
Ich hoffe, Dir wird die Trennung nicht allzu schwerfallen – Du bist durchaus dazu begabt, in Dir selbst Beruhigung zu finden. Meinetwegen sei unbesorgt, ich hoffe, daß ich tapfer und vernünftig in allem sein werde, was mich und die Kinder betrifft. [...] Denke vor allem an Dich, an Deine Gesundheit und Seelenruhe und nicht so viel an uns. Lebe wohl, Lieber, ich küsse Dich fest. Ich fühle, daß die Kinder mein Trost sind, Deiner jedoch ist Dein geistiges, inneres Erleben. Gebe Dich um Gottes Willen nicht den Ängsten hin, der Schwermut, der Selbstquälerei. Alles, was Du Deiner Seelenruhe wegen unternehmen wirst – alles werde ich gutheißen.
Tag für Tag wird vergehen, wir werden es aushalten, so Gott will. Lebe wohl, schreibe mir oft und stets die ganze Wahrheit über Deine Gesundheit und Deinen Seelenzustand.
Deine Sonja.

[Sofja Andrejewna Tolstaja an Lew Nikolajewitsch Tolstoj]

13. Juni 1871. Sonntag.

[Jasnaja Poljana]

Heute habe ich so sehr auf Deinen Brief gewartet, lieber Ljowotschka, und wieder ist keiner gekommen. [...] Nur, wenn
ich vielmals Briefe von Dir bekomme, werde ich die Trennung
von Dir ertragen können. Ich schreibe Dir in der Hoffnung,
daß morgen ein Brief von Dir gebracht wird, sonst weiß ich ja
nicht einmal Deine Adresse. So viel gibt es zu erzählen und zu
berichten, daß ich gar nicht weiß, wie ich Dir alles darlegen
soll, und ich weiß gar nicht, was Dich am meisten interessieren
wird. Das Wichtigste: Uns allen, ohne Ausnahme, geht es gut,
alle sind wohlauf. Gestern haben wir Mamá abgeholt. [...] Wir
haben sie in Tula getroffen, sie hatte gar nicht mit uns dort
gerechnet und sich sogar schon ein Billett nach Jassenki genommen. Um so mehr freute sie sich, uns zu sehen. [...]
Ohne Dich herrscht hier ständige Betriebsamkeit: Wir gehen
schwimmen, machen Ausfahrten, Spiele, Gesang, Spaziergänge. Und in all dem Lärm ist es hier ohne Dich doch wie seelenlos. Du allein vermagst es, allem etwas Poetisches und einen
Zauber zu verleihen, alles erhaben zu machen. Ich empfinde es
so. Für mich ist ohne Dich alles wie tot. Wenn Du nicht bei mir
bist, liebe ich alles, was auch Du liebst, und frage mich oft
selbst, ob ich es liebe, weil es mir gefällt oder weil Du es liebst?
[...]
Die Kinder haben ein wenig Unterricht, gehen baden und sind
sehr liebevoll gegen mich. Ob sie merken, wie sehr Du mir
fehlst, oder ob es sich einfach so ergeben hat – ich weiß es
nicht. [...] Sei bitte standhaft, mache Deine Kumys[105]-Kur
recht lange und gib Dich nicht Angst und Schwermut hin, denn
dies ist Deiner Erholung nicht zuträglich. Schreibe mir, um
Gottes Willen, oft. Ich werde glücklich sein, Dir zu schreiben, allein, wohin? [...] Ich denke immerfort an Deine Worte:
»Schreibe mir, was bei Euch geschieht.« Aber bei uns geschieht

überhaupt nichts, und doch ist der Brief so lang geworden. Und so wird es die ganzen Tage weitergehen. Nichts geschieht, außer jenem, daß mein Leben an dem Tag stehenblieb, als Du abreistest. [...] Lebe wohl, mein lieber Freund, stets und allerorten spüre ich Deine Nähe. Ich bemühe mich mit aller Kraft, Deinetwegen nicht besorgt zu sein und nicht immerfort an Dich zu denken. [...] Noch einmal: Lebe wohl, ich küsse Dich auf Dein Haupt, küsse Deine Lippen, Deinen Hals und Deine Hände, wie ich es tue, wenn Du hier bist. Gott sei mit Dir, sei achtsam mit Dir selbst.

Deine Sonja.

[Lew Nikolajewitsch Tolstoj an Sofja Andrejewna Tolstaja]

[14. Juni 1871]

[Dubowaja]

Zwei Tage und Nächte haben wir nun auf der Wolga hinter uns gebracht, und es war wie immer überaus unterhaltsam, aber unruhig. Ich würde sagen, daß ich mich ganz und gar gesund fühle, wäre nicht die Schlaflosigkeit und meine sehr niedergeschlagene Seelenstimmung. Tatsächlich ist Stjopa mir sehr nützlich, und ich spüre, daß mich in seinem Beisein so etwas wie das Grauen von Arsamas[106] nicht überfallen wird. – Die Freunde des Kumys haben sich so sehr vermehrt, so daß alle vier Quartiere bei Samara überfüllt sind, es gibt weder eine Bleibe noch Kumys. Ich hoffe, daß dies in Karalyk[107] nicht auch der Fall sein wird. Das Unerquicklichste an Karalyk ist allerdings, daß es dorthin keine Postverbindung gibt; ich kann nicht ohne Entsetzen daran denken, daß wir beide zwei Wochen lang ohne Briefe voneinander bleiben werden. Ich habe also folgendes beschlossen: Ich werde Dir jedesmal schreiben, wenn sich die Gelegenheit ergibt, einen Brief nach Samara mitzugeben, aber sollte eine Woche lang keine Gelegenheit sein (ich hoffe, es wird öfter eine geben), werde ich mit meinen und

nach Deinen Briefen auf das Postamt nach Samara schicken.
Schreibe Du mir, wie ich Dich gebeten habe, so oft als möglich,
aber nicht weniger als zweimal in der Woche.

Ich weiß nicht, wie es weitergehen wird, aber bisher bin ich
noch nicht vom Zustand der Schwermut befreit. Stjopa ist
überaus artig. Lebe wohl Liebste, küsse alle von mir.

14., des Nachts.

[Sofja Andrejewna Tolstaja an Lew Nikolajewitsch Tolstoj]

17./18. Juni [1871]

[Jasnaja Poljana]

Ich schreibe Dir, lieber Freund Ljowotschka, in nicht eben
heiterer Stimmung. Hier ist die Njanja erkrankt, und auch
Ljowuschka[108] hat Temperatur, leidet an Übelkeit mit Erbrechen. Ich habe deshalb viel Scherereien, doch ich verzage nicht,
und alle – Mamá und Hannah, Lisa und Warja – sind mir eine
große Hilfe. Seit Du weg bist, schone ich mich sehr[109], lege
mich am Nachmittag ein wenig hin, gehe an die Luft usw. Die
anderen Kinder und alle anderen sind wohlauf. Die Kinder
pflücken voller Begeisterung Walderdbeeren, sind fröhlich und
werden nun bei den Spaziergängen von ihrer Großmutter begleitet, da Hannah mir hilft. [...] Ich erhielt vorhin Deinen
Brief, den Du auf dem Schiff an mich schriebst und bin sehr
glücklich darüber, daß es Dir gut geht. Zusammen mit Deinem
Brief erhielt ich auch einen von Fet[110] und einen von Urussow[111].
[...]
Du schreibst, ich solle Dir alles ganz ausführlich berichten,
doch habe ich leider heute gar keine Zeit. Dir zu schreiben,
mag ich sehr, dies und Deine Briefe sind mein einziger Trost.
Ich schicke Dir ein Photo von mir, das ich am Dienstag in Tula
habe aufnehmen lassen.
[...]
Deine Freunde Fet und Urussow sind überzeugt, daß Du an

den Griechen erkrankt bist, und ich stimme ihnen zu – dies ist einer der Hauptgründe.[112] [...]

Sei sehr herzlich bedankt für das Nachtgeschirr und das *pas-de-géant*[113]. Sobald es mir etwas besser geht, mache ich mich mit dem Fürsten [Urussow] daran, es aufzustellen. Er sagt, man solle dazu ein paar Soldaten aus der Kaserne anheuern. Für den Anbau haben wir für 450 S[ilber] R[ubel] Wald gekauft. Der Platz vor dem Haus ist bereits voller Stämme und dicker Balken. Bald wird wohl mit dem Bauen begonnen. [...]

Lebe wohl, lieber Freund, ich küsse Dich fest, bald schreibe ich Dir wieder, aber nun habe ich wirklich keine Zeit mehr. Bleibe so lange als möglich, werde gesund, schreibe oft und sei unseretwegen beruhigt.

Sonja.

17. Juni

[Lew Nikolajewitsch Tolstoj an Sofja Andrejewna Tolstaja]

[18. Juni 1871]

[Karalyk]

Ich schreibe Dir den vierten Brief, meine teure Freundin, von Dir habe ich bis jetzt keinen erhalten und konnte auch noch keinen erhalten. Ich erwarte, daß der Bote am Montag Briefe aus Samara bringen wird. Ich kann Dir absolut nichts Angenehmes berichten. Um meine Gesundheit ist es immer noch schlecht bestellt. Seit ich hier angekommen bin, ergreift mich jeden Tag schon um sechs Uhr am Abend Schwermut wie ein Fieber, eine physische Schwermut, ein Gefühl, das ich Dir nicht besser beschreiben kann als so, daß die Seele sich vom Körper trennt. Der Sehnsucht in meiner Seele nach Dir gebe ich mich nicht hin. Und ich denke auch nicht an Dich und die Kinder, ich gestatte es mir nicht, denn wenn ich an Euch dächte, reiste ich sogleich ab. [...]

Wir leben in einer großen Jurte, trinken Kumys (auch Stjopa, den alle dazu einladen); die Beschwernisse des Lebens hier würden Deine Kreml-Seele in Grauen versetzen: Es gibt keine richtigen Betten, kein Geschirr, kein Weißbrot, keine Löffel. Wenn Du uns sehen könntest, wäre es Dir leichter, ein Unglück wie einen nicht durchgebratenen Puter oder einen nicht ausreichend gesalzenen Hefezopf zu ertragen. Doch sind diese Beschwernisse nicht unerträglich, und es wäre sogar heiter, wenn ich nur gesund wäre. So aber stecke ich nur Stjopa mit meiner Schwermut an. Ich sehe, daß er sich langweilt. [...]

Am meisten schmerzt mich, daß ich aufgrund meiner schlechten Gesundheit mich nur als den zehnten Teil dessen empfinde, der ich bin. Ich empfinde kein geistiges oder, was wichtiger ist, kein poetisches Vergnügen. Auf alles blicke ich wie ein Toter, ebenso wie viele, die ich dafür immer verabscheut habe. [...] Und wenn ich eine poetische Stimmung verspüre, dann nur eine ganz säuerliche, weinerliche – und bin versucht, in Tränen auszubrechen. Vielleicht ist dies der Beginn der Heilung.

Was gibt es zu Hause, schreib mir alles ausführlich über alle. [...]

Lebe wohl Liebste, schreibe mir so oft als möglich. Küsse alle von mir.

18. Juni.

Adresse: Samara postlagernd.

[Sofja Andrejewna Tolstaja an Lew Nikolajewitsch Tolstoj]

[28. Juni 1871]

[Jasnaja Poljana]

Sowohl gestern als auch heute habe ich Briefe von Dir erhalten, lieber Ljowuschka, und sie haben einen allzu traurigen Eindruck bei mir hinterlassen, da Dir nicht wohl ist. [...] Wenn ich mich nicht selbst damit beruhigte, daß sich alles zum Besten wendet, so verlöre ich vor lauter Sorge um Dich den Verstand.

Doch ich bin froh und dankbar, daß Du mir alles genauestens und wahrheitsgemäß berichtest. [...]

Wenn du über den Griechen sitzt, wirst du nicht gesunden. Sie haben diese Schwermut und diese Gleichgültigkeit gegen das Leben über Dich gebracht. Nicht umsonst ist dies eine tote Sprache, sie bringt den Menschen in eine tote Seelenverfassung. Denke nicht, ich wüßte nicht, warum man das Griechische eine tote Sprache nennt, doch ich gebe dem eine weitere Bedeutung.

Heute hat Serjosha Geburtstag. Ich habe ihm Bauklötze und kleine weiße Ziegelsteine geschenkt. Er hat sich sehr gefreut und war den ganzen Tag über sehr lieb. [...] Was bekam er auch nicht alles geschenkt: von Tanja ein Lotteriespiel, von Tantchen Pauline[114], die heute morgen ankam, ein prachtvolles Tintenfaß, von Mamá ein Zoo-Ratespiel, dann noch eine Uhr, Konfekt usw. [...] Bis heute geht es den Kindern, Gott sei es gedankt, gut und sie wachsen und gedeihen. Auch mir geht es gut, fast sehr gut sogar. Allein die Sorge um Dich und Deine unbegreifliche Krankheit reißt mir die Seele aus dem Leib. Ich kann mir gar nicht vorstellen, wie Ihr dort lebt, bei all der Unbehaglichkeit; doch schmerzt es mich immer so sehr, wenn es Dir nicht gut geht und Dir unbehaglich ist, so daß ich mich bemühe, nicht daran zu denken. Wenn ich Deine Briefe erhalte, bin ich immer sogleich ganz von Dir ergriffen, empfinde Deine Nähe, als ob Du hier bei mir seiest und ich mich mit Dir unterhielte; doch ich schicke Dich dann sogleich wieder fort, damit ich nicht ins Grübeln verfalle und in Verzweiflung gerate.

[...]

Ljowuschka habe ich gerade sehr lieb. Ich fragte ihn, auf Mamá zeigend: »Wer ist das?« Und er antwortete »*Babika*[115]«. Dann blickte er zu Pelageja Iljinitschna, lachte und sagte: »Viele *babiki*«. Das war sehr lustig. Gerade sagt er zu allen »Du Liebe«, und das ist so reizend.

Ich koche mit Trifowna[116] fleißig Marmelade ein. [...] Das *pas-de-géant* haben wir heute aufgestellt, doch konnte man es noch nicht benutzen, die Erde ist noch nicht fest. Die Kinder begreifen offenbar noch nicht, welche Freude es ihnen bereiten wird und warten voller Ungeduld. Morgen probieren wir es aus.

Lebe wohl, teurer Freund; ich gebe Dir nun keine Ratschläge mehr. Wenn Du schwermütig bist, so ist Dir dies abträglich. Tue, was immer Du für richtig hältst, möge es Dir gut tun. Sei bemüht, vernünftig zu sein und zu begreifen, was Dir wohl tun könnte. [...] Wenn ich dir doch nur einen kleinen Teil meiner eigenen Gesundheit, meiner Energie und Kraft geben könnte. Ich werde nie ersterben. Mir genügt meine starke Liebe zu Dir, um alle sittlichen und lebenswichtigen Kräfte aufrechtzuerhalten. Leb wohl, es ist nun zwei Uhr nachts, ich bin allein und doch bei Dir.

Sonja.

[Lew Nikolajewitsch Tolstoj an Sofja Andrejewna Tolstaja]

[23. Juni 1871]

[Karalyk]

Mit Freude schreibe ich Dir gute Nachrichten, liebe Freundin, über mich, nämlich daß ich mich bereits zwei Tage nach meinem letzten Brief an Dich, in dem ich über Schwermut und Unwohlsein klagte, besser zu fühlen begann, und mich plagt das Gewissen, daß ich Dich beunruhigte. Ich kann mich einfach nicht enthalten, Dir alles zu schreiben, was mir durch den Sinn geht. Das einzige, das mich quält, ist, daß es morgen bereits zwei Wochen sind, daß ich nicht mehr zu Hause bin und ich immer noch kein einziges Wort von Dir gehört habe. Die Angst um Euch ergreift mich, wenn ich an Dich und die Kinder denke und mir vorzustellen suche, was mit Euch geschehen sein mag.

Daran, daß mich keine Briefe erreichen, trägt niemand außer

dem Flecken hier die Schuld: Auf 130 Werst gibt es keine Post-station. [...] Ich habe jetzt eine neue Adresse und füge sie am Schluß des Briefes hinzu. Schreibe einmal nach Samara, einmal an die neue Adresse. Wenn ich Deine Briefe erhalte, teile ich Dir mit, über welche Adresse es schneller geht.

Alles, worüber ich klagte – Schwermut und Gleichgültigkeit –, ist vergangen; ich fühle, wie ich in einen skythischen Zustand gerate – alles ist interessant und neu. Ich verspüre keinerlei Lebensüberdruß, allein die stete Angst um Dich und daß Du mir fehlst, lassen mich die Tage zählen, wann endlich meine Einsamkeit und meine unvollständige Existenz ein Ende haben wird. 6 Wochen lang werde ich Tag um Tag aushalten, doch am 5. August möchte ich zu Hause sein, aber ich fürchte, dies zu denken und auszusprechen. Was jedoch wird mich dort erwarten? Werden alle wohlauf sein und dieselben, die ich ver-ließ? Vor allem Du?

Neu und interessant ist so vieles: die Baschkiren, die nach Hero-dot riechen, die russischen Bauersleute, die Dörfer, die beson-ders schön sind wegen der Einfachheit und Freundlichkeit ihrer Bewohner. Ich habe ein Pferd für 60 Rubel gekauft, Stjopa und ich reiten viel. [...] Ich werde Dir viel zu erzählen haben und werde es Dir verübeln, wenn Du horchst, ob Mascha jammert, und nicht auf das, was ich erzähle. Wird es so sein? Und wann? Ich schieße Enten, von denen wir uns ernähren, gerade sind wir ausgeritten, um Trappen zu jagen, wie immer haben wir sie nur erschreckt, und zu den Wolfsjungen, von denen ein kleiner Baschkir gestern eines gefangen hat. Ich lese Griechisch, aber nur wenig. Habe gar keine Lust dazu. [...] Habe keine Lust, etwas zu tun, das mir abträglich ist: nicht angestrengt zu arbei-ten noch zu rauchen (Stjopa gewöhnt es mir ab und gibt mir eine stets verringerte Zahl an Papirossa täglich, zur Zeit 12), noch Tee zu trinken, noch lange aufzubleiben.

[...]

In meinen Träumen bin ich Euch sehr nahe. In den ersten

Nächten träumte ich von Dir, dann von Serjosha. Das Portrait der Kinder zeige ich den Baschkiren und Baschkirinnen. [...]

Serjosha!
Schreibe mir, wie es Dir geht und was Du machst. Reitest Du und wirst Du oft von Mamá und Hannah gescholten oder loben sie Dich? Welche Zensur hast Du im Betragen? Ich küsse Dich.

Tanja!
Hier gibt es einen Knaben. Er ist 4 Jahre alt und wird Asis gerufen. Er ist dick und rund, trinkt Kumys und lacht immerfort. Stjopa hat ihn sehr gern und gibt ihm von seinen Karamelbonbons. Dieser Asis läuft nackt umher. Dann lebt bei uns noch ein Herr, der immer sehr hungrig ist, denn er hat außer Hammelfleisch nichts zu essen. Und dieser Herr sagt: Es wäre doch gut, Asis zu verspeisen, er ist so schön fett. Schreibe mir, welche Zensur Du im Betragen hast. Ich küsse Dich.

Iljuscha!
Bitte Serjosha, daß er Dir vorliest, was ich schreibe.
Heute ist ein kleiner Baschkire ausgeritten und hat drei Wolfsjunge gefunden. Er hatte keinerlei Furcht vor ihnen und ist vom Pferd gesprungen. Sie begannen, ihn zu beißen. Zwei ließ er laufen, eines aber hat er gefangen und hierher gebracht. Und nun wird vielleicht heute nacht die Wolfsmutter hierherkommen. Und wir werden auf sie schießen. Ich küsse Dich. Küsse beide Tantchen, Ljowuschka und Mascha von mir, grüße Hannah, Natalja Petrowna[117] und die Njanja, und laufe auch ins Dorf und sage Iwans[118] Kindern und seiner Frau, daß er wohlauf ist und sich mit den Baschkiren auf Tartarisch unterhält, wobei er bisweilen sehr laut schreit, sie aber haben gar keine Furcht vor ihm und lachen ihn aus.

Lebe wohl Liebste, ich küsse Dich.
Die Adresse bleibt die alte.

[Sofja Andrejewna Tolstaja an Lew Nikolajewitsch Tolstoj]
30. Juni [1871], des Nachts.
[Jasnaja Poljana]

Seit dem gestrigen Tage sind mir Flügel gewachsen. Gestern erhielt ich Dein Telegramm, lieber Ljowotschka, und seitdem bin ich froh, habe wieder Kraft und bin guten Mutes[119]. Liebster, Du wußtest, daß dies meine Seele stärkt, und tatsächlich ist dem so. Plötzlich habe ich wieder alle lieb, allein, da du wieder froh bist, lebendig und gesund, wie Du in Deinem Telegramm schreibst, was, wie ich hoffe, die Wahrheit ist. Werde weiter gesund und strebe nicht nach Hause, es ist Dir nicht allzu schwer dort und so halte auch ich es aus.

Gestern waren wir in der Kirche, und ich ließ alle Kinder die Kommunion empfangen. Alles ging gut, die Kinder waren artig, die Pferde liefen zügig, und wir kamen zu Beginn des Gottesdienstes an. Ljowuschka fiel, wie immer, besonders auf. Als die anderen Kinder den Wein tranken und die Hostie empfingen, hob er den Kopf und rief: ›Ljolja auch will bitte!‹ Als dann der Kelch zum Altar getragen wurde, rief er aus: ›Ljolja *more*[120] davon!‹ Alle haben gelacht.[121] Mascha[122] schlief und hat fast überhaupt nicht geschrien; die kleine Tanja machte mit dem geöffneten Schirm auf erwachsen, Du weißt ja, wie sie sich zu ernsten Gelegenheiten erwachsen und feierlich gibt. […]

Gestern liefen wir alle, groß und klein, voller Begeisterung am *pas-de-géant*. Der Aufbau ging gut vonstatten, aber der Mittelbalken steht nicht ganz fest. […] Nach Deinem Telegramm hätte ich nicht nur am *pas-de-géant* fliegen können, sondern gleich ganz in den Himmel. Den Kindern gefiel es sehr, sie waren entzückt; keinen Tee wollten sie trinken, immer nur wieder zur Wiese, und schlafen gehen wollten sie auch nicht. […] Mamá kümmert sich sehr um die Kinder, spielt mit ihnen und unterrichtet sie. Sie hat Serjoscha ein Diktat schreiben lassen, und das hat ihm so gut gefallen, daß er immerfort bittet, sie

möge ihm wieder diktieren. Mamá war erstaunt, wie gut er
Französisch liest, was mich sehr gefreut hat. Die Kinder haben
im Garten Unterricht, und so ist es ihnen nicht allzu schwer.
Das Wetter hier ist wunderschön und warm. [...]
Nach dem Essen liefen wir heute in den Wald, denn es wurden
die Closetts geleert. Wir haben Pilze und Beeren gesammelt,
und ich war so glücklich mit den Kindern: So ruhig und froh
war mir bei dem Gedanken, daß ich meine Aufgabe habe und
daß mein Platz und meine Ruhe hier ist. [...]
Lebe wohl, teurer Freund, ich küsse Dich, sei beruhigt, heiter
und gesund. Bald schreibe ich wieder.
Deine Sonja.

[Lew Nikolajewitsch Tolstoj an Sofja Andrejewna Tolstaja]
[8.-9. Juli 1871]
[Karalyk]
Gestern war ein glücklicher Tag. Ich verzweifelte fast, während ich auf Briefe wartete, und als der Bote aus Samara endlich zurückkehrte, verlautbarte er, daß er keine Briefe erhalten
habe, denn die seien von einem Russen mitgenommen wurden.
Der Russe konnte entweder der Verwalter aus dem Nachbarort oder der Verwalter von Timrot[123] sein, die ich beide gebeten hatte, auf die Poststation zu gehen. Ich sattelte also mein
Pferd und ritt zu beiden. Bei dem einen – nichts. Ich reite weiter
zu Timrot. »Ist der Verwalter schon zurück?« – »Nein. Aber
die gnädige Frau war in Samara und hat einen Haufen von
Briefen mitgebracht«, teilt mir ein Bauer mit. – »Sind welche
für mich dabei?« – »Die sind alle für Sie.« [...] Ich las sie sogleich dort auf dem Hof, und der einfache Landmann ging vorüber und sagte: »Nun, ist das denn nicht wirklich ein Haufen?«
Deine Photographie war auch dabei. Sie hat mich sehr gefreut
und tut es noch (denn ich blicke oft auf sie), obwohl der erste
Eindruck nicht gerade angenehm war. Du schienst mir alt, ma-

ger und bedauernswert. Es ist übrigens immer so, daß nach einer Trennung das Photo und selbst das wirkliche Antlitz des Menschen, für den man nicht Liebe, sondern viel mehr als diese empfindet (wie ich für Dich), Enttäuschung hervorruft. Vor meinem inneren Auge sehe ich Dich immer genauso, wie Du tatsächlich bist, aber vollkommen. Doch die Wirklichkeit ist nicht vollkommen. Mittlerweile habe ich mich mit dem Portrait ausgesöhnt, es ist mir angenehm, sehr sogar. – Deine Briefe habe ich sicher dreimal oder noch öfter gelesen. [...]
Es hat mich sehr gefreut, daß Du gegen Mascha zärtlicher geworden bist. Ich liebe sie so sehr, und es bekümmerte mich, daß Du so kühl gegen sie warst.
Dein Portrait erinnert an eine Märtyrerin, und doch bin ich glücklich darüber.

[Sofja Andrejewna Tolstaja an Lew Nikolajewitsch Tolstoj]
4. Juli [1871]. Nach dem Essen.
[Jasnaja Poljana]
Ob Du meine Briefe erhältst oder ob sie verlorengehen, weiß ich nicht, trotzdem schreibe ich Dir beständig, denn dies ist die einzige Beschäftigung, die mich erfreut, sonst habe ich nur den Haushalt, das Einkochen von Marmelade, die Dienstboten – all dies erdrückt mich. [...] Ich bin daran gewöhnt, mich gemeinsam mit Dir auf jene geistige Höhe zu erheben, die mich erleuchtet und mit dem Preis für das Birkhuhn (d.h. mit dem Haushalt) versöhnt.
[...]
Die Kleinen sind wohlauf, Mascha wird langsam kräftig, Du wirst sie sehr verändert finden. Daß Mamá abreist, macht mich sehr traurig, sie ist mir Stütze, Beistand und Trost. [...] Ich wollte Dir schreiben, wie sich unser Leben hier gestaltet, doch es geht nicht, denn wir haben gar keinen besonderen Tagesablauf. Ich stehe gegen zwölf Uhr auf, denn ich schlafe

erst gegen fünf ein. Seit vier Nächten kann ich nicht schlafen, Gott weiß, weshalb. Ich lese englisch und denke über Dich, über alles und alle nach. Während ich Kaffee trinke, sind die Kinder beim zweiten Frühstück. Ich sitze mit Mamá zusammen, koche Marmelade ein oder nähe; vor dem Essen fahren wir zum Baden, danach sitzen wir auf dem Balkon, unterhalten uns und nähen. Dann laufen die Kinder und bisweilen auch wir am *pas-de-géant*, am Abend sitzen wir wieder beieinander, auch Tanja leistet uns Gesellschaft. [...]

Voller Ungeduld erwarte ich heute Briefe von Dir. Ich habe mittlerweile sechs erhalten und danke Dir, mein Lieber, daß Du mir so oft schreibst. [...] Die Briefe sind ein solcher Trost. Zuweilen bekümmert es mich, daß Du auf alle Bequemlichkeiten verzichten mußt. Leidest Du sehr darunter? Wirkt sich dies nicht abträglich auf Deine Gesundheit aus? Der Kumys wird Dir wohltun, dies ist sicher; doch werde nicht schwach und bleibe die vereinbarte Zeit dort. [...]

Die Kinder wollen Dir auch schreiben, doch das Pilze sammeln, Beeren sammeln, das *pas-de-géant*, das Baden usw. nimmt ihre ganze Zeit und Leidenschaft in Anspruch. Sie haben sich sehr über Deine Zeilen an sie gefreut. Haben gelacht und ihre Kommentare abgegeben. Serjosha ist sehr interessiert zu erfahren, ob Du das Pferd und den Hund, die Du dort kauftest, mitbringen wirst. Lebe nun also wohl, ich küsse Dich wieder und wieder. Deine Sonja.

7. Juli

[Lew Nikolajewitsch Tolstoj an Sofja Andrejewna Tolstaja]

[27. Juni 1871]

[Karalyk]

Heute, am 27., habe ich des Morgens Deinen Brief vom 13. erhalten. Er ist vermutlich am 14. aus Tula abgegangen, und auch Du hast meinen ersten Brief bereits. Einen Brief von Dir zu

bekommen, ist wie ein kleines Rendezvous: Ich empfinde dasselbe Gefühl der Ungeduld, Freude und Angst, wenn ich ihn
zur Hand nehme, als ob ich nach Hause komme. [...]
Meine Gesundheit ist nicht schlecht, aber ich kann nicht sagen, daß sie gut sei – es ist ein Auf und Ab. Vor ein paar Tagen begann ich zu husten und hatte ein Stechen in der Seite, das
ist nun aber wieder von selbst vergangen. [...] Hier die Beschreibung unseres Alltags: Ein baschkirisches Dorf, ihr Win-
terlager, befindet sich in zwei Werst Entfernung. Im Nomaden-
lager, auf dem Feld beim Fluß, leben nur drei Baschkirenfami-
lien.

Unser Wirt (er ist Mullah) besitzt vier Jurten; in der einen wohnen er mit seiner Frau und sein Sohn mit der seinen (der Sohn
Nahim, den ich von damals[124] noch kenne, als er ein Junge war),
in der zweiten Gäste. Es kommen unentwegt Gäste, Mullahs,
und von früh bis spät wird Kumys getrunken. In der dritten
Jurte leben zwei Männer, die sich ebenfalls einer Kumys-Kur
unterziehen [...], in der vierten, einer sehr großen, die einstmals als Moschee diente und sehr undicht ist (gestern nacht
regnete es durch) wohnen wir. Ich schlafe in einem Bett auf
Stroh und Filz, Stjopa auf einem Federbett auf dem Boden und
Iwan auf seinem Ledermantel in der anderen Ecke. Es gibt
einen Tisch und einen Stuhl. Ringsherum hängen verschiedene
Sachen: Auf der einen Seite unser Buffet und die Produkte, wie
Iwan unsere Verpflegung nennt, auf der anderen die Garderobe mit der Kleidung, schließlich unsere Bibliothek und das
Arbeitszimmer. Allerdings war dies nur zu Beginn so, nunmehr
ist alles durcheinander geraten. Besonders die Hühner, die wir
gekauft haben und die mir ein Pope einfach so schenkte, bringen alles in Unordnung. Dafür aber schenken sie uns jeden Tag
vor unseren Augen drei Eier. Außerdem befinden sich hier
auch noch der Hafer für die Pferde und ein Hund, ein prachtvoller schwarzer Setter. Das Pferd ist hellbraun und leistet mir
gute Dienste. Ich stehe sehr früh auf, oft gegen halb 6 (Stjopa

schläft bis 10), trinke Tee mit Milch, drei Tassen, und gehe in der Nähe der Jurten etwas spazieren, sehe den Pferdeherden zu, die aus den Bergen zurückkehren, was überaus eindrucksvoll ist – um die tausend Pferde, die in kleinen Gruppen laufen, unter ihnen auch Fohlen. Dann trinke ich Kumys und mache gewöhnlich einen Spaziergang ins Dorf, dort wohnen die anderen Freunde des Kumys, alle sind natürlich untereinander bekannt. [...] Ich suche sie mit Stjopa zusammen in der Regel zweimal täglich auf sowie auch die mir bekannten Baschkiren und mache eine ausgedehnte Wanderung oder einen Ausritt. Es gibt jeden Tag Hammelfleisch, das wir aus einer Holzschüssel mit den Händen essen. Zu Stjopas Trost habe ich in Samara Pastillen und Marmelade gekauft, und er genießt diese Produkte zum Dessert.

In 30 Werst Entfernung von hier steht ein Grundstück zum Verkauf. Wie und was – Dir das alles zu berichten, dauerte zu lange. Jedenfalls ist es ein günstiges Angebot. Bei gutem Ernteertrag hätte man den Preis bereits in zwei Jahren wieder heraus. 2500 Des[jatinen[125]] beim Preis von 7 [Rubel] für die Des[jatine], und 10 000 müßte man noch hineinstecken. Noch nie zuvor war ich bei einem Kauf von Land derart überzeugt von der Richtigkeit, wie es hier der Fall ist. Ich habe dem Mittelsmann nach Samara geschrieben und bin gewillt, den geforderten Preis zu bezahlen. Selbstverständlich möchte ich zuvor Dein Einverständnis. Damit das Gut Ertrag abwirft und der Kaufpreis erwirtschaftet werden kann, müßten wir im nächsten Sommer hier leben. Gestern ritt ich zu dem zukünftigen Nachbarn, Timrot, einem ehemaligen Lyzeumszögling, mit Frau und fünf Kindern. Ich kann Dir gar nicht sagen, welche Freude und Trauer mich beim Anblick des gedeckten Teetisches und der Kinder überfielen. Ein kleines Häuschen, das 600 R[ubel] kostet, ein bestellter Garten, absolut kein Schatten, doch die Luft der Steppe, Badegelegenheit, Kumys, Ausritte – all dies hätten auch wir. Diese Landschaft hier ist malerisch – hügelig und waldlos. Wasser findet man überall, wo man einen Brunnen bohrt. [...]

Stjopa und ich fahren heute auf den Markt nach Busuluk. Von hier sind das 90 Werst. Insbesondere die Schlichtheit, Ehrlichkeit, Arglosigkeit und die Klugheit des hiesigen Menschenschlags lassen es außerordentlich verlockend erscheinen, hier ein Gut zu erstehen. Er hat mit den unsrigen Spitzbuben absolut nichts gemein. Verlockend erscheinen mir auch das gesunde Klima und die Einfachheit der Wirtschaftsführung.

Der Ertrag hier wäre zehnmal größer als bei uns, Ärger und Arbeit gäbe es jedoch zehnmal weniger.

Lebe wohl, Liebste, Geliebte. Wann werde ich Dich wieder küssen? Ich küsse Euch alle.

[Sofja Andrejewna Tolstaja an Lew Nikolajewitsch Tolstoj]

10. Juli [1871]

[Jasnaja Poljana]

Gestern erhielt ich Deinen langen, ausführlichen Brief des Inhalts, welches Leben Ihr dort führt, wie Ihr schlaft, eßt, wer Eure Gefährten sind. Besonders glücklich machte mich, daß Du nun nicht mehr jene Schwermut verspürst, welche Dich wohl in den ersten Tagen bisweilen noch überfiel. So also bringst Du also Tag um Tag der uns beiden so schweren Frist hinter Dich. Ich tröste mich damit, daß nunmehr weniger als ein Monat bleibt. [...]

Meine Gäste sind alle abgereist. [...] Während ich hier allein bin, werde ich nicht allzu traurig sein, da hier die Wände geweißt werden und wir von einem Zimmer ins nächste springen. Zuerst wurde das Kinderzimmer unten gestrichen, die Kinder schliefen in deinem Arbeitszimmer und waren begeistert, besonders Iljuscha, der die ganze Zeit mit der Büste Nikolalenkas[126] spielte: Er schlug ihn mit beiden Händen auf die Wangen, faßte ihn an der Nase usw. Es bekümmerte mich ein wenig, dies zu beobachten, denn ich stellte mir vor, wie er mit ihm selbst gespielt hätte, lebte er noch. Ljolja und Mascha schliefen noch zwei Nächte bei mir, nun sind beide Kinderzimmer fertig gestrichen, die Kinder wieder an ihrem Platze, und alles ist sauber und aufgeräumt. [...]

Was soll ich zum Kauf eines Gutes in den dortigen Landen sagen? Wenn man 2500 Desjatinen zu 7 Rubel dort kaufen kann – und Du möchtest wohl eben kein kleines, sondern ein großes Stück Land erwerben –, dann kostete es nur 17500 R[ubel]. Wenn es ein günstiger Kauf ist – es ist deine Sache, ich habe dazu keine Meinung. Doch in der Steppe zu leben, ohne einen einzigen Baum auf hunderte von Werst – dazu kann einen nur etwas Unausweichliches zwingen, freiwillig reist man nicht in eine solche Gegend, noch dazu mit fünf Kindern. Wenn es dort bereits Verwalter gibt, so ist der Preis günstig, wenn nicht, dann ist es nicht empfehlenswert. – Nun habe ich Dir meine Ansicht dazu mitgeteilt. Sei nicht böse, daß ich Dir widerspreche, und tue, was Du für richtig hältst.

Jeder Deiner Briefe kommt ganz unerwartet für mich [...], ich hätte nicht erwartet, daß Du mir so oft schreibst. Du kannst Dir gar nicht vorstellen, wie sehr mich Deine Briefe aufrichten und mir die Zeit kürzer erscheinen lassen. [...] Ich lese sie stets zuerst für mich, dann lese ich sie den anderen vor. Lisa und ich haben uns sehr darüber amüsiert, welch patriarchalisches Leben mit Hühnern und Produkten usw. Ihr dort führt. [...]

Manchmal glaube ich, daß Du Dich ganz dem Familienleben entwöhnst und daß Dir das Kindergeschrei, die Sorgen und das Einerlei unseres Lebens noch schwerer sein werden; und mir wird traurig, und ich fürchte um die Zukunft.

Lebe wohl, liebster Freund, wenn es etwas Interessantes zu berichten gäbe, ich hätte es getan. Du meinst sicher, daß ich zu wenig von den Kindern erzähle, doch bei ihnen ist alles, wie es immer ist. Wir haben Unterricht, sammeln Pilze, wetteifern, wer die meisten findet, die Kinder haben ihren Spaß mit dem *pas-de-géant.* [...] Sie sprechen von Dir, wollen erfahren, was Du schreibst, amüsieren sich darüber und stellen Fragen. Hast Du mein Portrait erhalten, und gefällt es Dir? Hier gefiel es allen.

Ich küsse Dich, Liebster, Gott sei mit Dir, passe auf Dich auf, schlafe Dich aus, eile nicht hierher. [...] Hannah läßt Dich grüßen, die Tantchen küssen Dich.

Sonja

[Lew Nikolajewitsch Tolstoj an Sofja Andrejewna Tolstaja]

[16. und 17. Juli 1871]

[Karalyk]

Lange habe ich Dir nicht mehr geschrieben, liebe Freundin. Ein wenig trage ich selbst die Schuld daran, mehr aber das Schicksal. Ich habe eine Möglichkeit verpaßt, einen Brief mitzugeben, und seitdem verspricht man mir Tag für Tag: »Heute reitet jemand. Heute klappt es.« Und so habe ich es seit 5 Tagen aufgeschoben zu schreiben, doch nun halte ich es nicht mehr aus und schicke selbst einen Boten. [...]

Ich habe mit einigen Gefährten einen Jagdausflug gemacht, der vier Tage dauerte und ganz prächtig war. Wir haben so viel geschossen, daß wir gar nicht wissen, wohin damit und wer so viele Enten essen soll. Alles war herrlich: die Baschkiren, die Orte, an denen wir waren, und die Kameraden, die uns begleiteten.

Dank meines Titels und meiner einstigen Freundschaft mit Stolypin[127] kennt und verehrt man mich hier sehr. Wir wurden mit einer Gastfreundschaft empfangen, die nur schwer zu beschreiben ist. Wo man auch hinkommt, wird vom Hausherrn sogleich ein fetter, feister Hammel geschlachtet und ein riesiger Zuber Kumys aufgetragen, Teppiche und Kissen werden auf dem Boden ausgelegt, auf denen man Platz zu nehmen geheißen und nicht eher wieder fortgelassen wird, ehe man nicht den Hammel vertilgt und den Kumys zur Gänze ausgetrunken hat. Die Gäste trinken aus der Hand des Hausherrn und mit seinen Händen (ohne Gabel) reicht er seinen Gästen den fetten Hammel, und beleidigen darf man ihn nicht. [...]

Aus all dem kannst Du ersehen, daß es um meine Gesundheit besser bestellt ist. Ab und zu schmerzte es etwas in der Seite, doch nicht allzu stark, und dies ist nun vergangen. Das Wichtigste ist, daß ich keine Schwermut mehr empfinde und nunmehr ganz und gar im wohligen Zustand des Kumys mich befinde, d.h. von früh bis spät in einem vom Kumys hervorgerufenen Zustand der leichten Trunkenheit, und bisweilen ganze Tage lang nichts oder nur wenig esse. [...] Nach meinem letzten Brief habe ich von Dir noch zwei erhalten. Deine Briefe sind meinem Zustand vermutlich abträglicher als die Griechen, durch die Aufregung, die sie in mir hervorrufen. Und dies um so mehr, als ich sie alle unerwartet erhalte. Ich kann sie nicht lesen, ohne zu weinen, zittere am ganzen Körper, und mein Herz klopft. Du schreibst, was Dir gerade durch den Sinn geht, und doch bedeutet mir jedes Wort so viel, daß ich Deine Briefe wieder und wieder lese. Zwei Neuigkeiten, die Du berichtest, sind sehr traurig, und zwar, daß ich Mamá nicht sehen werde, wenn ich sie nicht bei Lisa wieder abhole und zu uns bringe, was ich gewillt bin zu tun, sowie die Tatsache, daß unsere teure Freundin Tanja [nach Kutajs] umzuziehen gedenkt, bevor ich wieder zurück bin.[128] Dies wäre fürchterlich. [...]

Ich freue mich, daß das *pas-de-géant* aufgestellt ist, doch ich kann mir gar nicht vorstellen, wie dies nun vor sich geht. Ich sehe nur, wie Ilja fortwährend hinfällt.

Ach, gebe Gott nur, daß bei Euch alles weiterhin so gutgehen wird, wie es den letzten Briefen zufolge ist. Lebe wohl Liebste, ich umarme Dich. Und immer noch sind meine Nerven zerrüttet. Ich möchte weinen, so sehr liebe ich Dich.

16. Juli.

[Sofja Andrejewna Tolstaja an Lew Nikolajewitsch Tolstoj]

22. Juli [1871]. Am Abend.

[Jasnaja Poljana]

Heute nach dem Essen brachte mir Prochor Deinen Brief aus Tula mit. [...] Du kannst Dir gar nicht vorstellen, was Deine Briefe in mir anrichten. So viel Liebe, Gefühle, Ängste und Ungeduld, Dich endlich wiederzusehen. Es ist furchtbar, daß Deine Gesundheit immer noch nicht ganz wiederhergestellt ist. Sollte mein Glück denn auf immer dadurch vergiftet sein, daß Du fortwährend kränkeln wirst und deshalb nicht mehr glücklich und froh sein kannst? Was ist das für eine Dame, diese Timrot[129], mit der Du Ausritte unternimmst? Mein unvernünftiges Gemüt ist ein wenig beunruhigt, obgleich ich weiß, daß Du mich dafür schelten wirst und jetzt im Moment gerade aufstöhnst, daß ich so empfindlich bin. Aber dies ist die schlechteste meiner Eigenschaften, und auch wenn ich mich zu beruhigen suche, ist doch ein Stimme in mir, die spricht: »Und wenn doch etwas ist?« [...]

Das Wichtigste aber ist, daß ich Dir von hier wieder nur das Beste berichten kann. Alle sind wohlauf und glücklich. [...] Meine kleine Mascha ist zwar nicht so gesund und kräftig, wie ich es mir wünschte, doch hat sie zugenommen. [...] Iljuscha amüsiert alle mit seinen originellen und lustigen Einfällen. Zum Namenstag bekam er ein Gewehr und eine Trommel. Er dachte sich aus, daß er in die Armee zieht und Serjosha und eine Bauernmagd, die seiner Frau die Wäsche waschen würde, mitnimmt. Als man ihn fragte, warum er denn eine Frau brauche, antwortete er: »Damit es nicht langweilig wird.« [...] Serjosha möchte immerfort reiten, und als wir vor ein paar Tagen eine Ausfahrt machten, ritt er mit Leonid und Warja nebenher, und sie übersprangen nacheinander einen Bach. Die kleine Tanja sagte dann zu Ilja: »*Serjosha is the best.*«[130] Das hat mich amüsiert und stolz gemacht.

Heute haben wir hier viele Namenstagskinder; wir waren bei

Tanja eingeladen, tranken Tee und aßen den Dir verhaßten Kuchen[131]. Sie feierte ihre kleine Mascha. Zum Essen kamen alle zu uns. [...] Und doch denke ich in jeder Minute an Dich. Alles, was ich sage und tue, überdenke ich: Ist es gut oder würde er es tadeln? Und mir scheint, daß Du nichts zu tadeln hättest. [...] Lebe wohl, liebster Freund, ich küsse Dich fest; noch zwei Wochen lang werden wir uns nicht sehen, das ist schrecklich lang, wie soll ich es überleben? [...] Mein größter Trost sind die Kinder und der Gedanke daran, welches Glück es sein wird, wenn wir uns wiedersehen.
Deine Sonja.

[Lew Nikolajewitsch Tolstoj an Sofja Andrejewna Tolstaja]

20. Juli [1871]

[Karalyk]

Gestern ritt ich erneut zu Timrot und erhielt wieder Briefe von Dir – drei –, und zwar vom 4., 7. und 10. Wie immer überflog ich zuerst den letzten, überzeugte mich, daß alles in Ordnung ist und hob mir die anderen für später auf. Ich las sie bis 12 Uhr in der Nacht und konnte danach lange nicht einschlafen. [...] Meine Gesundheit ist gut. Ich fürchte es auszusprechen, doch es scheint, daß ich zugenommen habe und dicker geworden bin. Meine Nerven scheinen gestärkt. Das einzige, was zu beklagen ist, ist ein gelegentlicher Schmerz in der Seite, allerdings nur ein schwacher. Ich habe mich gerade erst an den Kumys gewöhnt und trinke ihn begeisterter als früher. [...] Die Angelegenheit mit dem Landkauf steht auf der Stelle. Ich habe noch keine Antwort. [...] Unter anderem haben auch Deine Worte mich gegen den Kauf erkalten lassen. Gottes Wille wird entscheiden. Aber Deine Auffassung von der Steppe ist unzutreffend. Ohne einen einzigen Baum auf Hunderte von Werst zu leben, mag in der Umgebung Tulas schrecklich sein, hier jedoch stellt es sich ganz anders dar: Die Luft, die Gräser, die Trockenheit und die Wärme werden auch Dich die Steppenlandschaft liebgewinnen lassen. [...]

Du kannst zufrieden mit mir sein. Ich habe 6 Wochen eisern ausgehalten und erlaube mir keine Abweichung von meiner Kur. [...] Einen einzigen Tag mehr als notwendig Dich nicht zu sehen, werde ich aber ganz bestimmt nicht zulassen. So schwer sind mir also das Familienleben und das Kindergeschrei! Ich kann es gar nicht erwarten, die Duette von Ljolja und Mascha wieder zu vernehmen. Es macht mich glücklich, daß sie sich so gut entwickelt.

Iljuscha gratuliere ich zum Namenstag und küsse ihn. Für Serjosha, Tanja und Iljuscha bringe ich etwas Tartarisches mit, sollte ich über Nishni fahren. Heute habe ich Stjopa beauftragt, Gräser zu sammeln, damit auch Du Dir eine Vorstellung von der Pflanzenwelt der Steppenlandschaft machen kannst. Alle sind unterwegs, nur Du Arme sitzt allein zu Hause. Wenn ich zurück bin, überlegen wir uns, was wir unternehmen können. – Ich habe hier zu zeichnen begonnen. Zum Lesen, besonders Griechisch, habe ich gar keine Lust (freue Dich). [...]

Lebe wohl, mein Herz. Nicht mehr lang. Morgen schreibe ich den letzten Brief aus Karalyk. Küsse die Tantchen, meine Kinder, Nichten und Schwägerin[132], wenn sie noch bei Dir ist, von mir.

1874

[Lew Nikolajewitsch Tolstoj an Sofja Andrejewna Tolstaja]

1. August [1874]

Serjosha hat Dir ja bereits alles berichtet.[133]

Die Reise verläuft gut, unsere Gesellschaft ist einfach und nicht unangenehm.

Vor allem ist es erfreulich, daß das Schiff die Nacht durchfährt und wir bereits am Samstagmorgen in Samara sein werden.

Dies verkürzt unsere Reisezeit, erwarte uns gleichwohl nicht vor dem 15. zurück. Vielleicht müssen wir länger auf dem Gut bleiben. – Ich war ziemlich müde, doch auf dem Schiff habe ich mich bereits erholt.

Serjosha ist sehr lieb, die Reise bringt uns einander näher. Sein Anblick rührt mich sehr. Ich sagte, es sei langweilig auf dem Schiff, doch ich korrigiere mich: Ich sitze auf Deck, blicke mich um und bin glücklich, daß wir im nächsten Jahr bereits alle zusammen diese Reise unternehmen werden. Ich hoffe nur, daß bei Dir alles in Ordnung ist. [...] Lebe wohl, mein Herz, auf Wiedersehen. Da Serjosha bei mir ist, werde ich nicht schwermütig werden. Es ist, als ob ich mit der Familie zusammen sei.

L.

[Sofja Andrejewna Tolstaja an Lew Nikolajewitsch Tolstoj]

6. August 1874. Am Abend.

[Jasnaja Poljana]

Meine Unruhe Euretwegen ist vergangen, sie wurde von der Sorge um den Kleinen[134] erdrückt. Er war drei Tage lang sehr krank; schreckliches Fieber, das ich durch kein Mittel niederhalten konnte. Zuletzt habe ich dann heute entschieden, das kleine Wesen mit Senfwickeln einzupacken, und dies hat ihm geholfen. Ich bin so glücklich, lieber Ljowotschka, kann Dir gar nicht schreiben, wie sehr, daß es ihm bessergeht, obwohl ich weiß, daß Dich selbst der Tod des Kleinen nicht seinetwegen, sondern allein meinetwegen betrüben würde.

Die ganzen Tage ohne Dich bin ich wie eine Wahnsinnige durch das Haus gelaufen; all mein Kummer, all mein Schmerz nach dem Tode Petjas[135] erhoben sich mit neuer Kraft wieder in mir. Gott sei es gedankt, die Gefahr ist vorüber, doch ganz kann ich nicht zur Ruhe kommen, solange Ihr beiden, meine Allerliebsten, nicht wieder zu Hause seid.

Ich will nur davon schreiben, wie am Abend der wieder lebendig gewordene Kleine plapperte, wie ich ihn massierte, wie er die ganze Nacht in meinen Armen geschlafen hat; doch all dies hörst und liest du nur von oben herab.

Die Großen betragen sich gut. Gestern und heute wurden Ilja und Tanja vom Bedürfnis nach Ordnung erfaßt und räumten all ihre Spielzeuge und Puppen auf; Iljuscha beschäftigte sich ausgiebig mit den Kisten für Spielzeug und Bälle, die sie gestern mit Stjopa in Tula kauften. Das Wetter hier ist wunderbar, die Kinder gehen jeden Tag mit Tanja zum Schwimmen, sogar Ljolja und Mascha Kusminskaja[136]. Unterricht hatten sie, selbstverständlich, nicht. Einmal hatten wir Feiertag, dann war ich krank, dann der Kleine. [...]

Meinen Berechnungen zufolge müßte ich morgen, am achten, Euer Telegramm aus Samara erhalten. Und ich habe die vage Hoffnung, daß Ihr bereits etwas früher als am fünfzehnten zurückkkehrt. Welch Glück, daß wir uns dann nicht so bald wieder werden trennen müssen. [...]

Nun also lebe wohl, mein Liebster, auf Wiedersehen. Ich küsse Serjosha und warte von ganzem Herzen auf Euch.

Sonja.

1876

[Lew Nikolajewitsch Tolstoj an Sofja Andrejewna Tolstaja]

[4. September 1876]

[Dampfschiff auf der Wolga]

[...] Ungeachtet der Tatsache, daß wir Plätze zweiter Klasse genommen hatten, schliefen wir sehr gut. In Nishni herrschte schrecklicher Trubel, obgleich nur wenig Reisende unterwegs waren. Es legte nur ein Schiff der Gesellschaft »Samoljot« ab, und es gab keine Billetts mehr. Nach großem Hin und Her haben wir Plätze für das nächste Schiff bekommen, von dem ich Dir nun schreibe. Aus Nishni schrieb ich Dir des gan-

zen Trubels wegen nicht; doch ich habe mich nicht nur bisweilen an Dich erinnert, sondern dachte und denke immerfort an
Dich, da ich Dich ganz furchtbar liebe. Ich versetze mich in die
Vergangenheit – Pokrowskoje, das veilchenblaue Kleid, Gefühl
der Rührung, das Herz schlägt schneller.

Nikolenka[137] ist ein braver Gefährte, alles scheint ihm interessant und vergnüglich. [...] Ich bin bis auf einen Schnupfen
wohlauf. Es heißt, daß man bis Orenburg[138] mit der Eisenbahn
fahren kann, vielleicht fahre ich, werde aber nicht länger als
insgesamt 14 Tage bleiben. Zu Deinem Namenstag bin ich
zurück, so Gott will.

Ich weiß, daß es Dir schwer und schrecklich ist, doch ich
sah auch, welche Mühe Du Dir gabst, meine Pläne nicht zu
durchkreuzen, und liebe Dich deshalb nur noch mehr, falls
dies möglich sein sollte. Gebe Gott nur, daß Du die Zeit ohne
mich gesund und voller Kraft arbeitsam verbringst. Gott sei
uns gnädig. [...]

Dein L. T.

[Sofja Andrejewna Tolstaja an Lew Nikolajewitsch Tolstoj]
[7. September 1876]
[Jasnaja Poljana]

Lieber Ljowotschka, ich erfreue mich am warmen, wunderbaren Wetter, welches Euch allen, meine Lieben, die Ihr auf Reisen seid, so gelegen kommt. [...]

Der Abschied von Tanja am Freitag war furchtbar traurig. Sie
weinte sehr, und auch mir wollten immerfort die Tränen in die
Augen treten, doch ich bezwang sie, um die anderen nicht zu
bekümmern. Anny[139] und Ljolja weinten auch sehr, ja sie heul-
ten geradezu und *little Mascha*[140] blickte sie ganz verständnis-
los an. [...] Auf dem Weg zum Zug erinnerten Tanja und ich
uns an unser Sommerleben und mußten aufgrund der uns er-
stickenden Tränen wieder und wieder innehalten. Es schien

mir so seltsam, daß die Bäume, die Natur, die Sommersonne –, daß alles dasselbe war und doch so finster ohne Dich und Tanja. Als wir zurückfuhren, schien mir plötzlich, daß alles zu Ende sei und ich in einer solchen Verzweiflung nicht weiterleben könne. [...]

Am Sonntag waren Stjopa und Serjosha mit den Windhunden auf der Jagd, sie waren überaus glücklich. [...] Monsieur Rey[141] ist auch jeden Tag mit dem Gewehr und dem Hund unterwegs, gestern brachte er eine große Zahl erlegter Vögel, darunter wohl zwei Bekassinen und zwei Schnepfen. Heute schoß er zwei Waldschnepfen und war sehr zufrieden und bestens aufgelegt. Wir verstehen uns prächtig. Wir haben den *ordre du jour*[142] miteinander abgestimmt, wie es uns jeweils günstig erscheint, und haben die Stunden der Kinder, wie mir scheint, sehr gut eingeteilt. Gestern hatten sie bereits Unterricht und nahmen freudig und interessiert daran teil, aber die Knaben haben sich in der Pause geprügelt und bekamen daher im Betragen eine Fünf. Auch ich werde Zensuren verteilen. So verläuft also das Leben hier bereits im Winterrhythmus, doch im prächtigen Sommerwetter. Heute habe ich zum Priester geschickt, damit er die Kinder am Abend unterrichtet. Ich mache mit Tanja und Sofesch[143] jeden Tag lange Spaziergänge; heute allerdings nicht, denn ich bin aufgrund jener Beschwerden, die anzeigen, daß ich nicht schwanger bin, unpäßlich. Du verstehst?

[...] Es gibt so viel zu tun, daß ich gar keine Zeit habe, traurig zu sein. Ich bin in einer fieberhaften Unruhe, um nur nichts zu versäumen und alles zu schaffen und nicht zu spät zu einer Stunde zu erscheinen. Dazu kommt, daß Sergej[144] immer noch trinkt und nichts tut. [...] Das Arbeitszimmer ist nicht aufgeräumt, und bei den Knaben herrscht furchtbares Chaos, es ist sehr ärgerlich! [...] Außer Alexander Grigorjewitsch[145], der mit den Kindern sehr unzufrieden war und Tanja eine Fünf gab, hatten wir keinen Besuch. [...]

Wie langsam die Zeit doch vergeht – es ist unvergleichlich. Vor fünf Tagen erst bist Du abgereist, Ihr seid vermutlich gerade auf dem Gut angekommen, noch ist die Zeit furchtbar lang. Wir hatten es so gut miteinander, waren so guter Dinge, weshalb nur mußten wir uns gerade jetzt voneinander trennen? Doch es wird wieder so sein, wenn nur nichts Schlimmes geschieht. [...] Jenes Gefühl, welches ich empfand, als ich niedergedrückt auf mein Zimmer ging, jene besondere Verzweiflung, welche ich dieses Mal empfand, als Du mich verlassen hast, erfaßt mich immerfort, wenn ich an Dich denke, aber nicht an Dich zu denken – dazu bin ich nicht imstande.

Ich küsse Dich, Liebster; grüße Nikolenka und liebe mich. Sonja.

7. September. Dienstag.

[Lew Nikolajewitsch Tolstoj an Sofja Andrejewna Tolstaja]

[7. September 1876]

Ich schreibe Dir den dritten Brief, liebste Freundin. Ich schreibe ihn am 7. um 2 Uhr am Nachmittag, noch auf dem Schiff, und werfe ihn in Samara ein, wo wir, so Gott will, heute um 7 ankommen. Wir hatten das Ungemach, 3 Popen in Nishni kennenzulernen und wohl aufgrund dessen ereilte uns eine Reihe anderer Beschwerlichkeiten, und wir verloren zwei ganze Tage. Ungeachtet dessen hoffe ich gleichwohl nach Orenburg fahren zu können, was ich mir sehr wünsche. [...]

Meine Erkältung ist vorüber und meine Stimmung recht gut. [...] Du hast mich damit, daß Du mich nicht fortlassen wolltest, so sehr beunruhigt, daß ich, dieses Mal wohl mehr als je zuvor, Euretwegen, vor allem aber Deinetwegen, sehr besorgt bin. Ich habe Dir bisweilen geschrieben, ohne über meine Gefühle zu sprechen, da meine Gemütsverfassung in den Minuten, während ich schrieb, dies nicht zuließ, aber während dieser Reise denke ich stets zärtlich an Dich, und ich könnte meinen ganzen Brief mit den zärtlichsten Worten füllen.

Leb wohl, mein Herz, Liebe. Ich bin so glücklich über das Gefühl, welches ich für Dich empfinde und daß Du auf der Welt bist.

Nur sollst du gesund bleiben – bleibe die, die Du bist. Aus Orenburg telegraphiere ich.

Dein L.

1877

[Sofja Andrejewna Tolstaja an Lew Nikolajewitsch Tolstoj]

15. [Januar 1877]. Samstagabend.

[Sankt Petersburg]

Lieber Ljowotschka, nun schreibe ich Dir also bereits aus Petersburg bei Mamá und bin noch gar nicht recht zu mir gekommen, so schnell verging die Reise hierher. [...]

Ich habe heute schon eine Nachricht an Botkin[146] gesendet, in der ich ihm meine Ankunft mitteilte, für seine Bereitschaft zu einem Hausbesuch dankte und bat, mir einen Termin zu nennen, an dem er mich aufsuchen könne. Er antwortete, daß er morgen zwischen 3 und 5 komme. Mamá, Stjopa, Petja[147] und alle anderen haben mir geraten, Botkin um einen Hausbesuch zu bitten und ihn nicht selbst aufzusuchen. Mamá versicherte mir, daß man bei ihm 4 oder 5 Stunden warten müsse, bis einem ganz und gar übel sei, dies sei unerträglich und unangebracht. Und Botkin behandelt die Patienten, die zu ihm in die Praxis kommen, augenscheinlich auch nicht besonders gut, da die Zeit für 60 Personen schlicht nicht ausreicht. Und Stjopa meinte, Du seiest damit einverstanden, daß ich ihn hierher bitte, wenngleich es kostspieliger ist.

Petja kam mit Frau und Tochter zum Essen. Sie, seine Frau, ist sehr nett, sie sind im Umgang mit ihrer hübschen Kleinen und in ihrer Mittellosigkeit sehr anrührend. [...] Wjatscheslaw[148] zeigte sich im Gehrock, mit besten Manieren, doch blaßwangig und mager; er besucht die der 5. des Gymnasiums entsprechende Klasse. Lisa[149] erschien vor der Oper in prachtvoller Seidenrobe, über und über mit Brillanten behängt – in Sternenform wie die von Tantchen Pauline – und ist schrecklich dick! [...]

Morgen besuche ich Alexandrine[150] und auch noch den einen oder anderen, falls ich es vor drei schaffe. Bei Alexandrine werde ich gegen zwei für eine Stunde sein. Den Abend verbringe ich wieder mit Mamá, Petja und Stjopa. [...] Heute war ich den ganzen Tag hier und habe mit Mamá zusammengesessen, was mich sehr glücklich machte. Ich denke immerfort an Euch, meine Lieben, doch ich bemühe mich, es nicht allzuoft zu tun und nicht allzu besorgt um Euch zu sein. Ich fürchte, daß mich in der Nacht die Sehnsucht nach Euch überfällt und ich mir die schrecklichsten Dinge ausmalen werde, die Euch geschehen sein könnten. Wenn ich Mamá von Dir und den Kindern erzähle, versetze ich mich jedesmal in Gedanken nach Hause zurück, und dies macht mich glücklich. [...]

Deine »Anna Karenina« (die vom Dezember) wird in »Golos«[151] und »Nowoje Wremja«[152] über alle Maßen gelobt.[153] Ich habe es noch nicht gelesen, wenn möglich, bringe ich die Artikel mit. Mamá, Stjopa und Petja erzählten mir davon. Achte auf Dich, mein geliebter Ljowotschka, und auf die Kinder. Ich küsse Dich hundertmal und auch Serjosha, Tanja, Iljuscha, Ljolja und Mascha. Komme auf jeden Fall am Mittwochabend. Deine Sonja.

[Sofja Andrejewna Tolstaja an Lew Nikolajewitsch Tolstoj]
[16. Januar 1877]
[Petersburg]
Den zweiten Brief schreibe ich Dir nun schon, mein teurer Freund, in meinem Kopf ist ein großes Durcheinander. [...] Die ganze Zeit wartete ich auf Botkin, er kam gegen 6 Uhr, zu die-

ser Zeit war gerade Alexandrine bei mir. Ihr Kommen, das Warten auf den Doktor und überhaupt alles hat mich so ermüdet und aufgeregt, daß ich kaum schreiben kann. [...] Im Gehen sagte Alexandrine zu Botkin: »Bringen Sie sie, ich bitte Sie, wieder in gute Ordnung.« Botkin erwiderte: »Ich werde bemüht sein, Gräfin«, und war sehr geflissentlich. Er legte mir dar, die Lungen seien absolut intakt, alles sei nervlich begründet, schrieb mir ein Rezept und gab mir Ratschläge, Diät zu halten, Gymnastik zu machen usw. Ich fragte ihn: »So bin ich also ganz gesund?« Er antwortete: »Nein, Sie sind ganz und gar nicht gesund« und suchte mich zu überzeugen, doch eine ganze Woche zu bleiben, um die Behandlung unter seiner Aufsicht zu beginnen. Ich habe natürlich abgelehnt und komme zurück. Das ist alles, was ich von ihm erfuhr. Verschrieben hat er: Arsenum, Kalium bromatum u. ä.

Alexandrine war bei Mamá vorbeigekommen, um zu erfahren, ob ich schon angekommen sei, und als sie erfuhr, daß ich bereits da bin, kam sie herein. Ich bat zu entschuldigen, daß nicht ich sie als erste aufgesucht habe, erklärte, daß ich seit halb drei auf Botkin warte und befürchtete, wenn ich davor zu ihr käme, *trop matinale*[154] bei ihr einzutreffen. Sie schlug mir vor, sie morgen früh, um 11 Uhr, aufzusuchen, was ich tun werde. Sie war überaus liebenswürdig gegen mich und alle anderen und sagte immerfort, auf mich deutend: »*Je la trouve, comme je l' ai rêvé.*«[155] Am Morgen war ich mit Mamá bei Großvater[156] und den Islawins[157]. Es war ermüdend, bei allen waren wir nur für ein paar Minuten. [...] Heute abend, das heißt jetzt gleich, begleite ich zwei Cousinen in »Aida«.

[...] Wie es Euch wohl ergehen mag. Bei Gott, ich bin allenthalben um Euch besorgt und liebe Euch alle von ganzem Herzen, Dich und die Kinder, und fühle mich hier ohne Euch einsam und bange.

Lebe wohl, Liebster, verzeihe mir meine eilig hingeworfenen Zeilen, hier geschieht alles und sind alle in Eile. Ich küsse Euch alle fest, gebt auf Euch acht und seid unbesorgt. Bald schon bin ich wieder zu Hause. Alexandrine ist mir so lieb, da sie eine von den Deinen ist, wir sprechen über Dich und beide haben wir Dich sehr lieb.

Sonja.

16. Januar.

Sonntag.

[Lew Nikolajewitsch Tolstoj an Sofja Andrejewna Tolstaja]

[16. Januar 1877]

[Jasnaja Poljana]

Wie Du siehst, ist hier bei uns alles weiterhin zufriedenstellend.[158] Gestern unterrichtete ich Ljolja und Tanja, und Tanja brachte mich so auf, daß ich die Stimme gegen sie erhob, was mir sehr leid tut. Kann nicht arbeiten. Gestern abend saßen die Kinder bei mir und malten, während ich mit Wl[adimir] Iw[anowitsch][159] Dame spielte, später spielte ich bis eins Klavier. Gleichwohl konnte ich lange nicht einschlafen und erwachte sehr früh. Jetzt reite ich zur Bahnstation. Die Kinder waren Eislaufen; heute war starker Frost; nachts 19 Grad, in der Sonne hingegen war es sogar 5 Grad warm.

Das schlimmste hier sind mir die Mahlzeiten mit den einander nicht eben wohlgesinnten Pädagogen. Ich denke jede Minute an Dich, daran, was du jetzt gerade wohl machst. Doch obwohl ich betrübt bin (das kommt vom Magen), scheint mir, daß alles sich zum Guten wendet.

Bitte, nimm Dir Zeit und, wenn Du auch sagtest, Du werdest nichts einkaufen, spare nicht am Geld; wenn Du etwas zu kaufen gedenkst, leihe Dir Geld bei L[jubow] A[lexandrowna] und kaufe es ruhig, prasse. Wir geben es ja bald zurück.

Lebe wohl, mein Herz, ich habe noch keinen Brief von Dir. Ich bemühe mich, nicht an Dich zu denken, solange Du fort bist. Gestern trat ich an Deinen Tisch heran und zuckte wieder zurück, als ob ich mich verbrannt hätte, um Dich mir nicht allzu lebendig vorzustellen. Auch blicke ich des Nachts nicht zu Deiner Seite. Mögest Du während Deines Aufenthaltes dort nur guter Stimmung und bei guter Gesundheit sein, dann wird alles gut.

Grüße alle herzlich von mir, besonders Ljubow Alexandrowna.

[Lew Nikolajewitsch Tolstoj an Sofja Andrejewna Tolstaja]
[28. oder 29. Mai 1877]
[Moskau]

Ich schreibe Dir bei Ries, in seiner großartigen Wohnung und unter dem Eindruck seiner erfrischenden Großherzigkeit. [...] Meine ganze Wut habe ich an Ljubimow ausgelassen, den ich im Zug nach Moskau traf. Doch ich habe mich nicht allzu sehr erhitzt, erinnerte mich des »Geistes des Duldens und der Liebe«.

Ich veröffentliche den Epilog[160] gesondert bei Ries, ohne Streichungen unter Hinzufügung von bereits gedrucktem Text des Romans, um auf 10 Druckbögen zu kommen.

Es ist jetzt 2 Uhr, und ich schaffe es nicht, heute noch abzureisen, sondern fahre morgen um 4.

Sei ganz beruhigt und vor allem gesund.

Meine Wut ist verraucht.

Strachow[161] rät auch zur gesonderten Veröffentlichung.

Ich küsse Dich, mein Herz.

Dein L. Tolstoj.

Würde so gern heute schon zurückkommen.

[Lew Nikolajewitsch Tolstoj an Sofja Andrejewna Tolstaja]
26. [Juli 1877]. Am Abend.
[Einsiedelei von Optyna[162]]

Ich schreibe Dir, liebste Freundin, aus einem Gasthof in Optina, nach einem vierstündigen Abendgottesdienst.

Dank Obolenski[163] verlief unsere Fahrt hierher bestens. Vor dem Eingang des Bahnhofs erwartete uns eine prächtige vier-sitzige Kutsche. Wir waren müde, doch um 3 Uhr in der Nacht waren wir hier. [...] Ich reise morgen um 5 Uhr ab, übernachte noch hier und fahre im Morgengrauen los, um gegen 12 in Kaluga zu sein und um 5 in Tula, wohin Du, bitte, die Pferde schicken läßt – um 5 am 28. Falls ich zu dieser Zeit nicht an-komme, so schicke sie um 11 noch einmal. Ich könnte ver-schlafen und den Zug verpassen.

Ich bin wohlauf, und es gefällt mir sehr gut – ich bin glücklich. [...] Gebe nur Gott, daß auch Du wohlauf bist und nichts Dir Sorgen bereitet.

Auf Wiedersehen, mein Herz.

1878

[Sofja Andrejewna Tolstaja an Lew Nikolajewitsch Tolstoj]

[4. März 1878]

[Jasnaja Poljana]

[...] Nun bist Du vermutlich bereits in Petersburg oder noch auf dem Weg dorthin. Wie verlief Deine Reise? Gestern und heute war der Kleine[164] des Schneesturms wegen äußerst un-ruhig, und ich, die ich, den Kleinen im Arm, gedämpften und gleichmäßigen Schrittes in der Kinderstube auf und ab ging, horchte mit ersterbendem Herzen auf das Heulen des Windes. Drei Tage dauert der Sturm nun schon, und ich male mir aus, daß allerorten die Züge sich verspäten und wie Dich, der Du dies nicht gewohnt bist und noch dazu mit Deinen schwachen Nerven, dies erschöpft. Warum mußtest Du denn überhaupt fahren?

Hier bei uns ist wie immer ohne Dich alles sehr unerfreulich. Die Kinder betragen sich schlecht. Serjosha und Tanja liefen ohne Mäntel in dieses furchtbare Schneetreiben hinaus, ich habe beide bestraft, Serjosha in Deinem Arbeitszimmer und Tanja in Tantchens Zimmer eingeschlossen. Dann rauften sie sich; Ilja und Ljolja warfen Papiergeschosse auf Serjosha, dieser wurde wütend und schlug sie, sie schlugen zurück – und alle kamen sie zu mir gelaufen und schimpften. Serjosha sagte beim Essen über die Pädagogen: »Sitzen da drei Vogelscheuchen und können den Kindern nicht Einhalt gebieten.« Ich war darüber selbstverständlich sehr erbost. Nach dem Essen nahm Serjosha schüchtern meine Hand und sagte: »Seien Sie nicht böse, Mamá.« Ich appellierte an sie: »Kommt, Kinder, laßt uns nach dem Essen alle wieder nett zueinander sein, was ist denn das für ein Sonntag?« Serjosha ging Tagebuch schreiben, auch Tanja beruhigte sich, doch Ilja, Ljolja und Mascha waren frech zueinander, versteckten sich unter den Betten, beschimpften einander als *fool*[165], und Mr. Nief[166] war richtig niedergeschlagen.

Vor dem zu Bett gehen kamen Ilja und Ljolja zu mir in die Kinderstube, um Gute Nacht zu sagen, und beklagten sich: »Wie trostlos es doch heute war«, woraufhin ich ihnen eine Moralpredigt hielt und ihr Gewissen beschwor. Ich tat ihnen kund, daß ich bedauerlicherweise gezwungen sei, Papá über ihr Benehmen zu unterrichten, darauf antwortete Ljolja: »Fügen Sie hinzu, daß wir von Montag an die ganze Woche lieb zueinander sein werden und uns gut betragen.«

Ich habe immer noch etwas Fieber und daher das Fasten gebrochen. [...] Du wirst mir viel Interessantes zu erzählen haben. Lebe wohl, liebster Freund, ich küsse Dich und Mamá, warte mit Ungeduld auf Nachricht.

Sonja.

4. März 1878

Sonntagabend.

[Lew Nikolajewitsch Tolstoj an Sofja Andrejewna Tolstaja]

[7.-8. März 1878]

[Sankt Petersburg]

Wieder schreibe ich Dir am Abend, liebste Freundin, bei Mamá.
Am Morgen suchte ich Al[exandra] Andrejewna[167] auf und war
bis 3 bei ihr. Von dort fuhr ich zu Bistrom[168]. Der Kauf ist außerordentlich günstig. 20tausend sind sofort zu bezahlen, der
Rest über zwei Jahre zu 6%. Er ist sehr gesprächig und überaus
nett. [...]

Gestern fühlte ich mich etwas kränklich, heute geht es mir wieder gut. Morgen bringe ich beim Notar in Erfahrung, wie und
wann der Kaufbrief besiegelt werden kann und schreibe es
Dir.

Deinen Brief habe ich erhalten. Wie betrüblich, daß die Kinder
sich so schlecht betrugen. Sei nicht böse, daß ich Dir kein Telegramm schickte, mein Herz.

Alle Tolstojs hier haben Dich aufrichtig liebgewonnen, sagen
nur Gutes über Dich, und ich bin dessen glücklich. Ich bleibe
nicht eine Stunde länger als notwendig. Es ist trostlos und
beschwerlich hier, und doch bin ich ruhig und gelassen.

Ich küsse Dich und die Kinder. Untersage Andrjuscha, Dich zu
bekümmern.

L.

[Sofja Andrejewna Tolstaja an Lew Nikolajewitsch Tolstoj]

[7. März 1878]

[Jasnaja Poljana]

Ich kann mich nicht enthalten, Dir, lieber Ljowotschka, davon
zu berichten, was heute so schwer mir auf der Seele lastet. Vermutlich belasten meine Einsamkeit und die Sorge um Dich
meine Nerven allzusehr und verstärken meinen Glauben an
mannigfaltigste Vorzeichen; ich bin ganz krank aufgrund eines
Traumes, den ich letzte Nacht sah. Mir träumte, daß ich mit

Ljolja und Mascha am Karfreitag auf die große Stadtkirche zugehe, um die herum ein riesiges vergoldetes Kreuz sich bewegt; nachdem es die Kirche dreimal umrundet hatte, blieb es stehen, drehte sich zu mir um, und ich gewahrte den gekreuzigten Erlöser, ganz schwarz von Kopf bis zu den Füßen. Ein Mann säuberte ihn mit einem Handtuch, und plötzlich war er über und über weiß, öffnete das rechte Auge, hob die rechte Hand und deutete gen Himmel. Dann ging ich mit Ljolja und Mascha die Landstraße entlang, ein Krimapfel rollte über das Gras, und ich sagte zu ihnen: »Hebt ihn nicht auf, es ist meiner.«

Als ich erwachte, war es fünf Uhr, ich zitterte wie im Fieber, meine Zähne klapperten, und ich schluchzte. Im Traum sagte ich noch in einem fort zu mir selbst: »Gott schickt mir ein Kreuz – ich muß es tragen, und etwas Süßes wird mir genommen.« Alle hier deuten diesen Traum auch so. Schlafen konnte ich danach nicht mehr; jetzt schmerzen mich Brust und Rücken, und ich möchte die ganze Zeit nur weinen. Natürlich beziehe ich meine Angst und Beunruhigung auf Dich, mein Liebster; doch ich hoffe, daß dieser Alptraum mich aufgrund einer Krankheit heimsuchte, da irgend etwas mit mir nicht stimmt. Mögest Du nur bald heimkommen.

[...]

Bitte, sei so gut, mir, sobald Du diesen Brief erhältst, vermutlich am Donnerstag, nach Koslowka zu telegraphieren, wie es Dir geht. Ich küsse und liebe Dich.

Sonja.

Dienstag, den 7. März 1878. 12 Uhr am Mittag.

[Lew Nikolajewitsch Tolstoj an Sofja Andrejewna Tolstaja]

[9. März 1878]

[Petersburg]

Bahnstation Koslowka. An die Gräfin Tolstaja.

Bin wohlauf, hoffe am Samstag zurück zu sein. Mascha[169] sagt, Traum erfordere, Messe lesen zu lassen.

Petja, Stjopa, Wjatscheslaw, Tolstoj.

[Sofja Andrejewna Tolstaja an Lew Nikolajewitsch Tolstoj]

[13. Juni 1878]

[Jasnaja Poljana]

Lieber Ljowotschka, es kam so, wie ich es voller Traurigkeit annahm – so sehr ich auch bestrebt bin, den Mut nicht sinken zu lassen, hat alles, nachdem Du abreistest, seinen Liebreiz verloren. Ich lebe nicht, sondern überlebe die Tage, die ich ohne Dich sein muß, die daher aus meinem Leben gestrichen sind.

Ihr seid nun bereits auf dem Schiff, und in meinen Gedanken begleite ich Euch auf Eurem Weg. Gegen Abend hat das Wetter umgeschlagen, und ich fürchte, daß auch Ihr auf Eurem Weg zum Gut Regen haben werdet. Voller Ungeduld warte ich auf Eure Briefe, vielleicht schreiben auch Iljuscha und Ljolja mir ein paar Worte?

Gerade war ich bei Andrjuscha, um ihn zu stillen, und schreibe nun weiter. Gestern, nachdem ich Euch zum Zug gebracht hatte, legte ich mich schlafen und dachte immerfort an Euch und an die Reise, die mir bevorsteht. [...] Heute arbeitete ich, war niedergeschlagen und verbrachte den ganzen Tag im Haus, ging nur einmal schwimmen, das war schön; Tanja und ich schwammen sehr weit, bis zur zweiten Biegung des Flusses. [...]

Andrjuscha ist sehr heiter, er läuft umher, ist wohlauf und so lieb. Die Kinder betragen sich gut. Heute abend standen Serjosha und Tanja auf dem Balkon, und als ich zu ihnen trat und sie umarmte, ergriffen sie meine Hände und begannen mich und meine Hände zu küssen. Mascha lebt ganz in der Welt der Kusminski-Mädchen. Lebe wohl, mein Liebster, bald hoffentlich werde ich nachkommen.

Sonja.

Montag, den 13. Juni 1878

Ich vergaß, Euch die lange Einkaufsliste für die Vorräte mitzugeben und schicke sie Euch. Ich bitte Euch sehr, bis zu meiner Ankunft alles zu besorgen.

[Lew Nikolajewitsch Tolstoj an Sofja Andrejewna Tolstaja]

[13. Juni 1878]

[Nishni Nowgorod]

Liebe Freundin Sonja. Ich fürchte, mich nunmehr gänzlich lächerlich vor Dir gemacht zu haben, und bin gezwungen, meine absolute Unfähigkeit in praktischen Dingen zu gestehen. Ich begreife nicht, wie ich meine Brieftasche entweder auf dem Tisch liegen lassen oder sie verlieren konnte oder gar zulassen, daß man sie mir stiehlt. In Moskau gingen wir nicht essen, sondern alle gemeinsam erst in Pawlow[170] – die Knaben zum Tee, Nief und ich zum Essen. Ich hatte meine Sterlets noch nicht aufgegessen, als bereits die Glocke ertönte. Ich nahm meine Brieftasche und fand dort keine drei Rubel. Nief lieh mir zwei, ich bezahlte, und wir stiegen wieder in den Zug ein. Als wir im Abteil waren, wurde nach den Billettes gefragt. Ich griff in die Tasche – nichts. Entweder ließ ich die Brieftasche auf dem Tisch liegen, oder ich steckte sie nicht ordentlich ein, oder sie wurde mir gestohlen. Wir telegraphierten nach Pawlow, in Nishni erhielten wir die Antwort, daß die Brieftasche dort nicht gefunden worden war. Es waren etwa 270 Rubel darin. [...]

Wir haben jetzt noch: Nief 25 Rubel, die Kinder 5, Sergej 6. Ein

Herr, der mit uns reiste, ein Herr Grawe, bot mir an, die Fahr-
karten für das Schiff auf Kredit zu kaufen, bei einer Gesellschaft, deren Mitglied er ist, und auch Geld bot er mir an. Ich
nahm an und warte nun hier auf dem Bahnhof auf eine Nachricht von ihm. [...] Mit Ausnahme dieses Ärgernisses verläuft
die Reise gut. Aus Kasan und aus Samara und vor allem vom
Gut schreibe ich Dir wieder und werde bemüht sein, Dir wahr-
heitsgetreu alle Unannehmlichkeiten und Annehmlichkeiten,
alle Gewinne und Verluste, alle Vergnüglichkeiten und Ver-
drießlichkeiten, die Dich bei Deiner Ankunft hier erwarten, zu
berichten. [...]
Den Kindern geht es gut an Körper und Geist, äußerlich und
innerlich. Ihre Briefe sind dumm, denn sie sind müde, obwohl
sie auf den ausgezogenen Bänken der 2. Klasse, wenngleich
nicht so viel wie gewöhnlich, so doch ausgezeichnet schliefen.
Sie sind gerade losgelaufen, Briefmarken und Apfelsinen zu
kaufen, und ich beschließe den Brief, werde mit ihnen früh-
stücken und ein wenig spazierengehen, dann fahren wir ab,
auf dem Schiff können sie schlafen, wie mein Wohltäter mir
sagte.
Sollte noch etwas geschehen, so füge ich es hinzu. Bis dahin
lebe wohl, mein Herz. In nicht mehr als zwei Wochen werden
wir uns wiedersehen. Küsse die Kinder, vor allem Andrej, von
mir.
Dein L.

[Lew Nikolajewitsch Tolstoj an Sofja Andrejewna Tolstaja]
14. Juni [1878]
Liebe Freundin!
Ich schreibe Dir am Abend auf dem Schiff, damit ich den Brief
morgen früh in Kasan aufgeben kann. Die Knaben schlafen
bestens hier neben mir; die Fahrt auf dem Schiff war bisher
ruhig und, wie immer, kein bißchen langweilig. Es gibt ein paar

neue Gesichter, interessante Persönlichkeiten, so ein Professor aus Helsingfor, der die Religion der heidnischen Tscheremissen, des einzigen finnischen Stammes, der sich nicht zum Christentum bekehrte, erforschen will. [...] Das Gefühl der Schande, das ich empfand, da ich das Geld verlor, ist immer noch nicht vergangen. [...]

Bist Du denn unglücklich ohne mich? Bitte, laß Dich nicht gehen. – Ich sehe es vor mir, wie Du – falls Du, Gott behüte, gerade schlechter Stimmung bist – jetzt sagst: »Wie soll ich mich denn nicht gehen lassen. Ja, fortfahren, mich allein lassen usw.« Oder besser: Ich sehe, wie Du lächelst, wenn Du dies liest. Ich bitte Dich, lächle.

Heute ist Serjoshas Prüfung, bitte schreibe mir, was der Direktor sagte. Ich hoffe, daß Serjosha, wenn er sich schon nicht auszeichnet, so doch wenigstens nicht mit dem Gesicht in den Dreck fällt. Ich küsse Tanja und bitte sie, ihre Beine ein wenig zu strecken, die Zähne zu putzen und sich nicht über Häkchen und Knöpfchen zu verdrießen. Hier auf dem Schiffe tun alle junge Damen dies. Die lieben »Geschwister« Tanja und Stjopa küsse ich ebenso und bedanke mich, daß sie Dich umsorgen. Ich weiß, daß sie dies tun.

Lebe wohl, mein Herz. Ich küsse Dich und Andrjuscha. Mascha habe ich und werde ich nicht vergessen, ich liebe und küsse sie. Dein L. T.

[Sofja Andrejewna Tolstaja an Lew Nikolajewitsch Tolstoj]
18. Juni 1878. 12 Uhr in der Nacht.
[Jasnaja Poljana]

Heute kam der Brief, den Du auf dem Schiff schriebst und in Kasan aufgabst. Warum hast Du Dich des Geldes wegen denn immer noch nicht beruhigt? Bei Gott, es ist nicht schade drum, vergiß es, wir werden den Verlust dieser 300 Rubel gar nicht bemerken. [...]

Ich möchte so bald als möglich bei Euch sein, doch wenn ich den dünnen Hals Andrjuschas sehe und seine eingefallenen Augen, dann denke ich bei mir: »Nein, um nichts in der Welt reise ich dorthin.«

Ich werde entscheiden, wenn ich Dein Telegramm erhalte. Vorgestern hatte mein Kleiner starkes Erbrechen, und ich war ganz verzweifelt, denn ich dachte, dies sei wieder eine Hirnhautentzündung[171]. Gestern hatte er Durchfall und heute geht es ihm, nachdem es wieder wärmer geworden ist, schon bedeutend besser. [...] Die Großen betragen sich gut, spielen erwachsen. Serjosha ist zuweilen gar etwas übermütig, doch gibt sich dies rasch, wenn ich ihn dafür tadle. Der Direktor hat mir seine Zensuren noch nicht mitgeteilt, doch man hört, er habe die Prüfungen bestanden, nur in Latein habe er wohl gerade noch ein »mangelhaft«. [...]

Wie kannst Du nur fragen: »Bist Du denn unglücklich ohne mich?« Zweifelst Du etwa daran? Nun, unglücklich bin ich gewiß nicht (dafür habe ich gar keine Zeit), doch bin ich Deinet- und der Kinder wegen ganz furchtbar besorgt und muß mich mit ganzer Seelenkraft zwingen, daß sich nicht Schwermut und Sorge um Euch meiner bemächtigt. Was geht mir nicht alles durch den Sinn! Und nicht allzu bald sehen wir uns wieder. Wie habt Ihr es Euch nun auf dem Gut eingerichtet; habt Ihr nicht vergessen, alle Vorräte zu besorgen, da meine Liste mit der Brieftasche verlustig ging? [...] Ich küsse meine lieben Söhne und denke sehr oft an sie. Wenn ich komme, werden sie mir viel zu erzählen haben. Monsieur grüße ich. Gebe Gott, daß wir uns alsbald wiedersehen, daß wir reisen können. Lebe wohl, Liebster, ich gebe nun dem Kleinen die Brust, er weint, und dann gehe ich zu Bett.

Sonja.

[Lew Nikolajewitsch Tolstoj an Sofja Andrejewna Tolstaja]

[18. Juni 1878]

Ich schicke Dir zwei hübsche Briefe der Knaben. Sie schrieben sie heiter und gern. Der Müdigkeit wegen waren sie bisweilen etwas unleidlich, nun aber sind sie friedlich, frohgemut und lieb. Ich setze meinen Bericht fort, von dem Zeitpunkt, seit ich Dir den letzten Brief schrieb, als wir mit dem Schiff nach Samara fuhren. Um 8 Uhr legten wir an, nahmen einen Wagen und fuhren die Vorräte besorgen. Wir erledigten alles und erreichten ohne Eile den Zug. Er fährt um 10 vor 10 ab.

Wir fuhren III. Klasse, nicht beengt und gut, und kamen nach 2 Stunden in Bogatowo an. Dort erwartete uns Lutaj[172] mit einem sehr alten, aber soliden und bequemen Wagen. Um 3 fuhren wir los. [...] Ohne Unannehmlichkeiten kamen wir um 9 Uhr in Semljanki[173] an, es war noch ganz hell. Wäre es eine Vollmondnacht gewesen, so hätten wir noch vor 12 auf dem Gut eintreffen können. Doch da ich nicht wußte, wie ich dort alles antreffe und der Dunkelheit wegen, beschloß ich, beim gastfreundlichen Truskow zu übernachten. Wir schliefen alle zusammen auf dem Speicher, Monsieur Nief und Ljolja wurden von Flöhen geplagt. Ljolja kratzte sich im Schlaf und schlug nach mir aus. Am nächsten Morgen kamen wir an, ich begab mich gleich zu Muhamed, der sich in einiger Entfernung von hier niedergelassen hat. [...] Dann ging ich zum Haus, nahm die Aufteilung der Zimmer vor und befand sogar einige für überflüssig. Obgleich Du diesen Brief, solltest Du nach dem Telegramm, das ich Dir heute schicke, abreisen, nicht mehr erhalten wirst, lege ich Dir trotzdem einen Plan des Hauses bei. [...] Ich habe mir viele Gedanken darüber gemacht und denke, so ist es am besten. Und so werde ich es einrichten, wenn Du mir per Telegramm mitteilst, ob Du nachkommst. Es ist recht sauber und wärmer als das andere [...], es gibt sogar Öfen, einen im Kontor und einen im Haus selbst. Nah am Haus wachsen Weidensträucher und einige traurige Stachelbeerbäumchen,

Wasser gibt es direkt am Haus, nur eines ist ungünstig, nämlich, daß hier auf dem Gut auch Mist lagert, der Unmengen von Fliegen anzieht; man kann außer des Abends weder in Ruhe essen noch Tee trinken, noch arbeiten.

Ich trinke Kumys, aber ich kann nicht sagen, daß ich dies mit besonderer Lust täte, sondern ich fröne dem nur aus Gewohnheit; und ich verspüre auch keinen übergroßen Wunsch, den gesamten Sommer hier zu verbringen. Monsieur Niefs Stimmung ist schlecht, ihm gefällt es wohl nicht. [...]

Bibikow[174] führt die Wirtschaft sehr gut. Dafür, daß er das Haus herrichtete, müssen wir ihn nicht bezahlen. Es gibt auch Melonenfelder. Die Pferde sind sehr gut. Und auch der Weizen gedeiht besser, als ich erwartete. Ich bin völlig untätig, denke so gut wie gar nicht und fühle, daß ich mich in einem Zustand des Übergangs befinde. Deinetwegen mache ich mir Sorgen, und ich denke an Dich, wann immer ich allein bin. Gebe Gott nur, daß während unserer Trennung alles beim guten bleibt. Ich habe dieses Gefühl der besonderen, allerhöchsten, geistigen Liebe zu Dir so gern, das ich während einer Trennung von Dir so viel stärker empfinde. Und nun die wichtigste Frage: Ob Du kommen sollst oder nicht? Aus meiner Sicht nicht, und zwar aus folgendem Grund: Ich weiß, daß ich das Wichtigste für Dich bin. Und ich möchte eher zurückkommen als hierzubleiben. An den Nutzen des Kumys für meine Gesundheit glaube ich nicht. Und da hier Dürre herrscht und, wie man hört, Durchfallerkrankungen umgehen, wäre Dir und Andrjuscha die Reise hierher wohl nicht zuträglich. Was die Bequemlichkeit des Hauses betrifft, so ist es nur geringfügig behaglicher als jenes, in dem wir die Sommer zuvor verbrachten. – Doch vergiß eines nicht: wie auch immer Du entscheiden magst, zu bleiben oder zu fahren, und was auch immer ohne unser Zutun geschehen mag, ich werde Dir oder mir selbst niemals Vorwürfe machen, auch im stillen nicht. In allem, außer in unseren guten und schlechten Taten, waltet Gottes Wille. Verüble mir nicht, wie Du es bisweilen zu tun pflegst, die Erwähnung Gottes.[175] Ich kann mich nicht enthalten, dies auszusprechen, denn Gott ist die Grundlage meines Denkens. Ich umarme Dich und küsse Dich, meine Liebe.

Küsse die Kinder und alle Unsrigen.

Falls Du kommst, werde ich Dich in Semljanki abholen.

Das Wichtigste vergaß ich: Falls Du nicht kommst, reisen wir am 1. Juli zurück.

II. Krise und Umschwung

Auf seinem schöpferischen Höhepunkt gerät Tolstoj in eine schwere Krise. Die Antwort auf die Frage nach dem Sinn jeglichen Daseins suchte Tolstoj vergeblich in der Orthodoxie. Im Herbst 1879 beginnt Tolstoj, seine *Beichte* zu schreiben, in der er sein ganzes bisheriges Leben als sinnlos und eitel verurteilt. Diesem Werk folgt eine Reihe weiterer religiös-philosophischer Schriften, in denen Tolstoj die Grundsätze einer neuen Religion entwickelt, »die auf der Lehre Christi beruhen sollte, gereinigt von Dogmen und Mystik«. In der Schrift *Worin besteht mein Glaube?* (1883/84) zieht Tolstoj Bilanz seiner bisherigen religiösen Suche.

Um den ältesten Kindern, die mittlerweile fast erwachsen sind, eine standesgemäße Ausbildung zu ermöglichen, lebt die Familie ab 1881 während der Winter in Moskau. Für Tolstoj ist das Leben im »verruchten Babylon« eine Qual. Erschüttert von der sozialen und sittlichen Verelendung der proletarisierten Massen flieht Tolstoj vor den Eindrücken der Stadt nach Jasnaja Poljana, wo er in der ländlichen Ruhe, fernab vom sündigen Babylon und von der Familie seine Antwort auf die Fragen der Armut und sozialen Ungleichheit zu finden sucht. Er beginnt die Arbeit an *Was sollen wir denn tun?* (1884).

1879

[Lew Nikolajewitsch Tolstoj an Sofja Andrejewna Tolstaja]

[14. Juni 1879]

[Kiew]

Heute, am 14., kam ich um 8 Uhr des Morgens sehr müde in Kiew an. Bis um 3 besichtigte ich die Kirchen, Höhlenklöster und suchte die Mönche auf und bin mit dieser Reise sehr unzufrieden. Sie hat sich nicht gelohnt. [...] Um 7 ging ich wieder ins Kloster, zum Asketen Antoni[1], und hörte von ihm wenig Lehrreiches. Was nur wird Gott mir morgen schicken? Übermorgen werde ich wohl abreisen, so Gott mir Gesundheit gibt.

Von Dir habe ich keinen Brief. Das ist traurig. Ich küsse Dich und die Kinder.

L.T.

[Lew Nikolajewitsch Tolstoj an Sofja Andrejewna Tolstaja]

[27. September 1879]

Ich kann beim Gedanken an Dich nicht ruhig sein, liebste Freundin. Die Erinnerung an das Ungerechte und Unschöne, welches ich Dir sagte, bedrückt mich. Bitte vergiß nicht, mein Herz, daß Du mir das Teuerste auf der Welt bist. Denke an meine Bitte und quäle Dich nicht allzu sehr[2]. Versuche, am Tage etwas zu schlafen. Gehe aber auf jeden Fall früher zu Bett. Und gib den Kindern keinen Unterricht, sollte es Dir nur etwas beschwerlich sein. Und schicke mir morgen ein Telegramm. Wie geht es Dir? [...]

Du kannst nicht ermessen, wie dankbar ich Dir sein werde, wenn Du Dich während dieser 3 Tage schonen wirst. Denke immer daran, daß Du dies meinetwegen tust.

[Lew Nikolajewitsch Tolstoj an Sofja Andrejewna Tolstaja]

[28. September 1879]

[Moskau]

Wir sind sehr gut angekommen, obwohl die Fahrt sich in die Länge zog, vor allem für Tanja[3]. Bei Lisanka[4] sind alle wohlbehalten, und unser Aufenthalt bei ihnen macht ihnen keine Umstände. Auch ich komme hier unter, was mich sehr freut. [...] Meine Gesundheit ist nicht schlechter.

War gestern abend bei Sacharin, traf ihn aber nicht an. Heute gehe ich um 12 in die Klinik. Ich habe einen Wagen bestellt, und Tanja geht mit Lisa oder jemand anderem Einkäufe machen, dann treffen wir uns und fahren zum Zahnarzt.

Es ist ärgerlich, daß alles hier, die Archive, das Museum, das Bistum, der Sitz des Metropoliten und Sacharin, nur von 12 bis 3 geöffnet hat, so daß man an einem Tag nur wenig schafft.

Lisa sagte gestern, sie wolle das Dreifaltigkeitskloster[5] besuchen. Das wäre wunderbar. Jeden Tag werden wir Dir schreiben. Und wir werden den Dentisten aufsuchen, den Sacharin empfiehlt. Lebe wohl, mein Herz, ich küsse Dich fest und liebe Dich sehr.

Dein L.

[Lew Nikolajewitsch Tolstoj an Sofja Andrejewna Tolstaja]
[30. September 1879]
[Moskau]

Ich habe sehr, sehr viel erledigt, und das ist gut, doch es bleibt noch viel zu tun, und deshalb sei bitte nicht verärgert, mein Herz, daß wir unsere Abreise auf Dienstag[6] verschieben. Sacharin hat mich beruhigt, Medikamente verschrieben, die ich mir geholt habe und sogar einnehme. Ich bin nervlich sehr abgespannt. Wünschte mir so sehr, bei Dir und den Kindern zu sein und meinen Bauernkittel wieder anzuziehen, doch mein Aufenthalt hier ist nicht ohne Nutzen. Es ist furchtbar, daß es Dir nicht gut geht; ich fürchte sehr, daß es sich wiederholen könnte. Ich umarme Dich, meine Liebste, und die Kinder.

[Lew Nikolajewitsch Tolstoj an Sofja Andrejewna Tolstaja]

[28. August 1880]

[Moskau]

Gestern war ich bei Meyer[7] und gab ein Gesuch nach Hauslehrern und Gouvernanten auf. Heute morgen erschienen zwei: M-lle Velti, sehr gutes Französisch und Musik; 600 R[ubel]; überaus gute Manieren, war ein Jahr bei Sacharin, [...] sie ist 25. Die zweite, M-lle Bossoney, ist jene, welche Dir bereits schrieb: Franz. und Englisch; alt, vertrocknet, sehr rechtschaffen. Ihr Franz. ist schlechter als das der ersteren, aber sie ist sehr würdevoll, zu sehr sogar. [...] Im Kontor hat man versprochen, Lehrer für uns zu finden, doch bisher ist niemand erschienen. Jetzt ist es schon fast 2, und ich mache mich auf zu den Universitäten und Gymnasien. [...]

Meine Gesundheit ist gut. Ich küsse Dich und die Kinder.

L.

[Sofja Andrejewna Tolstaja an Lew Nikolajewitsch Tolstoj]

[28. August 1880]

[Jasnaja Poljana]

Lieber Ljowotschka, [...] heute haben wir alle Deines Geburtstages wegen ohne Unterlaß an Dich gedacht, und mir ist – entweder, da Du nicht bei mir bist, oder da es mir nicht sehr gut geht – in der Seele traurig. [...]

Als ich gestern mit Tanja nach Hause fuhr, hatten wir ein sehr anregendes Gespräch. Früher, so scheint es, beeilte ich mich, Dir all meine erquicklichen Gedanken und Gespräche mitzuteilen, nun aber verspüre ich dieses Bedürfnis nicht mehr. Die Kinder hingegen bedürfen dessen noch, was sicher gut ist, und man muß sich Mühe geben, ihnen etwas zu vermitteln. Das eine oder andere bleibt ihnen haften, allzu groß ist doch das

Durcheinander in ihrem Innern, wie mir gestern aus dem, was Tanja sagte, klar wurde.

Lebe wohl, liebster Freund, morgen schicke ich nach Deinem Brief.

Als ich Dich gestern zum Bahnhof begleitete, dachte ich immerfort daran, wieviel ich darum gäbe zu erfahren, was Dich in Deiner Seele bewegt; es tut mir so weh, daß Du Deine Gedanken so selten mit mir teilst, dies wäre für mein Seelenleben so wichtig und gut. Du hältst mich vermutlich für stur und eigensinnig; aber ich fühle doch, wie vieles Gute von Dir allmählich auf mich übergeht und mir dies das Leben auf der Welt stets leichter macht.

Nun also ein letztes Mal: Lebe wohl.

Sonja.

28. August 1880

1881

[Lew Nikolajewitsch Tolstoj an Sofja Andrejewna Tolstaja]

[11. Juni 1881]

[Krapiwna[8]]

Zwei Uhr nachmittags. Krapiwna. Den Weg schlechter zurückgelegt als erwartet.[9] Habe Blasen an den Fußsohlen, aber geschlafen, und mein Befinden ist besser, als ich erwartete. Hier habe ich mir Bastschuhe gekauft, in denen läuft es sich besser. – Es ist überaus angenehm, nutzbringend und lehrreich. Gebe nur Gott, daß wir alle uns gesund wiedersehen und daß weder Dir noch mir etwas Böses widerfährt, denn dann brauche ich mir keine Vorwürfe zu machen, daß ich mich auf den Weg machte. – Man kann sich nicht vorstellen, in welchem Maße erfrischend, wichtig und nützlich es für die Seele ist (für den Blick auf das Leben), zu sehen, wie Gottes große und wahrhaftige Welt lebt, nicht jene, welche wir uns erschaffen haben und aus welcher wir nicht heraustreten, auch wenn wir den ganzen Erdkreis bereisen.

[...]

Mein wichtigstes neues Empfinden ist, mich selbst zu erkennen, vor mir selbst und vor anderen mich als der zu erkennen zu geben, der ich wirklich bin, und nicht als jener, der ich dank meiner Herkunft bin. – Heute rief mich ein Bauer an, der mich mit seinem Wagen überholte: »Alter! Wohin auf Gottes Wegen?« – »Nach Optina.« – »Und wirst Du auf immer dort bleiben?« – Und so entspann sich ein Gespräch.

Mögen nur die Großen und Kleinen Dich nicht bekümmern, mögen nur keine unangenehmen Gäste kommen, mögest Du selbst gesund bleiben, möge nur kein Unglück geschehen, möge nur ... ich selbst das Beste tun und auch Du, dann wird alles gut.

[Sofja Andrejewna Tolstaja an Lew Nikolajewitsch Tolstoj]

[3. Juli 1881]

[Moskau]

Ich wollte eigentlich telegraphieren, lieber Ljowotschka, um Deinen Rat einzuholen, denn vor lauter Unentschlossenheit kann man hier den Kopf verlieren. Heute habe ich in der Deneshny-Gasse unweit der Pretschistenkaja ein schönes Haus gesehen, das im Besitz der Fürstin Wolkonskaja ist. Meiner Meinung ist es nach bestens geeignet und schön, sowohl von der Lage als auch vom Grundriß.[10] [...] Das Haus steht für 36tausend zum Verkauf, zur Miete kostet es 1550 S[ilber] R[ubel], ohne Möbel. Ein preisgünstigeres Haus zu finden ist unmöglich, alle sind erstaunt, wie erschwinglich es ist. Es stehen viele Häuser zum Verkauf, aber dazu kann ich mich nicht entscheiden; durchweg alle sind ziemlich teuer. [...]

Ich hoffe, Ihr alle seid wohlauf, Tanja führt den Haushalt und denkt auch an ihre Brüder; sie ist ja auch eine Mamá Tanja. Was machst Du, was die großen Söhne und Mascha?

Ich überlege die ganze Zeit, wie ich euch alle dort unterbringe, aber es wird schwierig sein, es allen recht zu machen – der eine oder der andere wird es immer schlecht treffen; doch ein größeres Haus oder eine größere Wohnung übersteigt unseren Geldbeutel.

Lebe wohl, liebster Freund, ich küsse Euch alle.

Sonja.

3. Juli 1881. Am Abend.

[Lew Nikolajewitsch Tolstoj an Sofja Andrejewna Tolstaja]

[22.-23. Juli 1881]

[Landgut im Gouvernement Samara]

Die ganze Zeit gab es keine Gelegenheit, liebe, liebe Freundin Sonja, nach Samara zu schicken, und so habe ich seither keine Nachricht von Dir. [...] Heute ist es eine Woche, daß wir hier sind.[11]

Damit, wie wir diese Woche herumgebracht haben, können wir nicht eben prahlen; Serjosha hatte drei Tage Durchfall und Magenschmerzen. Seit gestern geht es ihm ein wenig besser, er aß etwas Huhn, ohne daß er hernach Schmerzen hatte, und trank Kumys, heute geht es ihm bereits wieder richtig gut. [...] Mir geht es hier sehr gut, soweit es mir ohne Dich und die sechs[12] und drei Viertel Kinder[13] gut gehen kann. [...] Der Magen ist, wie immer, wenn ich Kumys trinke, sogleich viel besser geworden. – Die Leute hier – Wass[ili] Iw[anowitsch][14], Al[exej] Al[exejewitsch][15] – sind nicht eben fröhlich, aber gutherzig, friedsam. [...] Die Wirtschaft läuft gut, es wird geerntet, gedroschen, alles gedeiht; das arbeitende Volk ist zufrieden, arbeitet gut. Keine Flöhe, Wanzen oder Fliegen. 3 Tage herrschte große Hitze, heute ist es frisch, ein grauer Tag. Die Erwartungen an die Erträge sind hervorragend. Nur eines ist bedrückend, nämlich die Armut auf den Dörfern, aber vielleicht kann man ein wenig helfen. Es ist eine verschämte Armut, die man nicht bemerkt. – Die Molokanen[16] sind in höchstem Maße interessant. Ich wohnte einem Gebet bei sowie einer Auslegung des Evangeliums und beteiligte mich daran, und einmal besuchten sie mich und baten, ihnen meine Deutung darzulegen. Ich las ihnen Ausschnitte aus meiner Schrift vor[17], und die Ernsthaftigkeit, das Interesse und der klare, gesunde Menschenverstand dieser des Lesens und Schreibens Unkundigen erstaunten mich sehr. Des weiteren war ich auch in Gawrilowka bei einem Subbotnik[18]. Auch dies war sehr interessant. So viele Eindrücke in einer Woche. Ich habe noch gar nicht angefangen zu schreiben.

Was die Wirtschaft betrifft, so befinden Bibikow und ich uns in absoluter Unentschiedenheit. Ob man die Aussaat beenden soll, die Pferdezucht fortsetzen soll oder nicht, ob man sich von den Pferden ganz trennen soll? [...] Ich habe hin und her überlegt und weiß nicht, wie ich entscheiden soll. [...] Überdenke Du dies und gib mir einen Rat.

Wie mag es Dir gehen? Überanstrenge Dich nicht, nimm Dir nichts zu Herzen, was Dein Herz nicht berührt. Die Kinder Tanja (ob sie sich wohl meiner Worte erinnert?), Ilja (vielleicht erinnert er sich der Deinen), Ljolka-Lispler, Mascha und die Kleinen – küsse von mir. [...]

[Lew Nikolajewitsch Tolstoj an Sofja Andrejewna Tolstaja]

[31. Juli 1881]

[Landgut im Gouvernement Samara]

Am 28. erhielt ich drei Briefe von Dir, liebe, liebste Freundin[19]. Und mich erfüllte unser Geist von Jasnaja Poljana, den wir, wenn wir in ihm leben, nicht schätzen. – Aber es schmerzt mich, daß es Dir schwer, ja überaus schwer ist. Drei Dinge, das verstehe ich, quälen Dich: Ljoljas Prüfungen, Iljuschas Ungezogenheiten und die kalten Fußböden. Von diesen drei Dingen messe ich den kalten Fußböden die größte Bedeutung zu. Dieser Brief wird Dich vermutlich nicht mehr erreichen, Du wirst Dich wohl bereits in Moskau abplagen und dort alles einrichten: Die Böden neu verlegen, mit Kalk abdichten und mit Filz auslegen lassen oder vielleicht sogar eine andere Wohnung finden – so male ich mir das alles vor meinem inneren Auge aus. Zweifelsohne ist es nun schon zu spät, und Du hast bereits alle Plackerei auf Dich genommen; ich aber habe während meines Aufenthalts ohne Dich hier begonnen, anders auf das Leben in Moskau zu blicken. Es ist seltsam, es auszusprechen, aber ich glaube nunmehr daran und habe, was noch wichtiger ist, begriffen, wie schwer es Dir ist, alles allein zu bewerkstelligen. Sobald ich zurück bin, werde ich Dir helfen, aber nicht nur, damit Du es leichter habest, sondern mit Vergnügen. [...]

Die zweitwichtigste Angelegenheit sind die Ungezogenheiten Iljas. Das ist wohl kein allzu großes Unglück; doch ihn zu beaufsichtigen und zurechtzuweisen, ist Dir eine Last. Zum dritten – Ljolka; ich würde raten, seine Aufnahmeprüfung auf das nächste Jahr zu verschieben. In diesem Jahr steht so vieles an, er kann sich den Stoff zu Hause aneignen und im nächsten Jahr in die 4. Kl.[asse] eintreten. Er ist ein Knabe, der schnell lernt, aber auch schnell wieder vergißt.

[...]

Nun zu uns. Serjosha ist wieder ganz gesund und sehr fröhlich, er schießt Enten, reitet und wandert, [...] trinkt keinen Kumys. Ich hingegen mit großem Vergnügen, 12 Tassen am Tag, heute morgen allerdings nicht. Er richtet mich auf und erwärmt mich. [...] Unsere *repas*[20] sind nicht allzu abwechslungsreich und feudal, doch sättigend. Hammelfleisch gebraten oder gekocht, Fleischklopse, bisweilen sogar mit Erbsen, prachtvolle Karauschen, Quark, Kascha, Topfenküchlein.

Seit Montag sind 300 Tagelöhner am Werk. Für Brot und Kascha ist gesorgt. Morgen ist der Tag des Erlösers, und so wird heute die Arbeit beendet. 2/3 der Ernte ist eingebracht, die Hoffnung auf die Erträge scheint nicht vergeblich. Auch die Pferde machen mir Freude. […]

Ich weiß nicht, wie es Dir ergeht, aber je länger ich ohne Dich bin, desto mehr denke ich an Dich und empfinde Sehnsucht. […] Küsse die große und die kleine Tanja[21] von mir. Wenn sie nur sehen könnte, wie Lisa[22] hier ihrer Mutter hilft, bügelt und Butter stampft und die Küken vom Dach herunterholt.

[…] Küsse Deine Mascha und die der Kusminskis, Verotsch-ka[23], Andrjuscha dafür, daß es ihm gut geht, den dicken Mi-scha und den Kusminski-Mischa. Wie viele es ihrer doch sind. Wie soll man da keine Mühe mit ihnen allen haben? […] Lebe wohl, Liebste. Jetzt ist die Zeit nicht mehr lang.

[Lew Nikolajewitsch Tolstoj an Sofja Andrejewna Tolstaja]
[2. August 1881]
[Landgut im Gouvernement Samara]
In Deinem letzten Brief wirfst Du mir vor, daß ich Dir wenig schreibe. […] Uns ergeht es hier gut. Serjosha ist wohlauf und guter Laune, was, wie Du weißt, bei ihm selten der Fall ist. Ich habe Zahnschmerzen – nicht allzu sehr, doch mit etwas Fieber. […] Heute fährst Du nach Moskau. Du wirst mir nicht glau-ben, wie sehr mich der Gedanke quält, daß Du über Deine Kräfte arbeitest und die Reue, daß ich Dir wenig (gar nicht) geholfen habe. – Schon allein dafür sollte der Kumys doch gut sein, daß er mich dazu bringt, mich von jenem Punkt herabzu-begeben, von dem aus ich, von meinen Ideen allzu entflammt, auf alles blickte. Ich denke und fühle wie zuvor, doch ich bin von dem Irrtum geheilt, daß die anderen alles auf dieselbe Art betrachten müßten, wie ich es tue. Ich habe mich vor Dir, mein Herz, überaus schuldig gemacht, wenn auch unabsichtlich und ungewollt […]. – Zu meiner Rechtfertigung mag dienen, daß man, wenn man derart angestrengt arbeitet, wie ich es tat, und

etwas zustande zu bringen sucht, alles andere vergessen muß. Und ich habe Dich zu sehr vergessen und bereue es. Schone Dich um Gottes und unserer Liebe willen. – Schiebe die Arbeit bis zu meiner Ankunft auf; ich werde alles mit Freuden zu Ende führen, und es sicher nicht schlecht machen, weil ich mir Mühe geben werde. Die beiden Tanjas mögen doch bitte keinen Theaterabend arrangieren, es wird ohnehin nichts daraus, und Du hast die Arbeit damit. Dieses Jahr ist für Dich ein besonders schweres – das sollte man nicht vergessen: die Schwangerschaft, meine Reise und der Umzug nach Moskau.

Auch wir haben nun schon eine Woche widerwärtiges Wetter: Regen, Wind, Kälte. […] Lebe wohl mein Herz, ich küsse Dich und alle anderen.

D[ein] L.

[Sofja Andrejewna Tolstaja an Lew Nikolajewitsch Tolstoj]

26. August [1881]

[Moskau]

Lieber Ljowotschka, ich kam nicht dazu, Dir heute morgen zu schreiben, jetzt ist es 6 Uhr des Abends. Ich bin sehr gut angekommen, denn ich habe die ganze Fahrt über bis Moskau geschlafen, und der Kondukteur weckte mich erst kurz vor der Ankunft. […] Wir fuhren gleich zu Petja[24] und trafen alle dort wohlauf an. […] Nachdem ich mich etwas frisch gemacht und Tee getrunken hatte, fuhr ich gleich weiter in unsere Wohnung. Dort ist alles beim besten, alles ist soweit fertig, allein im Schlafzimmer sind die Tapeten allzu hellblau geraten. Ob ich eine falsche Wahl getroffen habe oder ob die falschen geschickt wurden – ich weiß es nicht.

Der Garten ist leidlich aufgeräumt; er ist 40 Sashen[25] lang. Es riecht überhaupt nicht nach Farbe, ist ruhig und hell. […] Heute morgen schmerzten mein Bauch und der Rücken, die Arbeiter haben mich am Morgen früh geweckt, doch ungeachtet dessen, daß ich den ganzen Tag auf den Beinen war, fühle ich mich sehr gut. Wir haben heute eine Unmenge von Möbeln gekauft, fast für das gesamte Haus, außer für das Eßzimmer. Ich habe ein Geschäft aufgetan, wo ich vermutlich das Eßzimmer bestellen werde, der Inhaber ist ein sehr vertrauenserweckender betagter Herr. Das eine oder andere habe ich zu teuer bezahlt, manches hingegen preisgünstig erstanden – aber ich kann nicht sagen, daß ich mit den Käufen unzufrieden wäre. Morgen mache ich mich daran, Geschirr, Lampen u.s.w. zu besorgen. Doch es ist noch unendlich viel Arbeit, die Tapetenmacher haben noch nicht begonnen, vieles ist noch zu kaufen. Ich kann wohl nicht vor Sonntagabend zurück sein, das ist offensichtlich. [...]

Ich mache jetzt Schluß, fahre ins Haus, um die Möbel in Empfang zu nehmen und gleich auch zu bezahlen. Meine einzige Beruhigung ist, daß ich all das für die Meinen tue, damit es allen wohl ergehen möge.

Ich küsse Euch alle, was macht Sascha, wie geht es Dir, Mascha und allen anderen? Ich ertrage all diese Belastungen sehr gut. Lebt wohl meine Lieben.

Sonja.

[Lew Nikolajewitsch Tolstoj an Sofja Andrejewna Tolstaja]

[26. August 1881]

[Jasnaja Poljana]

Es ist Mittwoch abend. Ich schreibe Dir im Wohnzimmer. Im Saal nebenan sind alle unsere Kinder zugegen, und die Kusminskis singen Couplets. Alle sind wir wohlauf und heiter. [...] Die Kleinen sind lieb und brav, vor allem Mischa. Sobald Du nicht da bist, hängt er an mir: Papá!, möchte auf den Arm und verlangt, daß ich ihn herumtrage. [...]

Ich bitte Dich, rede Dir nicht ein, daß Du alles schnellstmöglich zu Ende bringen mußt. Erledige das, was Du bis Samstag

schaffst, ohne Dich allzu sehr zu beeilen – ich mache dann den Rest. Heute ist Krönungstag[26], hat dies Dich in Deinen Unternehmungen nicht behindert? [...]
Ich küsse Dich, mein Herz, bis Samstag – am Morgen.

1882

[Sofja Andrejewna Tolstaja an Lew Nikolajewitsch Tolstoj]

3. Februar [1882]

[Moskau]

Ich komme gerade von oben, aus Andrjuschas Zimmer, wo er schlaftrunken wie rasend schrie. Als ich dort aus dem Fenster sah, erblickte ich einen prachtvollen Sternenhimmel und dachte an Dich. Welche poetische und melancholische Stimmung mag wohl in Dir heute abend in Jasnaja dieser Sternenhimmel geweckt haben, wenn Du Dich, wie Du es oft tust, noch einmal aufgemacht hast zu einem Spaziergang. Mir war es zum Weinen, es war mir so weh um jenes ruhige Leben dort, ich habe es nicht vermocht, ein Leben in der Stadt einzurichten, verdorre hier, vor allem körperlich, es geht mir nicht gut. In welchem unausgesetzten Strudel ich mich hier befinde. Am Morgen kamen Maschenka und Hélène[27], aßen Pfannkuchen, Kostenka[28] hat sich ganz hier eingerichtet, und – bei Gott! – seine altmodischen Belehrungen strengen einen in der Seele an. Alle wollten dann in die Reitmanege, die Njnaja war unterwegs, die Kleinen riefen nach mir, sie mußten zu Bett gebracht werden, die Großen stellten sich naiv und belästigten mich mit ihren Bitten nach Geld oder fragten, ob sie die Kutsche nehmen dürften. [...] Dieser Trubel wird sich lange noch hinziehen. Am Samstag Tanz bei den Olsufjews[29], für Freitag lädt Obolenskaja[30] ein. Hier muß ein Kleid geschneidert werden, dort werden Schuhe gebraucht usw. [...]
Mein Kleiner ist immer noch nicht ganz gesund, ich habe ihn

so lieb, und er tut mir so leid. Sjutajew[31] und Du, Ihr könnt es Euch erlauben, Eure eigenen Kinder nicht liebzuhaben, wir gewöhnlichen Sterblichen indes können, ja wollen nicht zu solchen Scheusalen werden, welche die Tatsache, daß sie für niemanden Liebe empfinden, mit der Liebe für die gesamte Menschheit rechtfertigen.

Ich hatte erwartet, heute einen Brief von Dir zu erhalten, doch Du hast offensichtlich gestern nicht die Zeit gefunden, mir zu schreiben und meine Sorge Deinetwegen zu lindern. [...] Ich wollte Dir eigentlich schreiben: »Sei beruhigt, ich bin glücklich, daß es Dir gut geht dort, auch mir geht es wunderbar ...«, doch dies wäre Lüge.

Mir ist widerwärtig, ich kränkele, mein Leben ist mir verhaßt, ich weine ganze Tage lang, und wenn ich Gift zur Hand hätte, so würde ich es nehmen.

Dieses Leben hier mit mir zu teilen, bitte ich Dich nicht, und wieder lüge ich nicht. Deine Anwesenheit hier bekümmert mich auch, um so mehr, als ich weder Dich noch mich selbst zu trösten vermag. Lebe wohl.

[Lew Nikolajewitsch Tolstoj an Sofja Andrejewna Tolstaja]
[4. Februar 1882]. Drei Uhr am Nachmittag. Donnerstag.
[Jasnaja Poljana]
Soeben erhielt ich Deinen Brief, liebste Freundin, und bin sehr froh, daß bei Dir soweit alles in Ordnung ist.[32] Sei meinetwegen unbesorgt. Mir geht es hier bei Alexej[33] sehr gut, und ich werde wohl nicht ins Haus übersiedeln. Ich war heute einmal dort, und wohl kaum wird es warm genug werden, ohne daß Kohlendunst entsteht. Ich fühle mich nicht krank, aber irgendwie schwach – der Rücken schmerzt und der Kopf. [...] Die Arbeit geht schlecht vorwärts. Derweil erholen sich meine Nerven, und ich erkräftige mich. [...]
Ich glaube, daß ich mich nirgends besser und ruhiger fühlen

könnte. Du, die zu Hause stets von Sorgen um die Familie geplagt bist, kannst den Unterschied gar nicht empfinden, der für mich zwischen Stadt und Land liegt. Doch will ich darüber im Brief nichts sagen, denn über dieses Thema schreibe ich jetzt, und Du wirst es, wenn mir die Arbeit gelingt, dort klarer lesen können[34].

Das Hauptübel der Stadt ist für mich und für alle denkenden Menschen (darüber schreibe ich jetzt nicht) – daß man ständig gezwungen ist, zu disputieren, um falsche Ansichten zu widerlegen oder sich mit diesen, ohne zu streiten, einverstanden zu erklären, was noch schlimmer ist. Zu disputieren und falsche Ansichten zu widerlegen indes ist die müßigste Angelegenheit, die niemals ein Ende haben wird, denn falsche Ansichten gibt es in mannigfaltigster Zahl. Und wenn man sich damit beschäftigt, dann meint man, es sei die wichtigste Aufgabe, tatsächlich aber ist es größte Zeitverschwendung. – Wenn man hingegen nicht disputiert, so kann man selbst zu Einsichten finden, welche die Notwendigkeit des Disputs ausschließen. Und dies geschieht einem nur in Ruhe und Abgeschiedenheit. – Ich weiß, daß man auch Austausch mit Gleichgesinnten braucht, und die drei Monate in Moskau waren sehr wichtig für mich, sie haben mir sehr viel gegeben. […] – Die Volkszählung[35] und Sjutajew haben mir vieles klargemacht.

So sei also meinetwegen ganz unbesorgt. Geschehen kann uns allerorten etwas, ich aber bin hier in der besten und gefahrlosesten Umgebung. Gebe Gott, daß auch bei Dir alles gut geht. Küsse die Kinder von mir. […] Lebe wohl, mein Herz, ich weiß nichts mehr zu schreiben. […] Die Njanja kocht mir Hühnersuppe, bringt den Kessel selbst hierher und steht neben mir wie beim Gottesdienst. Gestern gab es Kascha und Pökelfleisch. In Tula kaufte ich mir Weißwein und Kalatschen[36]. Heute wurden wieder frische gebracht. Es gibt frische Eier. Ich schlafe auf einer Holzbank mit Matratze, ohne Wanzen.

[…] Falls Briefe von Interesse kommen, lasse es mich wissen.

Lebe wohl, Liebe, schreibe mir jeden Tag, auch ich werde jeden Tag schreiben.

T.

[Sofja Andrejewna Tolstaja an Lew Nikolajewitsch Tolstoj]

[6. Februar 1882]. Des Nachts.

[Moskau]

Gerade sind wir von den Obolenskis zurückgekehrt, lieber Ljowotschka, den Kindern, so scheint es, hat es gefallen. [...] Es ist jetzt halb zwei, Gott sei es gedankt, alle haben sich zurückgezogen und sind zu Bett gegangen; alle sind wohlauf und nicht übermäßig beschwingt. [...]

Ich mußte den Brief unterbrechen: habe dem Kleinen die Brust gegeben, mich ausgekleidet, alles noch Liegengebliebene erledigt, und nun ist es schon bald drei Uhr, um diese Zeit lege ich mich gewöhnlich schlafen.

Gerade habe ich Deinen Brief, den ich heute erhielt, noch einmal gelesen. Erlabe Dich körperlich und bleibe in Jasnaja, solange Du möchtest, schreibe mir und genieße es dort. Wenn denn unser Leben unterschiedliche Wege beschritten hat, so müssen wir beide es für uns auf die beste Weise einrichten, was ich für uns, d.h. für die Kinder und mich auch versuche. Es ist mir noch immer sehr schwer und ungewohnt, doch der Mensch gewöhnt sich an alles. Warum das Leben in der Stadt Dispute hervorruft – das begreife ich allerdings nicht; wem macht es denn Spaß, andere zu überzeugen und Predigten zu halten? Dies zu tun ist unklug und unvernünftig, und daher sollte man es dem naiven Sjutajew überlassen.

[...]

Bleibe nur lange dort, ohne mich geht es Dir besser. Mein Kleiner ist immer noch krank. Doch Dich interessiert dies ja nicht. Die Kleinen gehören ausschließlich zu mir, und deshalb möchte ich keine weiteren mehr haben. Ganz vergebliche Leiden –

und wenn das Leben schon getrennte Wege geht, so soll es auch ganz getrennt sein.

Ich möchte Dich an der empfindlichsten Stelle treffen, wenn Du nur wüßtest, wie ich jeden Abend weine, wenn ich nach einem Tag, an dem ich mich für das leibliche Leben, wie Du es nennst, aufgerieben habe, allein wiederfinde, mit all meinen Gedanken und Sehnsüchten. Meine einzige Freude ist es, wenn Andrjuscha etwas sagt wie heute: »Mamá, wer hat Dich lieb?« Ich antwortete: »Niemand hat mich lieb, Papá hat mich allein gelassen.« Und er erwiderte: »Ich habe Dich lieb, Mamá.« Wie nur kommt ihm so etwas in den Sinn? Ich kleidete ihn schweigend aus, er betrachtete mich aufmerksam, vermutlich sah ich leidend aus.

Ich wollte eigentlich nur Gegebenheiten berichten: war dort, tat dies ..., schlicht und ohne Gefühligkeit, und habe Dich doch wieder verstimmt und mich beschwert. Schenke dem keine Aufmerksamkeit. [...]

Sonja.

[Sofja Andrejewna Tolstaja an Lew Nikolajewitsch Tolstoj]

6. Februar 1882. Samstag.

[Moskau]

Nun ist es Samstag, 7 Uhr des Morgens. Ich habe dem Kleinen die Brust gegeben, und es bekümmert mich so sehr, daß ich Dir solch gräßliche Briefe schreibe wie gestern. Doch so spät des Nachts bin ich müde und gereizt. Verzeih mir bitte. Ich habe den Umschlag eigens noch einmal geöffnet, um diese Notiz beizulegen. Es ist ganz natürlich, daß Du fortgefahren bist, ganz unabänderlich, Du brauchst dies, manchmal gestehe ich mir dies ein. Doch die Menschen sind Egoisten, so auch ich. [...]

Auch ich träume oft davon, in Jasnaja zu sein. Lebe wohl Liebster, ich lege mich wieder schlafen, sonst gerate ich erneut

außer Zaume, heute abend haben wir wieder eine Einladung.
Ich küsse Dich, verzeih mir.
Sonja.

[Lew Nikolajewitsch Tolstoj an Sofja Andrejewna Tolstaja]
[6. Februar 1882]
[Jasnaja Poljana]
Samstag, 11 Uhr des Morgens, vor dem Kaffee.
Gestern fühlte ich mich von allen Tagen hier bisher am besten.
Der Rücken schmerzte nicht mehr, und ich hatte mich gerade
an die Arbeit gemacht, als Urussow ankam. Ich hatte ihm eben
erst einen Brief geschrieben und leise angedeutet, daß er nicht
kommen möge. Er kam aber, und ich war nicht eben glücklich
darüber. Am Morgen habe ich ein wenig gearbeitet, und am
Abend ermüdete mich das Gespräch mit ihm sehr. – Es gibt
nunmehr nichts Schlimmeres für mich als Gespräche. Er trägt
daran keine Schuld und ist sehr nett, doch ich habe bis ans
Ende meines Lebens schon alles gesagt – und habe keine Lust
mehr.
[...] Sollte ich am Leben bleiben, so reise ich am Montag oder
Dienstag ab – je nachdem, wie es mit der Arbeit vorangeht und
welche Nachrichten ich von Dir erhalte.
Die Pfannkuchen vorgestern waren wunderbar. Arina hat sie
gebacken. Doch ich hatte gar keinen Appetit. Nun allerdings
schon etwas mehr.
Gestern hat mich [Leonid] Urussow ganz durcheinander gebracht, und deshalb schrieb ich keinen Brief an Dich. Und ich
habe auch von Dir außer dem ersten noch keinen erhalten.
Heute kommen sicher zwei. Lebe wohl, mein Herz. Beunru-
hige Dich meinetwegen nicht. Mir geht es gut. Und ich liebe
Dich ebenso sehr, ob Du bei mir bist oder nicht. [...]
T.

[Sofja Andrejewna Tolstaja an Lew Nikolajewitsch Tolstoj]
[7. Februar 1882]
[Moskau]

Zum ersten Mal in meinem Leben, lieber Ljowotschka, habe ich mich heute nicht über die Nachricht gefreut, daß Du bald kommst. Du schreibst, am Montag oder Dienstag reistest Du ab: Das bedeutet also, daß Du morgen bereits hier ankommst, wieder zu leiden beginnst, schwermütig sein wirst und lebendiger, wenngleich schweigender Vorwurf gegen mein Leben in Moskau. Bei Gott, wie schmerzt mich das und tut mir in der Seele weh!

[...] Wenn Du wohlauf bist und arbeitest, vor allem aber, wenn es Dir gut geht, warum dann hierher kommen? Daß Du mir in den alltäglichen Dingen keine Stütze bist – dies steht außer Zweifel. Bis zum jetzigen Zeitpunkt halte ich alles im Gleichgewicht und in der gewohnten Ordnung: Die Kinder sind gehorsam und zugewandt, ihre Gesundheit ist gut, und alles im Hause läuft seinen Gang. Was indes mein seelisches Leben betrifft, so ist es derart tief in mir vergraben, daß es wohl nicht allzu rasch ausgegraben werden kann.

Und es soll auch erst einmal so bleiben, ich habe Angst, es wieder auszugraben und es in Gottes Welt hinauszutragen, denn was soll ich denn damit anfangen? Diese innere, geistige Seite meines Lebens ist mit der äußeren nicht in Einklang zu bringen.

[...]

Du vermagst es nicht, Dich von jenen, die Dich so zahlreich bedrängen, abzugrenzen, sogar in Jasnaja wirst Du überfallen.

Lebe wohl, liebster Freund, wenn Du kommst, werde ich despotisch alle disputierenden Neunmalklugen von Dir fernhalten. Du wirst sehen, wie ruhig und gut es sich dann auch hier leben läßt.

Heute gehe ich einmal etwas früher zu Bett, und wenn ich

Glück habe, so werde ich zu mir kommen und mich erholen. Es tut mir leid, daß Du nicht ganz wohlauf bist, Dich schwach fühlst und keinen Appetit hast. Wie kann es denn sein, daß Du trotz der Landluft Deinen Appetit nicht wiederfindest?
Lebe wohl, schreibe mir bitte, solltest Du doch nicht kommen.
Sonja.
Sonntag.
7. Februar 1882.

[Lew Nikolajewitsch Tolstoj an Sofja Andrejewna Tolstaja]
[27. Februar 1882]
[Jasnaja Poljana]
Ich schreibe Dir um 7 Uhr des Abends, es ist Samstag.
Wir[37] sind also direkt nach Koslowka gefahren. [...] Zwei Schlitten erwarteten uns, und wir sind bestens angekommen, tranken Tee und gingen zu Bett. Mir ergeht es ebenso wie beim letzten Mal – ich fühle mich schrecklich müde, schwach, empfinde leise Traurigkeit und Kraftlosigkeit. – Es scheint, ich brauche Erholung.
Iljuscha und ich schliefen in einem Zimmer, wachten spät auf. Es erschien Michal Fom[itsch][38], machte Ordnung, dann gingen Ilja und er auf die Jagd. Sie sahen einen Hasen, erlegten ihn aber nicht. Ich war bis 3 zu Hause, konnte jedoch meiner Mattigkeit wegen nicht arbeiten und las in alten *Revue[s]*[39] einige hervorragende Aufsätze über religiöse Fragen und überdachte das Gelesene. Dann ritt ich aus und erging mich weiter in tiefgreifenden Überlegungen. Als ich zurückkam, gab es Essen: Bouillon, ungenießbares Hühnchen mit Sago statt Reis, doch die Kartoffeln mit Sauerrahm glichen dies aus. Morgen gibt es bereits Rindfleisch.
Ich werde Dir regelmäßig schreiben, schreibe Du mir bitte auch. [...] Heute blickte ich zum Kusminski-Haus hinüber und

dachte: Warum nur quält er sich so mit seinem Dienst an einem Ort, der ihm nicht gefällt, mit ihm quälen sich all die Seinen und wir alle ebenso. Es wäre doch viel schöner, wenn wir alle sommers wie winters auf Jasnaja lebten – und uns hier selbst um die Erziehung der Kinder kümmerten. – Aber ich weiß, daß alles Absonderliche möglich ist, das Vernünftige indes unmöglich. –

Lebe wohl mein Herz, ich küsse Dich und die Kinder.

[Sofja Andrejewna Tolstaja an Lew Nikolajewitsch Tolstoj]

[1. März 1882]

[Moskau]

Warum bist Du denn nur immer so niedergeschlagen, mein Lieber? Hier wie dort bist Du trüber Stimmung! Man muß sich doch glücklich fühlen, so lange Gott einem Glück schenkt. Hast Du denn wirklich gar keine Freude mehr?

[...] Ich habe heute nacht gar nicht geschlafen, der Kleine ließ mich nicht, und der Rücken schmerzt furchtbar; aber ich fühle mich in der Seele ruhig und liebe Dich und alle anderen. Du schreibst: »Es wäre schön, wenn die Kusminskis und wir auf dem Land zusammenlebten und uns selbst um die Erziehung und Ausbildung der Kinder kümmerten.« Die Erziehung und Ausbildung der Kinder macht das Dir verhaßte Leben in der Stadt aber doch notwendig. [...] Dies alles ist mühevoll, schwierig und nicht ohne Gefahr mit einer erwachsenen Tochter. Nun, in einem Brief darüber zu schreiben ist allzu kompliziert. [...]

Sei unseretwegen unbesorgt, alles ist erträglich und ersprießlich, alle sind wohlauf. Deine Schwäche und Mattigkeit haben mich sehr bekümmert; Deine Nerven sind zerrüttet; doch sie werden, mit Gottes Hilfe, wieder gesunden und Du wirst wieder zu Kräften kommen.

[Lew Nikolajewitsch Tolstoj an Sofja Andrejewna Tolstaja]

[2. März 1882]

[Jasnaja Poljana]

Iljuscha wird Dir über mich berichten. Ich habe heute zu schreiben versucht, aber nur wenig geschafft. Immer noch empfinde ich diese Müdigkeit, doch ich fühle mich schon ein wenig frischer. – Briefe von Dir habe ich noch nicht erhalten und bin beunruhigt. Heute war ich kaum draußen – das Wetter ist schlecht. Ich lege Patiencen, lese und denke nach. – Allzusehr möchte ich den Aufsatz, den ich begonnen habe, fertig schreiben, wenn es mir allerdings diese Woche nicht gelingen will, so wird mich dies auch nicht allzusehr betrüben. Jedenfalls ist es für mich sehr gesund, mich von diesem geschäftigen Leben der Stadt in mich selbst zurückzuziehen, die Überlegungen anderer über Religion zu lesen, dem Geschwätz von Ag[afja] Mich[ailowna][40] zu lauschen und nicht über die Menschen, sondern über Gott nachzudenken. Gerade hat mich Ag[afja] Mich[ailowna] mit ihren Erzählungen über Dich amüsiert und darüber, wie es mir ergangen wäre, wenn ich die Arsenjewa[41] geheiratet hätte. »Jetzt aber sind Sie fortgefahren und haben Ihre Frau dort mit den Kindern zurückgelassen – soll sie mit all dem alleine fertig werden! – Und Sie sitzen hier und lassen Ihren Bart gedeihen.«

Das war sehr gut. Ihre Erzählungen über die Hunde und Katzen sind amüsant, doch sobald die Rede auf die Menschen kommt, wird mir traurig zumute. Der eine muß betteln, ein anderer hat die Fallsucht, der dritte die Schwindsucht, wieder einer liegt gelähmt, und der nächste schlägt seine Frau oder hat die Kinder im Stich gelassen. Überall Leiden und Übel, und die Menschen haben sich daran gewöhnt, daß es so ist. – Wenn ich Dir heute früh geschrieben hätte, wäre es ein heiterer Brief geworden, nun aber bin ich von neuem niedergeschlagen.

Jetzt ist es bald 12 Uhr, ich bringe jetzt Iljuscha nach Koslowka.

Lebe wohl mein Herz, ich küsse Dich und die Kinder.

Die Treibhäuser sind bereits vorbereitet, laß Saatgut schik-
ken.

Ich komme, falls nichts dazwischenkommt, am Sonntag.

[Sofja Andrejewna Tolstaja an Lew Nikolajewitsch Tolstoj]

[3. März 1882]. Mittwoch, Abend.

[Moskau]

Heute verlief mein Tag nicht so ruhig und gut wie die Tage
zuvor. Vielleicht will mir dies auch nur scheinen, da Agafja Michailowna mein Mitleid mir selbst gegenüber erweckt hat, und
es erheiterte mich geradezu, daß, just, als ich Deinen Brief, den
Ilja überbrachte, für mich las, Dein Bruder Serjosha zu Wassili
Iwanowitsch[42] sagte, »Ja, Lew Nikolajewitsch hat es gut, er ist
vom Schicksal verwöhnt mit einer solchen Frau: Er hat jemanden, dem er sein Herz ausschütten kann, wenn er traurig ist, sie
bemitleidet ihn, wenn er niedergeschlagen ist. Wenn ich aber
sage: ›Ich fühle mich schwach‹, dann antwortet meine Frau
mir: ›Längst ist es an der Zeit für Dich zu sterben‹, oder ich
sage: ›Ich fühle mich krank‹, dann antwortet sie: ›Der Veits-
tanz soll Dich zerreißen.‹«

Dies war mein Tag: Das Erste, was mich erlangte, war zugleich
auch das Schlimmste und Traurigste – Dein Brief. Dir scheint
es schlechter und schlechter zu gehen. Ich bin zunehmend der
Überzeugung, daß, wenn ein glücklicher Mensch unversehens
im Leben nur das Schlechte sieht und vor allem Schönen die
Augen verschließt, dies aufgrund von Krankheit so ist. Du
müßtest Dich in Behandlung begeben. Ich sage dies ohne jegliche Bosheit, mir scheint dies eindeutig; Du tust mir unendlich
leid, und würdest Du meine Worte und Deine Lage überdenken, ohne Dich über sie zu ärgern, dann könntest Du vielleicht
einen Ausweg finden.

Dieser schwermütige Zustand hat Dich ja auch früher schon

erfaßt, vor langer Zeit. Damals sagtest Du »der Ungläubigkeit wegen« wolltest Dir das Leben nehmen. Und nun? Du lebst doch nicht mehr ohne Glaube, weshalb bist Du denn dann so unglücklich? Wußtest Du denn früher nicht, daß es Hunger gibt, Krankheit, Unglück und schlechte Menschen? Blicke doch besser so auf die Dinge: Es gibt auch Freude, Gesundheit, Glück und gute Menschen. Gott muß Dir helfen, was kann ich denn tun?

Dann kam Ilja zu mir, seine Lippen und Stimme zitterten – sein Hund war verschwunden. Wir unternahmen alles nur Mögliche, ihn zu finden, er tat mir ja auch leid. Schon gestern abend war er verschwunden, ich wußte davon aber nichts. Gott sei es gedankt, er wurde gefunden, ein Bediensteter in der Nachbarschaft hatte ihn zu sich genommen. Dann fuhr ich aus zu zwei ermüdenden Besuchen, bei denen ich jedoch niemanden antraf. […] Als ich zurückkam, unterrichtete ich Mascha, stillte Aljoscha, verhandelte mit den Pferdehändlern und den Kutschern, nun brodelt der Samowar, man ruft mich zum Tee, und ich bin in Eile. […]

Lebe wohl, mein liebster Freund, wie nur kann ich Dich trösten, mein Liebster, ich kann nur eines – Dich lieben und mit Dir mitleiden, doch dies brauchst Du jetzt nicht mehr. Was aber brauchst Du? Wenn ich es nur wüßte!

Ich küsse Dich und beeile mich, den Brief abzusenden.

Sonja.

[Lew Nikolajewitsch Tolstoj an Sofja Andrejewna Tolstaja]
3. [März 1882], 10 Uhr des Abends.
[Jasnaja Poljana]

Wie tut es mir doch leid, mein liebes Herz, daß ich Dich mit meinen Briefen zermürbe. – Dies ist auf mein Gallenleiden zurückzuführen: Im Mund habe ich einen bitteren Geschmack, die Leber macht Ärger, und deshalb ist alles finster und niederdrückend. – Es kann mir nirgends besser gehen als hier, in Zurückgezogenheit und Stille.

[...] Der Morgen war sonnig und warm, überall trällern die Lerchen, und der Ausritt war ein Vergnügen. Nun ist es windig, warm und bereits dunkel, aber ich fahre mit dem Schlitten nach Koslowka, gebe den Brief auf und hole Deinen ab. [...] Dein Brief wird mich glücklich machen.

Die Leute kommen und betteln, doch ich gebe ihnen nichts – ich habe kein Geld. Aus irgendeinem Grund fällt es mir in diesem Jahr leichter, ich habe viel darüber nachgedacht, es schmerzt mich nicht allzusehr, wenn ich nichts gebe.

Ist Iljuscha gut angekommen? Ist bei Dir alles in Ordnung? Was macht die Gesundheit? Sind die Kinder brav? Das alles ist das Wichtigste.

Lebe wohl mein Herz. Denke nicht, ich fühlte mich ohne Dich traurig; natürlich bin ich traurig, doch ich merke, wie ich zu mir finde und ungeachtet der kläglichen Gesundheit an Kraft gewinne und über alles viel besser, klarer und einfacher nachdenken kann. Vielleicht sind dies ja Träume und Erwartungen eines Hinfälligen, doch immerfort geht mir der Gedanke an ein poetisches Werk durch den Sinn.

Wie gut könnte ich mich bei einer solchen Arbeit erholen. Wenn ich daran denke, ist es wie ein Bad im Sommer.

Ich bitte Dich, sage den Kindern nichts davon. – Mit Dir aber denke ich laut.

Gerade erhielt ich Deinen Brief in Koslowka, und das machte mich glücklich.

[Sofja Andrejewna Tolstaja an Lew Nikolajewitsch Tolstoj]

[5.-6. März 1882]

[Moskau]

Ich schreibe Dir jeden Tag zwei Briefe, lieber Ljowotschka, damit Du glücklich bist. [...] Welch freudiges Gefühl erfaßte mich, als ich las, daß Du ein poetisches Werk zu schreiben gedenkst. Dein Verlangen danach ist es, was ich so lange ersehnte. Hierin liegt Rettung und Glück; dies ist es, was uns einander wieder näherbringen wird, was Dir Trost spenden und unser Leben erleuchten wird. Dies ist deine wahre Bestimmung, für sie bist Du geschaffen, und außerhalb dieser Sphäre ist kein Leben für Dich.

Ich weiß, daß Du Dich dazu nicht mit Gewalt zu zwingen vermagst, doch gebe Gott, daß Du dies, was in Dir aufblitzte, festzuhalten imstande sein wirst, daß in Dir dieser göttliche Funke erneut zu brennen beginnt. Dieser Gedanke bringt mich in Verzückung.

Ich schließe jetzt diese kurze Nachricht. Es ist spät, und ich gehe zu Bett. [...] Komme, aber nur, wenn Du allzustarke Sehnsucht empfindest und es Dir notwendig erscheint, bei mir zu sein. [...] Ich sende Dir etwas Eßbares, denn ich fürchte, daß Du dort allzu spartanisch lebst. Achte auf Deine Gesundheit, erkälte Dich nicht, esse genug, schlafe gut und liebe uns.

Sonja.

[Lew Nikolajewitsch Tolstoj an Sofja Andrejewna Tolstaja]

[4. März 1882]

[Jasnaja Poljana]

Donnerstag, 9 Uhr des Abends.

Von mir gibt es nichts Neues zu berichten. Ich schlafe wenig und kann deshalb nicht arbeiten. Heute war es insofern besser, als ich gut und mit großem Appetit gegessen habe. Ich sitze hier mutterseelenallein – lese und lege Patiencen. [...] Sorge Dich nicht um mich und, wichtiger noch, mach Dir keine Vorwürfe. Vergib Deinen Schuldigern ... Auch ich werfe Dir schon lange nichts mehr vor. Dies tat ich nur zu Beginn. Wie ich so heruntergekommen bin, weiß ich selbst nicht. Vielleicht sind es die Jahre, vielleicht die Unpäßlichkeit, die Hämorrhoiden, doch eigentlich habe ich ja keinen Grund, mich zu beschweren. Das Leben in Moskau hat mir sehr viel gegeben, hat mir meine Aufgabe klargemacht, wenn sie mir noch bevorsteht. Und es hat uns einander nähergebracht als je zuvor. [...] Ich bitte Dich, Dich in Deinen Briefen nicht zurückzuhalten, sondern alles auszuschütten, wie Gott es Dir auf Herz und Zunge legt. [...]

Was machen die Großen? Sie sind doch nicht aufsässig? Sie sind es wohl, und Du bist am Verzweifeln. Aufsässig zu sein ist eine Freude, ganz gleich gegen wen, einfach etwas zu tun, das man nicht darf. Nur Engel lassen einen nicht verzweifeln. Was macht Mischas Gesundheit?

Ich habe heute über die älteren Kinder nachgedacht. Sie denken vermutlich, daß wir keine guten Eltern seien, daß sie viel bessere haben müßten und daß sie selbst viel bessere Eltern sein werden als wir es sind. Ebenso scheint ihnen, daß Marmeladepfannkuchen das bescheidenste Mahl der Welt seien und es schlichter nicht sein könne; aber sie sind sich nicht darüber bewußt, daß Marmeladepfannkuchen dasselbe sind, wie ein Los mit dem Hauptgewinn über 200-t[ausend] zu ziehen. [...]

Lebe wohl mein Herz. – Wenn wir am Leben bleiben, so werden wir uns bald wiedersehen und einander ebenso lieben, wie wir es zur Zeit tun. – Ich finde wieder zu meinem festen Vorsatz zurück, weniger zu predigen. Das darf man nicht. [...]

[Sofja Andrejewna Tolstaja an Lew Nikolajewitsch Tolstoj]
Dienstag, den 18. Mai [1882]
[Moskau]
Heute geht es Ljolja schon sehr viel besser, liebster Ljowotschka. Er nimmt kein Chinin mehr, und sein nervöses Zucken hat sich etwas gelegt. [...]
Heute war auch Arnautow[43] hier, in einer Parfümwolke und

überaus liebenswürdig. Er sagt, es gäbe zahlreiche Interessenten für das Haus und daher könne er uns beim Preis nicht entgegenkommen[44]. [...] Ilja brachte heute eine 3 in Latein nach Hause und ist sehr zufrieden. Gestern abend hatte ich einige Scherereien mit ihm. Er saß den ganzen Abend mit betrunkenen Malergesellen zusammen, ich schaffte ihn heraus und tadelte ihn. Er machte Widerworte, aber ich entgegnete ihm, daß ich es für meine Pflicht halte, ihn zu behüten und zu beschützen, und selbst wenn er mich schlüge, würde ich ihn doch bis zu meinem letzten Atemzuge vor allem zu behüten versuchen, was ich ihm als abträglich empfinde. Seine Wut verrauchte, und wir gingen in Harmonie auseinander. Dann tranken wir Tee *en famille*[45]. [...]

Ach, welche Tintenkleckse, ich habe sie gar nicht bemerkt! Wir ergeht es Euch? Ihr Glücklichen! Auch ich werde bald unter den Glücklichen sein. Sascha[46] hat sich das Haus Arnautows angesehen, er war begeistert vom Garten dort und brachte mir einen riesigen Strauß mit. Lebt wohl, meine Lieben, ich küsse Euch alle, hoffe, daß es Euch wohl ergeht, daß Tanja[47] den Haushalt führt und *qu'elle fait la maman*.[48] Ich habe ihr heute blaßblaue und rosafarbene Bänder gekauft. Brauchst Du, liebe Tanja, noch etwas für das Foulardkleid, das Du Dir aus den beiden anderen schneidern willst? Ilja holt heute Deine Leinwand und die Tasche aus der Tretjakow-Galerie[49] ab. Sascha lobte eines Deiner Bilder auf der Ausstellung sehr.[50] Wir leben hier alle sehr harmonisch miteinander. Noch einmal – lebe wohl, liebe mich und sei nicht allzu streng.

Sonja.

[Lew Nikolajewitsch Tolstoj an Sofja Andrejewna Tolstaja]

[24.-25. Mai 1882]

[Moskau]

Gestern und heute ging es nicht eben gut, habe wenig und schlecht geschlafen, doch ich war auch heute tapfer den ganzen Vormittag in meinen Angelegenheiten unterwegs. Jurjew[51] habe ich gesehen. Er bat mich, einige Stellen abzumildern, der kirchlichen Zensurbehörde wegen. Ich werde morgen versuchen, an Stellen, an denen es den Sinn nicht entstellt, etwas zu ändern und ihm zurückgeben, er wird den Aufsatz setzenlassen und sich mit den Druckfahnen erneut zur kirchlichen Zensurbehörde begeben. Dort sollen sie dann tun, was sie für richtig halten – also den Aufsatz passieren lassen oder eben nicht. [...] Ich gehe jetzt zu Arnautow. Ich meine, wir sollten das obere Stockwerk nicht verändern. Ich werde mit den Söhnen – Serjosha und Iljuscha – dort die eine Hälfte bewohnen, die andere die Bediensteten. Unten könnten wir einen hohen und großen Saal anbauen. Was meinst Du? Lebe wohl Liebste.

[Lew Nikolajewitsch Tolstoj an Sofja Andrejewna Tolstaja]

[11. September 1882]

[Moskau]

Wir sind gut und ohne Verspätung angekommen. Serjosha holte uns ab. [...] Die Bauarbeiten sind vorangekommen, doch noch vieles ist zu tun. Was Serjosha uns mitteilte, entspricht also den Tatsachen. Die Zimmer unten, d.h. das der Knaben, das Eßzimmer, Tanjas und das Schlafzimmer können in 2 oder 3 Tagen bezogen werden. Sie sind bereits tapeziert. [...] In die bereits fertigen Zimmer werde ich die Möbel bringen lassen, damit das Wolkonski-Haus[52] geräumt werden kann. Ich denke, Du solltest erst nach Moskau übersiedeln, wenn unten alles und oben zumindest die Hälfte der Zimmer fertiggestellt ist. [...]

Ich eile nun, rechtzeitig zur Post zu kommen. Lebe wohl Lieb-
ste. Sei nicht traurig, ich bitte Dich. Ich werde vermutlich zu-
rückkommen. Bringe Ljolja im Gymnasium unter, besorge mit
Serjosha und Sergej[53] den Transport der Möbel und komme zu
Euch und hole Euch ab. […]
Ich küsse Euch alle.

[Sofja Andrejewna Tolstaja an Lew Nikolajewitsch Tolstoj]
[17. September 1882]
[Jasnaja Poljana]
Nun also schicke ich Ilja zu Dir, lieber Ljowotschka. Wir nehmen in Freundschaft Abschied voneinander, und er verspricht,
sich in Moskau gut zu betragen. […]
Es ist für mich ja von überaus großem Interesse, was Du über
den Fortgang der Renovierung schreibst, doch ich sehe, daß
mein Wunsch, früher als geplant nach Moskau zu kommen,
sich ungeachtet Deiner nachhaltigen Bemühungen nicht erfüllen wird. Was alles noch zu tun ist – ein Graus! Laß den Mut
nicht sinken, munter voran! Und, vor allem, hilf mir auch später noch, denn allein wird es mir schwer und schrecklich sein,
alles einzurichten. Gemeinsam ist es doch leichter und ver-
gnügter! […]
Ljowotschka, Du schreibst mir gar nicht, was in Deiner Seele
vorgeht und worüber Du nachdenkst, was Dich erfreut, und
was Dir Kummer bereitet, was Dich ermüdet, und was Dich
beglückt? Nur über praktische Dinge berichtest Du mir; oder
denkst Du, ich sei mittlerweile ganz und gar empfindungslos
geworden? Es ist doch nicht nur Parkett und Closett, das mich
interessiert. Ich wollte Dir einen ganzen Abschnitt aus Seneca
abschreiben, der lehrreich für Dich sein könnte hinsichtlich
dessen, wie man sich jenem gegenüber verhält, das einem seelisch zuwider ist, wie Dir etwa die Stadt; aber er ist zu lang, die
Zeit reicht nicht mehr, ich muß noch nachsehen, wie Iljas

Sachen gepackt wurden. Gebe Gott, daß wir uns bald schon sehen, dann gebe ich ihn Dir zu lesen.

Heute wolltet Ihr die Möbel ins neue Haus bringen lassen. Wie langwierig und ermüdend dies alles doch ist! Es tut mir so leid, daß Du die ganzen Scherereien hast, doch ändern läßt es sich nicht. Lebe wohl, liebster Freund, ich küsse Dich und Serjosha und Ljolja.

Sonja.

[Lew Nikolajewitsch Tolstoj an Sofja Andrejewna Tolstaja]

[28. September 1882]

[Moskau]

Dienstag, ½ 10. Iljuscha hat sich schlafen gelegt.

Bin sehr gut angekommen. Der Magen ist unverändert, aber Leibschmerzen habe ich nicht. Ich gebe acht beim Essen und hoffe, daß es morgen besser ist. –

Die jungen Männer[54] führen sich vorbildlich. Sie lernen viel und sind ruhiger und guter Stimmung. Ich traf beide über ihren Büchern an. Il[ja] wechselte ein paar Worte mit mir und ging dann weiterlernen. – Als ich ankam, war es bereits dunkel, ich fuhr zum neuen Haus und fand dort alles unerfreulicher als erwartet. [...] Das Treppengeländer ist wunderschön, allerdings sind die Sprossen so weit auseinander, daß ein Kind dort hindurchfallen könnte. Morgen berate ich mich mit dem Architekten, wie das zu ändern ist. Das Parkett ist noch nicht fertig, und so kann alles in Verzug geraten. [...] Insgesamt hat sich viel weniger getan, als ich erwartet hatte. Ich tue alles nur Mögliche und telegraphiere am Donnerstag. – Du möchtest sicher nicht weniger als ich bald wieder mit allen vereint sein. Das mit dem Haus macht mich Dir gegenüber verlegen. Bitte, sei nicht allzu streng.

Die Jungen sind sehr lieb. Ich bin so glücklich. Ich war bei Euch – und es war so schön, nun bin ich hier, bei den Jungen – und auch dies ist so schön.

Ich küsse Dich und die Kinder. Sei Aljoschas wegen nicht allzu besorgt. Morgen berichte ich ausführlich.
D[ein] L.

[Sofja Andrejewna Tolstaja an Lew Nikolajewitsch Tolstoj]
[30. September 1882]
[Jasnaja Poljana]
Donnerstagabend.
Lieber Ljowotschka, stell Dir vor, noch bevor wir Dein Telegramm[55] erhielten, haben wir alle hier nach Deinem Brief bereits entschieden, nicht vor Dienstag abzureisen. Wir waren also nicht überrascht, und ich war nicht allzu niedergedrückt, denn es ist sehr kalt, die Kinder husten, Mascha ist heiser, und Tanja litt heute unter Zahnschmerzen. Wenn wir Glück haben, wird es bis Dienstag etwas wärmer. Hier ist bereits alles gepackt, sogar der Flügel und die Familienportraits sind schon mit Baststoff eingeschlagen. Nur ein wenig Wäsche, einige unverzichtbare Garderobe und warme Kleidung ist noch nicht eingepackt. Ich werde bis auf weiteres also ruhig hier weiterleben, die Kinder unterrichten, schneidern und so tun, als ob ich den ganzen Winter hier bliebe. [...] Was mich aber heute morgen bei der Lektüre Deines ersten Briefes in leises Entsetzen versetzte, ist die Angelegenheit mit dem Treppengeländer. [...] Mittlerweile habe ich mich ein wenig beruhigt, aber ich bitte Dich nachdrücklich, die Sprossen erneuern zu lassen, das ist das Allerwichtigste. Sollte dies nicht geschehen, werde ich den Architekten beschimpfen und vor seinen Augen das Geländer mit Brettern vernageln lassen. Versteh bitte, daß man sonst nicht eine einzige Minute ruhig sein kann, da man stets fürchten muß, daß eines der Kinder hindurchfallen wird. [...]
Ich bin überzeugt, daß Du Dich überaus bemühst und Dich dies alles sehr ermüdet, und weil Dir dies alles schwer ist, tust

Du mir leid. Ich werde gegen niemanden und nichts, das nicht schön geworden ist, streng sein, allein das, was für die Kleinen gefährlich sein könnte oder allzu unbequem ist, wird mich bekümmern. [...]

Dein Brief ist so schön, es war mir eine Freude zu lesen, daß Du glücklich bist. Ich habe mir so leidenschaftlich nur dies gewünscht – im letzten Jahr. Und nun zeigt sich, daß die Redensart wahr ist, daß *tout vient à temps à celui qui sait attendre*[56]. Doch ich will dies nicht derart auffassen, ich möchte glauben, daß Gott es mir schenkte, da ich es bei ihm erbat.

Lebe nun also wohl, auf Dienstag, liebster Freund. [...] Ich küsse Dich. Danke Serjosha und Ilja dafür, daß sie artig sind. Auch sie küsse ich. Gebe Gott, daß Ihr alle gesund und glücklich bleiben möget. Auch wir sind hier glücklich, soweit uns dies ohne Euch möglich ist.

[...] Tanja möchte noch etwas hinzufügen, das ich nicht lesen soll.[57]

Sonja.

1883

[Lew Nikolajewitsch Tolstoj an Sofja Andrejewna Tolstaja]
[29. April 1883]
[Jasnaja Poljana]

Gerade war ich bei jenen, deren Häuser abgebrannt sind[58]. Es ist traurig, furchtbar und erhaben – diese Kraft, Unabhängigkeit und Gewißheit in die eigene Kraft und ihr Gleichmut. – Die größte Not ist nun am Hafer für die Aussaat. Sage bitte meinem Bruder Serjosha, er möge mir, wenn ihn dies nicht in Verlegenheit bringt, eine Mitteilung schicken, damit ich nach Pirogowo um hundert Tschetwert[59] Hafer schicken lassen kann. Er möge den Preis, zu dem er ihn regulär verkaufte, berechnen. Wenn er einverstanden ist, so schicke mir seinen Brief oder bringe ihn mit. Oder telegraphiere besser Serjoshas Antwort, damit ich weiß, ob wir von ihm Hafer erhalten oder nicht, denn wenn nicht, müßte ich anderswo kaufen. –

Ilja ist auf die Jagd gegangen, ich war nicht in Stimmung dazu und wanderte über die Felder. Heute abend gehe ich auf Schnepfenjagd.

Ich fürchte, daß Du Dich allzusehr mit dem Packen schindest. Ich weiß ja, daß dies eine große Plackerei ist; aber man kann auch Mitleid mit sich selbst haben und sich nicht überarbeiten. –

Ich küsse Dich und alle anderen.

L.

[Lew Nikolajewitsch Tolstoj an Sofja Andrejewna Tolstaja]

[29. Mai 1883]

[Landgut im Gouvernement Samara]

Sonntag morgen. Gestern war es eine Woche, daß ich abreiste. In den ersten Tagen – ob des Kumyses wegen oder aus einem anderen Grund – fühlte ich Schwermut, jetzt bin ich besserer Stimmung; doch gestern wanderte ich weit, bis nach Karalyk und trank dort zu viel frischen Kumys, danach fühlte ich mich krank. Es sind meine üblichen Leberbeschwerden. [...]

Bis jetzt habe ich meine Vorsätze – zu schreiben – nicht umgesetzt. Der Kumys macht mich tumb, und der Wirtschaftsangelegenheiten sind es so viele. Das Vieh, die Pferde und die Gebäude – das alles verkaufe ich, das Land verpachte ich, ich habe es in fünf Gemarkungen aufgeteilt. Für das am entferntesten liegende Stück Land wird 1 R[ubel] 30 K[opeken] für die Desjatine im voraus bezahlt. So können wir also das gesamte Land für 8 t[ausend] verpachten. [...] Ich hoffe, daß diese unsere Orientfrage – Samara – bald auf immer entschieden wird. Unsere Kinder, die auf Besitz angewiesen sind, werden zufrieden sein, daß wir das Land hier erworben und nicht wieder verkauft haben. Sollen sie später einmal damit tun, was immer sie möchten. [...]

Das Wetter hier ist wunderschön. Die Steppe ist grün und freundlich, es wird eine gute Ernte erwartet. Ich gehe viel herum, und zu Hause lese ich *toujours avec un nouveau plaisir*[60] in der Bibel. Briefe habe ich noch nicht erhalten. [...]

Ich erwarte nun Serjosha, werde sehr glücklich sein, wenn er kommt. – Wie geht es Euch allen? Wie geht es Dir? Ich wünsche Dir, ebenso gelassen zu sein wie ich. [...] Lebe wohl, mein Herz, ich küsse Dich und alle Unsrigen. – Es ist mir ein wenig zuwider, mich hier dem Kumys hinzugeben, doch ich tröste mich damit, daß mir dies, solange mir Leben und Arbeit bevorstehen, unerläßlich ist, ebenso wie der Schlaf, den man braucht, um sich des Morgens erfrischt zu erheben und zu arbeiten.

[Sofja Andrejewna Tolstaja an Lew Nikolajewitsch Tolstoj]

[2. Juni 1883]

[Jasnaja Poljana]

Lieber Ljowotschka, gerade wurden aus Tula Deine beiden Briefe gebracht, deren letzterer mich etwas beunruhigte, da Du Dich nicht gesund fühlst. Was macht Dir denn Beschwerden – die Leber, das ist derart ungenau! Gebe nur Gott, daß Ihr beide, Serjosha und Du, nicht noch ernsthaft erkrankt. Ich habe mich sehr über Deine Briefe gefreut, sie sind mir so lieb und teuer. Ihnen entnehme ich, daß Du uns nicht fliehst, wie auch immer wir sein mögen; daß Du Dich dem Einfluß jener Menschen, welche mir immer schon so fremd und sogar zuwider waren, nicht hingibst; und daß ich Dumme, was die Wirtschaft angeht, in vielem recht hatte.

Aufrichtig, mit der Hand auf dem Herzen, sage ich Dir, daß ich möchte, daß Du dort Deine Kumys-Kur machst und Dich, wie Du sagst, möglichst lange, d. h., so lange Du es möchtest, ausschläfst. [...] Aljoschas Keuchhusten dauert an, er hat starke Hustenanfälle, doch kaum ist der Anfall vorüber, spielt er weiter, lacht, läuft umher und singt sogar. [An]Drjuscha und Mischa husten auch, aber es ist kein Keuchhusten. Ich behüte sie sehr. Wir alle, die Kinder und ich und Tanja und die Dienstboten, leben sehr einträchtig zusammen. Das Wetter ist herrlich, wir gehen baden, ich war heute allein spazieren und fand im Tschepysh 5 Steinpilze, pflückte Blumen, betrachtete die alten und die neu gesetzten Eichen und erfreute mich still und gedankenvoll an der Natur. [...] Mir ist das Leben im Sommer ein solches Glück, ich danke nur Gott, daß es mir so gut geht. Mache Dir keine Vorwürfe, Ljowotschka, daß Du nicht arbeitest. Arbeite und erlabe Dich hernach, sei heiter und freue Dich, so wie es Solomon sagt, den Du in Deiner »Beichte« zitierst, die ich in den letzten Tagen eifrig auf Französisch ins reine geschrieben habe. Der Kumys wird keinen Nutzen haben, wenn Du arbeitest. Wenn Du Deinen Magen in Ordnung gebracht haben wirst, wirst Du alles Versäumte aufholen, sobald Du wieder im Winterrhythmus lebst.

[...] Über Ilja sind nebulöse und schlüpfrige Gerüchte im Umlauf. Ich durchdringe das nicht, er ist 17 Jahre alt, es ist nicht mehr die Angelegenheit der Mutter, doch die Madame[61] trug mir heute zu, daß er sich in der Hütte im Garten mit jemandem treffe, Ljolja und Alcide wüßten davon. – Und ich, das unschuldige Mädchen, dessen Ohren mit Gold verhängt sind, weiß wie immer gar nichts, und wenn ich davon erfahre, ist es mir unangenehm, bin ich traurig darüber und weiß gar nicht, was ich tun soll. Etwas zu sagen – dafür reicht mein Mut nicht aus, ja, was könnte ich ihm auch sagen? Wenn Du zurück bist, sprich Du mit ihm, vielleicht entspricht es ja auch nicht der Wahrheit, die Madame hat etwas Unaufrichtiges an sich, das habe ich schon bemerkt. Tanja malt vormittags an einem Portrait der Madame, es scheint zu gelingen; sie spielt Klavier, liest viel und frönt dem Müßiggang. [...] Ich selbst gebe Ljolja und

Mascha jeden Tag eine Stunde Unterricht. Den einen Tag machen wir Russisch, am nächsten Englisch. Ljolja schrieb heute einen Aufsatz über den Fischfang, Mascha las über die russische Geschichte, und ich erzählte ihr darüber; es erwies sich, daß mir, wenn ich meinen Geist ein wenig anstrenge, vieles erinnerlich ist und ich in der Vermittlung von Wissen durchaus nützlich sein kann, wenn es gebraucht wird. Du liest dies alles und denkst vermutlich: »Sie beschäftigen sich nur mit Nichtigkeiten!« Doch ich kann mich mit nichts anderem beschäftigen, ich möchte es auch gar nicht, ich bin Gott sei Dank sehr glücklich mit meinem Leben. Nur eines, Ljowotschka, ist mir bisweilen schwer: zu wissen, daß Du mein ganzes Leben und mich als Menschen nicht gutheißt und nicht ernst nimmst.

Ist es denn wirklich zu wenig, daß ich von ganzem Herzen wünsche, Gutes zu tun, auch wenn ich es nicht vermag?

Lebe wohl, lieber Freund, ich küsse Dich und Serjosha. Bleibe auch weiterhin ruhig und glücklich. […] Wäre nicht der Keuchhusten, käme ich vielleicht nach, nun aber geht es nicht, warte also nicht auf mich.

Deine Sonja.

[Lew Nikolajewitsch Tolstoj an Sofja Andrejewna Tolstaja]

2. Juni [1883]. Donnerstag.

[Landgut im Gouvernement Samara]

Meinen letzten Brief schrieb ich Dir an jenem Tag, ja zu jener Stunde, als Serjosha hier ankam. […] Ich habe mich sehr über seine Ankunft gefreut, doch er ist wie immer sogleich streng gegen mich gewesen, und so gibt mir seine Anwesenheit zwar Ruhe, aber kein Glück. Im letzten Brief schrieb ich, ich fühlte mich nicht ganz gesund; das ist nunmehr ganz vorüber. Ich trinke voller Tatkraft Kumys; doch mir fehlt jene Unbekümmertheit, die es braucht. Ständig diese Scherereien mit der Wirtschaft. Von früh bis spät bemühen mich die Bauern, und ich bin bestrebt, es ihnen allen recht zu machen. Alle wollen sie Land pachten. [...] – Stell Dir meine Verzweiflung vor: Bibikow[62] war in Samara [...]. Er war auf der Post, nahm aber keine Briefe von Dir mit. Und so bin ich immer noch ohne Nachrichten von Euch. Gerade dieses Mal quält mich dies ganz besonders. Ich bin so überstürzt abgereist. Es ist, als ob etwas Unausgesprochenes zwischen uns stünde, als ob wir uns kühl voneinander verabschiedeten. Ich denke ohne Unterlaß an Dich. [...]

Es lebt sich hier geruhsam und schön, wenn nur nicht die Sorge Deinetwegen wäre. Ich werde durch den Kumys dümmer und frischer, erinnere mich meiner guten Vorsätze hinsichtlich der Arbeit, ich liebe sie, doch es ist, als ob ich schliefe. [...]

Hier regnet es seit meiner Ankunft. Heute war ich mit Wass[ili] Iwan[owitsch][63] der Pachtangelegenheiten wegen in Patrowka und Gawrilowka und unterhielt mich lange mit den Molokanen, natürlich über die Gebote Gottes. Soll es doch den Behörden hinterbracht werden. Ich meide den Umgang mit ihnen, doch wenn ich mit ihnen zusammentreffe, kann ich mich nicht enthalten zu sagen, was ich denke. [...] Ich halte mich an Dein Gebot nicht zu arbeiten, *I hope*[64] ..., doch ich würde es so gern. Und ich wüßte so gern, wie es Euch wohl ergehen mag, bei Eurem komplizierten und tosenden Leben (im Vergleich zu dem unsrigen). [...] Diesen Brief schicke ich mit einem Boten nach Samara, vor allem, um Deine Briefe zu erhalten. Du kannst daraus den Grad meiner Besorgtheit ablesen. Ich umarme Dich, mein Herz, und küsse alle.

[Sofja Andrejewna Tolstaja an Lew Nikolajewitsch Tolstoj]
7. Juni [1883]
[Jasnaja Poljana]
Lieber Ljowotschka, heute habe ich wieder einen Brief von Dir erhalten. Hinsichtlich Deiner Gesundheit bin ich nun ganz ru-

hig, doch Deine Gespräche mit den Molokanen bekümmern mich mindestens ebenso wie Deine Gesundheit. Was ist das denn für eine Grille, sich auf derartige Gespräche einzulassen, Du weißt doch, daß Du unter Beobachtung durch die Behörden stehst! Du wirst Dir und mir auf diese Weise nur Verdruß und Elend bereiten, glücklicher wird dessentwegen niemand auf der Welt. Es rührt mich sehr, daß Du unseretwegen so besorgt bist. [...] Du hast mich an Deinen überraschenden, kühlen Abschied erinnert; ich hatte das bereits vergessen. Du hast sogar vergessen, Dich von mir zu verabschieden. Du bist abgefahren, und ich weinte. Doch dann schüttelte ich allen Kummer von mir ab und sagte mir: »Er braucht mich nicht – dann eben nicht, so werde auch ich versuchen, frei von allen Gefühlen zu sein.« Und gleich war mir Deine Abreise nicht mehr so schwer, wie einst; [...]

Mit Trauer denke ich bisweilen: Du wirst zurückkommen, und wir alle werden froh sein, Dich wiederzusehen – und dann wird es Dir und deshalb auch mir hier wieder schwer werden, da das Leben, welches uns normal, ja sogar gut und glücklich scheint, Dich plagt. – Immer das gleiche: wieder das Croquet an den Abenden, die Ausfahrten, die Spaziergänge, das Baden und die Plauderei, das Erlernen der griechischen, russischen, deutschen, französischen Grammatiken an den Vormittagen, das Sichfeinmachen zum Essen, das Schneidern, usw. usf. Für mich ist dies alles von der Schönheit des Sommers und der Natur erfüllt, vom Gefühl der Liebe und Pflicht den Kindern gegenüber, vom Glück der Lektüre (ich lese gerade Shakespeare), der Spaziergänge und von vielem mehr. Du aber kannst damit bereits nicht mehr leben – und dies ist traurig, überaus traurig. Ich bitte Dich bei Gott, fasse dies nicht als Vorwurf auf; ich kann die ganze Tragik Deiner Situation nachempfinden, und deshalb schätze ich es hoch und bin Dir dankbar, daß Du Dich derart mit der Wirtschaft aufreibst, die Dir doch so zuwider ist, um mir und den Kindern etwas Gutes zu tun.

[...]

Ich kümmere mich viel um die Unglückseligen aus dem einfachen Volk. [...] Heute morgen kam ein Bettler, ihn anzuschauen war furchtbar, so sehr hatte ihn das Krim-Fieber ausgezehrt. Ich gab ihm Chinin und etwas Geld, doch er bot einen solch mitleiderregenden Anblick und wirkte keineswegs wie ein Betrüger, daß ich noch mehr helfen möchte. Ich werde an Knerzer schreiben und fragen, ob man ihn nicht unentgeltlich im Krankenhaus behandeln könne. – Ich habe hier so viele Kranke zu behandeln, Ljowotschka, es ist ein Graus! Ich bin eine richtige Ärztin geworden und denke ernsthaft darüber nach, im Winter einen Kurs der Medizin zu besuchen. Einen Kurs der Praktischen Medizin, sagt M-lle Gerke, gibt es in Petersburg, er ist erschwinglich, ich weiß nicht, ob in Moskau auch ein solcher Kurs angeboten wird. [...]

Unser Dorf wird langsam wieder aufgebaut, der eine oder andere erbat Bauholz, ich gab allen; doch alle bitten maßvoll, ja sogar wenig.

Lebe nun also wohl, liebster Freund, sei bemüht, Dich nicht zu beunruhigen, laß die Gespräche mit den Molokanen sein und verdirb Dir nicht Dein geruhsames Leben dort mit allzuviel Plackerei in Wirtschaftsangelegenheiten. [...] Es scheint, ich habe alles berichtet und schließe nun. Tanja läßt Dich grüßen.

S.

[Lew Nikolajewitsch Tolstoj an Sofja Andrejewna Tolstaja]

15. Juni [1883]

[Landgut im Gouvernement Samara]

Gestern in der Nacht des 15. erhielt ich Dein Antworttelegramm und drei Briefe, der letzte vom 7. Juni. [...] Und ich las das freudige Telegramm, daß Ihr alle wohlauf und heiter seid sowie Deine Briefe; zuerst erbrach ich Deinen Brief vom

7. Juni, den letzten; und je länger ich las, desto stärker wurde das Gefühl der Kälte, das mich erfaßte. – Ich wollte Dir diesen Brief zurückschicken, doch Dich würde dies bekümmern. Dieser Brief enthält nichts Besonderes; doch ich schlief die ganze Nacht danach nicht, mir war schrecklich traurig und schwer zumute.

Ich liebte Dich so sehr, doch Du hast mich an alles erinnert, womit Du meine Liebe beharrlich zerstörst. Ich schrieb Dir, daß es mir leid tut, daß ich mich allzu kühl und übereilt von Dir verabschiedete; Du erwiderst mir darauf, Du bemühtest Dich, so zu leben, daß Du mich nicht brauchst und daß Dir dies sehr gut gelinge. Über mich und darüber, was mein Leben ausmacht, schreibst Du, als sei es eine Schwäche, von der Du hoffst, ich würde durch meine Kumys-Kur hier geheilt werden. Du schreibst über unser Wiedersehen, welches für mich ein helles, freudiges Licht in der Zukunft ist, an das nicht zu denken ich mich bemühe, um nicht sogleich alles stehen und liegen zu lassen, und siehst von meiner Seite Vorwürfe und Unannehmlichkeiten vorher. Über Dich selbst schreibst Du, Du seiest so ruhig und zufrieden, daß mir als einziges übrigbleibt, diese Ruhe und Zufriedenheit durch meine Anwesenheit nicht zu stören. [...]

Ach, wenn doch diese bösen Minuten Dich nicht heimsuchten – ich weiß nicht, welches Maß meine Liebe zu Dir erreichen könnte. [...] Von jenem Gefühl, das mich vor Deinem letzten Brief erfüllte, fühle ich mich jetzt weit entfernt. Ja, es ist arg! Genug, verzeih, wenn ich Dich verletzte, doch Du weißt ja, daß zwischen uns keine Lüge sein darf. [...]

Ich umarme Dich, mein Herz, und küsse die Kinder. Ob ich will oder nicht, muß ich gestehen, daß die Erinnerung an Mischa mir die größte Freude bereitet.

[Sofja Andrejewna Tolstaja an Lew Nikolajewitsch Tolstoj]
21. Juni [1883]. Des Nachts.
[Jasnaja Poljana]
Zum ersten Mal im Leben schicke ich einen Brief, den ich
Dir geschrieben habe, nicht ab, sondern schreibe einen neuen.
Heute ist genau ein Monat vergangen, seit Du abgereist bist,
und gerade heute kam Sascha Kusminski an. Die Gatten haben
einander hier sehr liebevoll empfangen, und ich hoffe, daß sie
auch weiterhin so einmütig und freundschaftlich miteinander
umgehen werden. Von Dir habe ich wieder keine Briefe erhalten, wie selten sind doch die Nachrichten von Dir!
Bei uns ist alles unverändert. Der hartnäckige Keuchhusten
will nicht vorübergehen, besonders bei Aljoscha. Ansonsten
sind die Kleinen wohlauf und heiter. Heute waren sie spazieren, haben Beeren und Pilze gesammelt und waren baden. Die
Tage sind heiß und windig, die Abende frisch, das Getreide ist
bereits fast gänzlich eingebracht, heute habe ich Erdbeermar-
melade gekocht, die Lindenblüte beginnt. Es ist schade, daß
Du die Schönheit der schönsten Jahreszeit hier nicht erleben
kannst.
[...]
Ich lese immer noch Deinen Artikel oder besser: Deine Ab-
handlung[65]. Natürlich kann man sich nicht dagegen ausspre-
chen, daß es gut sei, wenn die Menschen vollkommen wären,
und sicher muß man die Menschen daran erinnern, wie sie
vollkommen werden können, und aufzeigen, auf welchem Weg
sie dies erreichen können. Gleichwohl kann ich nicht verheh-
len, daß es schwierig ist, alles Spielzeug im Leben fortzuwer-
fen, mit dem man spielt, und ein jeder, ich sogar mehr als
andere, hält dieses Spielzeug fest und freut sich daran, wie es
glänzt und lärmt und entzückt. [...]
In meinem Brief, den ich nicht absende, habe ich Dir von all
meinen Gefühlen geschrieben, doch dann habe ich begriffen,
daß Du meine wahren Gefühle gar nicht brauchst. Du gehst

mittlerweile so sorglos mit ihnen um, daß es besser ist, wenn Du sie nicht kennst. Wirst Du denn jemals wieder der sein, der Du einmal warst? Doch werde ich dann noch dieselbe sein? Alles auf der Welt ändert sich. [...] Niemals wieder werde ich Dich festhalten, wie ich dies in früheren Jahren, Dich liebend, unvorsichtig tat. Gegenseitige Freiheit – dies ist das neue Glück. Dann wird es keine Vorwürfe und Streitereien mehr geben, dafür aber auch nicht jene enge Verbindung unserer Herzen, in der jeder die Bewegung des anderen spürt. [...] Ich möchte, bei Gott, nicht wieder schuld daran sein, daß ich Dich nicht fortlasse, Dich aller Freuden beraube und Dein ganzes Leben verkenne. – Wie ungeschickt war dies doch von mir.

[...] Lebe wohl, liebster Freund, erbose Dich nicht über diesen Brief; ich kann nicht, obwohl es mir anfangs wohl gelang, allein über das Wetter schreiben, während so viele anderen Gedanken mich umtreiben. Ich küsse Dich und auch Serjosha. Warum hat er denn noch nicht einmal geschrieben!
Sonja.

[Lew Nikolajewitsch Tolstoj an Sofja Andrejewna Tolstaja]
[29. September 1883]. Donnerstag.
[Jasnaja Poljana]
Gerade kehrte ich aus Krapiwna[66] zurück, wohin ich als Geschworener berufen worden war. Ich kam gegen 3 dort an, die Verhandlung hatte bereits begonnen, und ich erhielt ein Strafgeld über 100 R[ubel]. Als man mich aufrief, erklärte ich, ich könne nicht Geschworener sein. Man fragte: »Warum?«, und ich antwortete: »Aufgrund meiner religiösen Überzeugung.« Man fragte, ob ich endgültig ablehne, und ich antwortete, ich könne nicht anders handeln. Und ging fort. Dies alles vollzog sich in freundschaftlichem Ton. Nun werden wahrscheinlich noch weitere zweihundert als Strafe verhängt, und ich weiß nicht, ob es damit ein Ende hat. Doch ich denke ja.

Ich bin überzeugt, daß Du nicht daran zweifelst, daß ich nicht anders handeln konnte. Doch sei bitte nicht erbost, daß ich Dir nicht sagte, daß man mich als Geschworenen berief. [...] Du wärst besorgt gewesen und hättest versucht, auf mich einzuwirken. Ich war ja ohnedies sehr beunruhigt und versuchte, ruhig zu bleiben. Ich hätte ja auch gar nicht erscheinen können. Dann wären dieselben Strafgelder verhängt worden, und man hätte mich noch einmal berufen. Nun aber habe ich ein für alle Mal dort dargelegt, daß ich nicht Geschworener sein kann. [...]

Meine Korrekturbögen habe ich noch nicht erhalten und habe bisher erst einen Tag gearbeitet, den Schluß aber noch nicht fertiggestellt[67]. Doch er erscheint mir derart wichtig, daß ich immerfort über ihn nachdenke. [...] Ich habe immer noch nicht entschieden, wann ich zurückkehre. Ich möchte den Aufsatz fertigstellen, wenn ich ein oder zwei Tage gut arbeiten kann, dann könnte ich bald kommen, denn ohne Euch fühle ich mich einsam und bin Euretwegen so besorgt. [...]

Dich wünschte ich besonders gern zu sehen. In letzter Zeit (ich kann nicht sagen, seit wann, aber es ist ein recht langer Zeitraum) bist Du mir in jeglicher Hinsicht wieder sehr lieb und reizvoll und teuer. Mir scheint, zwischen uns entsteht ein neues Band, und ich fürchte ganz schrecklich, es könnte wieder zerreißen.

Wie schön es hier auch sein mag, ich komme bald zurück. [...] Lebe wohl mein Herz. Ich küsse Dich und die Kinder. Grüße an M-me Seuron.

[Sofja Andrejewna Tolstaja an Lew Nikolajewitsch Tolstoj]
1. Oktober [1883]
[Moskau]
Ich fürchte, lieber Ljowotschka, daß ich mich im gestrigen Brief nicht allzu mild hinsichtlich Deiner Weigerung, Geschwo-

rener zu sein, äußerte. In mir erhob sich jenes alte, egoistische Gefühl, daß Du uns, die Familie, nicht schonst und uns in Sorge um Dich und Deine Unversehrtheit versetzt. Sicher, Du hast Deinen Überzeugungen entsprechend gehandelt. Doch indem Du einfach nicht zum Prozeß erschienen wärst, nichts gesagt und die Dir auferlegte Strafe bezahlt hättest, hättest Du auch Deinen Überzeugungen entsprechend gehandelt, doch damit hättest Du nichts aufs Spiel gesetzt und auch niemandem Kummer bereitet. Deshalb auch hast Du es vor mir verschwiegen, da Du wußtest, daß ich dies verlangen würde und auch darauf bestanden hätte. Dir aber war ebendies eine Freude – Dich öffentlich zu äußern und etwas aufs Spiel zu setzen.

[…] Bei uns herrscht ewiger Trubel, und mitunter ist es mir schwer. Ich bin sehr gelassen, vielleicht sogar zu sehr; doch der Rücken schmerzt, und ich verspüre Schwermut. Nichts, aber auch gar nichts kann mich erfreuen.

Sollte ich denn dessentwegen ein besserer Mensch sein, da ich die Fähigkeit verloren habe, Freude zu empfinden?

[…] Tanja ist zur Zeit sehr lieb und sanftmütig. Ilja, Mascha und Ljolja sind ausgeglichen, nur Serjosha ist ungehobelt und unerträglich. Es ist so traurig! […] Und Kostenka[68] hat sich wieder bei uns eingerichtet. Er schläft in Deinem Arbeitszimmer, verlangt mit überzeugtem und unverschämtem Ton von morgens bis abends Verbesserungen in meiner Haushaltsführung oder einen Imbiß oder Wein, oder er lacht mich aus, da ich Dir jeden Tag schreibe, oder er lehrt mich, wie ich zu leben habe … Manchmal würde ich am liebsten in Tränen ausbrechen, ich halte es einfach nicht aus! […] Doch ich will mich nicht allzusehr beschweren. Er tut mir ja auch leid. […] Ich bin froh, daß es Dir in Jasnaja wohl ergeht, passe nur gut auf Deinen Magen auf. Lebe wohl einstweilen. Meine Briefe sind allzu lang und allzu nichtssagend. […] Grabe bitte im Tschepysh drei oder vier junge Eichen aus, und bringe sie mit, damit ich

sie hier im Garten pflanzen kann (aus Gründen der Sentimen-
talität). Hier haben wir ja keine Eichen. Nun ist das Papier
vollgeschrieben. Ich küsse Dich.
S.

[Sofja Andrejewna Tolstaja an Lew Nikolajewitsch Tolstoj]
[3. Oktober 1883]
[Moskau]
Schon ist es tiefste Nacht, ich konnte nicht früher schreiben
und den Brief noch absenden. Prjanischnikow[69] und Makowski[70] waren bei uns. Es war sehr angenehm, ja nachgerade
heiter. Das Gespräch stockte nicht eine Minute. [...] Und da
wir so viel über die Malerei sprachen, entstand in mir wieder der Wunsch, Zeichnen und Malen zu erlernen, doch ich
weiß bereits jetzt, daß all meine flammenden Wünsche bald
wieder erstickt werden von, erstens, all den Bürden mit den
Kleinen, zweitens den mannigfaltigen Scherereien mit dem
Brunnen, dem Leeren der Closetts, dem Kauf von Stiefeln
usw. usf..
Du hast den Donnerstag als Tag Deiner Rückkehr bestimmt,
so werden wir Dich also hier erwarten. [...]
Du bist unzufrieden mit meinen Briefen, aber was soll ich denn
machen? In dieser Beengtheit der Kinderstube und mit den
unverschämten Kinderfrauen – wer kann da fröhlich bleiben?
Ich habe mit den Kinderfrauen für die drei Kleinen einfach kein
Glück. Wie sehr bräuchten wir eine erfahrene, vertrauensvolle
und warmherzige Njanja für sie. [...]
Ich gehe zu Bett. Letzte Nacht hatte ich Fieber. Ich dachte, dies
sei in der monatlichen Unpäßlichkeit begründet, doch diese
ist immer noch ausgeblieben – und zu meiner allgemeinen
schlechten Stimmung kommt noch die übliche allmonatliche
Angst vor einer Schwangerschaft. Ich bemühe mich, bis zu Deiner Rückkehr besserer Stimmung zu sein. [...]

Lebe wohl, lieber Ljowotschka, ich küsse Dich. Und warte
jeden Tag auf einen Brief von Dir.
S.
3. Oktober.
Montag.

[Lew Nikolajewitsch Tolstoj an Sofja Andrejewna Tolstaja]
[13. November 1883]. Sonntag, 10 Uhr.
[Jasnaja Poljana]
Bei mir ist es warm, gemütlich, still und wundervoll; doch ich
habe mich wohl überarbeitet. Ich finde keinen Schlaf, habe keinen Appetit, und deshalb ist es mit der Arbeit nichts. Darum
erhole ich mich. Heute habe ich mich gar nicht an den Schreibtisch gesetzt, sondern ritt Urussow entgegen. Und war in der
Bäckerei, wo ich am Donnerstag Brot kaufte und den Handschuh meines Sohnes Serjosha, den ich ihm stahl, vergaß. [...]
Ich ritt schnell, kam in Tula an und fand dort den Handschuh,
besuchte auf eine Minute [Leonid] Urussow und ritt wieder
nach Hause [...]. Als ich dort ankam, war es bereits dunkel,
und ich traf hier auf unseren neuen Popen, der sich vorstellen
kam. Ich sprach ziemlich offiziell mit ihm und blieb allein mit
einem riesigen Essen, das eigens für Urussow zubereitet worden war (der aber nicht kam, er hat Husten), und konnte zu
allem Unglück kaum etwas essen. Es ist trostlos, allein zu essen.
[...] Es schneit ein wenig, wird aber wohl kaum stärker werden. Wie sehr wünschte ich mir, gut zu schlafen und morgen
frisch ans Werk gehen zu können. Ich brauche nur noch 4 gute
Arbeitsstunden, um alles zu schaffen, was ich möchte. Dein
Brief ist recht kurz. Wenn es Dir keine Mühe macht, so schreibe doch ausführlicher. Mich interessiert alles. Ich küsse Dich
und die Kinder.

[Sofja Andrejewna Tolstaja an Lew Nikolajewitsch Tolstoj]
Montag, den 14. [November 1883], am Abend.
[Moskau]
Gerade habe ich die Abschrift eines weiteren von Dir mit Korrekturen übersäten Bogens beendet. Ich habe auch nach der
Korrektur Iwan Michailowitschs[71] noch einige Fehler gefunden und mich sehr an diesem Satz gestört: »Der Erlöser soll
einzig Erlöser sein, d. h. einzig Erlöser«. Was soll denn diese
Wiederholung einzig Erlöser aussagen?[72] Sie ist absolut nicht
notwendig und verwirrt nur. Ich beriet mich mit Iwan Michailowitsch und Serjosha, und wir beschlossen, den Satz so stehenzulassen. Wenn er geändert werden soll, so telegraphiere
bitte genau, wie. [...] Es ist furchtbar schade, daß Du Dich
immer noch nicht an die Arbeit machen kannst. Vielleicht belebt es Dich, wenn morgen etwas Schnee fällt; hier hat es tüchtig geschneit, aber es ist nicht allzu kalt.
In Deinem Brief, den ich heute erhielt, hat mich der Satz »Es ist
trostlos, allein zu essen« sehr verletzt. [...] Ich bringe ihn selbst
zu Ende: »Das Leben allein aber ist sehr viel besser.«
Manchmal, wenn Du zartfühlend und fürsorglich bist, gebe
ich mich erneut der Illusion hin und stelle mir vor, daß Du Dich
ohne uns traurig fühlst. Natürlich gibt man sich dieser Illusion
immer seltener hin und füllt statt dessen das Leben mit anderem. Aber ich habe schon gar keine Lust mehr am Leben, nicht
mit Dir noch mit den Kindern oder womit auch immer, und
öfter und drängender stellt sich mir die Frage, ob man denn
wirklich leben muß und nicht anders kann? – Mein Brief sollte
eigentlich meinem nunmehrigen Leben entsprechen: ruhig, gewissenhaft, bemüht, meine Pflicht zu erfüllen und alles zu ersticken, was unvernünftig ist. Und meine Pflicht ist es, Dich
nicht zu verstimmen – vielleicht hast Du ja heute einen Tag, an
dem Du gut arbeiten kannst, und ich verstimme Dich mit meinem Brief. Aber dies wird vergehen, wenn meine Gesundheit
wieder besser ist.

Gestern, kurz bevor ich zum Konzert aufbrach, kam Ilja in mein Zimmer, seine Zähne klapperten, er hüpfte auf einem Bein, war gänzlich blaß und sagte: »Mein Bein schmerzt furchtbar, und ich habe Schüttelfrost, ein Graus!« [...] Das Fieber verging jedoch rasch. Der Arzt befand, daß die Prellungen am Bein nicht gefährlich seien und daß das Fieber davon unabhängig gewesen sei. Heute ging es Ilja schon viel besser. [...] Mascha gab der Arzt ein Mittel gegen Würmer. Sie hat es bereits genommen und ohne Ende treten nun Würmer aus ihr heraus; sie ist sehr entkräftet, fühlt sich schlecht und ist aschfahl.

Andrjuscha geht es besser; die neue Engländerin[73] ist schrecklich ungeübt und unterstützt mich noch sehr wenig; wenn wir Glück haben, wird sie sich eingewöhnen. Ljolja träumt von einer Eislaufbahn im Garten, er hat heute mit Alcide und dem Soldaten den Platz bewässert, doch dann schneite es, und die ganzen Mühen waren umsonst. [...]

Ich habe gestern die Lektüre über den Faust beendet und stimme mit Dumas' Unmut gegen Goethe ob dessen Mangel an jeglichem Glauben vollständig überein. Dumas sagt ganz klar, daß Goethe sich trotz seines Talents als nicht überzeugend erwies, und zwar aufgrund dessen, weil ihm der Glaube fehlte. Mir leuchtete dies absolut ein; es ist die Wahrheit.

Warum schreibst Du denn nicht, wann Du zurückzukommen gedenkst? Hast Du es selbst noch nicht entschieden? [...] Lebe wohl, lieber Ljowotschka, bleibe, so lange es Dir dort gut geht, mir wird es wohl kaum noch einmal in diesem Leben gut gehen.

Sonja.

[Lew Nikolajewitsch Tolstoj an Sofja Andrejewna Tolstaja]

[15. November 1883]

[Jasnaja Poljana]

Heute habe ich endlich das erste Mal menschenwürdig geschlafen und bin früh erwacht. Den ganzen Morgen über
schneite es, und obwohl ich keine Hoffnung hatte, im Neu-
schnee Fährten zu finden, ritt ich aus. Am Morgen hatte ich
Deinen schönen Brief erhalten und war so ruhiger Stimmung.
[...] Wieder aß ich allein. [...]

Was Deine Gesundheit betrifft, so freute ich mich, Genaueres
darüber zu erfahren. Wenn Deine Vermutung zutrifft, so bist
Du wohl wie immer in diesem Zustand in absonderlicher Verfassung[74]. Es heißt ja, daß so etwas sich immer furchtbar auf
die Seele auswirke. Zum Glück weißt auch Du dies. Mein
Herz, wenn Du Dich doch an den Gedanken gewöhnen könntest, an den wir uns alle wider Willen gewöhnen müssen, daß
wir nämlich physisch nie ganz Herr über uns sein können, sittlich indes stets frei sein und über uns selbst bestimmen können.
Wie viel leichter wird auch Dir das Leben sein, wenn Du dies –
nicht verstehst, denn Du verstehst es – glauben kannst und
danach leben wirst.

Morgen werden Fährten im Schnee zu finden sein, und ich
werde noch einmal auf die Jagd gehen, übermorgen bin ich
dann, sollte ich am Leben bleiben[75], bereits wieder bei Dir. [...]
Ich umarme Dich, küsse die Kinder von mir. Wie gut wäre es,
wenn Deine Vermutung nicht zuträfe!

Es ist 11 Uhr. Ich gehe zu Bett.

[Lew Nikolajewitsch Tolstoj an Sofja Andrejewna Tolstaja]

[29. Januar 1884]

[Jasnaja Poljana]

Ich schreibe früher als sonst – um 7 Uhr des Abends, denn ich bin ins Haus übergesiedelt. Bibikow kam und lud mich ein, bei ihm zu übernachten, und ich stimmte zu; ich fürchtete, es wird hier noch sehr voller Kohlendunst sein. Am Morgen las ich sehr aufmerksam Macbeth – ein Gauklerstück, geschrieben von einem klugen Schauspieler mit gutem Gedächtnis, der viele kluge Bücher gelesen hat. Dann ging ich auf den Skiern zur Jagd. [...] Ein betrunkener Bauer nahm mich das letzte Stück des Weges nach Hause zurück mit, küßte mich und Bulka[76] und nannte mich »Vater«. – Leicht angetrunkene Bauern sind die besten und liebenswürdigsten Menschen auf der Welt. Unterwegs erging ich mich wunderbar in Gedanken. Du kannst Dir nicht vorstellen, als wie herrlich ich das Gefühl der Freiheit empfinde, seit ich mein Buch beendet habe. Ich fühle mich endlich nicht mehr als *une machine à écrire*[77]. Ich denke immerfort an die Großen und bin ihretwegen auch besorgt. [...] Morgen kehre ich nach Jasnaja zurück.

L.T.

[Sofja Andrejewna Tolstaja an Lew Nikolajewitsch Tolstoj]

30. Januar [1884]. Montag.

[Moskau]

[...] Der gestrige Ball war sehr schön, wir waren vernünftig und gingen bereits gegen fünf Uhr nach Hause. Doch die Kutsche war nicht da, und deshalb mußten wir bis sechs warten. Es war sehr ärgerlich! Dolgorukow[78] war auch da und bat uns sehr, doch heute zu seinem Ball zu kommen. Es ist überaus ermüdend, gleichwohl werde ich den Ball besuchen, etwas später allerdings. Ilja war gestern und heute zu Hause. [...] Er möchte morgen Malysch[79] auf der Ausstellung zeigen, Serjosha habe ich heute noch nicht gesehen, ich weiß nicht, wo er ist. Ljolja ist in der Schule sehr schlecht, die Lehrer beschweren sich, und die Madame ist auch ganz und gar verzweifelt. [...] Die Kleinen sind wohlauf, sind gerade spazieren.

Soeben erhielt ich Deinen Brief. Ich sehe, daß Du mit vollem Atem die Luft, die Umgebung und die sittliche Freiheit in Dich aufnimmst. Ein wenig neidisch bin ich: Ich stehe ganz unter dem Einfluß der Atmosphäre der Bälle und der alltäglichen Kleinigkeiten. Komme nicht zum Lesen, nicht einmal dazu, zu mir zu kommen und mich zu erholen. – Ich schicke Dir einen Brief Tschertkows[80]. Wirst du denn wirklich weiterhin bewußt die Augen verschließen vor ihm und Menschen seines Schlages, in denen Du nur Gutes sehen willst? Das ist doch Blendung! [...] Halte mir nicht vor, daß ich Dir in Deine poetische Welt aus Moskau einen Wust von mannigfachem Unrat entgegenwerfe; doch ist es ja nicht meine Schuld, daß ich in alltäglichem Gezänk, Betrug, materiellen Sorgen und physischer Belastung lebe. [...]

Lebe wohl Ljowtschka, bleibe gesund.

S.

[Lew Nikolajewitsch Tolstoj an Sofja Andrejewna Tolstaja]

[30. Januar 1884]

[Jasnaja Poljana]

Gegen zwölf Uhr holte mich Philip[81] bei Bibikow ab, und ich fuhr nach Hause. Ich las »Fahrende Sänger«[82]. Dies brachte mich auf eine Idee zu einem neuen Volksstück, über das ich mit großem Vergnügen nachdenke. [...] Du befindest Dich vermutlich gerade im Aufbruch zum Ball. Ich bemitleide Euch beide, Tanja und Dich, sehr.

Heute kam Wlas[83] zu mir und sagte: »Ein Knabe ist hier, er bittet um Almosen.« Ich antwortete ihm, er möge ihn zu mir bringen. Ein Junge, nur wenig älter als Andrjuscha, mit einem Bündel über der Schulter, trat ein. »Woher kommst Du?« – »Von hinter Sasseka.« – »Wer schickt Dich denn?« – »Niemand, ich bin allein.« – »Was macht Dein Vater?« – »Er hat uns verlassen. Meine Mama ist gestorben, da ging er fort und kam nicht mehr wieder.« Der Knabe begann zu weinen. Er hat drei Geschwister, die noch jünger sind als er. Die Kleinen hat die Gutsbesitzerin zu sich genommen. »Sie«, so sagte er, »kümmert sich um die Armen.« – Ich bot dem Knaben Tee an. Er trank sein Glas aus, drehte es um, legte sein angebissenes Zukkerstück darauf und bedankte sich. Mehr mochte er nicht trinken. Ich wollte ihm auch noch etwas zu essen geben, doch Wlas sagte mir, er habe bereits im Kontor zu essen bekommen. [...] Solcher Knaben, Frauen und Alten gibt es viele, ich sehe sie hier und sehe sie gern. [...] Ich hoffe, daß es Mascha wieder besser geht. Mit Wlas unterhalte ich mich über Bücher. Man sollte eine Bauernbibliothek gründen.

[Sofja Andrejewna Tolstaja an Lew Nikolajewitsch Tolstoj]
31. [Januar 1884]. Dienstag.
[Moskau]

Dein Brief, den ich heute erhielt, ist geradezu eine Erzählung, wie immer, idealisiert, doch vielsagend und anrührend. In ihm ist ein gewisser Vorwurf gegen mich nicht zu überhören, indem Du die Armut des einfachen Volkes der gedankenlosen Pracht der Bälle, die ich mit Tanja besuchte, gegenüberstellst.

Diese Bälle haben völlige Leere in meinem Kopf hinterlassen, so müde bin ich dessen, den ganzen Tag bin ich schon ganz und gar tumb.

Gleichwohl habe ich, nachdem ich aufgestanden war, Andrjuscha unterrichtet, versuche unentwegt, seine Entwicklung zu fördern, was auch gelingt, denn er ist begabt. Dann nähte ich und beaufsichtigte Ljolja bei seinen Hausaufgaben, da die Madame seit heute morgen unterwegs ist. [...] Mascha ist heute nicht mehr im Bett, sie ist ganz gesund. Auch die Kleinen sind wohlauf. [...] Du wirst dieses Mal wohl lange in Jasnaja bleiben. Ich fürchte nur, daß man dort schlecht auf Deine Ernährung und Deine Temperatur achtet, und Du selbst sorgst ja nicht für Dich. Doch bitte verstehe, daß Du anderen mehr Sorge und Verzweiflung bereitest, wenn du krank bist, als wenn Du Weißbrot, Hühnchen und Bouillon für Dich kaufst.

Unser Leben wird nunmehr geruhsam sein. [...] Tanja will die Malschule besuchen, und ich will mich viel um die Kinder kümmern. Der schwierigste ist Ljolja. Söhne in diesem Alter sollten in Obhut des Vaters oder der Schule sein. Uns aber, den Frauen, ist es eine Qual mit ihnen, und das Resultat unserer Bemühungen bleibt doch gleich Null. Er wird immer fauler und frecher, hört auf niemanden. [...]

Lebe nun wohl; ich schreibe Dir jeden Tag, erhalte auch jeden Tag von Dir einen Brief und wäre überaus traurig, erhielte ich einmal keinen.

S.

[Lew Nikolajewitsch Tolstoj an Sofja Andrejewna Tolstaja]
[31. Januar 1884], Dienstag, 11 Uhr des Abends.
[Jasnaja Poljana]

Ich fürchte, mein gestriger Brief war Dir unangenehm. Ich muß vom Kohlendunst benebelt gewesen sein, als ich schrieb. Heute fühle ich mich sehr gut, und es liegt auch kein Dunst in der Luft. [...] Gestern habe ich viel zu viel gegessen. Nik[olaj] Mich[ailowitsch][84] kocht üppig, und ich halte mich nicht zurück. Heute las ich mit großem Vergnügen und Nutzen Montaigne[85] und lief Ski. Bin sehr müde, fühle mich aber großartig. Den ganzen Abend habe ich Stiefel für Ag[afja] Mich[ailowna] genäht. Mitrofan[86] bringt es mir bei und hilft mir[87]. Dmitri

Fjod[orowitsch Winogradow] und Ag[afja] Mich[ailowna] saßen dabei und lasen aus den Heiligenlegenden vor. Ich habe noch nicht angefangen zu arbeiten, denn ich möchte nicht beginnen, um dann wieder damit aufzuhören. Doch das Sujet des Volksstücks nimmt in meinem Geiste Form an.

Deine Nachricht bezüglich der Meinung des Archimandriten[88] hat mich gefreut. Wenn sie denn den Tatsachen entspricht. – Mir ist es mittlerweile keine Anerkennung wichtiger als die von seiten der Geistlichkeit. Doch ich fürchte, sie ist unmöglich. Ich küsse Dich und die Kinder. Schreibe mir doch etwas ausführlicher, wenn bei Euch alles gut ist. Nimm Dir ein bißchen Zeit – ich bin gewohnt, Deinen seelischen Puls zu fühlen, und wenn ich ihn nicht fühle, fehlt mir etwas.

[Sofja Andrejewna Tolstaja an Lew Nikolajewitsch Tolstoj]
Sonntag, den 5. Februar [1884].
[Moskau]

Drei Briefe habe ich geschrieben, und erst diesen werde ich Dir wohl schicken. [...] Meine Rückenschmerzen sind fast ganz vorüber, nur bei Bewegung und Berührung schmerzt er noch ein wenig. Ich bin natürlich froh, wenn Du am Dienstag nach Moskau kommst, doch ich fürchte, daß die Butterwoche[89] Dir stärker auf der Seele lasten wird als ein ganzer Monat alltäglichen Lebens hier. Wenn Du möchtest, so bleibe dort; wenn ich Glück habe, so werde ich in Deiner Abwesenheit nicht alle meine Kraft verlieren; es ist doch besser so, als Dich hier unzufrieden, mißvergnügt und gänzlich tatenlos sehe. Ich kann mich meiner seelischen Stimmung nicht eben loben. Alles ist mir schwer, nichts bereitet mir Freude, nichts ist so, wie ich es gern hätte. [...]

Ich habe heute meine Lektüre von La Boétie[90] beendet; voller Interesse las ich über seinen Tod. So würde auch ich gern sterben, d. h. in einem solchen Seelenzustand sein; ich habe immer

das Gefühl, daß ich einen guten und ruhigen Tod haben werde. – Ich liebe das Leben nicht, es scheint mir wertlos. Sittliche
Vollendung werde ich niemals erreichen – dies ist mir klar. An
oberflächlichen Vergnügungen kann ich mich nicht erfreuen,
denn sobald ich dies tue, ruft mich ein gestrenger Kritiker zur
Ordnung, der mich damit zur Verzweiflung treibt. – Dies ist
der Grund, warum ich mich am Leben nicht erfreuen kann.
Alle sind wohlauf und betragen sich vernünftig. […] Dein Bruder Sergej hat mich mit seinen Berichten über Dich beunruhigt,
er sagt, Du wolltest nicht zu uns zurückkehren. Warum dies?
Lebe wohl; dies ist nun also bis auf weiteres mein letzter Brief
an Dich. Ich küsse Dich.
Sonja.

[Lew Nikolajewitsch Tolstoj an Sofja Andrejewna Tolstaja]
[21. Oktober 1884]
[Jasnaja Poljana]
Nachdem ich Euch zum Zug gebracht hatte, machte ich mich
zu Fuß auf den Weg nach Hause, denn Philip hatte noch zu tun.
Er holte mich beim Rudakow Berg ein. Zu Hause bezog ich das
Zimmer der Söhne und richtete mich dort ein. […]
Heute erwachte ich um 8 und stand sogleich auf. Der heuti-
ge Tag ist noch schöner und wärmer als der gestrige. Ich gab
Adrian[91] frei, brachte selbst das Zimmer in Ordnung, hackte
Holz, was mir größtes Vergnügen bereitete, trank um 10 Uhr
Kaffee und machte mich dann an die Durchsicht und Korrek-
tur meiner Dogmatikkritik[92]. […] Nun lege ich mich schlafen.
Die gestrige Nachricht vom Tod Pisarews[93] (so sie denn zu-
trifft) erschütterte mich stark. Mir wurde schrecklich traurig
und mürrisch zumute. Mir wurde dadurch klar, wie unüber-
windlich die Mauer ist, die die Menschen von der Wahrheit
trennt.
Unter diesem Eindruck stehend, las ich Erinnerungen und

Kriegsbeschreibungen in der »Russkaja starina«[94]. Wie stark haben sich doch irrige Ansichten der Menschen bemächtigt! Man sieht keine Möglichkeit, diese auszutilgen. Doch ich weiß, daß dies nur Schwäche ist. Existierten diese irrigen Ansichten nicht, so gäbe es nichts auf der Welt zu tun – jedenfalls für mich. Doch wenn man sich der Unüberwindlichkeit dieser irrigen Ansichten bewußt wird, so wird einem bange. Doch darüber sollte man nicht nachdenken, sondern sie auszutilgen suchen, wo immer man die Kraft dazu hat. Dies stimmt einen froh. –

Wie bist Du in Moskau angekommen? [...] Was machen die Söhne? Schreibe mir ausführlich alles und nicht in Eile, was sich bei Euch ereignet. Ich umarme Dich und alle Kinder.

[Lew Nikolajewitsch Tolstoj an Sofja Andrejewna Tolstaja]

[22. Oktober 1884]

[Jasnaja Poljana]

Noch habe ich keinen Brief von Dir erhalten und empfinde Sehnsucht nach Dir und Euch allen – den Großen bis Andrjuscha (einschließlich). Die Kleinen sind Glück und Wohlgefallen, die Großen verdienen Interesse und eine eigene, schwierige Beziehung mit jedem einzelnen. – Heute hättest Du mich gescholten und hättest recht daran getan; ich habe mich schlecht betragen, und zwar wie folgt: Ich stand um 8 Uhr auf, räumte auf, trank Kaffee mit Dmitri Fjo[dorowitsch] und ging in den Garten – es war herrliches Wetter. Ich dachte mir, das sollte man nutzen, ich werfe nur schnell einen Blick in die Reinschrift. Ich ließ mich nieder, begann zu lesen und zu korrigieren, und saß bis 6 Uhr an der Arbeit. Und nun bin ich müde. Du wirst sagen: eine nichtige Beschäftigung. Mir selbst schien sie es auch. Doch dann erinnerte ich mich des Kapitels, das ich korrigierte und an dessen Bearbeitung ich am längsten saß – das Kapitel über die Erlösung und Göttlichkeit Christi[95].

Wie auch immer man darauf blicken mag: Für Millionen von Menschen ist diese Frage von größter Wichtigkeit, und daher ist es von großem Unterschied, ob man sie oberflächlich oder grundlegend analysiert – zumindest wenn die Schrift gelesen werden wird.

Um 6 aß ich – Haferflockensuppe und in der Pfanne angebratene Buchweizenkascha –, wunderbar; ich las noch ein wenig und ging dann spazieren. Der Abend war nicht schlechter als der Tag – prachtvoll. Ich bin den Weg zur Kirche gegangen. [...] Wie wohl es mir hier auch ergehen mag, ich werde doch nicht lange ohne Euch sein können. Morgen werde ich sicher schon einen Brief von Dir bekommen.

Lebe wohl, ich küsse Dich.

[Sofja Andrejewna Tolstaja an Lew Nikolajewitsch Tolstoj]

23. Oktober 1884

[Moskau]

Gestern erhielt ich Deinen Brief, und mir ward traurig zumute. Ich sehe, daß Du in Jasnaja geblieben bist, nicht, um Dich mit geistiger Arbeit zu beschäftigen, die ich höher als alles im Leben schätze, sondern um Robinson Crusoe zu spielen. Du hast Adrian nach Hause geschickt, der doch noch bis zum Ende des Monats einige Tage ohne Sorgen bei Dir verbringen wollte, Du hast den Koch nach Hause geschickt, der mit Vergnügen eine Gegenleistung für sein Altenteil erbrächte und wirst nun von morgens bis abends jene beschwerliche körperliche Arbeit verrichten, die gewöhnlich junge Kerle und Mägde verrichten. Da wäre es doch besser und nutzbringender, Du wärst bei Deinen Kindern. Du wirst hierauf gewiß erwidern, daß dieses Leben Deinen Überzeugungen entspricht, daß es Dir so gefällt, und dazu kann ich nur sagen: »Vergnüge Dich«, doch macht es mich traurig, daß Deine geistigen Kräfte beim Holzhacken, Heizen des Samowars und Stiefelnähen verschwendet werden – was alles wunderbar ist als Erholung oder Ablenkung, nicht aber als Hauptaufgabe. – Genug davon. Wenn ich dies nicht niedergeschrieben hätte, so wäre mein Verdruß geblieben, nun aber ist er vergangen, es mutet mich zum Lachen an, und ich beruhige mich mit der Redensart: »Laß dem Kind sein Spielzeug, damit es nur nicht weint«.

[...]

Gestern hatte ich eine kleine Auseinandersetzung mit Ljolja. Am Tag, als wir ankamen, war er nicht im Gymnasium [...], behauptete der Madame gegenüber, er habe Leibschmerzen. Sie glaubte ihm nicht und unterschrieb nicht in seinem Stammbuch. Er bat mich zu unterschreiben, doch ich erwiderte ihm, ich könne nicht lügen, denn ich wisse ja nicht, ob er, während ich in Jasnaja weilte, tatsächlich Leibschmerzen gehabt hätte. Er bedrängte mich, doch ich blieb fest. Serjosha verläßt das Haus jeden Morgen, sagt, er ginge ins Laboratorium. Ilja ist überaus lieb und sieht sehr frisch aus. Mascha gewöhnt sich einen regelmäßigen Tagesablauf an und will fleißig lernen. [...] Die Kleinen lärmen und werden einem lästig, das Leben hier geht noch nicht seinen gewohnten Gang. Allein Sascha[96] lächelt zärtlich und glücklich, kaum einmal hört man etwas von ihr. Und wenn man etwas hört, so tut sie einem gleich leid.

[...]

Eben erhielt ich deinen zweiten, schönen Brief. Ich mache Dir Vorwürfe, daß Du Dich allzu sehr der körperlichen Arbeit hingibst, tatsächlich aber ist es im Gegenteil so, daß Du allzu schwer geistig arbeitest. Das wichtigste, liebster Freund, ist, daß Du auf Dich achtgibst; damit ich zufrieden bin, braucht es nur eines, nämlich daß Du glücklich, gesund und nicht leidend bist. Dessentwegen zerbreche ich mir ja in einem fort den Kopf, wie ich das Leben in Moskau so gestalten kann, daß Du es durchstehen kannst. Ich werde es wohl kaum vermögen, doch ich wünschte es so sehr!

[...]

Lebe wohl, liebster Freund, ich küsse Dich; ich sah Dich plötzlich so lebendig vor mir, daß ich ganz von einem zärtlichen Gefühl für Dich erfaßt wurde. In Dir ist so viel Kluges, Gütiges, Naives und Beharrliches, und all dies strahlt nach außen in einem nur Dir eigenen zärtlichen Mitgefühl für andere und einem Blick, mit dem Du den Menschen direkt in die Seele siehst.

Sonja.

[Lew Nikolajewitsch Tolstoj an Sofja Andrejewna Tolstaja]

[26. Oktober 1884]

[Jasnaja Poljana]

Gestern erhielt ich Deinen Brief, den Du nach dem Besuch beim Arzt geschrieben hast, und es wurde mir ganz furchtbar traurig und schwer zumute, besonders aber bin ich mir selbst widerwärtig geworden[97]. An allem trage ich die Schuld – ich, das grobe, egoistische Tier! Und ich bin hochmütig, verurteile andere und schneide die Grimasse des Wohltäters! Ich kann Dir nicht sagen, wie schwer mir das war. [...]

Bitte, schreibe mir ausführlich über Deinen Zustand. Ich habe Deinen Brief vernichtet und werde auch die weiteren vernichten. – Warum nur gelingt es Dir nicht, Dir Erholung und Schlaf zu gönnen. Diese sind auf jeden Fall das wichtigste, um gesund zu werden. Sage Tanja, es sei ihre Aufgabe, es Dir so einzurichten, daß Du des Abends nicht allzu lange aufbleiben mußt und daß Du nicht geweckt wirst. Es ist schön, daß die Knaben in guter Verfassung sind.

Ich unternehme nichts mehr, denn ich bin mir selbst zuwider. Lebe wohl, mein Herz, küsse die Kinder von mir. Es ist wohl tatsächlich so, daß Du allzu betriebsam bist. Deine Briefe sagen mir gar nichts über Deine seelische Verfassung.

L.

[Sofja Andrejewna Tolstaja an Lew Nikolajewitsch Tolstoj]
[27. Oktober 1884]. Samstag.
[Moskau]
[...] Nun aber, mein liebster Freund, so sehr hast Du Dich um meine Gesundheit gesorgt? Du trägst absolut keine Schuld; wir beide haben Schuld, es ist nun einmal geschehen, vielleicht ja auch einfach aufgrund einer mechanischen Verletzung bei der Geburt. Gestern ging es mir sehr schlecht, ich hatte große Schmerzen und ohne Unterlaß floß etwas aus, als ob innen eine Geschwulst aufgeplatzt sei, aber heute plötzlich floß bis jetzt kein Tropfen mehr, und es ging mir viel besser. Ich denke, daß der Arzt bewußt eine über lange Zeit entzündete Verletzung geöffnet und sie gereinigt hat; nun wird sie langsam heilen; doch es braucht natürlich Vorsicht. Ich bewege mich sehr langsam, gehe nicht aus und einzig jener Gedanke, nämlich [...] daß ich alles im Hause in Anstand und Rechtschaffenheit zu halten bestrebt bin, vermag mich zu beruhigen. – Und ich erreiche dieses Ziel, alle wirken glücklich und sind bisher sehr lieb und umgänglich. Ich schreibe dies, und wie um meine Worte Lügen zu strafen, drang gerade die ganze Bande bei mir ein: Serjosha beschwert sich, daß die Kleinen ihn im Saal beim Klavierspielen stören, wo Ilja mit ihnen aus Bauklötzen einen riesigen Brunnen baut. [...]
Ich denke oft an das Leben auf dem Lande, an die Natur, die Stille, daran, wie all dies die Stimmung ernst, poetisch und erhebend werden läßt. Hier aber ist es das Gegenteil. Bleibe allein, wenn es Dir gut tut, ich fühle mit Dir und bin ganz frei von Egoismus; ich verspüre nicht mehr, wie es einstmals zu sein pflegte, jenen Kummer, daß Du mir keine Hilfe bist, daß Du uns nicht liebst usw. Gott sei dank ist auch dies ausgestanden.
Ich schreibe Dir jeden Tag, doch es gibt gar keinen Stoff, den ich erzählen könnte. Nun sind Gäste gekommen, lebe wohl, mein Liebster, ich liebe Dich sehr; liebtest doch Du mich auch auf ebendiese Weise, still, rein und selbstlos.
Sonja.

[Sofja Andrejewna Tolstaja an Lew Nikolajewitsch Tolstoj]

[26. Oktober 1884]

[Moskau]

Aus irgendeinen Grund ist mir ganz furchtbar traurig zumute ohne Dich; bis jetzt war ich bemüht, bei Laune zu bleiben, doch heute haben mich alle meine Kräfte verlassen, ich empfinde eine solche Sehnsucht, es ist einfach furchtbar. Wenn ich ganz gesund wäre, so setzte ich mich wohl sogleich in den Zug und käme nach Jasnaja. Doch meine Gesundheit ist schlecht; seit dem Ausbrennen habe ich unerträgliche Schmerzen. [...]

Schon seit dem Morgen bin ich trister Stimmung, habe mich in einem fort mit Gelddingen beschäftigt. Ich lege eine Liste der unabkömmlichen monatlichen Ausgaben bei, an denen nicht gespart werden kann. Und heute wurde noch Leinenstoff für 50 R[ubel] geliefert, für Leibwäsche für die Kinder und Serjosha, Ilja läßt sich bei Guillaume einen Gehrock schneidern, obwohl gar kein Geld dafür da ist, aber davon mag keiner etwas wissen. [...]

Lebe wohl liebster Freund, hoffentlich ergeht es Dir wohl.

Ljolja und Mascha lachen so heiter und laufen durch das Eßzimmer, sie spielen Fangen.

Sonja.

Freitag.

Monatliche Ausgaben

	R[ubel]		R[ubel]
Engländerin	30	Jährliche Kosten für das Haus	
Madame	50		
Kaschewskaja[98]	40	Versicherung	267
Gymnasium und Universität	47	an die Duma	200
Russ.-Lehrerin Maschas	36	Grundsteuer	80
	203		547

LÖHNE	R[ubel]		R[ubel]
Koch	15	Ausbildung	203
Lakai	15	Löhne	98
Kutscher	16	Wäscherin	40
Njanja	8	Brennholz	60
Hausknecht	8	Serjosha	40
Dunjascha	8	Fleisch und Lebensmittel	
Köchin	4	für die Bediensteten und uns	150
Warja	5	Getreide, Zucker, Beleuch-	
Tatjana	6	tung, Kohle, Tabak u. ä.	150
Wlas	8	Bäcker	25
Amme	5	Parkettbohnerer	5
		Pferde, Kuh	75
		Nachtwächter	2
		Taschengeld Ilja, Tanja,	
		Ljolja, Mascha	12
		Haus	50
im Monat	98	Macht insgesamt	910
		die man auf den Tisch legen muß	

[Lew Nikolajewitsch Tolstoj an Sofja Andrejewna Tolstaja]
[28. Oktober 1884]
[Jasnaja Poljana]

Dein gestriger Brief hat mich sehr betrübt – sehr. […] Heute erinnerte ich mich daran, daß ich 56 Jahre alt bin, und wie man sagt und ich es an mir selbst fühle, bringt eine Phase von sieben Jahren dem Menschen Veränderung. Mein größter Wandel erfolgte im Alter von 7 × 7 = 49 Jahre, als ich jenen Weg betrat, auf dem ich mich heute befinde. Diese sieben Jahre waren ungemein erfüllt von innerem Erleben, Klärung, Eifer, Veränderung. Nunmehr ist dies, wie mir scheint, abgeschlossen, meine neuen Überzeugungen sind mir in Fleisch und Blut übergegangen, und ich suche, meinem Weg entsprechend zu handeln. Und entweder werde ich sterben oder sehr unglücklich sein oder eine Tätigkeit finden, welche mich auf meinem Wege erfüllen wird. Selbstverständlich eine schriftstellerische Tätigkeit – die mir die vertrauteste und anziehendste ist. Ach, wenn Du nur nicht unglücklich wärst – wie Du es mir nach Deinem Brief zu sein scheinst. [...]

Deine Aufstellung der Finanzen schreckt mich nicht. Erstens werden wir aller Wahrscheinlichkeit nach das Geld haben; sollten wir es zweitens nicht haben, so wird sich erweisen, daß Ausgaben, die notwenig scheinen, durchaus verringert werden können. Ich kann – sei nicht böse, mein Herz – diesen Gelddingen absolut keine Wichtigkeit beimessen. Dies alles sind keine Ereignisse wie etwa Krankheit, Heirat, Geburt, Tod, erworbenes Wissen, eine gute oder schlechte Tat, gute oder schlechte Angewohnheiten uns lieber und nahestehender Menschen, sondern dies ist etwas, das wir eingerichtet haben und auf 100 verschiedene Arten neu einrichten können. – Ich weiß, daß Dich und die Kinder dies unerträglich langweilt (dies alles ist altbekannt), doch ich kann nicht zu wiederholen aufhören, daß unser Glück und Unglück nicht davon abhängen kann, ob wir alles Geld ausgeben oder viel erwirtschaften, sondern allein davon, was wir sind. [...] Das Leben unserer 9 Kinder wird dasselbe wie das unsrige sein, mit seinem Glück und seiner Trauer. Und so müssen wir danach streben, ihnen zu helfen, das zu erreichen, was sie glücklich macht, und sich von jenem zu befreien, was sie unglücklich macht; nicht Sprachen noch Diplome, noch das Gesellschaftsleben, noch wenig Geld tragen etwas zu unserem Glück oder Unglück bei. Und deshalb kann mich die Frage, wie groß unsere Ausgaben sind, nicht beunruhigen. Wenn man dieser Frage Wichtigkeit beimißt, so wird dadurch alles, was wirklich wichtig ist, in den Hintergrund gedrängt.

[Lew Nikolajewitsch Tolstoj an Sofja Andrejewna Tolstaja]

[27. Oktober 1884]

[Jansaja Poljana]

Gestern war ich den ganzen Tag, wie Du aus meinem Brief ersehen konntest, schlechter Stimmung. Der Magen, das Wetter, innerliche Unzufriedenheit meiner selbst. Heute morgen war ich derselben Stimmung. Nunmehr ist sie vergangen, Unzufriedenheit und Abscheu meiner selbst aber sind geblieben. [...] Es mutet lachhaft an zuzugeben, daß ich alle Zimmer im oberen Stockwerk durchschritt und ein starkes und schönes Gefühl beim Anblick all dessen empfand – lachhaft ebenso, daß ich mich ans Klavier setzte und mit größtem Vergnügen, ja sogar voller Rührung spielte.

Heute stand ich früh auf und ging, nachdem ich Kaffee getrunken hatte, spazieren. Ich arbeitete nicht, denn ich wollte den Gang meiner Gedanken nicht stören und hatte auch nur wenig geschlafen.

[...]

Schreib doch etwas ausführlicher von Dir, was der Doktor sagte – im Hinblick auf eine Schwangerschaft und darauf, was sie hervorruft. Ich habe beim Spazierengehen und Ausreiten viel nachgedacht. Ich muß schreiben, unbedingt, allerdings verspüre ich noch nicht jenes leidenschaftliche Gefühl, ohne welches das Schreiben nicht möglich ist. [...]

Sage Tanja Danke für ihre Briefe (*some more*[99]) und für ihre guten Absichten. Bitte, Tanja, bringe die Kopie zu Ende und sei von früh bis spät mit Farbe besudelt[100].

Warum schreibst Du mir denn nicht, daß Du Sehnsucht nach mir empfindest und rufst mich nach Moskau? Es ist anders als im vergangenen Jahr. Ohne Erbitterung, sondern aufrichtig. Daß Du mir als ein Teil von mir fehlst, ist unzweifelhaft; aber man kann auch eine Zeitlang nur zum Teil leben. Wenn Du Sehnsucht empfindest, so sage es, und ich komme sogleich. Ich küsse Dich und die Kinder. Was die Wirtschaft betrifft, hast Du mich nicht ganz verstanden. Ich beginne hier etwas überaus Schwieriges – nämlich eine Wirtschaftsführung, die nicht zuerst die Wirtschaft im Augenmerk hat, sondern das Verhältnis zu den Menschen. Es ist schwierig, sich nicht ganz von der Arbeit hinreißen zu lassen, ohne die Beziehungen zu den Menschen zu opfern. Aber dies muß man, wenn man die Wirtschaft anständig führen will, doch jedesmal, wenn man zu entscheiden hat zwischen Gewinn und einem menschlichen Umgang, sollte man letzteres wählen. [...]

[Sofja Andrejewna Tolstaja an Lew Nikolajewitsch Tolstoj]
Montag, den 29. Oktober 1884.
[Moskau]
Der erste Eindruck am heutigen Morgen war Dein schöner, zärtlicher Brief voller Liebe zu mir. Den ganzen Tag war ich dessentwegen glücklich. Hätte ich mich sogleich hingesetzt, Dir zu antworten, dann hätte ich Dir einen schönen, wie Du zu sagen pflegst, Brief geschrieben. Doch gerade heute wurde ich vom Trubel um mich herum abgelenkt. [...] Um meine Gesundheit steht es heute nicht nur besser, sondern es geht mir fast wieder ganz und gar gut. Ljowotschka, ich hatte nicht den Mut, dem Doktor jene Fragen zu stellen, die Du andeutest. Ich war ja so blaß, wie er sagte, und zitterte ganz vor Scham und Schmerz. Er selbst hat auch nicht davon gesprochen. Wenn Du willst, frage ich ihn beim nächsten Mal, das wird in einer Woche sein. Du fragst, warum ich Dich nicht hierher rufe? Ach Ljowotschka, schriebe ich Dir in jenen Minuten, in denen ich Dich so gern bei mir hätte, dann schriebe ich Dir alles, was ich empfinde – und es ergösse sich aus mir ein Strom leidenschaftlicher, zärtlicher und fordernder Worte, daß Du damit auch nicht zufrieden wärest. Mir ist bisweilen, in jeglicher Hinsicht, so unsagbar schwer ohne Dich; doch ich habe mich der Idee ergeben, meine Pflicht gegen Dich zu erfüllen, gegen Dich als

Schriftsteller und Mensch, welcher vor allem der Freiheit bedarf, und daher verlange ich nichts von Dir.

Dieses Gefühl der Pflicht empfinde ich auch den Kindern gegenüber. Doch wohl kaum kann ich alles in die Tat umsetzen, was ich mir wünschte. – Und schließlich schrieb ich Dir ja bereits, daß es für mich schmerzlicher ist, Dich hier in Moskau leiden zu sehen, als Dich gar nicht zu sehen. – Welch wundervoller Stimmung scheinst Du zu sein! Deine Rührung durch die Musik, Deine Eindrücke der Natur, Dein Verlangen zu schreiben – das alles bist Du, der Du wirklich bist, jener, den Du in Dir auszulöschen suchst, der aber doch so wundervoll, liebenswert, gütig und poetisch ist, jener, den alle, die Dich kennen, so sehr lieben. Du wirst ihn nicht auslöschen, so sehr Du auch danach streben magst.

[...] Was Deine Absicht betrifft, die Wirtschaft zu führen, so habe ich es genau so verstanden, doch hier erscheint das ewige Aber; denn ohne Mittel kann man nicht überleben, dies darf man nicht vergessen, denn sogleich begönne jenes furchtbare Darben, Leiden, daß man kein Geld hat, denn von allen Seiten wird etwas verlangt und ähnl. Unannehmlichkeiten, die das Leben ruinieren. Dies alles kannst Du nicht ertragen und ich ebensowenig.

[Lew Nikolajewitsch Tolstoj an Sofja Andrejewna Tolstaja]
[8. Dezember 1884]
[Jasnaja Poljana]
Verbrachte einen herrlichen Tag. Es ist nun 6 Uhr am Abend. Gestern, als ich aus dem Bahnhof trat, mich im Schlitten niederließ und durch den weichen, glatten, einen halben Arschin[101] hohen Schnee fuhr, der in der Nacht gefallen war, in dieser Stille und Friedlichkeit, mit dem wundervollen Sternenhimmel über mir und dem sympathischen Mischa[102] neben mir, erfaßte mich ein Gefühl der Verzückung, das nur noch stärker war

nach der Fahrt im Waggon mit einer rauchenden, mit Arm-
bändern behängten Gutsbesitzerin, einem jüdischen Arzt, der
Reden darüber schwang, daß die Todsstrafe aufs schärfste zu
verhängen sei [...] und einem Kondukteur, der mich an der
Schulter stieß, da ich nur einen Halbpelz trug. Nach all diesem – Orion und Sirius über Sasseka, weicher, lautloser Schnee,
ein schönes Pferd und der gute Mischa, gute Luft und der
gütige Gott. Im Kontor war geheizt, doch mir schien es kohlen-
dunstig (Einbildung). [...]

Wie wenig ich auch benötigen mag – dieses Wenige ist doch so
viel. Wir gingen ins Haus, packten verschiedene Dinge zusammen; dann erinnerte ich mich der Eier. Sie wollten jemanden
schicken, doch ich ging selbst ins Dorf. Während ich so ging,
dachte ich über folgendes nach: Wir sagen, daß wir nur wenig
benötigen und benötigen, d. h., ich benötige doch so viel, daß
ich mich schäme, dies alles als selbstverständlich hinzuneh-
men. Ich ging und kaufte Eier, und ich fühlte mein schlechtes
Gewissen. [...] Statt sie der armen Mutter von Wlas zu geben,
fraß ich sie selber. – Nach dem Frühstück machte ich mich an
meinen Aufsatz[103] und schrieb ein wenig. [...] Dann hackte ich
Holz, um mich aufzuwärmen und ging zu Bibikow. Es liegt
eine Unmenge von Schnee, die Wege sind noch nicht ausgetre-
ten. Auf dem Berg überholte mich ein Schlitten mit einer Bauersfrau und zwei Mädchen und zwei Knaben; ich fuhr mit ihnen. Die Frau begann von ihrem schrecklichen Schicksal zu
berichten – sie hat drei Töchter, eine noch ein Säugling, und
nichts zu essen, war bei ihrer Mutter, um bei ihr Geld für Brot
zu erbitten. [...] Die Frau brach in Tränen aus, und die Mädchen und Jungen (aus Jassenki, waren zum Spaß einfach mitge-
fahren), lachten, lärmten und brachen Zweige, um das Pferd
anzutreiben, das am Schlitten angebunden war und hinter ihm
herlief. Es will nicht mehr vorwärts und bleibt stehen. Es ist
mir eine Freude zu helfen, und ich nehme mich des Pferdes an,
es ist alt und mager, geht 100 Schritte und bleibt wieder stehen.

Ich führe es ohne Schläge nach Teljatinki. [...] Dann fuhr ich mit den Mädchen und Knaben wieder zurück. [...] Es schneite und wurde bereits dunkel, meinen Gefährten wurde ängstlich und bange zumute, besonders Gruschka, der Tochter von Awdotja. Ich konnte ihr Gesicht nicht sehen, doch ihre Stimme und die Art, wie sie spricht, sind ebenso singend und freimütig wie die ihrer Mutter. [...] Ich sagte: »Wenn wir vom Schneesturm überrascht werden, drehen wir den Schlitten um, setzen uns darunter und erzählen uns Märchen.« »Aber es wird doch eiskalt sein?« »Wir klatschen in die Hände.« Und alle haben gelacht.

Den Fluß überquerten wir nicht ohne Schwierigkeit; als wir auf dem anderen Ufer waren, setzte sich Gruschka auf den Bug des Schlittens und sagte: »Nun also, laßt uns Märchen erzählen, ich weiß eines«, und sie begann fabelhaft ein wunderschönes Märchen zu erzählen. Alle hörten gespannt zu und wurden so lieb, boten einander den Kaftan an, den sie als Decke benutzten, um sich vor dem Wind zu schützen. [...] Wir lauschten ihr, bis wir zum Dorf kamen. [...] Dies alles rührte mich sehr an.

Ich küsse Dich und alle Kinder. Morgen werde ich hoffentlich von Dir und den Kindern hören – wie Ihr Euch befindet, was Ihr empfindet und ob es allen wohl ergeht.

L.T.

[Sofja Andrejewna Tolstaja an Lew Nikolajewitsch Tolstoj]
[9. Dezember 1884]. Sonntag.
[Moskau]

Soeben erhielt ich Deinen Brief, und wieder muß ich Dir im Bombenhagel schreiben, wie ich den Lärm, die Betriebsamkeit und das Geschrei um mich herum nenne. Des Morgens stand ich auf (schlief gut), und sogleich bedrängten mich die Kinder, die Eislaufen gehen wollten. [...]

Zu Deinem Brief. Mein erstes Empfinden nach der Lektüre war Trauer. Ja, wir sind seit unserer Kindheit verschiedene Wege gegangen. Du liebst das Dorf, das einfache Volk, die Bauernkinder, liebst das einfache Leben, das Du, als Du mich heiratetest, aufgabst. Ich bin ein Stadtkind, und wie auch immer ich denken mag und wie ich auch immer danach streben mag, das Dorf und das einfache Volk zu lieben – ich werde es niemals von ganzem Herzen lieben können; ich verstehe das einfache Volk nicht und werde es nie verstehen. Ich liebe allein die Natur, und in dieser Natur könnte ich bis ans Ende meiner Tage voller Begeisterung leben. [...] Es ist schade, daß Du Deine eigenen Kinder so wenig liebgewonnen hast; wenn sie Bauernkinder wären, dann wäre das anders. Wenn du Dich in die sittliche Atmosphäre des Dorfes begibst, verfolge ich Dein Tun voller Angst und Eifersucht und begreife, daß wir dann offensichtlich entzweit sind; und zwar nicht, weil ich dies wünsche, sondern weil ich Dir dahin, nun noch weniger als jemals zuvor, nicht folgen kann. Dein Leben ist [...] Entsagung, ewige Selbstentsagung! Wozu soll es denn gut sein, daß man jedes Ei, das man ißt, sich selbst zum Vorwurf macht? Bevor man sich über ein Ei verdrießt, gäbe es so viel anderes zu tun, das wirklich wichtig wäre, in bezug auf die seelische Beziehung seiner selbst zu allen anderen, mit denen das Leben verbunden ist. Das Blatt ist zu Ende und der Brief ist ein häßlicher geworden, doch ich schließe nun, da ich nichts Schönes zu schreiben weiß. Lebe wohl.

III. Dogma und Leben

Während die Familie in Moskau ein Leben führt, wie es in ihren Kreisen üblich ist, arbeitet Tolstoj an der Vereinfachung des Lebens und versucht, allem vermeintlichen Luxus zu entsagen. Im Mai 1883 bevollmächtigt Tolstoj seine Frau, alle Vermögensangelegenheiten und die Drucklegung seiner Werke eigenverantwortlich zu führen. Seit 1885 gibt Sofja Tolstaja die Werke ihres Mannes als Verlegerin heraus. 1891 sagt Tolstoj sich von seinem Eigentum los, und die Familie vollzieht die Aufteilung des Besitzes. Des weiteren gibt Tolstoj öffentlich seinen Verzicht auf die Urheberrechte an seinen nach 1881 verfaßten Werken bekannt.

Kurze Zeit nach der Silberhochzeit im September 1887 schreibt Tolstoj die erste Fassung seiner *Kreutzersonate*. Nachdem Sofja Tolstaja ihrem eigenen literarischen Talent vor der Hochzeit entsagt und ihre von Tolstoj gelobte Erzählung *Natascha* vernichtet hatte, beginnt sie im Alter von fast fünfzig Jahren wieder zu schreiben und verfaßt eine Entgegnung auf die Erzählung ihres Mannes (*Eine Frage der Schuld*, 1892/93).

1885

[Lew Nikolajewitsch Tolstoj an Sofja Andrejewna Tolstaja]

[30. Januar 1885]

[Jasnaja Poljana]

Soeben erhielt ich Deinen kurzen, traurig-kurzen Brief[1]. – Ich habe Angst, mich nochmals zu erklären, fürchte, Dich erneut zu erzürnen; doch eines wiederhole ich, wie ich hoffe, schriftlich klarer als im Gespräch: Ich verteidige nicht die Form, in welcher ich mich über Personen geäußert habe, ich bereue sie und bitte Dich, mir zu vergeben; doch ich verteidige jene Idee,

welche im Aufsatz zum Ausdruck kommt und mich ganz erfüllt[2]. Diese Idee, diese Überzeugung vermag ich nicht zu ändern, ebenso, wie ich meine Augen nicht ändern kann. [...]
Wenn meine Überzeugung wahrhaftig ist, so wird jeder, wirst
auch Du, sie als richtig erkennen, und Dich erzürnte nur mein
eigener Zorn und Stolz; ist diese Überzeugung aber nicht wahrhaftig, dann trage ich die Schuld, daß ich sie aussprach, noch
dazu in garstiger, beleidigender Form.
Ich kam gestern mit Kurnosenkow[3] sehr gut gegen 11 hier an.
Es war geheizt, doch ich fürchtete Kohlendunst und legte mich
deshalb erst um 3 Uhr schlafen. Als ich die erleuchtete Wohnung und die erleuchtete Stadt hinter mir ließ und in Schnee
und Wind hinausfuhr, wurde ich plötzlich betrübt, wie es häufig nach einem Aufenthalt in der Stadt und dem luxuriösen
Leben dort geschieht; als ich ankam, war ich bereits äußerst
glücklicher, gelassener und aufrechter Stimmung, so auch heute morgen und den ganzen Tag. Wie ein Trinker im Katzenjam-
mer – zunächst ist es schwer, wenn man ihn aber durchsteht,
begreift man, wie gut es ist, nüchtern zu sein. Das Wetter ist
herrlich. Ich habe ein wenig gearbeitet, ging spazieren und ritt
nach Tula. Kam um 6 zurück, aß Pfannkuchen, nun ist es 10,
und ich schreibe Dir.
Erwarte morgen Deinen Brief.
Ich küsse Dich und die Kinder. Was macht Ljoljas Gesundheit?

[Sofja Andrejewna Tolstaja an Lew Nikolajewitsch Tolstoj]
20. Februar [1885]
[Sankt Petersburg]
Lieber Ljowotschka, wir sind gut angekommen [...]. Es gab
einige Minuten, in denen mir, die ich ja gar nicht gewohnt bin
zu reisen, schrecklich zumute war und ich unbedingt nach
Hause wollte. Doch sogleich ist hier Trubel ausgebrochen, und
man ist schon überallhin mit uns gefahren, daß es scheint, wir

seien schon lange hier, obgleich noch nicht einmal ein Tag vergangen ist. Den Vormittag verbrachte ich mit Tanja, Sascha und den Kindern[4]. [...] Sascha vermittelte mir einen Boten, den ich mit meinen Angelegenheiten beauftragen konnte; daraufhin erschien bereits Lukownikow[5], ein sehr unangenehmer und nicht eben vertrauenerweckender Mensch, einstmals Eisenbahner. Morgen zahlt er mir das Geld aus, die Bücher wird dann ein Kleinhändler verkaufen[6].

Um einen Termin bei Stasjulewitsch[7] wird Sascha sich kümmern, auch Plewe[8] werde ich treffen; ich möchte versuchen, daß der Aufsatz wenigstens für die Werkausgabe freigegeben wird[9]. [...] Morgen werde ich bis zwei in geschäftlichen Angelegenheiten unterwegs sein, Abrechnungen und Auszahlungen von den Buchhändlern anfordern und das »Alphabet« sowie die »Lesebücher« weiteren Kommissionären anbieten.

Petersburg gefällt mir dieses Mal besser als bei meinem ersten Besuch, es ist allerdings gegen Abend sehr neblig. – Fast alle Tage unseres Aufenthalt hier sind bereits mit Einladungen okkupiert sowie mit Besuchen der Ermitage[10], der Akademie und der Eisbahn im Taurischen Garten, wo die Zarin Schlittschuh läuft.

Wie ergeht es Euch? Wie umsorgt Euch Mascha, bist Du wohlauf, was macht Dein Husten? Welcher Stimmung sind meine großen Söhne, in zügelloser oder tugendhafter, was machen die Kleinen, was Madame?

[...]

Gebe Gott, daß alles zu einem guten Ende kommt. Du wirst sicher in meiner Abwesenheit viel arbeiten, als ich abreiste, warst Du in der Stimmung zu schreiben, und Du wirst wohl auch den Kindern näherkommen, denn sie haben ja jetzt nur Dich. [...] Lebe wohl, liebster Freund, sei nicht böse, daß ich nach Petersburg fuhr; Mamá hat sich besonders unserer gefreut[11], auch Tanja; und auch ich bin glücklich, sie beide wiederzusehen. Mamá ist sehr mager und sieht nicht gut aus.

Ich küsse die Kinder und Dich ganz besonders und grüße die Madame und Miss Lake. Gebt acht auf Eure Gesundheit, behütet das Haus vor einem Brand und seid glücklich und heiter.

S. T.

[Sofja Andrejewna Tolstaja an Lew Nikolajewitsch Tolstoj]

[21. Februar 1885]

[Sankt Petersburg]

Es tut mir so leid, daß Du krank bist, lieber Ljowotschka[12], wenn ich gewußt hätte, daß es Dir schlechter gehen wird, wäre ich nicht gefahren. Ich bitte Dich, gib auf Dich acht, geh nicht nach draußen und verkühle Dich nicht. [...]

Ich stand heute um 10 Uhr auf, habe schlecht und sehr unruhig geschlafen. Man brachte einen Brief von Urussow, dem es wieder schlechter geht, er reist am 26. auf die Krim[13]. Dann erschien Lukownikow, zahlte die gesamte Summe aus und bestellte 500 Exemplare des »Alphabets«, die er ebenfalls bereits vollständig bezahlte. Überhaupt gab er sich heute sehr *gentlemanlike*[14] und rechtschaffen. Schriftlich bestellte ich verschiedene Papiersorten und Schrifttypen und vereinbarte einige Treffen, ab morgen werde ich zwischen 11 und 1 alle Lieferungen in Empfang nehmen. Dann machte ich mit Tanja Verwandtenbesuche. [...] M-me Schostak[15] hat entgegen meiner Erwartung einen sehr guten Eindruck auf mich gemacht.

Wir sitzen bei ihr im Gespräch, plötzlich wird verlautbart: »Die Kaiserin!« Ich sagte: »Lassen Sie mich von irgendwoher einen Blick auf sie werfen.« Jekaterina Nikolajewna sprang wie von der Tarantel gestochen auf und schrie: »Schnell, meinen Stock!« (Sie hat ein schlimmes Bein und geht am Stock.) Dann wandte sie sich an mich: »*Sophie, restez*«[16] und verließ den Raum. [...] Wir, die wir zurückgeblieben waren, warten und warten, plötzlich Schritte, Lärm, Rufen: »Sie kommt!«

Eine Dame mit Noten in der Hand fliegt an uns vorbei und sagt im Vorübergehen: »*L' imperatrice fera une visite à Madame Schostak.*«[17] Wir sind ganz verstört, und schon zieht die ganze Prozession an uns vorbei. Ich dachte, damit hätte es sich, doch plötzlich rief Jekaterina Nikolajewna: »*Sophie, venez, et Tanja.*«[18] Ich trat zu ihr hin, und sie stellte mich der Kaiserin[19] vor, dann Tanja, und ich sagte: »*Ma fille.*«[20] Ich bekenne reinen Herzens, daß ich aufgeregt war, doch ich verlor mich nicht. Sie, d. h. die Kaiserin, fragte: »*Il y a longtemps que vous êtes arrivée?*«[21] Ich antwortete: »*Non, Madame, depuis hier seulement.*«[22] Dann traten alle in den Saal. Die Kaiserin wandte sich erneut an mich: »*Votre mari se porte bien?*«[23] Ich erwiderte: »*Votre Majesté est bien bonne, il se porte bien.*«[24] »*J' espère on écrit quelque chose?*«[25] Ich sagte: »*Non, Madame, pas en ce moment; mais je crois qu' il se propose d' écrire quelque chose pour les écoles dans le genre de ›Wovon die Menschen leben‹.*«[26] Jekaterina Nikolajewna fügte hinzu: »*Il n' écrira jamais des romans, il l' a dit à la comtesse Alexandrine Tolstoy.*«[27] Die Kaiserin sagte daraufhin: »*Est-ce que vous ne le désirez point, cela m'étonne.*«[28] Sie wandte sich erneut an mich, und ich sagte: »*J'espère que les enfants de sa Majesté ont lu les livres de mon mari.*«[29] Sie nickte und erwiderte: »*Oh, je crois bien.*«[30] Dann nahm sie Platz, ein Gesangsvortrag begann, und bald schon brach sie wieder auf. – Ich sehe vor mir, wie Ihr alle sagt: »Unsere Mutter hat sich in erlauchte Höhen erhoben.« Dies ist tatsächlich das letzte, was ich in Petersburg erwartet hätte. [...] Die Kaiserin ist gütig, sieht etwas gequält aus, aber[31]

[Lew Nikolajewitsch Tolstoj an Sofja Andrejewna Tolstaja]
[22. Februar 1885]
[Moskau]

Heute erhielt ich Deinen Brief mit dem Bericht über das Zusammentreffen mit der Kaiserin. Du hast tatsächlich ganz erstaunliches Glück. Denn dies hast Du Dir doch so sehr gewünscht. Mir und meinem Stolz schmeichelte es, und doch war es mir unangenehm. Nichts Gutes wird daraus folgen. Ich erinnere mich, daß es in Pawlowsk[32] einen Menschen gab, der in den Büschen saß und Nachtigallengezwitscher imitierte. Ich habe einmal ein Gespräch mit ihm begonnen und sogleich an seinem überheblichen Tonfall bemerkt, wie hochmütig es ihn machte, daß wohl einmal jemand aus der Zarenfamilie sich herabgelassen hat, mit ihm zu sprechen. Möge dies nicht auch mit Dir geschehen. Gestern ging es mir schlecht, heute aber geht es mir bereits sehr viel besser, obwohl ich mich noch lange nicht in normaler Verfassung befinde. Ich kann nicht arbeiten. Lese weiterhin George[33] und bin durch diese Lektüre sehr viel klüger geworden. Die Kinder sind alle wohlbehalten und betragen sich gut – Mascha wird Dir über sie berichten. Heute morgen war Kostenka[34] bei uns; Ljolja hatte gerade Deinen Brief gelesen und sagte ihm bei der Begrüßung: »Mamá hat die Kaiserin getroffen«, und Kost[enka] antwortete ohne nachzudenken: »Nun denn, dann kann ich sterben. Nun läßt du, Herr, deinen Knecht in Frieden scheiden.«[35] – Ich küsse Dich und die lieben Kusminskis. – Warum sagtest Du denn, ich schriebe nicht, und nicht, daß und was ich schreibe. Du warst zu ängstlich. Nun denn, lebe wohl. Ich zähle bereits die Tage bis zu Deiner Rückkehr.

[Sofja Andrejewna Tolstaja an Lew Nikolajewitsch Tolstoj]
[24. Februar 1885]. Sonntagabend.
[Sankt Petersburg]
[…] Deinen und Maschas Briefe habe ich erhalten. Ich bin ein wenig beleidigt, daß Du mich mit dem Vogelimitator in Peterhof[36] [sic!] vergleichst; die Erhabenheit der Zarin hat sich keineswegs auf mich ausgewirkt, ja auch wenn ich selbst Kaiserin würde, so veränderte dies mich nicht. Ich bin, wie ich bin.

Gleichwohl beruhigte mich der Satz, daß Du die Tage bis zu meiner Rückkehr zählst.

[...] Ich war in geschäftlichen Angelegenheiten unterwegs und besuchte Dostojewskaja[37] und Sofja Andrejewna Tolstaja[38]. Dostojewskaja freute sich sehr, mich zu sehen. Ich begab mich zu ihr, da sie selbst die Bücher ihres Mannes verlegt, in zwei Jahren hat sie 67 tausend Gewinn erzielt. Sie hat mir sehr viele gute Ratschläge gegeben und mich sehr erstaunt mit der Tatsache, daß sie an die Buchhändler nur 5 % abführt.

Dann ging ich [...] in die Wanderer-Ausstellung und sah dort ein eindruckvolles Bild von Ilja Repin[39], »Iwan der Schreckliche«. Es hält jenen Moment fest, als Iwan seinen Sohn umarmt, nachdem er ihn erstochen hat. Der Sohn ist noch am Leben, das Grauen steht dem Mörder ins Gesicht geschrieben, das Blut rinnt zwischen den Fingern hindurch, die er auf die Wunde des Sohnes preßt. Sehr eindrucksvoll und meisterhaft gemalt.

Meine Briefe sind kurz und uninteressant, ich werde alles mündlich berichten. [...] Euch geht es, wie ich aus den Briefen ersehe, hervorragend, alles scheint so traulich. Ich werde überglücklich sein, Euch wiederzusehen. Ich bleibe vor allem noch Tanjas und Mamás Geburtstags wegen, die sich sehr darauf freut, daß ich an diesem Tag hier sein werde, und bereits Vorbereitungen für die Feier trifft. [...]

Lebe wohl, Liebster, ich küsse Dich. Klage nicht, daß die Briefe leidlich sind, es ist allzu viel Trubel hier.

Sonja.

[Sofja Andrejewna Tolstaja an Lew Nikolajewitsch Tolstoj]
9. März 1885. 7 Uhr am Abend.
[Moskau]

Heute hoffte ich, einen Brief von Dir aus Orjol zu erhalten, lieber Ljowotschka, doch es kam keiner an, und so weiß ich gar nicht, wie Du dort angekommen bist.[40] [...]

Gestern und heute habe ich mich den Geschäften gewidmet, habe bei den Buchhändlern kassiert, um bei Schtschepkin[41] die 2760 S[ilber] R[ubel] für den Druck des »Alphabets« und die »Lesebücher« bezahlen zu können. Zwei Papierfabrikanten sprachen vor und ließen einer nach dem anderen den Preis nach, und nunmehr habe ich das Problem, welche Papiersorte ich nehmen soll? Vom Kleben rät man in der Druckerei ausdrücklich ab, dies läßt das Papier zu weich werden, man rät mir zu dickeren Bogen, wenngleich sie ein paar Kopeken mehr kosten. Dies alles interessiert Dich nicht, und auch mich langweilt es, doch – o weh! – ich lebe nunmehr in dieser Welt. Ich habe nur 1200 zusammenbekommen und zahle wenigstens diese erst einmal bei Schtschepkin an.

Vorgestern war Serjosha mit seinen Freunden bei Onkel Serjosha[42]. Augenscheinlich haben sie dort anständig getrunken und waren ausgelassener Stimmung, denn von dort fuhren sie mit ihrem Onkel in der Nacht zu den Zigeunern. [...] Es ist traurig, ein solches Treiben bei einem älteren Herrn mitansehen zu müssen. Am nächsten Tag bat Serjosha mich verlegen, aber entschieden um 100 Rubel; 25 für die Universität und 75, um Schulden zu bezahlen. Ich gab sie ihm, machte ihm aber leichte Vorwürfe, daß er so viel Geld ausgebe. Ich bin nur dankbar, daß sie nicht noch Ilja mitgenommen haben, das hätte mich gänzlich zur Verzweiflung gebracht. [...]

Den ganzen Tag über erscheinen hier Besucher, meine Peiniger: Mit den Mänteln für die Kinder, Papiermustern usw. usf. [...] Ich schreibe Dir in die Ferne, in eine Welt der Schönheiten, der Poesie und Lieblichkeit aus einer Welt der Kälte und alltäglicher, geschäftlicher Betriebsamkeit, mit leerer Seele, die ganz damit beschmutzt ist. Du möchtest wissen, ob wir alle wohlauf sind, dies habe ich Dir geschrieben. Ich wünschte mir, daß Du zufrieden sein könntest mit meinem Brief, doch dies konnte ich wohl nicht erreichen, ich selbst bin ja nicht zufrieden mit ihm.

Lebe wohl, liebster Freund, grüße den Fürsten, und wenn es Dir gefällt, so bleibe so lange Du möchtest, aber telegraphiere einmal, wie es Dir ergeht und schreibe mir oft; Du kennst ja meinen unverbesserlichen, unruhigen Charakter, und es ist ein Elend, wenn man sich den Geschäften widmen soll, zugleich aber Sorgen machen muß.

Sonja.

[Lew Nikolajewitsch Tolstoj an Sofja Andrejewna Tolstaja]

[10. März 1885]

[Djadkowo[43]]

Wir blieben [...] länger als beabsichtigt hier, deshalb erhielt ich Deinen Brief und reise nun beruhigt von hier ab. Es ist gut, daß es Aljoscha wieder gutgeht. Es ist nicht gut, daß Dein Kessel immer noch wallt. Es ist selbstverständlich schwierig, doch man muß sich ganz bewußt zur Ruhe zwingen, und zwar 1) indem man zwischen sehr Wichtigem, Wichtigem, weniger Wichtigem und Nichtigem unterscheidet und entsprechend der Wichtigkeit der Dinge sein Tun ausrichtet und 2) indem man unterscheidet zwischen Dingen, die ausschließlich von uns selbst abhängen, zum Teil von uns selbst abhängen und Dingen, die ganz außerhalb unseres Machtbereichs liegen, und dementsprechend auf die ersteren die allergrößte, auf die letzteren die geringste Energie richtet.

[...]

Gestern abend bat ich Malzows Sohn[44], Klavier zu spielen. Er spielt sehr schön. Er ist zwar ein vollkommen ungestümer Mensch, doch sehr taktvoll und feinfühlig und befindet sich in einer schrecklichen Lage. Die Betriebe der Familie sind riesig und fordern Hunderttausende. [...] Lebe wohl mein Herz, gebe Gott Dir Gesundheit und vor allem seelische Ruhe, dann wird alles gut werden. Was machen Ilja und Serjosha? Haben ihre Ausschweifungen ein Ende gefunden? Ich habe bisher nicht geschrieben. Und es bereitet mir ein schlechtes Gewissen, ganz ohne zu arbeiten dahinzuleben. Alle arbeiten, nur ich nicht. Den gestrigen Tag verbrachte ich auf dem Marktplatz, in den Schenken, in der Fabrik, allein, ohne einen Cicerone, sah und hörte viel Interessantes, sah das wirkliche Arbeitervolk. Und wenn ich diese Menschen sehe, geht mir dieser Gedanke immer wieder durch den Sinn: Alle arbeiten, nur ich nicht. Und dann wieder der Luxus bei Malzow. [...] Ich küsse Dich und die Kinder. Sei nicht böse ob der Einförmigkeit meiner Gedanken. Diese stören meine Liebe zu Euch nicht. [...] Miß meinen Worten keine Bedeutung zu. Ich schreibe nieder, was mir gerade in den Sinn kommt – niemals spräche ich so etwas aus.

[Sofja Andrejewna Tolstaja an Lew Nikolajewitsch Tolstoj]
14. März [1885]
[Moskau]
Sei bedankt, daß Du mir jeden Tag, selbst bei all der Unrast und der wenigen Zeit auf der Fahrt, schreibst. Auch ich schreibe Dir jeden Tag. Gestern fuhr ich um 12 Uhr Tanja abholen. Nach den Korrekturen in häuslicher Stille fand ich mich plötzlich in bunter Gesellschaft wieder: junge, kostümierte Damen, Lärm, Gesang – eine Scharade war im Gange, die aber kaum fünf Minuten später endete. Die gesamte Moskauer Gesellschaft war bei den Kapnists versammelt, sehr viele Menschen. [...]
Als wir zu Hause waren, mußte ich noch die Korrekturen beenden, um 3 war ich fertig, las noch zwei Märchen von Schtschedrin[45] und schlief um 4 auf dem Diwan ein. Ich stand spät auf und machte mich sogleich wieder an Briefe, Papiere und Korrektur. Dann sah ich nach den Kindern, kümmerte mich um Sascha, trank Kaffee. Die Kinder fanden sich gerade zum zweiten Frühstück zusammen, ich ging nach oben, an die Korrekturen. Als ich zu »Kindheit« kam, lebte in mir jenes frühere

Gefühl wieder auf, welches ich einst empfand, als ich 14 Jahre alt war, und alles verschwamm vor meinen Augen, und, statt ruhig die Druckfehler zu verbessern, fing ich an zu weinen. – Ob meine Nerven so schwach sind oder ob es tatsächlich so gut ist – ich weiß es nicht. Doch ich weiß, daß ich all jenes, das ich in Dir liebte, als ich 13, 14 Jahre alt war, immer noch liebe; und alles, was sich darüberlegte und verhärtete, das liebe ich nicht – es ist fremd. Kratzt man es ab, wird wieder pures Gold sein.

Als ich die Korrektur beendet hatte, unterrichtete ich Andrjuscha und Mischa bis zum Essen. Alle Kinder sind wohlauf und lernen. Nur Tanja kränkelt etwas und ist überreizter Stimmung. [...] Während wir beim Essen saßen, erschien Dein Bruder Serjosha und lud uns alle zu den Tolstojs ein. Ich wollte auch Mascha mitnehmen, doch nach dem Essen [...] beschwerte sich die Lehrerin derart über sie, daß ich sie zum ersten Mal strafte. Sie durfte nicht mitkommen, und ich hieß sie, jene Lektion zu lernen, die sie immer noch nicht kann. [...]

Ich nähe im Moment nicht selbst, habe eine Schneiderin für zwei Monate angestellt, die die Sommergarderobe der gesamten Familie ändern soll. Sie arbeitet schlecht, doch unter meiner Anleitung wird es schon werden. [...]

Lebe wohl, lieber Ljowotschka, ich gestatte mir nicht, traurig zu sein und mich Gefühlen hinzugeben, die mich aus meinem arbeitsamen und tätigen, doch vernünftigen Gleichmaß herausreißen könnten. Ich halte mich in eiserner Hand, solange Gott mir dabei hilft.

Grüße den Fürsten ganz besonders herzlich von mir.

Sonja.

[Lew Nikolajewitsch Tolstoj an Sofja Andrejewna Tolstaja]

[18. März 1885]

[Simejs[46]]

In Deinen Briefen lese ich Deine Berichte über das Leben der ältesten Söhne – über Serjosha, Zigeuner und Gesang, und Ilja, der bis spät in die Nacht ausbleibt –, und diese betrübten mich sehr. [...] Ich beschreibe noch einmal meine Tage hier. Ich wohne bei S[ergej] I[wanowitsch] Malzow, stehe früh auf. Vorgestern wanderte ich mit Uruss[ow] zu einem tatarischen Dorf. Dort traf ich einen alten Tataren, der zu seinem Weinberg wanderte, und ich schloß mich ihm an. Als wir dort ankamen, lernte ich seine vier Söhne kennen, junge Kerle, zwischen sechzehn und siebundzwanzig Jahren alt, sie arbeiten dort mit ihren Spaten, graben die Reben aus, kräftig, gesund, fröhlich. Pünktlich um 12 war ich zum Essen zurück. Malzow ist wie ein General, der von einem schlechten Schauspieler gespielt wird, immerfort lobt er sich selbst. [...] Urussow ist schwach, aber guter Stimmung. Die Frage, was das Leben des Menschen tatsächlich ausmacht, beschäftigt ihn unablässig. [...]
Gestern stand ich erneut vor 7 Uhr auf, brachte mein Zimmer in Ordnung und setzte mich, voll schlechten Gewissens über meine Untätigkeit an die Arbeit; ich schrieb eine kleine Erzählung für Tschertkow[47], die ich ihm schicke oder mitbringe.
Nach dem Essen nahm ich ein Pferd und ritt nach Jalta, das 20 Werst entfernt liegt. Jenes Jalta, das ich kannte, gibt es nicht mehr – seine außergewöhnliche Erhabenheit ist von der Zivilisation verdorben. [...] Sehr müde, doch wohlauf kehrte ich wieder zurück. Auf dem Weg holte ich Deinen Brief ab, der mich überaus erfreute. Du schreibst sehr schön. Ungeachtet all Deiner Rastlosigkeit sehe und fühle ich Dich doch so, wie Du bist. [...] Ich fühle mich Euch stark verbunden, und trotz Deiner »Erlaubnis« länger zu bleiben, werde ich morgen nach Bachtschisaraj fahren, um von dort am 20. mit der Eisenbahn abzureisen. – Es ist schön hier, doch schön ist es auch mit den

Deinigen und mit der Arbeit. Arbeit habe ich überall, doch sie ist allzu leicht. Ich bin, besonders in den letzten Jahren, gewohnt, sehr angestrengt zu arbeiten. Und auch wenn Du meinst, »Kindheit« sei besser, weiß ich doch, was nötiger ist und was mein Gewissen ruhiger macht. [...] Ich umarme Dich, mein Herz, und küsse die Kinder.

[Sofja Andrejewna Tolstaja an Lew Nikolajewitsch Tolstoj]
[18. August 1885]
[Moskau]

Wieder ist ein Tag vergangen, gehaltlos und ermüdend. [...] Am Morgen fuhr ich aus, um einzukaufen (am Sonntag hat alles geschlossen); als ich zurückkam, traf ich zwei Deiner Verehrerinnen hier an; sie brachten zwei Artikel über Dich, Ljowotschka. Einen aus dem »Westnik Jewropy«[48], einen anderen haben sie irgendwo abgeschrieben. Im letzteren heißt es, »Ma Religion«[49] erfreue sich in Paris großen Erfolges und es habe sich dort eine richtige Sekte von »Tolstojanern« gebildet, die Deine Lehre verkünden. [...] Dann begab ich mich zu Iwanzow-Platonow[50]. [...] Er hat offensichtlich noch so gut wie nichts unternommen, entschuldigte sich, er habe keine Zeit, doch bekräftigte er seine Ansicht, Deine religiösen Werke müßten unbedingt veröffentlicht werden. Ich bat ihn, sich mit seiner Stellungnahme zu beeilen, und er versprach es mir. [...] Er behauptete, Pobedonoszew habe eine Reihe von Artikeln in Auftrag gegeben, in denen Du und Deine Lehre bloßgestellt werden sollen. Aber Solowjow, Lehrer am Katkow-Lyzeum, habe einen solch dümmlichen Artikel geschrieben, daß man geradezu Mitleid mit ihm haben müsse, denn er habe mit seiner Unkenntnis nur sich selbst bloßgestellt.

Viel sprach er auch darüber, was in Deinen Aufsätzen alles zu ändern sei, damit sie veröffentlicht werden könnten, über ein Vorwort von Dir, das unabdingbar sei, darüber, was man weglassen könne, wie die Überschriften zu ändern seien u. ä. Er rät, auch ohne die Zensur in Druck zu geben, allerdings mit vorheriger mündlicher Zusage Feoktistows[51]. Er rät ebenso, die Satzfahnen in ihrer endgültigen Form Feoktistow umgehend zukommen zu lassen sowie nach Petersburg zu fahren und dort persönlich vorzusprechen. Des weiteren meint er, es sei hilfreich, einige Deiner letzten Erzählungen als Beispiele Deiner Lehre der Veröffentlichung beizufügen.

[...]

Als ich wieder zu Hause war, aßen wir zu dritt, dann zog ich mich in die Küche zurück und legte Pflaumen und Apfelsinen ein, kochte Marmelade und widmete mich dem »Anke-Kuchen[52]«. Doch ich hatte mit Warwara Petrowna und der Fadejewna ein paar behagliche Stunden. In der Küche besuchte mich der unendlich geliebte Kolitschka Ge[53], nahm Anteil an unserer Tätigkeit, später kamen meine Söhne, und obwohl ich sie hartnäckig wieder zum Lernen schickte, halfen sie uns hartnäckig beim Pflaumenessen. Als sie wieder an ihrem Platz waren, veralberten sie Kolitschka derart, daß er ihrer schließlich überdrüssig wurde und sich verabschiedete. [...] Schließlich machten sie sich an ihre Lektionen, und ich setzte mich hin, Dir zu schreiben.

Morgen früh suche ich die Druckereien auf und stelle eine Bilanz über die Menge bestellten und aufgewendeten Papiers auf; dann fahre ich zu Salajew[54] und bringe in Erfahrung, ob die Subskription begonnen werden kann; ich werde unterwegs sein, etwas Geld einnehmen und mich wegen der Prüfungen sorgen. [...] Ich küsse alle.

Sonja.

[Lew Nikolajewitsch Tolstoj an Sofja Andrejewna Tolstaja]

[20. August 1885]

[Jasnaja Poljana]

Obgleich ich annehme, daß Du diesen Brief nicht mehr erhältst, weil Du schon auf der Fahrt hierher bist, was ich mir sehr wünsche, schreibe ich Dir noch einmal. Die Kinder sind wohlauf, ihre Erkältung ist vorüber, trotzdem lassen wir Andrjuscha und Aljoscha noch nicht nach draußen. Alle sind sehr lieb. Die Gäste sind abgereist. Tschertkow hat den Mädchen gefallen und hatte einen guten Einfluß auf sie. Die *Tournuren*[55] sind wieder abgelegt, und sie haben allerlei gute Vorsätze. Ich vermisse Dich und glaube, daß alle dies tun. Es ist wirklich so. Du wirst wohl bald wieder hier sein, deshalb schließe ich jetzt. Es gibt auch nichts Besonderes zu berichten. Wir werden alles erzählen. Die Korrektur bearbeiten wir fleißig. Dein Brief, den ich heute erhielt, ist wunderschön.

Es ist nur schade, daß wir hinsichtlich der Prüfungen noch nichts erfahren haben, Du scheinst aber wohl keine großen Erfolge zu erwarten.

[Sofja Andrejewna Tolstaja an Lew Nikolajewitsch Tolstoj]

20. August [1885]. Am späten Abend.

[Moskau]

Es ist ein schwerer Schlag – Ilja ist durch die Prüfungen gefallen. Besonders verdrießlich ist, daß man ihn die Prüfung sogar wiederholen läßt, er aber seine Schwäche und Faulheit nicht zu überwinden vermag und überhaupt nicht lernt. Dies hat sich nun alles offenbart. Was er zu tun gedenkt – ich weiß es nicht. Einmal sagt er, er wolle vom Gymnasium abgehen, dann wieder nicht, dann will er sich gleich auf die Aufnahmeprüfung an der Universität vorbereiten. Ich weiß nur eines, wenn er vom Gymnasium abgeht, so wird es – bei seiner Willensschwäche – das Ende sein, und die Hunde und die Jagd werden, genau wie bei Nikolenka Bibikow[56], das einzige sein, das sein Interesse zu fesseln imsande sein wird. – Ljolja hat Russisch bestanden und Latein wohl auch. Morgen hat er Griechisch. Ich wollte eigentlich morgen schon abreisen, doch er bat mich, da Ilja nun fährt, bis zum Schluß seiner Prüfungen hier zu bleiben, was ich auch tun werde. [...]

Tschertkow und Birjukow kamen heute vorbei und berichteten, wie es bei Euch war; sie scheinen mit ihrem Aufenthalt in Jasnaja sehr zufrieden zu sein, erzählten, alle seien sehr lebensfroh und noch nie hätten sie Lew Nikolajewitsch so heiter gestimmt gesehen. Ja, ich hatte doch recht, daß es Euch allen ohne mich viel besser geht! Dies hat mich darin bestärkt, noch länger hier zu bleiben, wenn ich wenigstens Ljolja hier ein wenig unterstützen kann.

[...] Salajew hat bereits alle Bücher verkauft und könnte noch mehr verkaufen. Ich habe weitere binden lassen und beginne die Subskription. Doch wenn man nicht ganz bei sich ist, ist dies unmöglich, es braucht höchste Aufmerksamkeit. Ebenso müssen das »Alphabet« und die »Lesebücher« nachgedruckt werden. [...]

Ich bin froh, daß Ihr alle wohlauf und guter Stimmung seid. [...] Schreibt mir weiterhin. Ich küsse Euch alle.
Sonja.

[Sofja Andrejewna Tolstaja an Lew Nikolajewitsch Tolstoj]
[21. Oktober 1885]
[Moskau]
Gerade hat sich Kramskoj[57] verabschiedet. Er bedauerte sehr, Dich nicht angetroffen zu haben. Menschen wie er sind wie ein Licht in der Finsternis und Schwärze. Er war eine Stunde bei uns, Serjosha, Tanja und Mascha waren auch zugegen, dann mußte er zu einer Versammlung. [...]
Gerade habe ich Serjoshas Brief an Dich gelesen. Welch Gefasel!

Er schreibt: »Mamá fühlt sich verletzt, daß Du Dich nicht für ihre Verlagsangelegenheiten interessierst.« Wie kann man denn nur so wenig Verständnis für die einem Nahestehenden haben! Wie könnte ich mich verletzt fühlen, da andere sich nicht für das, was ich tue, interessieren, was mich selbst im Innersten meiner Seele nicht interessiert. Ich tue dies, da ich es nun einmal begonnen habe, und ich neige dazu, die Dinge in die Länge zu ziehen, so auch dies. – Ich kann mich verletzt fühlen, da Dich die Kinder und ich selbst und auch unser Leben, unser Kummer und unsere Freude nicht interessieren; ich kann verzweifeln, da Du, wenn Du mit der Familie lebst, noch weiter von ihr entfernt bist als dann, wenn wir getrennt leben ... Das alles ist traurig, doch wenn es nicht zu ändern ist, so muß ich mich damit abfinden. Dies gelingt mir, und ich gewöhne mich langsam daran. Nicht wir haben uns von Dir entfernt, sondern Du von uns! Mit Gewalt kann man niemanden halten. –

Du vergißt oft, daß Du Serjosha im Leben voraus bist, um 35 Jahre; und Tanja und Ljolja bist Du um 40 Jahre voraus, und Du willst, daß alle sich beeilen und Dich einholen. Das ist borniert. Ich hingegen sehe, wie sie laufen, schwanken, hinfallen, sich stoßen und wieder von neuem frohgemut ihren Lebensweg fortsetzen, und einmal versuche ich zu helfen, dann wieder sie festzuhalten und genau hinzusehen, damit sie sich nicht irgendwo verirren, wo man unumkehrbar abstürzen kann. Inwieweit mir dies gelingt, ist eine andere Frage. Doch ich werde niemals, solange ich lebe und noch nicht völlig den Verstand verloren habe, sagen, ich hätte mich von der Familie entfernt und könnte mich niemals mit dem Gedanken abfinden, daß ich ganz und gar entfernt bin von meinen Kindern, mit denen ich doch zusammenlebe. – Dies ist es, was mich verzweifeln läßt, nicht Dein mangelndes Interesse an meiner verlegerischen Tätigkeit.

Lebe wohl, es tut mir leid, daß Deine Leber Dir zu schaffen macht und daß Du nicht arbeitest.

Sonja.

[Lew Nikolajewitsch Tolstoj an Sofja Andrejewna Tolstaja]

[23. Oktober 1885]

[Jasnaja Poljana]

In Deinen beiden letzten Briefe, liebste Freundin, ist Gereiztheit gegen mich herauszuhören, ob dessen, was ich im Brief
an Tanja schrieb[58]. Warum gereizt sein, Vorwürfe erheben und
behaupten, daß etwas nicht zu ändern ist! Alles kann man
ändern, gerade auch den Blick auf das Leben. Solange wir leben, ändern wir uns und können wir uns ändern und uns mit
Gottes Hilfe der Wahrheit immer mehr annähern. Darauf richtet sich all mein Streben. Das wünsche ich für mich und alle,
die mir teuer sind, für Dich, die Kinder. Und ich gebe die Hoffnung nicht auf, sondern glaube ganz im Gegenteil, daß wir
uns vereint wiederfinden werden, wenn nicht zu meinen Lebzeiten, so doch nach meinem Tod. Wenn ich schrieb, wir lebten
zusammen und doch voneinander entfernt, so ist dies zwar
die Wahrheit, aber doch übertrieben, und ich hätte dies nicht
schreiben sollen, denn es klingt wie ein Vorwurf. Und da ich
Vorwürfe für falsch halte, bereue ich, was ich schrieb. [...]
Heute habe ich ein Ende für den Aufsatz[59] gewahrt und beschlossen, daß ich ihn hier beenden werde, sollte nicht die Sorge um Euch mich beunruhigen; dafür werde ich wohl 3 Tage
brauchen. [...]
Die Ereignisse meines Tages sind folgende: Ich stehe auf, wenn
es noch dunkel ist, so auch heute. Nachdem ich Ordnung gemacht hatte, fuhr ich Wasser holen. Dies ist ein großes Vergnügen. Als ich auf dem Wasserfaß auf dem Wagen saß und darüber
sinnierte, wie die Arbeit gerecht verteilt werden könne, schien
mir dies sehr einfach zu sein; doch als ich am Brunnen ankam
und Wasser nehmen wollte, fiel mir auf, daß ich keinen Eimer
mitgenommen hatte, ich fuhr also zurück, nahm einen Eimer
und fuhr noch einmal los. Als ich zurück war, habe ich bei Philip
ein Pud Weizen geholt, einen Teig geknetet und ein fladenähnli-
ches Brot gebacken, das sehr gut schmeckte. Dann habe ich mit

Feinermann[60] und A[lexander] P[etrowitsch][61] Kaffee getrunken und mich an die Arbeit gemacht. Ich arbeitete von 9 bis 2. Dann gab es Essen: Borschtsch und Kisel[62] aus Haferflocken. [...] Es ist schade, daß ich Kramskoj nicht gesehen habe. – Lebe wohl, liebste Freundin, ich werde auf jeden Fall, wenn ich am Leben bleibe, bald zu Euch kommen. – Ich bin nicht bekümmert, möchte furchtbar gern an Iw[an] Il[jitsch][63] weiterschreiben, als ich heute ausritt, dachte ich über diese Erzählung nach. Aber ich kann Dir gar nicht begreiflich machen, wie sehr ich diesen Aufsatz, der mich schon so viele Jahre lang beschäftigt, beenden möchte, gerade jetzt, wo ich ein Ende gefunden habe. [...]
Sei nicht böse mit mir, mein Herz, sei gütig und friedfertig, so, wie auch ich gegen Dich gestimmt bin.

[Sofja Andrejewna Tolstaja an Lew Nikolajewitsch Tolstoj]
[24. Oktober 1885]
[Moskau]
Solltest Du wirklich in drei Tagen bei uns sein? Soeben erhielt ich Deinen langen Brief und war glücklich über Deinen freundschaftlichen Ton. – Du besitzt große Willensstärke und feste Überzeugungen, um so leben zu können – um Wasser zu schleppen, mit Feinermann und Alexander Iwanowitsch zusammenzusitzen, schlecht zu essen usw. Aber Du bist allein! Und ich bin zehn; und dieses unerfindliche Muttergefühl, diese feinen Bänder zerren von allen Richtungen an mir und erlauben mir nicht, mich in Höhen zu erheben. Gleichwohl war es stets mein Ideal, in der Askese zu leben, also in Entsagung, noch bevor ich Dich kennenlernte. – Nun aber kann ich aus diesem Zustand, in welchem ich erstarrt bin, nicht mehr heraustreten, und ich will es auch gar nicht versuchen, denn ich zerbräche in tausend Stücke. Und so lebe ich und werde auch fürderhin in meinem roten Wohnzimmer leben, doch ein zweites dieser Art werde ich mir niemals schaffen, dies ist sicher.

[...]

Die Kinder haben sich gestern abend gestritten, das Pferdege-
schirr muß gerichtet werden, eine Lehrerin hat vorgesprochen,
mit Mischa muß gelesen werden usw. usf. Und dafür erhalte
ich von Dir einzig und allein Verurteilung, statt daß Du meine
Mühen guthießest. Dies ist Sünde, Ljowotschka! Alles, alles
gebe ich für andere, selbst ermattet, im Hauskleid, nicht ganz
gesund, gönne mir selbst kein, ja überhaupt kein Vergnügen.
Qui s'excuse [64] – usw. Ich rechtfertige mich nicht, sondern sage:
Schau doch nur hin – wofür mich verurteilen? [...]*
Lebe wohl liebster Freund, ich küsse Dich. [...]
S.
24. Oktober
Donnerstag.

[Sofja Andrejewna Tolstaja an Lew Nikolajewitsch Tolstoj]
[21. November 1885]
[Sankt Petersburg]

Lieber Ljowotschka, soeben hat sich Feoktistow verabschiedet, und ich bin noch ganz erregt von dieser Zusammenkunft
und dem Gespräch. Mein Eindruck ist unerquicklich: Er gestattet einem gar nicht, etwas zu sagen oder Argumente anzu-
führen; er übergibt den Band an die Geistliche Zensurbehörde und möchte nicht, daß jemand von der Regierung ihn zu
Gesicht bekommt. [...] Häufig ließ er den Namen Pobedonoszew einfließen, offensichtlich liegt die Verzögerung in seiner
Person begründet. Feoktistow versprach mir, den Band seinem
Hauptzensor zu lesen zu geben und ihn selbst durchzusehen.
[...] Dann wird er ihn eigenhändig der Geistlichen Zensurbehörde übergeben, falls möglich, etwas Positives hinsichtlich
meines Anliegens sagen und am Dienstag oder Mittwoch endgültig Bescheid geben, ob positiv oder abschlägig beschieden

---

* Textstelle im Original herausgerissen.

wurde. Wenn die Antwort sein sollte, daß der Band nicht zum Druck zugelassen wird, so werde ich mich an Tolstoj[65] wenden und weitere Maßnahmen ergreifen. Du siehst, liebster Freund, man muß sich mit Geduld wappnen und warten. Mir geht es hier sehr gut, allerdings ist es mir auch schwer ohne meine Familie, ohne meine Arbeit, in Aufregung und Erwartung und mit der Sorge um Euch. [...] Ich küsse Euch alle, meine lieben Freunde, Kinder, Kleinen.

S.T.

[Lew Nikolajewitsch Tolstoj an Sofja Andrejewna Tolstaja]

[15.-18. Dezember 1885]

[Moskau]

In den letzten 7, 8 Jahren endeten all unsere Gespräche nach vielen quälenden Zwistigkeiten damit, daß ich sagte: »Eine Verständigung und ein Leben in Liebe kann es zwischen uns so lange nicht geben, wie ich bereits sagte, bis Du nicht dahin gekommen bist, wohin ich gelangt bin, ob aus Liebe zu mir oder aus einem Gefühl der Verbundenheit heraus oder aus Überzeugung und mit mir weitergehst.« Ich sagte: »So lange Du nicht dahin gekommen bist, wo ich bin« und nicht »So lange ich nicht dorthin gekommen bin, wo Du bist«, denn dies ist unmöglich für mich. Dies ist nicht möglich, da alles, wodurch Du lebst, jenes ist, von dem ich mich doch gerade eben befreit habe, wie von einem schrecklichen Grauen, das mich fast in den Selbstmord getrieben hätte. – Ich kann nicht in jenes Leben zurückkehren, in welchem ich Verderben sehe, welches für mich Übel und Unglück bedeutet. Du aber kannst versuchen, zu jenem Leben zu gelangen, welches Dir noch unbekannt ist, welches im großen und ganzen nicht Leben zum eigenen Vergnügen ist (ich meine nicht das Deine, sondern das der Kinder), nicht zum eigenen Wohlergehen, sondern Leben für Gott oder für die Nächsten. – Ein solches Leben wird von allen für das beste gehalten und auch Du in Deinem Innern stimmst damit wohl überein. Alle unsere Auseinandersetzungen der letzten Jahre endeten damit. Da lohnte es sich doch, darüber nachzudenken, warum dies so ist. Und wenn Du aufrichtig und ruhig darüber nachdenkst, so würdest Du begreifen, warum es so ist.

Du verlegst meine Werke mit solchem Eifer und Fleiß, Du hast Dich so sehr um die Freigabe in P[eters]b[urg] bemüht und die verbotenen Aufsätze voller Verve verteidigt. Was steht denn in diesen Aufsätzen geschrieben? [...]

Du selbst weißt doch, daß ich dies alles nicht der Redekunst wegen schrieb, sondern daß es dies war, was mich vor der Verzweiflung errettete. [...]

Ich bitte Dich bei Gott, halte an Dich, lese diesen Brief in Ruhe und stelle den Gedanken an Dich selbst für eine Zeit hintan. Auf Dich, Deine Gefühle und Deine Stellung werde ich später zu sprechen kommen, zunächst aber ist es unabdingbar für Dich, Deine Einstellung über mich zu verändern, mich zu verstehen, mein Leben, wie es ist, und nicht als solches, wie Du es gerne hättest. Wenn ich Dir sage, daß meine Lage in der Familie mein stetes Unglück ist, so ist dies eine unwiderlegbare Tatsache, ich weiß dies ebenso sicher, wie man weiß, daß man Zahnschmerzen hat. [...] Mein Schmerz liegt darin begründet, daß ich vor 10 Jahren dahin gelangt bin, was mir und einem jeden Menschen Rettung ist, nämlich nicht für sich, sondern für den Nächsten zu leben. Das Leben unserer gesamten Schicht ist allein darauf gerichtet, für sich selbst zu leben, es ist errichtet auf Stolz, Grausamkeit, Gewalt, Übel, und deshalb sollte ein jeder, der unserer Schicht angehört und wünscht, ein rechtes Leben mit ruhigem Gewissen und voller Glück zu führen, nicht in der Ferne große Heldentaten zu vollbringen suchen, sondern er sollte sogleich, von dieser Minute an, Stunde um Stunde und Tag um Tag einzig daran arbeiten, sein Leben zu ändern und vom Übel zum Guten zu kommen; allein hierin läge das Glück und die Seelengröße der Menschen unserer Kreise, doch Du und die gesamte Familie, Ihr strebt nicht danach, Euer Leben zu ändern, sondern die Übersteigerung der Familie, der zunehmende Egoismus ihrer Mitglieder lassen das schlechte Leben nur noch schlechter werden. Dies schmerzt mich. Wie kann man dies beheben? Soll ich von meinem Glauben lassen? Du weißt, daß mir dies unmöglich ist. [...] Was also tun? Diesen Glauben in Worten und Schriften verkünden, aber nicht dementsprechend handeln? [...]

Wie auch immer man es dreht und wendet, ich kann dieses Leben, welches die Familie lebt, nicht leben, ohne zu leiden! [...] Ich sagte, ich habe mich dadurch vor der Verzweiflung gerettet, daß ich die Wahrheit erkannte. Dies scheint für alle, welche wie Pilatus fragen »Was aber ist die Wahrheit?« eine überaus stolze Behauptung. Indes, hier spielt Stolz keine Rolle. Der Mensch kann nicht leben, ohne die Wahrheit zu kennen. Doch ich will folgendes sagen, und zwar, daß ich, ungeachtet dessen, daß alle Weisen und Heiligen dieser Welt auf meiner Seite sein werden, was Du auch selbst als wahr anerkennst, bereit bin, in Erwägung zu ziehen, daß jenes, wodurch ich lebte und lebe, nicht die Wahrheit, sondern allein eine Absonderlichkeit meinerseits ist, daß ich besessen bin vom Gedanken, die Wahrheit erkannt zu haben und nicht aufhören kann, an sie zu glauben, mich von meinem Wahnsinn nicht befreien kann. Ich bin bereit, dies in Erwägung zu ziehen, doch auch in diesem Fall bleibt die Situation für Dich dieselbe: Denn wenn jene Idee, durch die ich lebe, nicht aus mir getilgt werden kann, wie kann dann das Leiden, das Eurige und das meinige, welches meinem unheilbaren Wahnsinn entspringt, beseitigt werden?

Es bleibt also, ganz gleich, ob man in meiner Überzeugung Wahrheit oder Wahnsinn sieht, nur eines: sie überdenken und zu begreifen suchen. Und dies ist es, was Du und Dir folgend die Kinder niemals unternommen habt, denn Ihr fürchtet Euch davor. [...]

Es hat sich nun ergeben, daß Du der Tatsache, daß sich in mir eine geistige Wende vollzogen und mein gesamtes inneres Leben sich verändert hat, keine Bedeutung beigemessen hast und Dich nicht in mein inneres Erleben hineinversetzt, sondern der allgemeinen Ansicht hingegeben hast, der Künstler und Schriftsteller habe [...] künstlerische Werke zu schaffen, aber nicht über sein Leben nachzudenken und es zu verändern, denn dies sei eine Art Marotte oder eine Form von Wahnsinn; indem Du Dich dieser Ansicht hingegeben hast, wurdest Du sogleich feindlich gegen all jenes gestimmt, welches für mich die Rettung und die Rückkehr zum Leben war.

Und weiter ergab es sich, daß meine gesamte Betätigung auf diesem meinem neuen Weg, alles, was mich auf ihm bleiben ließ, Dir als abträglich und gefährlich für mich ebenso wie die Kinder erschien. [...] Du hast nicht begriffen, was für mich die größte Wende war und (unumkehrbar) mein Leben verändert hat, ja, Du hast zwar nicht voller Feindschaft darauf geblickt, sondern dies als etwas Verrücktes, Unnormales betrachtet, wovor Du mich und andere, aus redlichem Bestreben heraus, zu retten suchtest; und seitdem strebst Du mit besonderer Energie in die genau entgegengesetzte Richtung dessen, wohin mich mein neues Leben geführt hat. Alles, was mir lieb und teuer ist, ist Dir zuwider: unser liebreizendes, zurückgezogenes, bescheidenes Leben auf dem Land ebenso wie die Menschen, die daran teilhaben [...]. Und seitdem ist Dein Verhalten gegen mich das gegen einen Geisteskranken, dies empfinde ich sehr wohl. Schon früher warst Du furchtlos und entschieden, doch diese Entschiedenheit ist nun noch größer geworden, wie die Entschiedenheit bei Menschen, die einen Kranken pflegen, der anerkanntermaßen geisteskrank ist, größer wird. Mein Herz! Erinnere Dich der letzten Jahre unseres Lebens auf dem Land, als ich einerseits arbeitete, wie ich nie zuvor gearbeitet hatte, und zwar am Evangelium [...], und andererseits jenes, was mir durch die Lehre des Evangeliums offenbart wurde, im Leben umzusetzen suchte: Ich sagte mich vom Eigentum los, gab, wenn man mich fragte, sagte mich los von Ehrgeiz, und zwar meinet- und der Kinder wegen […], denn mir ist klar, daß all jenes, was Du für sie erdacht hast – anspruchsvolle Bildung mit Franz., Engl., Hauslehrern und Gouvernanten, Musikunterricht u.ä. – allein Verführungen der Eitelkeit sind und der Erhebung über andere, ein Mühlstein, den wir ihnen an den Hals binden. […]

Das neue Leben in Moskau war für mich ein einziges Leiden, wie ich es nie zuvor in meinem Leben empfunden habe. Ich litt nicht nur bei jedem Schritt, den ich tat, in jeder Minute unter dem Gegensatz meines Lebens und dem meiner Familie in Luxus und Laster und dem Elend, an dem ich mich als Mitschuldiger empfand; ich litt und wurde wahnsinnig daran und mir selbst zuwider, indem ich bewußt an diesem Laster teilhatte, schlemmte, trank, Karten spielte und Ehrsucht empfand, dies alles jedoch zugleich bereute und mir nur noch widerwärtiger wurde. Es gab nur eine Rettung – das Schreiben, doch auch dies beruhigte mich nicht, sondern es half mir lediglich zu vergessen.

Auf dem Land war es nicht besser. Dieselbe Ignoranz gegen mich, nicht nur Deinerseits, sondern auch von seiten der heranwachsenden Kinder, für die es ganz natürlich schien, ihren Schwächen und Ansichten auf das Leben nachzugeben und auf mich wie auf jemanden zu blicken, der, wenngleich nicht allzu ernsthaft krank, so doch an seinem Geist nicht ganz gesund ist, dem gegenüber man jenes, was seine Krankheit ausgelöst hat, besser nicht erwähnen sollte. Das Leben lief an mir vorbei. Bisweilen, und Du hattest damit Unrecht, hast Du mich aufgefordert, an Eurem Leben teilzuhaben, mir Vorwürfe entgegengeworfen, daß ich mich nicht um Gelddinge und die Erziehung der Kinder kümmere, als ob ich mich um Gelddinge kümmern, das Vermögen zu mehren oder zu erhalten suchen könnte, um so ebenjenes Übel zu erhalten, welches meiner Auffassung nach

den Untergang meiner Kinder herbeiführt. Als ob ich mich an einer Erziehung beteiligen könnte, deren Ziele Stolz und Abgrenzung von den Menschen, weltliche Bildung und Diplome sind und somit ihr Verderben. Du bist mit den Kindern immer weiter in diese Richtung geschritten – ich in die andere. So vergingen ein, zwei, fünf Jahre, die Kinder wuchsen heran, wurden verdorben, und wir entfernten uns immer weiter voneinander, und meine Lage wurde immer verlogener und schwerer. [...] Bisweilen, wie dieser Tage, wenn ich von Verzweiflung übermannt werde, befrage ich mein Gewissen und meinen Verstand, was ich tun soll, doch finde ich keine Antwort. Es gibt drei Möglichkeiten: Meine Machtstellung ausnutzen und das Vermögen jenen übergeben, denen es zusteht – den Arbeitern, irgend jemandem, um so unsere heranwachsenden und noch kleinen Kinder von der Verführung und dem Untergang zu befreien; täte ich dies aber, so wäre es eine gewaltsame Handlung und sie riefe Bosheit, Gereiztheit hervor, ihre Bedürfnisse aber blieben dieselben, nur unerfüllt, was noch schlimmer wäre als der jetzige Zustand. 2) Die Familie verlassen? Doch dann ließe ich sie ja ganz allein zurück und entzöge sie meinem Einfluß, der mir zwar nichts zu vermögen scheint, der aber vielleicht doch etwas erreichen kann – meine Frau und ich blieben allein und so wäre das Gebot der Ehe verletzt. 3) Weiterleben, wie ich lebte und in mir selbst die Kraft erwachsen lassen, das Übel mit Liebe und Demut zu bekämpfen. Dies ist es, was ich tue, doch ich vermag diese Liebe und Demut nicht zu erreichen und leide noch schwerer am Leben und an meiner Reue. Ist dies wirklich notwendig? Unter diesen mich peinigenden Umständen bis zu meinem Tode zu leben? [...]
Ihr sucht, die Ursache zu begreifen, sucht lieber eine Medizin. Die Kinder hören auf zu prassen (Vegetarismus). Ich bin glücklich, heiter (ungeachtet der Gegenreden, der boshaften Angriffe). Die Kinder räumen selbst ihre Zimmer auf, stellen ihre Theaterbesuche ein, haben Mitleid mit einem Bauern, einer

Bauersfrau, nehmen sich eine ernsthafte Lektüre vor – ich bin glücklich und heiter, und all meine Krankheiten vergehen auf einen Schlag. Doch dies ist es nicht, gar nicht.

Zwischen uns findet ein Kampf auf Leben und Tod statt – um Gott. Und da auch in Euch Gott ist [...][66], [67]

[Sofja Andrejewna Tolstaja an Lew Nikolajewitsch Tolstoj]

22. Dezember [1885], des Nachts.

[Moskau]

Lieber Ljowotschka,

ich wollte den Abend damit verbringen, Dir einen vernünftigen, schönen Brief zu schreiben, doch dann erschienen unerwartet so viele Sonntagsgäste, daß es jetzt schon 2 Uhr des Nachts ist und ich mich gerade erst frei machen konnte, um Dir mitzuteilen, daß wir alle am Leben und wohlauf sind. Warum schreibst Du mir denn nicht? Tanjas Brief habe ich erhalten und bin ihr sehr dankbar, daß sie mich nicht ohne Nachrichten läßt.

[...]

Heute war ich mit den drei Kleinen im Zoologischen Garten; sie haben es sehr genossen, und als wir die Bären betrachteten, bemerkte Mischa: »Das würde Papá auch gefallen.« [...] Ich habe so viel zu tun, daß ich all dessen trotz der Unterstützung durch meinen Gehilfen kaum Herr werde. Ich bereue schon sehr, daß ich die Angelegenheit mit der Werkausgabe überhaupt begonnen habe; mir war nicht klar, was es für eine Arbeit ist. Doch nun habe ich einmal damit begonnen, kann die Arbeit nicht einfach weglegen, mit jedem Tag wächst die Zahl der Subskribenten.

Ich wüßte so gerne, wie es Dir geht. Doch ich fürchte, jene Wunden aufzureißen, die nicht nur noch nicht verheilt, sondern nur noch schmerzhafter geworden sind. Schmerzhafter, durch den zugefügten Kummer, der noch nie im Leben peinigender war – und noch nicht vergangen ist. Ich bin froh, daß Deine angegriffenen Nerven sich fern von mir erholen können; vielleicht wirst Du ein wenig arbeiten können. – Aber mußt Du Dich denn wirklich weiterhin durch die vegetarische Lebensweise zugrunde richten, besteht nicht die Möglichkeit daß Du noch einmal darüber nachdenkst? [...] Bitte schreibe mir. [...] Lebe wohl, Ljowotschka, wo nur bist Du? Lange schon quält mich diese Frage: Wo bist Du? Ich küsse Dich.

Sonja.

Übermittle allen meine Hochachtung [...]. Bei ihnen geht es Dir gut, sie haßt Du nicht und verurteilst sie nicht, wie mich. Ja, ich wollte wegfahren, und Du bist weggefahren. Und immer bleibe ich zurück mit meinen Sorgen und nun auch noch mit meiner von Dir zerschmetterten Seele.

[Lew Nikolajewitsch Tolstoj an Sofja Andrejewna Tolstaja]
[21. oder 22. Dezember 1885]
[Nikolskoje–Oboljanowo[68]]

Zwei Tage habe ich Dir nicht geschrieben, liebste Freundin, da Tanja Dir geschrieben hat, und da ich noch nicht wieder ganz zu mir gekommen bin.

Heute erhielten wir einen Brief von Dir mit der Abschrift des Briefes von Pobedonoszew, der alle hier beleidigte.[69] Mich indes beschäftigte nicht dieser Brief, sondern der Deine. [...] Als ich ihn las, krampfte sich mein Herz zusammen und wieder habe ich jene Verzweiflung und Trauer empfunden wie schon in Moskau, welche hier zur Gänze verschwunden waren. Wieder dasselbe: Meine Aufgaben übersteigen meine Kräfte, er unterstützt mich nicht, ich kümmere mich um alles, das Leben wartet nicht. All dies ist mir wohlbekannt, steht aber in keinerlei Zusammenhang zu dem, was ich sage und schreibe. Ich sagte und sage nur eines: Man muß Klarheit schaffen, muß erkennen, was gut oder schlecht ist und in welche Richtung man weitergehen möchte; aber wenn man sich keine Klarheit verschafft, so braucht man sich nicht wundern, daß man selbst – Du selbst und andere – leidet.

[...] Was also können wir tun? Mir ist es unmöglich, etwas zu ändern, Du weißt dies. Das einzige, was ich tun kann, ist Gelassenheit und Güte zu erringen, deren ich zu wenig besitze, und dies werde ich versuchen. Lebe wohl mein Herz. Ich küsse Dich. Liebe Dich und bedaure Dich. Ich küsse die Kinder. Wie einsam mußt Du Dich doch fühlen! Ich muß bald zu Dir zurückkehren.

[Sofja Andrejewna Tolstaja an Lew Nikolajewitsch Tolstoj]
23. Dezember [1885], des Nachts.
[Moskau]
Seid bedankt, lieber Ljowotschka und liebe Tanja, für Eure schönen Briefe. Für den heutigen Abend war ich zumindest einigermaßen glücklich und heiter. Doch es hat mich erwischt! Wieder beginnt meine Neuralgie mich zu quälen, an der üblichen Stelle am rechten (kranken) Auge, an Schläfe, Braue und der ganzen rechten Seite des Kopfes. [...] Die Schmerzen kommen mir bei all den Verpflichtungen, die mich so sehr aufreiben, überaus ungelegen. Und auch die Feiertage stehen vor der Tür, alles ist in Aufruhr, überall wird emsig und lärmend aufgeräumt und geputzt. Doch dies alles ist nichts, wenn nur niemand Vorwürfe erhebt und alle glücklich und heiter sind!
[...]
Ich bin geradezu glücklich über meine körperlichen Schmerzen, denn sie lenken mich von meinen seelischen Schmerzen ab. [...]
Tanja, ich bin aufrichtig froh darüber, daß es Dir und Papá gut geht und daß er sich erholt. Ich bin überzeugt, liebe Tanja, daß in unserem Leben alles recht ist und daß es nichts gibt, das zu beweinen wäre; sage dies Papá und nicht mir. Er ist es doch, der

weint und stöhnt, und er stürzt uns damit ins Verderben. Warum beweint er denn in Nikolskoje nicht das Leben der Olsufjews, das seinige und das Deine? Ist es denn dort und überall auf der Welt nicht das gleiche Leben, nur noch luxuriöser? Warum bin ich der *souffre-douleur*[70] seiner Chimären? Ich, die ich immer für andere zu leben wünschte, was mir niemals etwas ausmachte, denn dies war stets mein einziges Glück! – [...] Ich kann zum jetzigen Zeitpunkt nur eines sagen: Ich will, daß er zu mir zurückkommt, ebenso wie er will, daß ich ihm nachfolge. Meines ist das Alte, Glückliche, gut, hell und heiter, liebevoll und in Freundschaft Gelebte. Seines ist das Neue, das ewig Quälende, das allen die Seele zerreißt, das alle erstaunt und zutiefst bestürzt, in Verzweiflung stürzt, nicht nur seine Familie, sondern alle ihm Anverwandten, Nahestehenden, Freunde.

Dies ist die Dunkelheit, in die ich nicht gehen werde, es ist das Gramvolle, welches mich tötet. Nein, in dieses Furchtbare kann man mich nicht locken. Dieses Neue, das vermeintlich die Rettung ist, aber doch zum Wunsch nach dem Tod führt, hat mich schon so sehr gepeinigt, daß ich es hasse.

Ja, ich rufe nach meinem Alten, denn es ist das Richtige, und nur dann wird das Glück wiedererstehen, wenn wir unser altes Leben wieder zu leben beginnen.

Niemals zuvor war mir dies so klar wie jetzt. Ebenso klar ist, daß ich ob dieser Entzweiung sehr unglücklich bin, doch unser Leben zerstören – dies werde und kann ich nicht tun.

Hinsichtlich meiner verlegerischen Tätigkeit sage ich folgendes: Ich flüchte mich in diese peinvolle Aufgabe, um zu vergessen; dies ist meine Schenke, in der ich die schwierige Lage in der Familie hinter mir lasse. – Auch die Bälle und Gesellschaften waren eine solche Schenke für mich. – Ich muß mich irgendwohin flüchten vor diesen Szenen, Vorwürfen, vor diesem Leiden im Namen eines n e u e n, g u t e n G l ü c k s, welches das a l t e G l ü c k zerstört und mir solches Leid zufügt, daß ich mich vielleicht nicht nur in die Schenke flüchte, sondern alles hinter mir lasse und fortgehe. So oft schon verlangte mich danach.

So viel also schrieb ich unter dem Einfluß meiner Neuralgie. Und alles scheint ganz klar und doch ganz einerlei. Lebt wohl, ich rufe Euch nicht nach Hause – wozu? Ich muß allein damit fertigwerden: allein fühle ich mich besser, und auch Euch geht es gut.

S. T.

[Lew Nikolajewitsch Tolstoj an Sofja Andrejewna Tolstaja]
[27. Dezember 1885]
[Oboljanowo]

Ich schreibe, liebste Freundin, für den Fall, daß ich irgendwo aufgehalten werde, denn ich gedenke morgen, d. h. am Samstag, nach Moskau abzureisen. [...]

Lange schon habe ich seit Tanjas Abreise und Deinem letzten Brief nichts mehr von Dir gehört. Mir für meinen Teil geht es seit dem Weihnachtstag immer besser, vor allem seelisch. Die anderen fuhren aus, ich selbst ging spazieren, dachte nach und bedauerte, was geschehen ist, und betete zu Gott. Ich sage es nicht, um Dich zu beruhigen, sondern ich habe aufrichtig erkannt, daß ich schuldig bin, und als ich dies begriffen und aus meiner Seele all die fälschlichen Vorwürfe verbannt hatte und die Liebe für Dich [...] wieder neu erstand, ging es mir gut, und es wird mir gut gehen, allen äußeren Umständen zum Trotz, in denen ich lebe. [...] Ich küsse Dich und die Kinder liebevoll.

[Sofja Andrejewna Tolstaja an Lew Nikolajewitsch Tolstoj]

[7. April 1886]

[Moskau]

Lieber Ljowotschka, soeben haben wir einen ausführlichen Bericht über die gestrige Lesung an Ljolja nach Jasnaja Poljana geschickt, wohin er mit Alcide gefahren ist, und deshalb berichte ich Dir nur kurz; die Lesung war um zehnmal feierlicher als die erste. Besonders lange und feierlich wurde nach »Wieviel Erde braucht der Mensch« applaudiert. Storoshenko[71] las sehr gut, und es wurde deutlich, daß der Stil dieser Erzählung bemerkenswert streng ist, prägnant, kein Wort zuviel, alles zutreffend und überzeugend wie ein Akkord. Du weißt dies alles ja selbst. [...]

Ich habe im Moment wenig Zeit und werde Dir daher keine langen Briefe schreiben; ich wüßte auch gar nicht, worüber. Bei uns ist, Gott sei es gedankt, alles in bester Ordnung, allein mein Herz ist unruhig, und dies ist das schlimmste von allem. Wenn es warm wäre, könnte ich mich über Eure Wanderung freuen, aber ohne warme Kleidung im kalten Nordwind zu wandern – das ist sehr gefährlich[72]. Du forderst Gott und seine Güte heraus; Du besitzt eine gute Gesundheit, doch Du wirst an Deinen Chimären zugrunde gehen. Erst wenn ich weiß, daß Ihr wohlauf seid und alles in Ordnung ist, werde ich wieder ruhig sein können. [...] Ich küsse Dich und grüße Deine Gefährten.

Sonja.

7. April 1886.

[Sofja Andrejewna Tolstaja an Lew Nikolajewitsch Tolstoj]

[8. April 1886]

[Moskau]

Der zwölfte Band[73] hat die Zensur passiert. Am Donnerstag kann er erscheinen. Ich bin sehr froh. [...] Wir alle sind wohlauf, alles ist bestens, von Euch haben wir keine Nachrichten und sind besorgt. Ich fahre nun los, um die Anzeigen in den Zeitungen aufzugeben.

S. T.

[Lew Nikolajewitsch Tolstoj an Sofja Andrejewna Tolstaja]

[9. April 1886]

[Jasnaja Poljana]

Auf Jasnaja. 11 Uhr des Abends.

Deine Briefe habe ich erhalten. Habe mich sehr darüber gefreut und danke Dir. – Nur eines tut mir leid, nämlich daß Du Dich beunruhigt hast. Unsere Wanderung war wundervoll. Diese Tage ließen in mir, wie ich es erwartete, eine der besten Erinnerungen meines Lebens zurück. Meine Gesundheit war von Anfang bis Ende der Wanderung besser als in Moskau, ja vorzüglich. Es gab keinerlei Schwierigkeiten. [...] Wir haben Tee getrunken und uns von Brot ernährt, zweimal haben wir Kohlsuppe gegessen, und wir fühlten uns gesund und munter. Wir übernachteten in Hütten mit bis zu elf Personen und schliefen dort ganz wunderbar. Ich schlief stets spät ein, deshalb wanderten wir nicht allzu früh los. Nur zweimal, im ganzen nur 25 Werst, nahmen wir einen Wagen.

Ich freue mich für Dich, daß der 12. Band erscheinen kann, und ich selbst freue mich vor allem darüber, daß Iwan, der Narr[74] erscheint. [...] Ich küsse Serjosha – ich hoffe, er ist Dir eine Hilfe –, Tanja – ich hoffe, sie beruhigt Dich, wenn Du in Sorge bist –, Mascha – auch sie wird Dir vermutlich eine Hilfe sein –, und die Kleinen – sie werden Dir hoffentlich Freude

bereiten, vor allem Andr[juscha], er war in der letzten Zeit so
artig. Ich liebe Dich sehr und denke ohne Unterlaß an Dich.
[...] Auf Wiedersehen, mein liebes Herz, so Gott will.

[Sofja Andrejewna Tolstaja an Lew Nikolajewitsch Tolstoj]
[4. Mai 1886]
[Moskau]
Gestern schrieb ich Dir nicht, mein lieber Ljowotschka, denn
ich war sehr müde. Ilja schrieb Dir. Ich war am Grab von Aljoscha[75]; das Wetter war feucht, wie herbstlicher Nebel, durch
den man gar nicht hindurchblicken konnte. Feuchter Wind,
der einem durch Mark und Bein dringt, und ich war ganz allein. Am Grab stellten die Arbeiter gerade den Stein und das
Gitter auf. [...] Ich stand da, fror und begann dann selbst, die
Erde wieder auf das Grab zu schaufeln. Da kamen vier Bauers-
jungen herbeigelaufen, halfen mir dabei und begannen eine
Unterhaltung. Sie sagten: »Wir kommen oft zu diesem Grab.«
–»Ja, was macht Ihr denn hier?« – »Wir hüten das Vieh hier,
spielen und lesen die Aufschriften auf den Grabsteinen.«
»Könnt Ihr denn lesen?« Ich fragte sie, ob sie Deine Bücher
kennen. Sie kennen sie nicht [...], und ich versprach ihnen, sie
ihnen zu schenken. Sie halfen mir beim Rasen aussäen. [...] So
elend war mir gestern – als ob ich ihn noch einmal beerdigt
hätte.
Nach Jasnaja werde ich nicht bald kommen können. Mischa
ist krank und liegt im Bett. Er hat etwas Temperatur und starken Husten. Andrjuscha spielt im Garten, ich pflege Mischa.
[...] Ich küsse Dich, bin traurig ohne Dich und traurig, daß
Mischa krank geworden ist.
Sonja.
4. Mai 1886.

[Lew Nikolajewitsch Tolstoj an Sofja Andrejewna Tolstaja]

[4. Mai 1886]

[Jasnaja Poljana]

Ich schreibe Dir heute am Morgen, damit ich mich am Abend nicht so sehr beeilen muß. Meine Gäste[76] habe ich gestern verabschiedet und bin mit großem Vergnügen nun allein. Heute hat es den ganzen Tag geregnet. [...] Zu Hause suchten mich viele Bauern auf. Es hat ja immer viel Armut gegeben, aber in den letzten Jahren hat sich die Lage stetig verschlechtert, und in diesem Jahr ist sie grauenerregend und muß die Wohlhabenden, ob sie es wollen oder nicht, erschrecken. Es ist unmöglich, in Ruhe auch nur seine Kascha zu essen und zum Tee einen Kalatsch[77], wenn man zugleich weiß, daß nicht weit von einem Kinder, die man kennt [...], ohne Brot zu Bett gehen, darum bitten, aber ihre Mütter ihnen keines geben können, da sie keines haben. Es sind ihrer so viele! Ganz zu schweigen vom fehlenden Saatgut, was die Menschen sich um ihre Zukunft sorgen läßt, denn es ist ihnen offensichtlich, daß sie nichts mehr zu erwarten haben, wenn sie nichts aussäen, außer das letzte, was ihnen geblieben ist, zu verkaufen und mit dem Bettelsack auf Wanderschaft zu gehen. Du wirst fragen: Was kann ich tun, wie kann ich helfen? Man kann helfen, indem man jenen, die bitten, Saatgut gibt und Brot, aber dies ist keine Hilfe, es ist nur ein Tropfen im Meer, und diese Hilfe verbietet sich selbst. [...] Was also tun? Wie also helfen? Nur durch eines: durch ein rechtes Leben. Das ganze Übel liegt nicht darin begründet, daß die Reichen die Armen beraubt hätten. Dies ist nur ein kleiner Teil der Ursache all dessen. Die Ursache des Übels liegt darin begründet, daß alle – die Reichen und auch die Armen – ein unmenschliches Leben führen, ein jeder nur für sich selbst lebt und den anderen unterdrückt. Daraus entspringt Elend und Armut. [...]

Ich entsinne mich, daß Du mir bei der Abreise etwas bezüglich des Schlüssels sagtest. Hast Du mir den Schlüssel mitgegeben?

[...] Das Haus ist geputzt, und wenn es so bleibt, könnt Ihr in 4 Tagen kommen. Allein – wie steht es bei Euch? Was macht der Husten der Kleinen? – Lebe wohl, Liebste. Ich sah Dich heute im Traum, Du tatest mir weh. Das bedeutet das Gegenteil. Und so wird es auch sein. Ich küsse Dich und die Kinder.
[...]
Ich warte, warte darauf, Euch alle bald hier zu sehen. Und ich bedanke mich für die Äpfel und Apfelsinen (überflüssig). Überhaupt bist Du allzusehr um mich besorgt. Dabei bin ich doch ganz gesund. Was auch immer ich verlange – alles ist da. Alles hast Du bereitgelegt.
[...]

[Sofja Andrejewna Tolstaja an Lew Nikolajewitsch Tolstoj]
[5. Mai 1886]
[Moskau]
Deinen niederdrückenden Brief über die Armut im einfachen Volk habe ich erhalten. Und hier in Moskau wird, wie gestern Nagornow berichtete, eine Beleuchtung geplant, die mehrere Zehntausend kosten soll! Deine Einstellung, daß man nicht helfen könne, scheint hoffnungslos. Doch für eine Umkehr in der Gesellschaft sind Deine Gedanken, Deine Bücher so wichtig, ein Beispiel aber, wie wir sündige, kleinmütige Menschen uns im Leben verhalten sollen, gibt es nicht. Die Liebe ist es, was der Menschheit unabdingbar ist, sie ist das wichtigste von allem. – Deiner Ausführung, es sei bedeutungslos, ob man einem oder zehn Menschen helfe, widerspreche ich. Wenn man einem zu essen gibt, so ist dies gut, wenn man zweien zu essen gibt, so ist es besser, wenn man einer Million Menschen zu essen gibt, so ist es noch besser. So gib denn auch Du den Hungrigen dort zu essen, und ich werde, wie Iwan der Narr, die Blätter zu Gold verwandelt, so viel Geld mit Deinen Werken verdienen, wie nur immer notwendig dafür.

[...]

Ich habe heute Kolitschka Ge alle Verlagsangelegenheiten[78] übergeben und fühlte mich wunderbar erleichtert. Nunmehr wird zu packen begonnen, und die ganze häusliche Betriebsamkeit nimmt ihren Lauf. Sascha hustet sehr stark, ich fürchte, es könnte Keuchhusten sein, und wenn es auch nur ein wenig feucht ist, so ist es besser, noch etwas hier zu bleiben. Nun, bis zum Sonntag ist es ja noch lange hin.

Lebe wohl, ich küsse Dich. Andrjuscha schreibt voller Mühe an einem Brief für Dich, er ist aber noch nicht fertig. Sie alle sind sehr artig. [...]

Der Schlüssel ist in der Schachtel, in der die Handarbeitssachen liegen. Diese Schachtel habe ich selbst in den Korb gelegt. Suche bitte gründlich und brich mir nicht mein feines Schloß auf.

Sonja.

5. Mai. Des Abends.

[Lew Nikolajewitsch Tolstoj an Sofja Andrejewna Tolstaja]

[6. Mai 1886]

[Jasnaja Poljana]

Die beiden letzten Tage habe ich sehr viel (relativ viel – 6 Stunden) gearbeitet und bin rechtschaffen müde. Iljas und Deinen Brief habe ich erhalten. Sie sind beide sehr schön. – Heute sprach ich mit Philipp über die Hunde. Sie fressen 4 Tschetw[ert] Hafer im Monat. Das sind 40 Tschetw[ert] im Jahr – zweimal so viel dessen, womit man Dutzende Familien glücklich machen könnte. Das ist furchtbar! Sag das den Knaben. Nicht um den Hafer tut es mir leid, sondern um sie. Verschwendet man Geld für derlei Launen (und was ist das für eine Laune, wenn man sich 8 Jagdhunde hält), dann kann man nicht richtig denken. Ein Mensch, der derlei tut, wird niemals begreifen, daß man nicht von der Arbeit anderer leben darf.

[…] Seit heute lese ich Buddha. Er interessiert mich lebhaft. – Ich habe große Sehnsucht nach Euch und Ihr tut mir leid, daß Ihr in Moskau seid. Gleichwohl werde ich mich darüber freuen, wenn sie die Prüfungen bestehen. Ich küsse Dich, liebste Freundin, und alle, von der Kleinsten bis zum Größten. […]

[Sofja Andrejewna Tolstaja an Lew Nikolajewitsch Tolstoj]

7. Mai 1886, des Nachts.

[Moskau]

Heute erhielt ich einen Brief von Dir, und ich ersehe aus ihm, daß Du Dich mit Arbeit abplagst und von den Eindrücken der Armut ganz niedergedrückt bist. Es ist wirklich furchtbar, und die einzige Linderung, die es geben kann, ist zu helfen, so viel als möglich, den Menschen zu helfen. Es ist schon ein seltsam Ding, wie es um die Wirklichkeit bei uns in Rußland bestellt ist! In der Zeitung war ein Leitartikel darüber, in dem es hieß, die Banken seien übervoll mit Geld, es herrsche phänomenaler Überfluß an Geld, die Banken jedoch geben keine Zinsen mehr. Das Volk hungert – man hat ihm alles genommen; die Gutsbesitzer und Kaufleute verkaufen kein Brot, denn sie warten, bis die Preise steigen; und dieses Brot ist es, das dem Volk nun fehlt. Was ist das nur für eine Tollheit, und kann dies noch lange so weitergehen?

Bei uns stehen die Dinge folgendermaßen: Ljolja hat Latein bestanden und Ilja Mathematik, beide Prüfungen waren heute. Ljolja war freudetrunken, sang den ganzen Abend und begleitete sich selbst auf dem Klavier. Ilja ist nach wie vor finster, sagt aber, es gäbe dafür gar keinen Grund, doch das Leben sei ihm zuwider und es brauche so vieles, damit es wieder besser werde. […]

Morgen fahre ich ein letztes Mal mit Kolitschka Ge in die Stadt, zum Notar, wegen der Vollmacht für ihn […] und werde das Geld bei einer anderen Bank anlegen, damit es nicht eines Prozentes wegen auf der Handelsbank liegt. Ich habe noch nichts gepackt, hatte absolut keine Zeit, doch ich werde alles am Samstag packen, auch wenn ich in der Nacht nicht schlafen sollte; die Lebensmittel und alles andere wird am Samstag auf den Weg gehen, ich selbst am Sonntag. [...]

Was Du über die Hunde schreibst, haben die Knaben gelesen. Es wird ihnen eine Lehre sein. [...] Wenn es Dir möglich ist, Ljowotschka, so kümmere Dich bitte darum, wer die Hunde (außer Maljutka und einen der großen Welpen, den Ilja einem seiner Kameraden versprochen hat) nehmen wird. [...]

Auf Wiedersehen Ljowotschka, liebster Freund. Mir schmerzen die Augen und der Rücken, aber jenes Leiden, welches mich allmonatlich bekümmert, ist immer noch ausgeblieben.

Ich küsse Dich, die Kinder freuen sich Deiner Briefe. Der Husten der Kleinen ist besser.

S. T.

[Sofja Andrejewna Tolstaja an Lew Nikolajewitsch Tolstoj]
[11. November 1886]
[Jalta[79]]

Meine Lieben alle, hier bei uns ist es sehr, sehr traurig und schwer. Der gestrige Tag war gut; Mamá erzählte, saß im Sessel und unterhielt sich mit uns, die Nacht aber war schlecht, und als sie am Morgen wieder bat, man möge sie in den Sessel setzen, ging es ihr bald schlechter, sie wurde immer schwächer. [...] Heute schlug Petja[80] ihr vor, die Kommunion zu empfangen, und sie war darüber wirklich glücklich: »Wie sonderbar sind sie doch, fürchten, mich in Angst zu versetzen, aber ich freue mich sehr darüber.« [...] Manchmal sagt sie: »Lieber Gott, hilf mir! Ich habe zu wenig Glauben, bin allzu erbärmlich, habe sogar das Beten verlernt.« Und all dies unter Stöhnen und Seufzen. Sie hat hohes Fieber, biswei-

len liegt sie im Fieberwahn, es ist schrecklich mit anzusehen. [...]
Gestern trug sich folgendes zu: Mamá rief mich heimlich zu
sich heran, gab mir einen Wink mit der Hand und sagte dann:
»Sonetschka, ich muß Dir ein Geheimnis anvertrauen, doch
Du bist eine Schwatzbase und wirst es gleich allen erzählen.«
Ich versprach ihr, alles zu tun, was sie verlange und ließ mich
vor ihr auf die Knie nieder, um sie besser hören zu können, versprach, es niemandem zu sagen. Sie beugte sich aus dem Sessel,
in dem sie saß, zu mir und sagte: »Ich werde bald sterben, und
Wjatscheslaw[81] wird sich dann erschießen; er hat mir dies mehrmals gesagt. Und denke doch, ich leide und habe noch solch
schreckliche Gedanken, Tag und Nacht läßt mir dies keine
Ruhe.«
Ich wurde von Grauen erfaßt, behielt jedoch die Gewalt über
mich und beruhigte sie: »Was auch immer jemand in Minuten
der nervösen Anspannung oder Erregung sagen mag, wir werden auf ihn achtgeben, Ljowotschka wird ihn auf den rechten
Weg des Glaubens und der Religion zu bringen bestrebt sein.«
[...]
Wann ich abreisen werde, weiß ich noch nicht. Ich wollte am
Mittwoch fahren, doch jetzt sehe ich, daß dies nicht möglich
sein wird: Jede Minute kann die Agonie eintreten. [...] Wel-
ches Glück, daß ich sie noch lebend angetroffen habe! [...]
Euch allen scheint es gut zu gehen, wie immer, wenn ich nicht bei
Euch bin. Gebt aber acht, denn es ist schon kalt im Herbst, und
Ihr habt Eure Pelze nicht in Jasnaja. [...] Warum hat sich denn
Papá an die Sprichwörter[82] gemacht? Und unser Drama[83]?
[...] Ich küsse Euch alle, Ihr meine Lieben, und grüße Madame
Seuron und die Miss. Lange noch werde ich Euch nicht sehen.
Doch diese Reise mußte sein.
11. November 1886.

[Lew Nikolajewitsch Tolstoj an Sofja Andrejewna Tolstaja]
[10. November 1886]
[Jasnaja Poljana]
Bei uns ist alles beim alten, beim besten. Heute kam Stachowitsch[84] hier an. Mit ihm werde ich das Drama fertigstellen. Die
Mädchen haben begonnen, es abzuschreiben, damit er es lesen
kann. Sie werden aber vermutlich [...] nicht fertig damit, denn
ich habe noch heute morgen Änderungen vorgenommen. [...]
Gebe Gott, daß es Mamá bessergeht. Sollte es so sein, wirst Du
immerhin die Städte am Ufer des Schwarzen Meeres besichti-
gen können. [...] Fast hätte ich es vergessen: Ilja schreibt, S[ofja]
A[lexejewna][85] habe nichts dagegen einzuwenden, wenn er vom
Gymnasium abgehe, die junge Sofja[86] heiße es ebenfalls gut. [...]
Ich küsse Dich und Mamá und Deine Brüder.

1887

[Sofja Andrejewna Tolstaja an Lew Nikolajewitsch Tolstoj]
[3./4. Januar 1887]
[Moskau]
Soeben bin ich mit den Kleinen und Mascha von den Obolenskis zurückgekehrt, wo sie zur Klavierbegleitung tanzten, und
erhielt zwei Telegramme: eines von Sawina[87], das ich beilege,
und eines von Euch. Beide haben mich sehr aufgewühlt, besonders das der Sawina. Schrecklich gern würde ich nach Petersburg fahren, um dort den Kampf aufzunehmen. Euer Telegramm hat mich aufgewühlt, weil ich nicht weiß, wo ich jetzt
eine Abschrift des Stückes hernehmen soll[88]. [...] Ob es mir
gelingt, eine bis zum Besuch der Sissowa[89] hier aufzutreiben,
kann ich nicht versprechen. Wenn nicht, schreibe ich es selbst
noch einmal ab und schicke es ihr. [...]
Eine Masse von Leuten hat sich bei mir angemeldet, um bei der
Lesung Deines Dramas, lieber Ljowotschka, dabeizusein. Ich

hatte nur die Tante [Vera][90], Mascha Swerbejewa[91] und Warja Nagornowa[92] für Montag eingeladen, um ihnen das Stück vorzulesen. Dies bereitet mir immer großes Vergnügen. Und nun kommen von allen Seiten Bitten, ob man nicht auch kommen dürfe. [...] Die meisten kennen sich untereinander gar nicht. Ich erschrak zunächst, aber dann antwortete ich allen artig: »Nun denn, kommen Sie alle!« Ich weiß nicht, wie ich lesen werde und was dabei herauskommen mag. Ich bin gespannt!

Ich enthalte mich, über die Zensurbehörden zu schreiben, denn in mir kocht eine solche Wut, daß ich zu allem, zum äußersten fähig wäre [...]. Morgen schreibe ich einen Brief an Feoktistow und lasse mich selbst überraschen, was ich schreiben werde. Heute jedenfalls hat es keinen Sinn, es würde nur ein böser Brief.

Seid bedankt, daß Ihr mir telegraphiert habt, wie es Euch ergeht und wie Ihr angekommen seid. [...]

Ilja ist friedlich; Ljowa und Mascha sind gut aufgelegt; die Atmosphäre im Haus ist harmonisch. Von Serjosha habe ich nichts gehört.

Ich küsse meinen Ljowotschka und meine Tanja. Es ist bereits Nacht, ich bin müde und schreibe, was mir in den müden Kopf kommt. Doch Ihr werdet bestimmt daraus schlau.

Lebt wohl. Ich schicke alle Briefe mit, die hier seit Eurer Abreise eingegangen sind.

S.T.

3.-4. Januar 1887.
Nachts.

[Sofja Andrejewna Tolstaja an Lew Nikolajewitsch Tolstoj]
6. Januar [1887]. 11 Uhr am Morgen.
[Moskau]

Hier sind alle wohlauf und frohgemut. Meine gestrige Lesung ist vollauf gelungen. Es war sehr heiter und angenehm, da es auf alle einen riesigen Eindruck gemacht hat, besonders auf Lew Poliwanow[93]; er bebte geradezu am ganzen Körper und sagte: »Das ist derart neu und originell; es ist so eindrucksvoll, daß jeder der Charaktere sein ureigenes Russisch spricht, denn gewöhnlich haben die Personen aus dem einfachen Volk auf dem Theater eine sehr gleichartige Sprache.« Dies hat er sehr richtig bemerkt. Heute bis zwei werde ich mit Vera Schidlowskaja Korrektur lesen. Dann bringe ich die Kinder zur Eisbahn und esse bei den Schidlowskis. Ilja, Ljowa und sein Freund Alcide waren auch bei der Lesung, Ilja verbringt bereits den zweiten Abend zu Hause. [...]

Die Druckfassung habe ich selbst behalten, die von mir abgeschriebene Version an Sissowa geschickt. Lebt wohl, ich küsse Euch. [...]

S. T.

[Sofja Andrejewna Tolstaja an Lew Nikolajewitsch Tolstoj]

10. Januar [1887]

[Moskau]

[...] Ich erhielt heute einen Brief von Tanja[94], in dem sie berichtet, daß das Drama bei Obolenskaja (Djakowa[95]) gelesen wurde; bei Alexandrine wird auch eine Lesung stattfinden, dort werden die Großfürsten erwartet. Sie schreibt auch, daß allerorten von dem Stück gesprochen wird, alle seien begeistert davon. Heute erzählte ein Schüler des Poliwanow-Gymnasiums, Poliwanow habe vor der Klasse begeistert über das Drama gesprochen und gesagt, dies sei eines der wichtigsten Ereignisse in der russischen Literatur. Ich wußte dies ja bereits vom ersten Akt an, den ich so begeistert in Jasnaja Poljana abgeschrieben habe. Was die Zensur unternehmen wird, weiß ich nicht. Ich weiß nur, daß ich dessentwegen nach Petersburg werde reisen müssen. Dies ersehe ich auch aus dem Brief des unbekannten jungen Mannes, den ich beilege, dieser Brief ist irgendwie seltsam und nicht eben beruhigend. Warum schreibt er: »Die Terroristen beginnen, Sie für einen der Ihren zu halten«? Es zeugt doch von absoluter Dummheit, wenn jemand nicht begreift, daß all das, was Du zu sagen hast, der terroristischen Bewegung ganz und gar entgegengesetzt ist und daß Du der größte Feind des Terrorismus bist. Was herrscht denn in Petersburg für eine Verwirrung, daß man derartiges von dort vernehmen muß?

Ich bin heute nicht ganz gesund und nicht bei Stimmung. [...] Die ganzen letzten Tage habe ich sehr viel zu tun. Die Korrekturen nehmen viel Zeit in Anspruch. Jeder, den ich zu fassen bekomme, liest: einmal Ilja, dann fahre ich damit zu den Schidlowskis, dann wieder all jene, die uns besuchen kommen. Auch die Werkausgabe macht viel Mühe[96]. Alle Fehler in den vorherigen Ausgaben müssen korrigiert werden. Dann habe ich noch meine Aufwartungen gemacht, viel geschneidert, Wäsche und Kleider geordnet – sehr viele Alltagsbeschäftigungen, die mich sehr ermüden. [...]

Mit der Engländerin ist es immer noch recht schwierig. [...] Was beschäftigt Dich? Und warum nennst Du das, was Du schreibst, eine Erzählung[97]? Arbeite nur fleißig, Dein Ruhm ist mittlerweile aufs höchste gewachsen, und ich bin glücklich darüber. Ich hoffe, daß Du wohlauf bist und auf Dich achtgibst. Ich grüße alle, Tanja küsse ich und Dich auch. Ich schreibe Dir noch eine Postkarte. Lebe wohl.

S.T.

10. Januar 1887, am Abend.

[Sofja Andrejewna Tolstaja an Lew Nikolajewitsch Tolstoj]
[11. April 1887]
[Moskau]
Endlich ist der heutige Tag, der voll war mit alltäglichen Beschäftigungen, vorbei! Ich bin schrecklich müde, und immer

noch sitzen unten Stolypin, Vera Schidlowskaja, Serjoscha, Tanja und Ljowa zusammen und spielen Whint. Gestern saß ich bis drei Uhr des Nachts an den Korrekturen. Ich stehe jeden Tag um 9 Uhr auf und schaffe es so, mit den Kindern Tee zu trinken. Am Vormittag war ich in Geschäften unterwegs und kaufte ein, dann kamen die Obolenski-Kinder, die der Swerbe-jews und die Nagornows zum Eierrollen[98]. Ich habe zwei sehr große Stehaufmännchen aufgestellt, und sie waren mit Feuer-eifer bei der Sache. [...]

Du schreibst, Du möchtest bei Chilkow[99] vorbeifahren – ich erzählte dies zufällig im Beisein von Mascha Swerbejewa. Sie sagte, sie habe gestern noch mit seiner Tante über ihn gespro-chen und diese habe erzählt, Chilkow sei auf Wanderschaft, zu Fuß unterwegs, wie sie sich ausdrückte. Er habe seinen zu Aus-schweifungen neigenden, ewig betrunkenen Vater zu sich ge-nommen, dessen gesamte Familie daraufhin auf das mütter-liche Gut übergesiedelt sei, und zwar genau dorthin, wo auch die Mutter lebe. Chilkow selbst lebt mit einer Bäuerin zusam-men, die er seine Frau nennt; da er nämlich ein Kämpfer für die Freiheit des Geistes ist, erkennt er die christliche Ehe nicht an. Der Sohn ist vermutlich auch nicht viel besser. – Dies alles sind ziemlich traurige Erscheinungen, denn die Opfer sind immer dieselben – die Frauen und Kinder. Beim einen ist es die Mutter wie bei Chilkow, beim anderen die Ehefrau wie bei Feinerman, beim nächsten wiederum die Töchter ... Es ist ein dunkles, dunkles Völkchen! Moralisch krank und unglückselig!
[...]

Nun also lebe wohl, Ljowotschka, wieder ist es schon bald drei Uhr. Auch Deine Briefe sind unpersönlich. In ihnen ist kein Gefühl, nichts, was in Verbindung zu mir stünde, nur eines ist ganz deutlich – wie sehr Du überzeugt bist, daß ich, auch wenn ich von Dir getrennt bin, allein in der Sorge um Dich und Dein Wohlergehen lebe. Ich warte auf die versprochene Erklärung des Vorwurfs, ich liebte Dich nicht so, wie es notwendig sei ...

Und wenn ich Dich gar nicht liebte? Dann hättest Du Deine Ruhe; wie es mir ginge – das weiß ich nicht, vielleicht fühlte auch ich mich dann ruhiger und glücklicher. Schicke mir also diese Erklärung, obgleich es nach 25 Jahren wohl zu spät ist, den anderen zu lehren, wie er zu lieben habe. Das beste wäre es doch, in Ruhe leben zu können.

Nach Jasnaja Poljana werde ich nicht vor dem 20. Mai kommen. Die Perspektive, das Familienleben mit Feinerman teilen zu müssen, ist nicht sehr erbaulich, und so strebe ich gar nicht dorthin. Daß Du nicht bei uns lebst, darauf blicke ich nunmehr so: Wenn Du gesund und glücklich bist, so ist es gut. Auch die Kinder wollen nicht unbedingt aufs Land; offensichtlich hat sich der Sommer des letzten Jahres wie ein Stein auf ihr Herz gelegt.

Ich bitte Dich, gib auch weiterhin auf Dich acht, Du beginnst ja schon wieder zu kränkeln. [...]

Ich küsse Dich. Ich schlafe allein oben und die Nächte sind sehr unruhig.

S.

11. April 1887, in der Nacht.

[Lew Nikolajewitsch Tolstoj an Sofja Andrejewna Tolstaja]

[11. April 1887]

[Koslowka]

Ich schreibe Dir aus Koslowka. Einen Brief von Dir habe ich hier nicht erhalten, vermutlich kommt morgen einer. Ich schreibe vor allem deshalb, um die gestrige Mitteilung zu zerstreuen, daß mir der Ranzen schmerzt. Heute fühle ich mich ausgezeichnet, habe viel gearbeitet und komme voran. Feinerman hat sich bei den Bauern für 80 R[ubel] als Hirte anstellen lassen. Ich habe ihm dies geraten, und alle sind sehr zufrieden damit. Ich beneide ihn. [...] In Erinnerung an Dich und Deine Worte führe ich ein Herrenleben und esse Fleisch. Zur Erbauung lese ich einen wundervollen Roman von Stendhal – *Char-treuse de Parme*[100] – und verspüre den Wunsch, literarisch zu arbeiten. Ich hoffe, Du bist nunmehr frei von den Korrektur-arbeiten. Und was macht Deine und Tanjas Gesundheit sowie Iljas sittliche Gemütslage? Ich küsse Dich und die Kinder. Auf bald, lebe wohl mein Herz.

L.T.

[Sofja Andrejewna Tolstaja an Lew Nikolajewitsch Tolstoj]

[12. April 1887]

[Moskau]

Liebster Freund, es quält mich, daß mein gestriger Brief in schlechter Stimmung geschrieben ist und Dich sicher beküm-mert hat. Ich lege den Brief der unglückseligen Esfir[101] bei, dann wirst Du vermutlich meine Erbitterung gegen ihren herz-losen Gatten verstehen und die Wut, die ich gegen ihn ver-spüre! Manchmal empfindet man Wut, weil das Mitleid allzu groß ist! Sie haben sich unbemerkt in unser Leben geschlichen, dieser Feinerman und seine Gefährten, und zu allem Unglück machst Du ihm (in Briefen) auch noch Liebeserklärungen – dies ist ein neuer Punkt unserer Entzweiung, und dies ist über-aus traurig! Ich halte es für meine Pflicht, Dir zu sagen, daß ich alles unternommen habe, daß man ihn aus dem Gouvernement Tula ausweist, und ich hoffe, daß mir dies gelingen wird, denn solange er in Jasnaja lebt, werde ich dort keine Ruhe haben.

[...]

Soeben haben wir Mischa Obolenski nach Hause begleitet: Andrjuscha, Mischa und ich. Auf dem Jungfrauenfeld erdrük-kende Fröhlichkeit, der Himmel war klar, rosafarben vom Sonnenuntergang, und es war recht warm. Wundervoll! Ich genoß den Weg. Die Kinder waren heute so viel auf den Beinen, daß sie in die Betten fielen. Morgen beginnen wieder der Unter-richt und der Alltag.

[...]

Wirst Du den Aufsatz[102] bald beenden? Ich warte ungeduldig darauf, ihn in seiner endgültigen Fassung zu Gesicht zu bekommen. Bitte hebe alle Blätter des Manuskripts auf und bringe sie mit, ich werde sie in die richtige Reihenfolge bringen und mit den anderen Manuskripten ins Archiv geben[103]. Dies wird eines der bedeutungsvollsten Manuskripte in dieser Sammlung sein. Bei meinem schlechten Gedächtnis beginne ich bereits, vieles, was Du in diesem Aufsatz schreibst, zu vergessen, und deshalb tut es mir sehr leid, daß nicht ich ihn ins reine übertrage; dann könnte ich ihn bereits auswendig. Lebe wohl, lieber Ljowotschka, ich küsse Dich. Dir wird es bei diesem Wetter sicher wieder bessergehen. Bleibe gesund, Gott schütze Dich.

S. T.

[Lew Nikolajewitsch Tolstoj an Sofja Andrejewna Tolstaja]

[14. April 1887]

[Jasnaja Poljana]

Heute erhielt ich, wie erwartet, Deinen schönen Brief. Nur eines ist sehr unschön: Deine Abneigung gegen Feinerman. Warum denn stört Dich denn ein Mensch derart? [...] Es tut mir leid für Dich, und es tut mir weh, daß Du meinst, einen Feind zu haben. Dies peinigt mich furchtbar. Und vor allem: Wessen beschuldigst Du ihn? Wenn man ihn näher kennt, so kann man ihn gar nicht hassen, sondern nur Mitleid mit ihm empfinden. Er liebt seine Frau sehr. Und sie, die die Scheidung von ihm forderte, die er bereit war ihr zu geben, kündigte ihm nunmehr an, hierherzukommen und ihn nicht zu verlassen, und ich sehe, wie sehr er leidet. Überhaupt meine ich, daß es sehr schlecht von Dir wäre, wenn Du Mittel zu seiner Ausweisung von hier ergriffest – sehr schlecht vor allem hinsichtlich Deiner selbst. Nun also, liebste Freundin, habe ich Dir dies gesagt, überdenke Du es also und handele so, wie es am besten ist. [...]

Ich habe heute schlechter gearbeitet als an den Tagen zuvor, doch ich habe den Überblick nicht verloren. Weitere Neuigkeiten habe ich nicht zu berichten. [...] Wann ich komme, weiß ich noch nicht. Bis dahin lebe wohl. Ich habe gerade gegessen, und meine Gedanken schlummern langsam ein. Wir aßen grüne Kohlsuppe und in der Pfanne gebratene Kascha, mehr zu essen verlangte mich nicht; am Abend gibt es Tee und Brot. Ich küsse Dich und die Kinder.

L. T.

[Sofja Andrejewna Tolstaja an Lew Nikolajewitsch Tolstoj]

[16. April 1887]

[Moskau]

Leider schreibe ich Dir wieder ganz ermattet und sehr spät! [...] Deinen Brief habe ich erhalten, in dem Du Dich darüber ergehst, welch guter Mensch Feinerman sei. Ja, hast Du denn meinen Brief mit dem Brief von Esfir noch nicht erhalten? Er ist alles, nur kein guter Mensch, das ist sicher. Er ist nicht mein Feind, warum solch harte Worte? Doch ich möchte ihm nie mehr begegnen und ihn nicht in meinem Hause wissen.

[...]

Du schreibst gar nichts darüber, wie es Dir geht, das heißt wohl, daß es Dir gut geht? Es haben sich wieder einige Briefe und Artikel für Dich angesammelt, ich schicke sie Dir aber nicht, denn sie sind unwichtig und können warten.

Ljolja hat sich in den letzten Tagen etwas zusammengerissen, doch er ist grün und traurig. Er ist im Wachstum, und seine geistige Entwicklung geht auch unterbrochen voran. Es tut mir so leid für ihn, daß er niemanden hat, bei dem er sich etwas von der Seele sprechen könnte. Mir gegenüber ist er immer sehr barsch, oder er hat einen verächtlichen Ton an sich und macht sich über mich lustig. Niemand hat meinen Kindern beigebracht, Respekt gegen mich zu empfinden! Dieser Respekt gegen mich wurde stets durch Deine mißbilligenden und verurteilenden Reden über mich zerstört, wenngleich dies auch nicht aus mangelnder Liebe zu mir geschah, sondern aufgrund Deines überlegenen Geistes und des Altersunterschiedes. [...]

Wirst Du Deinen Aufsatz auch weiterhin noch martern? Er wird seine Frische verlieren! Laß Deinem künstlerischen Feuer, über das Du mir schriebst, freien Lauf. Lebe wohl, ich küsse Dich, liebster Freund. Es ist bald drei Uhr in der Nacht, und es herrscht eine Stille, die einen fürchten macht.

S. T.

16. April 1887.

[Lew Nikolajewitsch Tolstoj an Sofja Andrejewna Tolstaja]

[16. April 1887]

[Jasnaja Poljana]

16., 6 Uhr am Abend.

Ich schreibe Dir aus Jassenki, wohin ich geritten bin, um Tanjas Päckchen abzuholen. Feiner[man] hat beschlossen, nach Hause zu fahren, nachdem er erfahren hatte, daß seine Anwesenheit hier von Dir nicht erwünscht ist. Dies wird übrigens die Scheidung von seiner Frau beschleunigen. Auch konnte er als Hirte nicht mehr arbeiten, aufgrund der Machenschaften eines anderen Hirten. [...]

Gestern war ein schlechter Tag für meine Arbeit – ich hatte nicht genug geschlafen. Heute habe ich wunderbar gearbeitet, bin aber immer noch nicht fertiggeworden. [...] Alles hier grünt, trocknet und wächst. Alle sind auf dem Feld, und auch ich habe große Lust dazu verspürt, wollte mich aber nicht von der Arbeit losreißen. Ich habe noch einen Tag zu schreiben, und ich möchte die Arbeit nicht mit der Reise nach Moskau unterbrechen. Auf übermorgen also. Ich küsse Dich und die Kinder. [...]

L.T.

[Sofja Andrejewna Tolstaja an Lew Nikolajewitsch Tolstoj]

[26. April 1887]

[Moskau]

Immer noch hält hier bei uns das Chaos im Zusammenhang mit dem Theaterstück an. Gestern wurde bis zwei Uhr in der Nacht geprobt; alle waren müde, hatten aber sehr viel Spaß. Mich hat dies in verdrießliche Stimmung versetzt, doch ich habe mich bemüht, ihnen das Vergnügen nicht zu verderben, wo sie nun doch schon einmal damit begonnen haben. Das Bühnenbild ist noch nicht fertig, und Tanja ist dessentwegen sehr aufgeregt.

[...]

Tanja habe ich Deine Worte, daß es an der Zeit sei, ein tätiges Leben zu führen, in aller Ernsthaftigkeit übermittelt. Sie fragte: »Was ist das denn, ein tätiges Leben?« Ich antwortete: »Heiraten oder sich irgend etwas zielgerichtet zu widmen.« Darauf erwiderte sie: »Ich wäre glücklich zu heiraten, doch ich kann Wsewoloshski[104] nicht ehelichen.«

Und das ist ja richtig: Wenn Dir jemand nicht gefällt, dann behüte Gott!

Ljowa bedauerte, daß Du nicht im Gymnasium vorbeigegangen bist, um Dich von ihm zu verabschieden. Er hat sich vorgenommen, nun sehr fleißig zu sein.

Lebe wohl, mein Lieber; ich bin Dir dankbar, daß Du noch einen Tag länger bliebst. Mir bedeutet dieser Tag sehr viel. Mich ergriff ein solch eigensinniges, zärtliches, leidenschaftliches und dummes Gefühl, welches ebenso schnell verging wie es kam, das Gefühl der Zärtlichkeit und Dankbarkeit gegen

Dich indes dauert an, und ich werde es bis zu unserem Wiedersehen in mir bewahren. Ich küsse Dich, gib acht auf Deine Gesundheit, verkühle Dich nicht und liebe uns und denke an uns.

Sonja.

26. April 1886.

[Lew Nikolajewitsch Tolstoj an Sofja Andrejewna Tolstaja]

[26. April 1887]

[Jasnaja Poljana]

Ich erfülle mein Versprechen, gleich heute noch zu schreiben. Die Fahrt war geruhsam. [...] Das Haus war geheizt. Schlief schlecht, denn es war gleichwohl frisch. Heute morgen räumte ich auf, ging Milch und Eier holen, kochte die Milch ab, heizte den Samowar an, und dies alles war so langwierig, daß ich beschloß, mit dem Gesinde zu essen und nicht selbst für mich zu kochen. Doch dann erschien Nik[olaj] Mich[ailowitsch][105] und verkündete, er koche für mich und erledige alles, was notwendig sei. Sonst, so sagte er, sind Sie den ganzen Tag damit beschäftigt, sich Ihr Essen zu kochen und kommen gar nicht zu Ihrer Arbeit. Und dies ist die Wahrheit. [...] Meine Ansprüche sind nicht allzu hoch, doch selbst um diese zu befriedigen, müßte ich mich, wie Nik[olaj] Mich[ailowitsch] sagt, den ganzen Tag mit dem Haushalt beschäftigen. [...]

Von 12 bis 4 habe ich sehr angestrengt gearbeitet. Noch einmal von Anfang an alles überarbeitet und vermutlich verbessert. Um 5 ging ich spazieren [...], als ich zurückkam, war unser Serjosha angekommen. Ich aß, dann heizte ich mit ihm den Ofen und den Samowar an, und nun trinken wir Tee.

[...] Wie geht es Dir? Du warst in einer besonderen Stimmung, als Du mich zur Bahn begleitetest. Mir tat es so weh. Nun also, schließt nur schnell all Eure Angelegenheiten dort ab und kommt hierher. Es ist noch kalt, aber die Nachtigallen schlagen, die Kuckucke rufen, die Veilchen blühen – und doch ist es gar nicht heiter. – Das sagt auch Serjosha. Lebe einstweilen wohl, ich küsse Dich und die Kinder. Sollte der Brief kühl klingen, so entspricht dies nicht meinem Gefühl.

L. T.

[Sofja Andrejewna Tolstaja an Lew Nikolajewitsch Tolstoj]

[27. April 1887]

[Moskau]

Liebster Freund, soeben erhielt ich Deinen kühlen, kühlen Brief. Du frierst im Haus, im Freien und in Deiner Seele – allerorten Kälte. Mir ist Deinetwegen ganz bange geworden. Wenn Dich nicht immer wieder Verzweiflung übermannte, welch ein Glück wäre dies! Du lebtest bei uns in Moskau, arbeitetest, ich schriebe für Dich ins reine, im Haus wäre es warm und in Deiner Seele fühltest Du die Wärme, die jene Liebe gibt, die wir alle für Dich empfinden. Ich sehe, daß Du in Jasnaja ganz heruntergekommen bist. Ich bitte Dich bei Gott, nimm die Dienste von Tit[106] und Nikolaj Michailowitsch in Anspruch, sie werden glücklich darüber sein, und Du wirst Muße zur Arbeit haben; laß sie auch die Einkäufe erledigen, sonst wirst Du Dich noch erkälten, oder ich muß kommen und 15 Rubel vergeuden, allein, um Dir das Leben dort einzurichten. Wenn doch wenigstens Serjosha etwas energischer dafür sorgte, es Dir so einzurichten, daß Du gesund bleibst und Muße zur Arbeit hast.

Was bei uns hier alles passiert ist, während Du dort elendig littest! Gestern fand schließlich nun die Aufführung der Komödie statt, es war ein Erfolg. Seit dem Morgen wurde gehämmert, geklebt, die Bühne eingerichtet. […] Ohne uns aus dem eigenen Haushalt mitzuzählen, kamen 30 Personen zusammen. […] Alle lachten sehr über das Stück und applaudierten viel. Die Kinder waren begeistert. Die Aufführung war recht

schnell vorüber, ich schickte unbemerkt nach der Klavierbe-
gleiterin, und dann wurde bis zur Erschöpfung getanzt, 14
Paare waren es oder mehr. [...]
Heute gehen wir alle wieder unseren Aufgaben nach. Ljowa
machte sich an seine Lektionen (er war gestern sehr vornehm
und elegant, besonders bei der Masurka), die Kleinen hatten
Unterricht, Tanja hat etwas gemalt, und ich machte meine
Arbeit. [...] Es ist eine Unmenge von Briefen für Dich gekom-
men. Tschertkow schreibt Dir sehr zugetan; er kommt mit
seiner Frau am 2. Mai nach Moskau und bleibt bis zum 5.; er
freut sich darauf, Dich zu treffen, aber Du bist nicht hier.
Gott weiß, warum Du fortfuhrst, es war mir so weh um Dich!
Den Brief Tschertkows lege ich bei, Du wirst Dich über ihn
freuen.
[...] Lebe wohl, liebster Freund, ich küsse Dich und Serjosha.
[...] Hier sind alle wohlauf und guter Dinge.
Sonja.
27. April 1887, am Abend.

[Lew Nikolajewitsch Tolstoj an Sofja Andrejewna Tolstaja]
[22. Oktober 1887]
[Jasnaja Poljana]
Uns geht es gut, alle sind wohlauf, sowohl physisch als auch
psychisch. [...] Ich schreibe an den Vormittagen ein wenig –
einmal geht es gut voran, das andere Mal stockt es, wie schon
zuvor. Tanja hat mit der Reinschrift begonnen, doch sie vermag Deine »wundervollen« Hände nicht zu ersetzen[107]. Hoffentlich nur bist Du gesund, liebste Freundin. Wir fürchten,
Deine Neuralgie könne nach dem Umzug nach Moskau wieder
beginnen. Die Mädchen[108] sind ruhig, heiter und beschäftigt –
es ist eine Freude, sie zu sehen. Ich nähe Stiefel, doch Pawel[109]
hat meine Leisten durcheinandergebracht, die Stiefel für Tanja
sind zu kurz geraten, wie es scheint, und Mascha werden sie

wohl auch nicht passen. Ich nähe sie zu Ende, vielleicht passen sie Andrjuscha, den ich küsse, und Mascha, die ich küsse, wenn ich am Leben bleibe, nähe ich ein anderes Paar. [...] Bis jetzt habe ich noch keinen Brief von Dir.

1888

[Sofja Andrejewna Tolstaja an Lew Nikolajewitsch Tolstoj]
18. April [1888]
[Moskau]

Man sagte mir, Du seiest gestern heiterer Stimmung losgewandert[110], lieber Ljowotschka. Ich bin glücklich, daß heute so gutes Wetter ist und Ihr Euch nicht bereits gestern abend aufgemacht habt. Ich male mir aus, wie glücklich Du gewesen sein mußt, als Du nach den gepflasterten Brücken und Steinen auf weichen Grund, wie meine Schwester Tanja zu sagen pflegt, getreten bist und vor Dir sich die unendliche Weite eröffnete. Mir schien dies aus meinem Käfig so beglückend, doch wenn ich an die Nachtquartiere denke, die Verpflegung und das Volk – dann möchte ich doch nicht loswandern.

Ich hoffe, daß diese Wanderung Dich belebt und daß das Ergebnis nicht wieder ein Palkin[111] sein wird, sondern etwas Poetisches, Liebliches und Künstlerisches. Dies alles: *I hope.*[112]
[...]

Der Kleine[113] und ich haben heute etwas besser geschlafen, ich fühle mich frischer. Schreibe mir oft; in Minuten der nervlichen Anspannung wird dies mir eine Stütze sein.

Die Mädchen machen Einkäufe, Serjosha will nach Nikolskoje fahren, vermutlich morgen. Die Kleinen gehen andächtig in die Kirche, sie möchten dies selbst, ich freue mich darüber, mögen sie ohne unbedarfte oder überreife Einmengung ihre eigenen Schlüsse ziehen.

[...]

Lebe wohl, liebster Freund, ich gebe nun Mischa Unterricht und eile, damit der Brief aufgegeben werden kann. [...] Ich küsse Dich.

S. T.

Montag, 18. April.

1888.

[Sofja Andrejewna Tolstaja an Lew Nikolajewitsch Tolstoj]

23. April [1888]

[Moskau]

Ljowa hat mir nun endlich Nachrichten über Euch alle überbracht. Nun seid Ihr also, Gott sei es gedankt, gut angekommen, d. h., Du bist gesund und munter, mir ist jetzt leichter auf der Seele. [...] Ljowa brachte auch Blumen – Veilchen – und die frühlingshafte Stimmung aus Jasnaja Poljana mit, was uns alle sehr gefreut hat. Es zieht uns alle sehr dorthin. Dieser Wunsch legte sich indes bald wieder, und wir kamen zum Schluß, daß es gut ist, wie es ist, wenngleich heute die Mädchen schlechter Laune waren.

Ljowa erzählte mir, daß die doppelten Fensterrahmen im oberen Stockwerk, vor allem in den Zimmern der Kinder, noch nicht wieder ausgehängt wurden und deshalb nicht zu öffnen sind. Ich bitte Dich, Ljowotschka, sei uns wenigstens ein bißchen zu Diensten, ordne an, daß dies getan und in beiden Häusern gelüftet wird. [...] Dann berichtete Ljowa noch, die Mauer des Brunnens sei umgestürzt. Dies ist überaus gefährlich für die Kleinen; um Gottes willen, sorge dafür, daß sie gerichtet wird. Je mehr Ihr dort für Ordnung sorgt, desto weniger werde ich zu tun haben. Ich halte hier weiterhin Ausschau nach Erziehern, ein schlimmes Völkchen, und ich konnte mich bisher für keinen entscheiden, obwohl M-r. Tastevin[114], der zufällig davon hörte, einen der Kandidaten sehr lobte. Tastevin ist mit der Korrektur meiner Übersetzung[115] fast fertig, er verlangt 25 R[ubel] pro Druckbogen, was ich ihm gewährte. Er hat versprochen, sich über Gautier an Verleger in Paris zu wenden und mir diese Sache abzunehmen.

Wir hatten in den letzten zwei Tagen keinen Besuch, und dies macht mir das Leben leichter. Ich habe mich um die Kleinen gekümmert, mit ihnen Eier gefärbt, um sie zu unterhalten; ich habe geschneidert, die Korrespondenz erledigt, nur die Tante und Tastevin waren bei uns – und ich stillte, stillte, stillte. Der Knabe wächst und gedeiht, das Stillen geht unverändert schlecht, d.h., ohne Eis ging es bisher keinen Tag, und es ist immer noch ein wenig schmerzhaft. Milch habe ich bis jetzt genug. Doch meine Verdauung und die des Kleinen funktioniert immer noch nicht ohne entsprechende Mittel, das ist sehr unangenehm. Heute habe ich mich zum ersten Mal nach unten begeben und war für einige Minuten auf dem Balkon, doch ich fühle mich immer noch sehr schwach, meine Beine zittern. [...]

Ich küsse Dich, Sonja und Ilja[116]. Ljowa sagt über Sonja: »Wie gut und lieb sie ist.« Kolitschka[117] grüße ich. Der Kleine ist aufgewacht, lebe wohl.

Sonja.

Samstag, des Nachts.

[Lew Nikolajewitsch Tolstoj an Sofja Andrejewna Tolstaja]

[28. April 1888]

[Jasnaja Poljana]

Deine Briefe habe ich erhalten, liebste Freundin, und ich verüble Euch Euer Schweigen nicht, ebenso wie Ihr, wie ich hoffe, das meinige nicht verübelt und weiterhin schreiben werdet. [...] Mache Dir keine Sorgen um Iwan, mein Herz, und mache Dir nicht zu viele Gedanken. Gott hat ein Kind geschenkt, Gott wird ihm Nahrung schenken. [...] Kolitschka[118] und Dunajew[119] sind weiterhin bei mir. Wir verleben die Zeit hier sehr gut, Dunajew erfüllt die Rolle des Kochs sehr annehmbar, und ich tue gar nichts, sondern schone mich Deiner Anweisung entsprechend. [...]

Ich bitte Dich, mir alles zu schreiben, was bis zu Eurer Ankunft zu erledigen ist, ohne Details zu übergehen. Die Vorbereitungen bereiten mir großes Vergnügen. Ich werde gut durchlüften, und es wird keine Feuchtigkeit im Haus bleiben. Der Brunnen birgt keine Gefahr, denn die Stelle ist mit Erde zugeschüttet, doch er muß gerichtet werden, ich werde es anordnen. [...] A[lexander] Ja[kowlewitsch] hat sich vorgestern freigenommen, um für zwei Tage nach Hause zu fahren. Wenn er zurück ist, werde ich mit ihm alles besprechen und beginnen, das Streichen, die Vorbereitungen und was Du sonst noch zu tun mir aufträgst.

Was mich betrifft, so halte Dich nicht zurück und teile mir mit, sollte es Dir mit Iwan besser und fröhlicher zumute sein, wenn ich bei Dir bin. Es wird mir Freude und Glück sein, nach Moskau zu kommen, eine Arbeit wird sich auch dort finden. – So tue dies also. Mir ist so gut, leicht, seelenvoll und liebevoll zumute, wenn ich bei Dir bin, ebenso auch Dir, so hoffe ich. Das Wetter war erbärmlich, doch heute scheint es sich zu bessern. Ich küsse Euch alle. Ihr, liebe Mädchen, schreibt; und wenn die Knaben, unter Ljowas Anleitung, ebenfalls schrieben, wäre es noch schöner.

L. T.

[Sofja Andrejewna Tolstaja an Lew Nikolajewitsch Tolstoj]

[1. Mai 1888]

[Moskau]

Das Stillen geht überaus schlecht, liebster Freund. Eine Brust tut so weh, daß ich nach jedem Stillen schweißgebadet und fast hysterisch bin und die Tränen nicht zurückhalten kann. Welch höllische Schmerzen! Wie unnatürlich ist doch alles in der Welt! Tanja sah einmal zufällig, wie es mir beim Stillen ergeht

und sagte voller Bitterkeit: »Du mußt eine Amme nehmen.«
Doch bisher möchte ich dies nicht und bete zu Gott um Geduld. Ich habe so wenig Milch, und der Kleine hat so dünne Beinchen, ist an Antlitz und Gestalt derart mager, und es ist mir so weh, wenn ich ihn anblicke! Das ist wohl schon Schwäche und Zärtlichkeit des Alters gegen das Kleine und Hilflose.

Da ich vor Schmerzen weder mich bewegen noch arbeiten, noch irgend etwas mit der rechten Hand tun kann (auch das Schreiben ist schmerzhaft), sitze ich bewegungslos da und bin überaus unglücklich, denn ich sehe kein Ende meiner Schmerzen. All dies kam so plötzlich, unvermittelt, ohne jeglichen Grund. […]

Heute beim Essen vollzog sich ein kleines Drama: Serjosha machte Andrjuscha leise darauf aufmerksam, daß er schmutzige Hände habe, Mascha schnappte dies auf, und dann stürzten sich alle auf ihn, so daß er sogar zu weinen begann, vom Tisch aufstand, gar nichts aß und lange noch weinte. […] Ich mischte mich nicht ein, meine Nerven sind derart zerrüttet, daß ich selbst am liebsten in Tränen ausgebrochen wäre. […]

Gestern fragte mich Ljowa: »Mamá, sind Sie glücklich?« Ich war sehr erstaunt ob dieser Frage, wußte nicht sogleich, was antworten, und sagte dann: »Ja, ich glaube, ich kann mich glücklich schätzen.« Darauf wiederum fragte er: »Warum aber sehen Sie dann so gequält aus?« Ich erwiderte nichts, vermutlich scheint dies aufgrund aller meiner Sorgen, der Müdigkeit nach den durchwachten Nächten und der Schmerzen so. Ihm aber entgeht nichts, und er möchte, daß es allen wohl ergehen möge.

In unseren Briefen sind wir einander viel näher als im Leben. In den Briefen spricht man alles aus, was auch nur von geringstem Interesse sein kann, im Leben aber sehen wir uns so selten, die Dunklen[120] erringen zunehmend Macht über Dich, und es ist stets ein wenig peinlich, über alltägliche Kleinigkeiten zu sprechen, in einem Brief hingegen scheint selbst dies interessant.

Nun denn also, lebe wohl, laß uns nicht allzu lange ohne Nachrichten von Dir. Ich küsse Dich.

S.

1. Mai.

1889

[Sofja Andrejewna Tolstaja an Lew Nikolajewitsch Tolstoj]

[24. März 1889]

[Moskau]

Ich habe mich sehr gefreut, von Dir und über Dich eine Nachricht zu erhalten, lieber Ljowotschka[121]. Ich bin überzeugt, daß
es Dir beim Fürsten[122] sehr gut gehen wird [...]. Auch der Brief
des Fürsten, der über Deine Ankunft derart glücklich zu sein
scheint und so großen Anteil nimmt am Schicksal Maschas
und Pawel Iwanowitschs, hat mich sehr angerührt[123]. Vielleicht wird sich ja alles zum Guten wenden, doch wir liebten
und lieben uns auf andere Weise. [...]

Gestern abend saß ich mit Tanja, Ljowa und Lenotschka[124]
sehr traulich beisammen, und wir sprachen über Maschas Hei-
ratsabsichten. Alle verstehen dies nicht so recht, und wir alle
kamen zu dem Schluß, daß wir ihre Gefühle vielleicht nicht
ganz begreifen, aber daß auch irgend etwas nicht so ist, wie es
sein sollte. Lange schon haben wir uns nicht mehr so vertraut
unterhalten, wir sind ja so selten allein. Um die Wahrheit zu
sagen: Der einzige Vorteil Deiner Abwesenheit ist der, daß wir
von der Last befreit sind, eine Großzahl von fremden und häufig auch unangenehmen Menschen zu empfangen, deren Gesellschaft langweilig und schrecklich falsch ist, was aber wiederum der Grund dafür ist, daß Du nun nicht hier bist. Gestern
läuteten ein paar Dunkle, ich hieß, allen auszurichten, Du seiest bereits aufs Land abgereist und kämest nicht mehr zurück.

[…]

Die Kleinen schlafen, alle sind wohlauf, Wanetschka hustet ein wenig und Andrjuschas Hals ist etwas gerötet, doch all dies ist nicht schlimm.

Ich hoffe, Du wirst mir nicht allzu selten schreiben und bist nicht mehr verdrießlich gegen mich gestimmt, da ich immerfort besorgt um Dich bin und da es mir immer noch schwer, traurig und furchtbar ist, mich von Dir zu trennen. Ich küsse Dich und grüße Pawel Iwanowitsch [Birjukow], dem Fürsten schreibe ich eine gesonderte Antwort auf seinen liebenswürdigen Brief. Von Serjosha kam ein Brief, der ganz durchdrungen ist von den »Nibelungen«[125].

S. T.

24. März, Abend.

1889.

[Lew Nikolajewitsch Tolstoj an Sofja Andrejewna Tolstaja]

[24. März 1889]

[Spasskoje]

Bisher ergeht es mir hier überaus gut. Gestern wanderte ich lange durch die nahegelegenen Ortschaften, schrieb nicht, las und unterhielt mich mit Urussow und mit Poscha[126]. […] Das Leben hier auf den Dörfern ist, wie überall in Rußland, zum Weinen. Die Schule des Priesters hier besuchen 4 Knaben, während die Knaben des ½ Werst entfernten Nachbarorts, mehr als 30, des Lesens und Schreibens unkundig bleiben. Sie besuchen die Schule nicht, da der Priester sie nicht unterrichtet, sondern zu arbeiten nötigt.

Ich begegnete ein paar Bauern, elf an der Zahl. »Woher?« – »Man schickte uns zum Ältesten, wegen des Pachtzinses, und jetzt müssen wir vors Kreisgericht.« Mit einer Alten kam ich ins Gespräch; sie erzählte, daß alle jungen Frauen, auch aus ihrer Familie, in der 8 Werst entfernten Fabrik arbeiteten. Schlechtigkeit allerorten, wie Urussow zu sagen pflegt. [...] Überall derselbe traurige Anblick: die heruntergekommenen einfachen Leute, die sich selbst überlassen sind, ohne jegliche Hilfe von seiten der Starken, Reichen und Gebildeten. [...] Als ob alle annähmen, daß es um alles bestens bestellt sei und es unmöglich und unnötig sei, sich in irgendeiner Weise einzumischen, daß es entehrend sei oder eine Don Quichotterie. Alles beim Besten – die Kirche, die Schule, die staatliche Verwaltung, die Industrie und die Vergnügungen, und uns, den höheren Kasten, steht es an, einzig an uns selbst zu denken. Doch wenn man sich selbst betrachtete, merkte man, daß diese höheren Klassen sich in noch traurigerem, erbärmlicherem Zustand befinden.

Ich würde dem Fürsten gern »Über das Leben« zu lesen geben. Schicke bitte, so vorhanden, die russische Version, falls nicht, die französische[127].

Ich küsse Dich und alle Kinder.

Schicke mir alle Briefe nach.

L. T.

[Sofja Andrejewna Tolstaja an Lew Nikolajewitsch Tolstoj]

[28. März 1889]

[Moskau]

Zu unserer großen Freude erhielten wir zwei Nachrichten von Dir, liebster Freund, eine Postkarte und einen Brief sowie einen Brief des Fürsten. [...] Noch nie war ich derart gelassen bei einer Trennung von Dir. In meiner Seele bin ich immerfort bei Dir, und ungeachtet aller Zwistigkeiten weiß ich doch, sobald ich nur einmal tief in mich gehe, wie teuer Du mir bist und wie sehr ich Dich schätze und liebe. – Doch sei's drum. Ich weiß nicht, weshalb sich dieses Bekenntnis mir entrungen hat, das Du doch gar nicht brauchst.

Bei uns ist alles beim besten, bis auf meine Schmerzen beim Stillen – diese sind furchtbar. Die ganze Brust ist aufgequollen, sie brennt, ist verhärtet, es droht eine Entzündung, gegen die ich jedoch bereits energisch vorgehe. [...] Warum sich dies nun zum Ende des Stillens einstellt – ich begreife es nicht. Wanetschka ist wohlauf, und heute werde ich ihn zum ersten Mal baden. Gebe Gott, daß alles gutgeht.

Ljowa ist schrecklich beschäftigt, die Proben haben begonnen. Tanja arbeitet weiterhin an dem Portrait und widmet sich dem Klavierspiel. Die Kleinen gehen in den Pfützen spazieren – alle drei. [...]

Wie hoffnungslos ist doch Dein Brief mit seinem Blick auf die Menschen und auf Rußland! Doch Du hast ja recht; nicht umsonst sage ich, wenngleich halb im Scherz, in letzter Zeit stets: »Ich bin krank durch meine Abscheu gegen alles Russische.« Doch es ist nicht Abscheu, sondern [...]*, der einen erfaßt, wenn man auf all die einen umgebende [...]* blickt. Du hast stets sorgsam die Frage der Verpflichtungen gegen die Familie ausgelassen. Gäbe es diese Verpflichtungen nicht, die ich mir keineswegs ausdenke, sondern die mein ganzes Wesen bestimmen, so widmete ich mein Leben der Wohltätigkeit, um, wie Du sagst, nicht am Elend der niederen Klassen vorüberzugehen, sondern bemühte mich zu helfen, wo ich nur kann. Doch ich kann es nicht zulassen, daß aus unseren Kindern, die mir von Gott geschenkt wurden, ungehobelte und ungebildete Menschen erwachsen, während ich mich dem Wohl mir fremder Menschen widme. Vielleicht werde ich im Alter diesen meinen Traum erfüllen können.

Woran arbeitest Du? Brauchst Du niemanden für die Abschrift und die Korrekturen? Ich werde dies bereitwillig übernehmen, so Du es möchtest. Bitte verheimliche mir nicht, solltest Du krank werden, und mache keine Albernheiten, bei denen Du Dich erkälten könntest, ebenso wie Du Dich nicht überarbeiten und allzu schlecht ernähren solltest. Hast Du die Flanellunterwäsche mitgenommen?

---

* Textstelle im Original herausgerissen.

[…]
Lebe wohl, lieber Ljowotschka, ich küsse Dich. Ich hoffe, bald einen Brief von Dir zu erhalten […].

S. T.

28. März, abends.

1889.

[Lew Nikolajewitsch Tolstoj an Sofja Andrejewna Tolstaja]

[29. März 1889]

[Spasskoje]

Gestern erhielt ich, liebste Freundin, einen noch traurigeren Brief von Dir. Ich sehe, daß Du körperlich und seelisch leidest, und ich fühle mit Dir: Ich kann nicht glücklich und ruhig sein, wenn ich weiß, daß es Dir nicht gutgeht. Wie sehr ich mich auch wieder zu Kräften zu kommen bemühe, nach einem solchen Brief wird alles greulich und finster. Du zählst auf, was mich kaltließe, doch Du vergißt eines, welches alles andere einschließt und das mich nicht nur nicht kaltläßt, sondern mich in meinem Dasein mit am meisten bewegt – dies ist Dein ganzes Leben, alles, was Dich nicht kaltläßt, d. h. alles, was Dein Leben ausmacht. Und da ich nicht anders auf das Leben blicken kann, als daß ich das geistige Leben als das wichtigste empfinde, so höre ich auch nicht auf, an Deinem geistigen Leben Anteil zu nehmen, freue mich über seine Entwicklung, bin bekümmert, wenn es stillsteht, und bin stets voller Hoffnung, nein überzeugt davon, daß es in Dir stärker und stärker werden wird und Dich von Deinen Leiden befreien und Dir jenes Glück geben wird, an welches Du nicht zu glauben scheinst, welches ich aber immerfort empfinde, und zwar immer um so stärker, je mehr ich mich dem leiblichen Ende nähere.

Wäre nicht der Gedanke daran, daß es Dir nicht wohl ergeht, ginge es mir hier prächtig. Urussow ist ein überaus liebenswürdiger *hôte*[128]; ich fühle, daß ich ihm nicht zur Last falle, und dies ist wunderbar für mich. Ich stehe um 8 auf, schreibe (wie es scheint, sehr schlecht, aber immerhin schreibe ich) ohne Unterbrechung bis 12. Dann essen wir, danach gehe ich spazieren. Gestern wanderte ich 10 Werst weit zu einer riesigen Manufaktur, in der 3000 Frauen sich abquälen müssen, damit der Kattun billiger hergestellt werden kann und der Besitzer möglichst viel Gewinn macht, heute wanderte ich zum 3 Werst entfernten Nachbarort. Der Weg führt durch einen alten Nadelwald. Es war sehr schön. Die Lerchen sind schon zurückgekommen, doch es liegt noch viel Schnee. [...] Ich küsse Dich sehr und ebenso alle Kinder. Tanja sei bedankt für ihre Postkarte. Auch gegen einen Brief hätte ich nichts einzuwenden. Gebe nicht auf, Tanja! Der Fürst läßt grüßen. Ich bitte Dich, öfter zu schreiben, denn es wird auch außerhalb der festgelegten Tage Gelegenheiten geben, Briefe zu erhalten.

[Sofja Andrejewna Tolstaja an Lew Nikolajewitsch Tolstoj]
[31. März 1889]
[Moskau]
Heute erhielt ich von Dir einen so schönen, gütigen, tatsächlich liebevollen Brief, und sogleich ging es mir an der Seele besser, sogleich fühlte ich mich glücklich und alles ward leicht – sogar meine sich weiterhin verschlechternden, unerträglichen Schmerzen beim Stillen.
Wenn Du mich doch im Leben weniger belehren und mißachten würdest und dafür mehr lieben – um wie vieles besser wäre ich!
[...]
Über Deine Gesundheit schreibst Du gar nichts. – Du kannst Dir gar nicht vorstellen, wie glücklich ich bin, daß Du beim Fürsten bist und nicht an irgendeinem anderen Ort. Siehst Du, ich weiß, daß es Dir gutgeht und daß man für Dich sorgt und bin gar nicht traurig, rufe Dich nicht zurück; dies ist der Be-

weis, daß ich niemals daran denke, daß mir ohne Dich traurig zumute ist, sondern allein daran, daß es Dir wohl ergehe. [...]

Die Kleinen und Ljowa laufen immerfort zum Fluß, um nachzusehen, ob der Eisgang bereits begonnen hat, doch noch ist es nicht soweit. Im Garten liegt noch viel Schnee. Morgen ist schon der 1. April, heute ist Wanetschka ein Jahr, er wurde in derselben Stunde geboren, in der ich Dir nun schreibe. Er hustet wieder ein wenig, doch er ist unendlich fröhlich, möchte immerfort laufen, daß man ihn an den Händen führt. [...] Alle sind wohlauf, guter und einträchtiger Stimmung. [...] Nun also lebe wohl, liebster Freund, bald schreibe ich Dir wieder. S.T.

Freitag, den 31. März 1889.

[Lew Nikolajewitsch Tolstoj an Sofja Andrejewna Tolstaja]

[1. April 1889]

[Spasskoje]

Seit ich Dir das letzte Mal geschrieben habe, habe ich einen Brief von Dir und zahlreiche andere Briefe erhalten. Mir ergeht es hier weiterhin sehr gut. Heute schmerzte ein wenig der Magen. Ich schreibe dies der Tatsache zu, daß ich gestern Stör aß, vielleicht war es aber auch darin begründet, daß ich mich gestern überanstrengte, als ich Bäume fällte und sägte und das Holz zusammenlegte. Hier beginnt es zu tauen, und der Frühling bricht an. Gestern habe ich mich an die Korrekturen von »Über die Kunst«[129] gemacht, die Seiten sind über und über beschmiert (Urussow hat den Sohn des Diakons rufen lassen, der nun alles wieder ins reine schreibt), und habe im Wald mit den Bauern, die dort am Arbeiten waren, Bäume gefällt. Es machte großen Spaß, die großen Tannen fallen zu sehen und die duftenden, harzigen Äste zu sägen. [...] An den Tagen zuvor habe ich versucht, die Komödie[130] zu beenden; heute schrieb ich den letzten, den 4. Akt, doch was ich geschrieben habe, ist derart schlecht, daß es mir sogar peinlich ist, es Dir zur Abschrift zu geben. Doch wenigstens ist das Stück fertig. Und wenn ich wieder einmal Lust verspüre, mich damit zu beschäftigen, werde ich es überarbeiten.

[...]

Es interessierte mich sehr, wie Du meinen letzten Brief aufgenommen hast. Ich habe ihn nicht noch einmal durchgelesen, doch ich weiß, daß ich nicht das niedergeschrieben habe, was mir in jenem Moment oder bisweilen durch den Sinn ging, sondern das, was ich immerfort empfinde. [...] Nun denn, lebe wohl, ich küsse Dich und Tanja und Ljowa (was macht sein Gymnasium?). Und Andrjuscha (hat er immer noch Halsweh?) und Mascha und Sascha und Wanja. Kate[131] und Lambert[132] meine Hochachtung.

[Lew Nikolajewitsch Tolstoj an Sofja Andrejewna Tolstaja]

[21. Oktober 1889]

[Jasnaja Poljana]

Genau um dieselbe Zeit, als Dunjascha[133] abreiste, wurde aus Koslowka die Post gebracht, darunter ein Brief von Tanja[134]. Es scheint ihr sehr gut zu gehen. M-me Helbig[135] ist sehr gut zu ihr, und Rom mit seinen Schönheiten ebenso die Campagna, wo sich ihre Villa befindet, scheinen Tanja in Entzücken zu versetzen. Und es kann ja auch gar nicht anders sein. [...] Bei uns ist alles in bester Ordnung. [...] Ich habe heute den ganzen Tag bis 5 sehr konzentriert an der Überarbeitung immer desselben gesessen[136].

Die Kinder sind sehr artig, auch die Knaben. Alexej Mitrof[anowitsch][137] ist nicht nur ein sehr guter Pädagoge, sondern auch ein sehr guter Erzieher. Es ist sehr bedauerlich, daß Du keine ausländischen Erzieher finden kannst. Solltest Du wirklich keinen finden können, so sei aber nicht allzu beunruhigt. Wir können den Sprachunterricht unter uns aufteilen. Ich übernehme auch eine der Sprachen. Wanetschka ist sehr anhänglich. Er greift ganz vorsichtig nach meinen Beinen und versteckt sogar sein Köpfchen in meinen Knien, was mich sehr anrührt.

Das Wetter ist jämmerlich.

Küsse Ljowa von mir und sage ihm, er solle mir nicht böse sein ob meiner Erwiderungen auf seine Ausführungen.

Ich küsse Dich, liebste Freundin. Auf ein baldiges Wiedersehen.

L. T.

[Sofja Andrejewna Tolstaja an Lew Nikolajewitsch Tolstoj]
[25. Oktober 1889]
[Moskau]

Nun also ist mein erster geschäftiger Tag in Moskau vergangen, wie mögt Ihr den heutigen Tag in Jasnaja verbracht haben, ich hoffe, Ihr all seid gesund und es geht Euch gut? [...] Als ich am Morgen ankam, lag Ljowa noch im Bett. Er hat Schnupfen. [...] Dann machte ich Besorgungen und fuhr mit Ljowa zum Essen zu den Djakows, wo auch Lisa, Warja und Mascha waren, es war sehr nett. Ich ließ ihnen die »Kreutzersonate« da und ging noch auf einen kurzen Besuch zu den Schidlowskis [...], danach wieder zu den Djakows, um das Manuskript wieder abzuholen, habe das Ende gelesen. Ljowa ist bereits zu Bett gegangen, und nun schreibe ich Euch. Es tat mir so weh, daß ich gestern abreisen mußte, es war so schön, als wir alle gemeinsam nach Koslowka fuhren! [...]

Die Kreutzersonate hat bei allen großen Eindruck hinterlassen. Warja und ihr Mann lobten sie sehr, Mascha Kolokolzewa[138] war mit irgend etwas unzufrieden, Djakow machte Ausflüchte und schwieg, er sagte nur: »Das alles hat er selbst, wie wir alle, durchlebt.« Lisa trug nichts Besonderes bei. Am Samstag schicke ich die Erzählung nach Petersburg[139].

Lebt wohl, meine Lieben, bleibt mir alle gesund, heiter und artig. Ich erlaube mir nicht, mir Sorgen um Euch zu machen. Ich grüße alle und küsse Dich, Ljowotschka, die Mädchen und die Kinder.

S. T.

25., des Nachts.

IV. Im Hungergebiet –
Ein Versuch, das Haus zu verlassen

Als im Sommer 1891 etwa zwanzig Gouvernements in Süd- und Zentralrußland von einer Hungersnot heimgesucht werden, wendet man sich sofort an Tolstoj. Erschüttert vom Ausmaß des Elends organisiert der Schriftsteller mit Unterstützung seiner ältesten Kinder Garküchen, wo viele Hunderte Menschen täglich ein warmes Essen erhalten. Zwei Jahre widmet sich die Familie Tolstoj dieser Aufgabe. Tolstaja veröffentlicht einen Spendenaufruf, der auf großes Echo stößt und organisiert die von Spenden finanzierte Beschaffung von Lebensmitteln und deren Verschickung in die Hungergebiete.

Durch die Arbeit während der Hungersnot werden Ruhm und Popularität Tolstojs noch größer. Aus Angst, ihn zum Märtyrer zu machen und dadurch seinen Einfluß noch zu steigern, lassen sowohl Alexander III. als auch Nikolaj II. den Schriftsteller selbst zwar gewähren, seine Anhänger aber werden verfolgt. 1897 werden Wladimir Tschertkow und Pawel Birjukow des Landes verwiesen.

Im Februar 1895 stirbt der jüngste Sohn der Tolstojs kurz vor seinem siebten Geburtstag. Beide Ehepartner durchleben eine schwere Krise. Sofja Tolstaja findet Trost in der Beschäftigung mit der Musik und in der Bekanntschaft mit dem Komponisten Sergej Tanejew. Die Eifersucht Tolstojs ist derart groß, daß er seiner Frau am 8. Juli 1897 einen Abschiedsbrief schreibt und sie verlassen will. Doch er bleibt. Erst nach seinem Tod wird Tolstaja des Briefes gewahr. Ihre Hinneigung zur Musik und ihre Gefühle für Sergej Tanejew verarbeitet Sofja Tolstaja in ihrem Roman *Lied ohne Worte*, mit dessen Niederschrift sie im Oktober 1897 beginnt.

[Sofja Andrejewna Tolstaja an Lew Nikolajewitsch Tolstoj]

[29. März 1891]

[Moskau]

Liebe Freunde, ich bin gut angekommen, obgleich mich die ganze Fahrt über Alpträume und der Gedanke an die Krankheit Wanetschkas peinigtens. Ljowa traf ich beim Tee an und berichtete ihm über den Stand der Aufteilung des Besitzes, er erregte sich sehr und schrieb sogleich an Ilja[1]. Auch Ljowa ist für die Aufteilung, damit er ein einfacheres Leben zu beginnen vermag und damit alle wissen, was ihnen zufällt.

Ich war bei der Staatsbank und bei der Handelsbank, habe alles fristgemäß erledigt. Nunmehr bleiben noch zwei Stunden bis zur Abfahrt des Zuges, ich sitze mit Ljowa zusammen und schreibe Euch.

Ein Telegramm aus Petersburg habe ich noch nicht erhalten, warte voller Unruhe darauf. Telegraphiert morgen sogleich nach Petersburg. Gebe Gott, daß Ihr alle wohlauf seid! Ich wünsche den Mädchen, daß sie erleuchtet werden und sich amüsieren. [...] Lebt wohl, ich fahre ganz ohne Kraft und jenes innere Feuer, welches ich in dieser Angelegenheit brauchte, nach Petersburg, viel lieber kehrte ich nach Hause zurück[2]!

[...]

Ich grüße alle Hausgenossen und küsse Papá und alle Kinder.

S. T.

1 Uhr am Mittag.

29. März.

[Lew Nikolajewitsch Tolstoj an Sofja Andrejewna Tolstaja]
[7. Mai 1891]
[Jasnaja Poljana]

Nach Wanetschka hast Du gar nicht gefragt. Seine Magenverstimmung ist ganz und gar vorüber, er schlief früh und ruhig
ein. Ich habe heute sehr gut gearbeitet – geschrieben – und
fühle mich daher vergnügt und gut.

Wie geht es Dir? Du warst, so schien es mir, als Du abreistest,
traurig und nicht ganz wohlauf: Anrührend wehten Deine
grauen Haare im Wind. – Ich hoffe, daß Du beruhigt und gesund zurückkommen wirst. Dir stehen ja keine allzu aufregen-
den Aufgaben bevor, und die halbe Familie ist bei Dir, was
einen beruhigenden Einfluß haben sollte[3].
[...]

Maschas Übersetzung des Buchs über den Vegetarismus ist
nicht schlecht. Nun denn, lebe wohl, ich küsse Euch alle.
Andrjuscha ist, wie ich hoffe, weiterhin so fleißig wie hier.
L. T.

[Sofja Andrejewna Tolstaja an Lew Nikolajewitsch Tolstoj]
[7. Mai 1891]. Dienstag in der Nacht auf Mittwoch.
[Moskau]

Ihr Lieben Ljowotschka, Mascha und Ljowa, immer noch ist
kein Brief von Euch gekommen, ich hatte so gehofft, heute
einen zu erhalten. Wie ergeht es Euch? Mein Andrjuscha war
so aufgeregt, daß er in der letzten Nacht überhaupt nicht geschlafen hat. Am Morgen kam dann Alexej Mitrofanowitsch
[Nowikow], und um 11 Uhr machten wir alle uns zum Poliwa-
now-Gymnasium auf. Ich stellte die beiden vor, und sie wurden in die Liste eingetragen; ich unterhielt mich noch ein wenig
mit dem Religionslehrer und brach dann auf, um meine Verlagsangelegenheiten zu erledigen, über die ich nicht schreiben
werde, ich berichte mündlich davon, alles im Zusammenhang

mit der Zensur. [...] Um 4 Uhr war ich wieder zu Hause und traf dort strahlende Söhne an, die berichteten, der Religionslehrer sei sehr nett und sie hätten die Prüfung bestanden. Um 6 wurden sie dann noch in Französisch geprüft, Mischa darüber hinaus auch in Latein. Morgen hat Mischa Arithmetik, Andrjuscha um 6 Griechisch.

Obgleich wir den ganzen Abend Besuch hatten [...], habe ich etwas gearbeitet, allerdings nur ein Viertel dessen, was zu erledigen war, geschafft. Es gibt zahlreiche Subskriptionsanträge und auch Rechnungen, die durchgesehen werden müssen. Der Arbeit gibt es mehr und mehr, der Gesundheit indes immer weniger, der Husten ist schlimmer geworden. [...] Morgen früh gehen die Knaben zu ihren Prüfungen und ich zu den Banken und erledige mit meinem Gehilfen die restlichen Angelegenheiten. Tanja wird mit mir nach Jasnaja kommen, ich hoffe, daß wir Samstagabend abreisen können. Ich küsse und grüße alle. Bleibt gesund und heiter und einander wohlgesinnt. Was macht Maschas Heiserkeit? Und Wanetschkas Magen? Was macht meine rechte Hand[4]?

S.T.

[Lew Nikolajewitsch Tolstoj an Sofja Andrejewna Tolstaja]

[10. Mai 1891]

[Jasnaja Poljana]

Gestern wurde ein Telegramm für Dich gebracht, in dem es heißt: Die Kreutzersonate und das Nachwort sind zur Veröffentlichung zugelassen worden. Marjans, so scheint es. [...] Hier bei uns sind alle wohlauf und guter Dinge – außer mir, obgleich heute der Husten, der Schnupfen und die Kopfschmerzen besser waren. Was befand Fljorow[5]? [...] Soeben kam Wanetschka zurück, heiter, wohlauf, ganz zerstochen von den Mücken, er hat Farbe bekommen. [...] Am Sonntag werden

wir den Wagen nach Tula schicken, um Dich abholen zu lassen.
Ich küsse alle.
L. T.

[Lew Nikolajewitsch Tolstoj an Sofja Andrejewna Tolstaja]

[11. Juli 1891]

[Jasnaja Poljana]

Gestern habe ich es nicht geschafft, Dir, liebste Freundin, zu schreiben, doch ich hoffe, daß die Mädchen Dir alles ausführlich berichteten. Wie ich annahm, hatten meine Schmerzen in der Seite absolut nichts mit dem Magen zu tun. Sie sind fast ganz vergangen, und ich gehe bereits den zweiten Tag baden, ohne Schaden zu nehmen. Wie gehen Deine Angelegenheiten voran?

Ich habe in der letzten Zeit immerfort darüber nachgedacht, eine Erklärung über den Verzicht auf die Urheberrechte an meinen letzten Werken zu veröffentlichen, doch konnte ich zu keiner Lösung kommen. Ich glaube, es wäre gut, wenn Du in den Zeitungen folgendes unter Deinem Namen zur Anzeige brächtest (vielleicht als Brief an den Herausgeber):

Sehr geehrter Herr! In Ihrer hochgeachteten Zeitung bitte ich um Veröffentlichung nachfolgender Mitteilung:

Mein Gatte, L[ew] N[ikolajewitsch] Tolstoj verzichtet auf das Urheberecht an seinen zuletzt veröffentlichten Werken und befugt jedermann, diese ohne Zahlung von etwaigen Autorenhonoraren zu veröffentlichen. Dies betrifft folgende Werke: Wovon die Menschen leben. Lisch das Feuer, solange es glimmt. Die Kerze. Zwei Alte. Wo die Liebe ist, da ist auch Gott (aus dem Französischen). Texte zu Volksholzschnitten. Das Märchen von Iwan dem Narren. Wie der Teufel die Brotkante verdiente. Wieviel Erde braucht der Mensch? Der Täufling. Drei Weise. Macht der Finsternis. Was ist Glück? Über die Volkszählung in Moskau. Was sollen wir denn tun? Was ist Wahrheit in der Kunst? Die letzten Kapitel aus dem Buch Vom

Leben. Das Fest der Aufklärung am 12. Januar. Arbeitsliebe oder Der Triumph des Ackerbauers. Früchte der Aufklärung. Warum sich die Menschen betäuben. Die Kreutzersonate und das Nachwort dazu.

Mit dieser Bekanntmachung bitte ich alle, welche die Werke meines Mannes zu veröffentlichen gedenken, sich bei der Publikation an den Text der von mir herausgegebenen Werkausgabe zu halten.

Hochachtungsvoll

Gräfin Sofja Tolstaja

Ich glaube, daß dies eine gute Lösung wäre. Sollte Dir dies nicht zusagen, so schreibe die Bekanntmachung nicht unter Deinem Namen, sondern unter meinem. Dann folgendermaßen: Sehr geehrter Herr! Indem ich auf das Urheberrecht an meinen zuletzt veröffentlichten Werken verzichte, gestatte ich jedermann, diese zu veröffentlichen. [...]

Hochachtungsvoll usw.

L. Tolstoj.

Sollte Dir dies ebenfalls nicht zusagen, so lasse auch dies. Ich selbst halte es auch nicht für absolut notwendig: Eine solche Bekanntmachung hat gute und schlechte Seiten. – Wanetschka geht es sehr gut, und er ist sehr lieb. Auch alle anderen sind wohlauf und artig. [...] Auf Wiedersehen, ich küsse Dich.

L. T.

[Lew Nikolajewitsch Tolstoj an Sofja Andrejewna Tolstaja]

[12. September 1891]

[Jasnaja Poljana]

Anbei der Text an die Redaktionen, einschließlich Iw[an] Il[jitschs⁶]. Wie auch immer ich diese Angelegenheit betrachte, ohne Iw[an] Il[jitsch], d.h. mit dieser Ausnahme, verlöre die Erklärung jeglichen Sinn. Und die Erklärung nicht abzugeben, fiele mir außerordentlich schwer [...]. Ich bitte Dich, mein

Herz, denke »mit Gott« nach (»mit Gott« meine ich jenes Nachdenken im Angesicht Gottes vor dem Tod) und tue das mit dem richtigen Gefühl, daß es Dir selbst Freude bringt, da Du damit einen Menschen, den Du liebst, aus einem schweren Zwiespalt erlöst. Ich glaube, daß Du dabei keinen Schaden erleidest, wenn es aber der Fall wäre, so müßte Deine Freude um so größer sein, denn nur dann, wenn man irgendein Opfer für sie brachte, ist die gute Tat wahrhaft gut! [...]

Nun also helfe Dir Gott, das zu tun, was für Dich am besten ist! Du sollst aber nicht das Geringste mit Widerstreben tun! Ich für meinen Teil werde, ganz gleich, wie Du entscheidest, nichts als Zuneigung für Dich empfinden.

Wir erwarten das Telegramm und Deine Ankunft. Dieser Brief wird Dich vermutlich gerade noch erreichen.

Ich küsse Dich.

L.T.[7]

[Sofja Andrejewna Tolstaja an Lew Nikolajewitsch Tolstoj]

[9. September 1891]

[Moskau]

Heute war mir ohne Euch alle, meine Lieben, ganz besonders traurig zumute, es zog mich nach Hause, und ich sah Euch alle ganz lebendig vor mir. Ich weiß noch nicht, wann ich zurückkehre, habe noch nicht alles erledigt, und es tut mir weh, Andrjuscha und Mischa hier allein zu lassen. Gestern bat Andrjuscha ganz herzerweichend, ich möge nicht abreisen. [...] Die beiden sind wohlauf und haben sich an ihr neues Leben gewöhnt, obgleich Andrjuscha im Unterricht schlecht ist. Gestern waren sie mit dem Monsieur und Mitrocha[8] im Zoologischen Garten [...]. Ich verschloß die Tür und war ganz allein, las den 13. Band Korrektur. Dann deckte ich den Tisch, schleppte einen Eimer Wasser vom Brunnen herbei, und als die Kinder kamen, aßen wir. [...]

Am Nachmittag las ich erneut Korrektur des 13. Bandes, die Knaben machten ihre Aufgaben, und um 8 kamen Natascha Filosofowa[9] und Dunajew. [...] Sie berichteten von den Hungernden[10], und wieder ergriff es mich bis ins Herz. Man möchte das alles vergessen und die Augen davor verschließen, doch das ist unmöglich. Zu helfen ist unmöglich, so vieles wird gebraucht. Und doch merkt man hier in Moskau nichts davon! Alles ist beim alten, der alte Überfluß, die Pferde und die Geschäfte und alle, auch ich, kaufen alles und richten es sich in ihren blitzblanken Eckchen ein, von wo aus wir in jene weite Ferne schauen, wo die Menschen verhungern. Wenn die Kinder nicht wären, würde ich sofort mich aufmachen, um zu helfen, und wenn ich doch nur wenigen helfen könnte, so wäre es doch besser, als nur zuzusehen, bedrückt zu sein und zu helfen nicht die Kraft zu haben.

Es bleibt mir hier noch Arbeit für etwa drei Tage. Ljowa sagt, daß das Leben in Jasnaja auch ohne mich immer besser klappt, und ich schenke dem durchaus Glauben, doch irgendwann muß ich ja zurückkehren. Die unglückselige Aufteilung des Besitzes muß schließlich auch irgendwann einmal abgeschlossen werden. Ohne mich bewegt sich in dieser Angelegenheit doch gar nichts. – Tanja, kaufe bitte in Tula Weintrauben und Wassermelonen und gib sie den Kleinen zu essen, dies ist besser als Süßes. Und sollte es kalt werden, so heizt bitte die Öfen und setzt die doppelten Fensterrahmen ein. [...] Ich küsse alle.
S. T.

[Lew Nikolajewitsch Tolstoj an Sofja Andrejewna Tolstaja]
[27. September 1891]
[Jasnaja Poljana]
Als Vera[11] aus Moskau hierher zurückkehrte, erzählte sie uns, wie sehr Du Dich ob unseres Entschlusses[12] beunruhigst. Dies bekümmerte uns sehr, und zwar nicht, weil wir unsere Pläne

deshalb nicht in die Tat umsetzen könnten, sondern weil Dich dies bedrückt. Ich wiederhole, was ich Dir bereits im Zusammenhang mit der Erklärung bezüglich der Autorenrechte schrieb: das Wichtigste für mich ist, die Liebe und das Einvernehmen mit Dir nicht zu stören. Wir fahren nur für einige Zeit, eröffnen die Garküchen und kehren wieder zurück, werden alles tun, damit Du unbesorgt und beruhigt sein kannst. Hier sind alle gesund und munter, in Sonderheit auch ich. Gestern, als Du abgereist bist, fühlte ich mich kraftlos, doch heute nacht habe ich wunderbar geschlafen, habe deshalb heute viel geschrieben, bin weit gewandert und nach Jassenki geritten. Ich habe den Artikel über den Hunger begonnen, aber noch nicht zu Ende geschrieben, hoffe, ihn nicht zu verderben[13]. [...]
Ich küsse Dich und die Kinder.
L.T.

Von Feoktistow kam ein Brief für Dich des Inhalts, daß die Kreutzersonate nur für die Veröffentlichung in der Ausgabe der gesammelten Werke freigegeben worden sei. Sollte sie aufgrund meiner Erklärung jedoch auch als Einzelausgabe publiziert werden, so werde diese zur Veröffentlichung nicht zugelassen. Und er fragt, ob nicht ich, da dies für die Verleger einen finanziellen Verlust darstelle, öffentlich erklären könne, daß ich alles außer der Kreutzersonate zum Nachdruck freigebe.
Ich bin bereit zu erklären, daß mir bekannt sei, daß die K[reutzer]s[onate] von der Zensur nicht freigegeben werde; jedoch kann ich nicht schreiben, daß ich sie nachzudrucken nicht gestatte, denn dies entspräche nicht meinem Willen. Ich meine, wir sollten auf diesen Brief einfach nicht antworten.

[Sofja Andrejewna Tolstaja an Lew Nikolajewitsch Tolstoj]

[25. Oktober 1891]

[Moskau]

Nun reist also auch Ljowa ab[14]; der Schneesturm und die schreckliche Kälte heute sowie die ständigen Abreisen und das Leben getrennt von meinen Lieben ist, natürlich, sehr arg für mich, die ich hier zurückbleibe, gefesselt an mein Heim und ohne jegliche tätige Hilfe, allein mit der Sorge um Euch alle. Für die Hungernden ist die Qual eine körperliche, für uns Sündige dagegen ist es eine seelische und moralische, die noch schwerer zu ertragen ist. [...]

Ich schicke Mascha meinen Pelz und auch für Dich, Ljowotschka, habe ich preisgünstig einen erstanden. Ohne einen Pelz kann man sich im Winter nicht auf weite Wege begeben. Des weiteren schicke ich Euch 500 Rubel [...] und werde überlegen, was ich fernerhin unternehmen kann. – Deinen Artikel, lieber Ljowotschka, konnte ich leider noch nicht lesen. Grot[15] kam heute mit ihm vorbei, doch ich war nicht hier, und deshalb habe ich den Text bis jetzt nicht zu Gesicht bekommen. [...] Seid bedankt, daß Ihr so zahlreiche Briefe schreibt, bisher habe ich drei erhalten. Meine Gesundheit ist besser; in den letzten zwei Nächten hatte ich kein Fieber mehr und habe auch nicht mehr geschwitzt. Doch die Schwermut, die mich so sehr besorgt macht, läßt mich nicht los. Sobald es Abend wird, scheint alles finster, immerfort möchte ich weinen, es ist, als ob ich seelisch überlaufen wolle, es aber nicht kann.

Ich hoffe, daß Dein Schnupfen, lieber Ljowotschka, vorüber ist, sonst ist dies möglicherweise der Beginn einer Influenza. [...]

Wanetschka [...] ist sehr fröhlich, Sascha und die beiden Söhne ebenso. [...] Lebt wohl, Ihr alle meine Lieben, vergesst mich nicht und schreibt mir, wenn sich die Möglichkeit ergibt, ausführlich, wie Ihr Euch dort eingerichtet habt. Ljowa ertrinkt

im Meer der Steppe von Samara, um ihn mache ich mir die meisten Sorgen, doch ihn zurückzuhalten war unmöglich.
S.T.
25. Oktober 1891.

[Lew Nikolajewitsch Tolstoj an Sofja Andrejewna Tolstaja]
[26. Oktober 1891]
[Jasnaja Poljana]
[Zusatz zu einem Brief Maria Tolstajas]
Immer, wenn einem ein Brief gebracht wird und man aufgefordert wird: Schreib doch noch etwas darunter, weiß man gar nicht, was man schreiben soll. Vielen Dank für das Geld. Wir werden etwas damit anzufangen wissen. Mich quält im Moment immerfort folgende Frage: Gibt es in Rußland genügend Brot? Ich schreibe vielleicht darüber etwas für die Zeitungen; dies ist um so wichtiger, als der andere Artikel vermutlich von der Zensur nicht freigegeben werden wird – dies ist auch besser so. – Ich bin froh, daß Dein Fieber und die Schweißausbrüche vorüber sind. Nun wird sich vermutlich auch Dein seelischer Zustand bessern. [...] Du brauchst nicht bekümmert oder schwermütig zu sein. Die Kinder sind doch bei Dir: Wanetschka, der fleißige Andr[juscha], der guter Laune ist (Mischa wird sich bessern). Und auch wir werden ja bald schon wiederkommen. Ich küsse Dich zärtlich.

[Lew Nikolajewitsch Tolstoj an Sofja Andrejewna Tolstaja]
[2. November 1891]
[Begitschewka[16]]
Bis jetzt haben wir von Dir, liebste Freundin, keine Briefe erhalten, und ich bin Deinetwegen beunruhigt. Ich hoffe, morgen möglichst gute Nachrichten von Dir zu bekommen. Die Arbeit hier ist sehr beglückend, wenn man diese Aufgabe, die

im Elend der Menschen begründet liegt, so nennen kann. Drei Garküchen sind bereits eröffnet und versorgen die Menschen. Es ist anrührend zu sehen, wie wenig vonnöten ist, um zu helfen und, vor allem, gute Gefühle zu erwecken. Heute war ich in zweien, während sich die Bedürftigen versammelten und aßen. Und ich habe festgestellt, daß man sich an den Anblick des Leidens gewöhnt, und selbst das, was man für große Entbehrung und Not hält, einen kaum mehr erschüttern kann, denn bald schon sieht man woanders noch Schlimmeres. Und die Leidenden sehen dies auch. Unsere Mädchen sind sehr rührig und hilfreich, und sie spüren dies. [...] Die Errichtung der Garküchen ist eine prachtvolle Aufgabe. Die einfachen Menschen nehmen sich dessen an, als ob es ihnen vertraut und bekannt sei und blicken darauf, als ob es eben genau so und nicht anders zu sein habe. [...] Den Artikel habe ich geschrieben[17] [...], und mir scheint, er wird recht nützlich sein. Es wird dort nichts schöngeschrieben, dies ist nicht am Platze, sondern es ist etwas darin, das für alle wichtig ist und alle peinigt. Schicke ihn schnellstmöglich an die Rus[skije] Wed[omosti[18]], und wenn man Honorar dafür bietet, so nimm, so viel geboten wird, für unsere Garküchen hier. [...]

Schreibe mir bitte ausführlich über Dich, Deine Gesundheit und die Kinder. Ich küsse Dich, liebste Freundin, und die Kinder. Die Mädchen fügen sicher noch etwas hinzu. [...] Lebe wohl, auf bald.

[Sofja Andrejewna Tolstaja an Lew Nikolajewitsch Tolstoj]
[4. November 1891]
[Moskau]
Heute abend habe ich nun Deinen Artikel erhalten, lieber Ljowotschka[19]. Sogleich schickte ich Alexej Mitrofanowitsch mit einem Brief und dem Artikel zu Sobolewski[20], dem Redakteur der »Russkije wedomosti«. Morgen vormittag wird er mich

um 11 mit dem bereits gesetzten Artikel aufsuchen, und wenn die Zensurbehörden ihn freigeben, werden Alexej Mitrofanowitsch und ich sorgfältig Korrektur lesen. Habt Ihr meinen Brief[21] in den »Russkije wedomosti« vom 3. November gelesen? An einem Tag spendeten die Menschen daraufhin etwa 1500 Rubel. Schreibt mir baldmöglichst, wohin ich das Geld schicken soll. Ich schicke Serjosha, Ljowa und Euch jeweils 500 Rubel. Vermutlich wird noch mehr gespendet werden.

Es ist anrührend, wie die Leute mir das Geld übergeben. Der eine bekreuzigte sich beim Betreten des Hauses und überreichte mir einen Silberrubel, ein anderer (ein alter Herr) küßte meine Hand und sagte weinend: »Seien Sie, barmherzige Gräfin, bedankt und nehmen Sie meine bescheidene Spende.« Er gab vierzig Rubel. Es kamen Lehrerinnen, und eine sagte: »Ich konnte die Tränen nicht zurückhalten bei Ihrem Brief.« Ein Herr kam hoch zu Roß angeritten, der Kleidung nach zu urteilen, sehr wohlhabend, traf im Eingang auf Andrjuscha und fragte ihn: »Sind Sie Lew Nikolajewitschs Sohn?« – »Ja, das bin ich.« – »Ist Ihre Frau Mutter zu Hause? Geben Sie ihr dies.« Und ritt von dannen. Im Umschlag waren 100 Rubel. Kinder kamen und brachten 3, 5, 15 Rubel. Eine Dame brachte ein Bündel alter Kleider. Eine elegante junge Dame sagte aufgeregt: »Ach, welch herzbewegenden Brief haben Sie geschrieben! Nehmen Sie, dies ist mein eigenes Geld, meine Eltern wissen nicht, daß ich es fortgebe. Doch dies macht mich glücklich!« Im Umschlag waren 101 Rubel und 30 Kopeken. Braschnin[22] brachte 200 Rubel.

Ich weiß nicht, wie Ihr meinen Schritt beurteilt. Doch es war mir so schwer, hier in Moskau zu sein, ohne an Eurer Arbeit teilhaben zu können, und seit ich den Brief geschrieben habe, geht es mir auch körperlich besser; ich führe eine Liste in einem Buch, gebe Belege aus, spreche mit den Menschen und bin froh, daß ich Euch unterstützen kann, wenngleich mit fremdem Geld. [...] Sobald ich weiteres Geld erhalte, schicke ich es

Euch, doch ich bitte Euch sehr, eine sorgfältige Aufstellung der Ausgaben zu führen, was und wo für dieses Geld gekauft worden ist, wer Unterstützung erhielt, in welchen Ortschaften, denn über die Verwendung der Spenden muß ein Rechenschaftsbericht veröffentlicht werden.

[...]

Hier sind alle wohlauf, es herrschen 11 Grad Frost, die Kleinen bleiben im Hause, Andrjuscha und Mischa besuchen das Gymnasium. Ich unterrichte täglich Sascha, gehe meiner Arbeit nach und sitze, dem Rat des Arztes folgend, ruhig zu Hause, heute geht es mir bereits viel besser. – Von den großen Söhnen habe ich bisher keine Nachrichten, die meisten Sorgen mache ich mir um Ljowa. – Gib auch weiterhin auf Dich acht, lieber Ljowotschka, iß ausreichend und gut, Dein Organismus braucht jetzt viel Kraft. – Eure Briefe machen mich glücklich und sind überaus interessant, schreibt mir oft. Grüßt Iwan Iwanowitsch von mir. [...]

Ich küsse Mascha, Vera, Tanja und Dich. Bleibt gesund und behüte Euch Gott. Irgendwann werden wir uns alle wiedersehen! Ich versuche, gar nicht daran zu denken, um nicht von Ungeduld ergriffen zu werden.

Lebt wohl.

S.T.

[Lew Nikolajewitsch Tolstoj an Sofja Andrejewna Tolstaja]

[7. November 1891]

[Landgut der Mordwinows]

[...] Gestern, liebste Freundin, fragte ich mich: Was macht mir denn so zu schaffen und mich so traurig? Und beantwortete mir diese Frage: Du, Deine schlechte Gesundheit und seelische Stimmung. Gott sei es gedankt, daß es Dir mittlerweile besser geht.

Bei uns gibt es nichts Besonderes. Mascha besucht täglich die drei Garküchen im Bezirk Rychot in 4 Werst Entfernung. Dort gibt es viel zu tun – man muß die Hausfrau beaufsichtigen (in deren Haus die Ausspeisung untergebracht ist), die Bittsteller einlassen und Versuche des Mißbrauchs zurückweisen. Die gibt es auch hier. [...] Tanja hat sich das nächstgelegene größere Dorf vorgenommen, wo von der Bezirksverwaltung bereits Mehl ausgegeben wird, doch ungeachtet dessen gibt es dort immer noch viele Bedürftige, denen sie helfen möchte. Heute wollte sie damit beginnen. Vera unterrichtet in der Schule, sie ist voller Begeisterung bei der Sache; bisweilen ist sie mit unseren Töchtern unterwegs. Ich wandere oder reite in die drei Garküchen im Bezirk Rychot, des Morgens schreibe ich. [...] Ich beende gerade mein großes Werk[23]. [...] Heute will ich noch einen Artikel mit der Beschreibung der Garküchen abfassen. Dies ist überaus wichtig. Wie man sie einrichtet, damit ein jeder wisse, wie man dieses wundervolle, einfache, praktische, dem Volk nahe Mittel, das besser als alle anderen ist, nutzen kann. Dies ist um so bedeutsamer, als Du in Deinem Aufruf davon sprichst. Dein Aufruf ist sehr gut. Nur, daß Du über uns anscheinend voller Lob sprichst, ist mir unangenehm. Doch insgesamt ist er sehr gut. [...] Ich habe gestern den ganzen Vormittag zu Hause verbracht und beschloß daher, 4 Werst am Don entlang zu den Mordwinows[24] zu wandern. Dies ist ein prachtvoller Spaziergang. Tanja wollte mich begleiten, dann beschloß auch Iw[an] Iw[anowitsch], sich uns anzuschließen, dann auch noch Mascha [...]. Es schneite und ging starker Wind. Und nachdem wir hier angekommen waren und einige Zeit zusammengesessen hatten, erwies es sich, daß die Rückfahrt unmöglich sei – der Schneesturm war zu stark geworden. So blieben wir also und übernachteten hier. [...] Nun ist es Morgen, und ich schreibe Dir von den Mordwinows, vor allem auch deshalb, da Du, solltest Du von dem Schneesturm gehört haben, Dich unseretwegen beunruhigen wirst. [...] Dies sind alle Neuigkeiten. Ich küsse Dich und die Kinder und warte auf gute Nachrichten von Dir, ebenso wie ich hoffe, Dir gute senden zu können.

L. T.

[Sofja Andrejewna Tolstaja an Lew Nikolajewitsch Tolstoj]
[6. November 1891]
[Moskau]

Eigentlich möchte ich Euch nicht beunruhigen, meine Lieben, doch allzu bang ist mir heute zumute: Alle Kinder liegen im Bett. Wanetschka hat 39,3° Fieber, es tut ihm nichts weh, jetzt ist es 12 Uhr, und er schläft.

Andrjuscha hat 38,3°, sein Hals ist gerötet. Mischa hat 38°, auch ihm tut nichts weh, nur ein wenig schmerzt es unter der Schulter. Sascha hatte die ganze Nacht über Zahnschmerzen, auch ihr Hals ist ein wenig gerötet. Alle liegen sie im Bett. [...]

Nun zu Euren Angelegenheiten: Auf meinen Aufruf in den »Russkije wedomosti« hin wurden insgesamt 3200 Rubel gespendet. Gestern brachte die Morosowa[25] 1000. [...] Ich warte auf Eure Mitteilung, wohin ich Euch 1200 Rubel schicken lassen soll. Und ich bitte Tanja inständig, sie möge peinlich genau notieren, wofür das Geld ausgegeben wird – je genauer und anschaulicher, desto besser –, denn es muß ein Rechenschaftsbericht veröffentlicht werden, es gab zahlreiche Andeutungen diesbezüglich.

Dein Artikel, lieber Ljowotschka, ist heute erschienen. [...] Ihr werdet vermutlich die Zeitungen erhalten, doch ich lege zwei Exemplare der »Russkije wedomosti« bei. Soeben war Sobolewski hier und überbrachte 273 Rubel Honorar für den Artikel. Sobald ich von Euch Nachricht erhalte, kann ich also noch mehr Geld schicken, vielleicht ergibt sich ja die Möglichkeit, eine Wagenladung Getreide o. ä. zu kaufen. [...]

Den ganzen Tag über nehme ich Spenden entgegen; nun hängt also alles von Euren Weisungen ab. Gestern erschien eine Lehrerin, brachte 10 Rubel und sagte: »Von meinen Kindern und mir« und brach in Tränen aus. Nur sehr schwer konnte ich sie beruhigen. Sie war wirklich nett und noch sehr jung. Sie bot an, über die Feiertage jemanden in den Garküchen abzulösen. Früher war sie Dorfschullehrerin und kennt die Bauersleute und das Dorfleben. Die Reaktion der Öffentlichkeit auf meinen Aufruf und die Bereitschaft zu spenden ist anrührend. Fast alle Frauen sagen: »Als ich Ihren Brief las, mußte ich weinen, möge Gott Ihnen helfen!«

Dein Bruder hat Deinen Artikel gelesen, Ljowotschka. Zuerst stöhnte er auf, sagte, das werde einen Aufstand geben, doch dann meinte er: »Aber das Ende ist gut, sehr gut« [...] und befand, er sei sehr gut geschrieben. Ein Kaufmann brachte 26 Rubel und sagte: »Längst hätte ein solcher Artikel geschrieben werden sollen, Dank dafür an Lew Nikolajewitsch.«

Erneut habe ich den Brief unterbrochen. Filatow[26] war soeben hier. Er sagte, es sei eine Influenza-Epidemie, nichts Beunruhigendes, in drei Tagen seien alle wieder wohlauf. Ich möge sie vor Kälte schützen und möglichst lange nicht nach draußen lassen. [...] Mischa und Sascha spielen gerade Halma. Wanetschka schläft. Andrjuscha liest Papás Artikel. [...] Auch Serjosha habe ich gebeten, mir mitzuteilen, wohin ich ihm das Geld schicken soll. Von Ljowa habe ich immer noch nichts gehört. Auch für ihn liegen 1000 Rubel bereit.

Nun denn also, lebt wohl, ich küsse Euch alle. [...]

S. T.

[Lew Nikolajewitsch Tolstoj an Sofja Andrejewna Tolstaja]
[9. November 1891]
[Begitschewka]

Deinen Brief, liebste Freundin, brachte uns Rajewski mit, und es stünde alles zum Besten, wäre da nicht die Influenza der Kinder. Dieses Mal ganz besonders: *I hope*[27], daß es ihnen mittlerweile besser geht und die Krankheit bereits vorüber ist und daß Du Dich nicht allzu sehr überanstrengt hast. [...]

Gestern ritt ich mit Mascha in unsere Garküchen in Tatischtschewo in 5 Werst Entfernung, Tanja war in ihrer hier in der Nähe. [...] Die Zeit geht ins Land, und die Vorräte gehen zur Neige. Jene, welche keine Not litten, werden zu Bedürftigen, und es scheint mir, daß sich im Volk Aufregung, Unzufriedenheit und Ansprüche erheben. Einer der Bauern hier aus der Gegend hat sich, wie man so sagt, auf Schusters Rappen nach Moskau aufgemacht, um dort Beschwerde einzulegen, da der Bevölkerung nicht genügend Getreide ausgegeben werde, worauf S[ergej] Alex[androwitsch[28]] geantwortet haben soll, allen werde gegeben, und nun hetzt der Bauer hier die Bevölkerung auf. Wir haben beschlossen, fast die gesamten 1100 R[ubel], die wir von Dir erhalten, für Brennholz aufzuwenden, das hier in der Gegend angeboten wird. Dies wird am nötigsten gebraucht und ist am schwersten zu beschaffen. Getreide wird wohl, da die Bezirksverwaltung nun welches gekauft hat, für die Hälfte reichen, doch Brennholz gibt es so gut wie nicht. Das Brennholz wird nicht weit entfernt verkauft, und der Preis ist günstig, 18 R[ubel] pro Sash[en]. Es wird an die Garküchen und an die Bedürftigen direkt verteilt. [...]

So vieles würde ich gerne schreiben, doch in den letzten zwei Tagen will es mir, obgleich ich mich sehr gut fühle, nicht recht gelingen. Ich würde gern ein Résumé zu meinem großen Aufsatz[29] verfassen und einen Artikel über die Garküchen, welche meiner Ansicht nach das beste Mittel zur Unterstützung der Bevölkerung sind, daran habe ich heute gearbeitet. Dies ist es, was am nötigsten gebraucht wird, und ich möchte diese einfache und praktische Art der Hilfe mit anderen teilen. [...]

Ljowas wegen machte ich mir Sorgen, wenn ich nicht wüßte, wie langsam und schwierig dort der Postweg ist. Lebe wohl mein Herz, ich küsse Dich und die Kinder.

L. T.

[Sofja Andrejewna Tolstaja an Lew Nikolajewitsch Tolstoj]

[12. November 1891]

[Moskau]

Anbei sende ich Euch die Quittungen über die Erbsen und Linsen für Eure Garküchen. Bedauerlicherweise mußte für die Zustellung bezahlt werden; hätte ich über Formulare des Roten Kreuzes verfügt, hätten sie umsonst transportiert werden können. Ich weiß nicht, wem ich die Baumwolle mitgeben soll, die die Morosows spendeten. Ich warte, bis ich eine Möglichkeit finde, sie unentgeltlich zu versenden. Allen Berichten nach zu urteilen, die ich von Euch und von anderen erhalte, scheint jegliche Unterstützung, gleich einem Stück Zucker, das man ins Wasser wirft, umgehend dahin zu sein. [...]

Heute besuchte mich Grot und berichtete, der Artikel »Eine furchtbare Frage« habe bei der Regierung Unmut hervorgerufen. »Wir sind von diesem Artikel entsetzt«, soll der Minister für Innere Angelegenheiten gesagt haben. [...] Gleichwohl wurde nach Veröffentlichung des Artikels Anordnung getroffen, bis zum 20. November den Getreidebestand im gesamten Land zu ermitteln. Es heißt, von höchster Stelle werde Order erlassen, daß alle, die Getreide besitzen, dies der Regierung zu einem festgesetzten Preis zu verkaufen hätten. Ich bin der Ansicht, dies hätte schon längst geschehen sollen. – Ich habe mittlerweile etwa 10 000 an Spenden erhalten. Davon übergab ich 3000 Pisarew[30], der sie an Dich, Ljowotschka, weiterleiten wird. Er schlägt vor, davon Roggen zu kaufen; besprich Dich mit ihm. Was die Menschen mir mit solch großer Herzlichkeit geben, muß bestmöglich verwendet werden. Auch weiterhin erhalte ich viele anrührende Briefe.

Sascha ist wieder krank geworden, sie hat hohes Fieber und starke Halsschmerzen. Jetzt hat die Krankheit auch sie getroffen. Zuerst hatte sie ein Zahngeschwür, nun die Influenza.

Heute schreibe ich an das Ministerium für Innere Angelegenheiten bezüglich des Artikels in den »Moskowskije wedomosti«. Mir scheint, sie wollen mit ihren Artikeln eine Revolution anzetteln, indem sie die Artikel eines Tolstoj, Grot und Solowjow[31] gleichsetzen mit einer liberalen Partei, welche ihrer Meinung nach gerade an Auftrieb erhält, indem sie die Notlage des Volkes für ihre politischen Ziele zu nutzen sucht. Die ganze Gemeinheit dieser Angelegenheit darzulegen ist schwierig. Besorgt Euch die »Moskauer wedomosti« vom 9. und 11. November und lest nach[32]. Der Gedanke, den ich dem Minister darlegen möchte, ist folgender: Wenn man die Revolutionäre auf diese vermeintliche Unterstützung durch die herausragendsten Vertreter der Intelligenzija und den Einfluß auf die Stimmung in der Bevölkerung verweist, dann werden sie dies glauben und sich erneut erheben. In der jetzigen Situation jedoch wäre dies schrecklich, ja geradezu gefährlich. – Ich habe erst gestern erfahren, daß zwei der wichtigsten Persönlichkeiten bei den »Moskowskije wedomosti« einstmals der revolutionären Bewegung angehörten und sich nun den Anschein geben, regierungstreu und rechtgläubig zu sein[33]. – Doch wie schwer gelingt es ihnen, diesen Schein zu wahren!

Eure Briefe, lieber Ljowotschka und liebe Tanja, habe ich erhalten. [...] Auch Iw[an] Al[exandrowitsch[34]] schreibt, daß Ihr alle wohlauf seid und sehr heiterer Stimmung: daß Ihr alle, sogar Lew Nikolajewitsch, bei den Mordwinows Karten spieltet. Wie heiter ist es doch, wenn man keine unmittelbaren Verpflichtungen hat! Wenn Ihr Euch einmal 10 Tage lang um launenhafte kranke Kinder zu kümmern hättet, so wäret Ihr nicht mehr so guter Stimmung. Und dazu bin ich selbst ja auch nicht ganz gesund. – Mir scheint, daß Ihr Euch an den Anblick des Elends schon gewöhnt habt und nur mir hier in Moskau sich alles als abgrundtief schlimm darstellt. – Ich bin froh, daß Euch die Influenza noch nicht erreicht hat und Ihr frei seid von der erdrückenden Atmosphäre hier in Moskau. [...] Lebt wohl, schreibt mir aufrichtig, welches Eure Pläne und Absichten sind. Nur um eines bitte ich Euch, nämlich meinetwegen keinen

Schritt, den Ihr zu tun gedenkt, zu unterlassen oder irgend etwas an Euren Plänen zu ändern. Ich bin keineswegs in der seelischen Verfassung, Eure unausgesprochenen Vorwürfe ertragen zu können, solltet Ihr meinetwegen zurückkehren.

Lebt wohl! Johannes von Kronstadt[35] hat mir 200 Rubel geschickt. Von Ljowa habe ich eine Postkarte vom Landgut Bibikows erhalten. Dort herrscht wirkliches Elend! Ich küsse Euch alle.

S. T.

[Lew Nikolajewitsch Tolstoj an Sofja Andrejewna Tolstaja]
[19. November 1891]
[Begitschewka]

Von verschiedensten Seiten hast Du Nachrichten von uns, und doch möchte ich Dir schreiben. Vorgestern erhielten wir zwei Briefe von Dir, und in ihnen ist eine bittere Note zu spüren, die mir sehr schmerzlich war. Du scheinst immer noch verletzt, so daß ich sogleich von hier abreisen wollte, aber die Mädchen meinten, es sei besser, wenn wir alle gemeinsam führen. Wir berieten uns und beschlossen, weitere Nachrichten von Dir abzuwarten, doch baldmöglichst alle gemeinsam nach Moskau zurückzukehren, nachdem wir die Arbeit hier jemand anderen übergeben haben. Die drei Mädchen husten alle und haben Schnupfen, ansonsten geht es ihnen gut. Mir selbst geht es bestens. Seit langem hatte ich nicht einmal mehr Sodbrennen. Gestern abend schrieb ich fleißig an meinem Artikel, in dem ich unsere Arbeit hier beschreibe, heute wachte ich um 7 Uhr auf und schrieb sogleich weiter, ohne auch nur einmal das Zimmer zu verlassen. Ein Artikel ohne Tiefe, doch wichtig dadurch, daß er anderen eine Anleitung zur Einrichtung von Garküchen sein kann.[...] Um 10 Uhr ritt ich zu den entfernteren Küchen und war bei prachtvollem Wetter bis 5 Uhr unterwegs. Die Situation wird zunehmend angespannter: Die letzten Vorräte schwinden und die Zahl jener, die gar nichts mehr haben, steigt stetig. [...]

Deine, d.h. die von Dir gesammelten Spenden, sind überaus hilfreich. Beeindruckend sind die 1500 Arschin Stoff, absonderlich die Nudeln. Die wird man an den Feiertagen verteilen. Der Stoff wird überaus benötigt. Ich sah hier eine Witwe mit Kindern, die absolut nichts anzuziehen haben. Nur der Knabe kann das Haus verlassen. Eine solche Armut habe ich noch niemals gesehen. Tanja hat heute einen kurzen Brief an die Zeitungen verfaßt (ich weiß allerdings nicht, ob sie ihn abschickt), in dem sie beschreibt, welch guten Einfluß es auf die Bevölkerung hat, daß fremde Menschen für sie Garküchen einrichten, daß jemand sich ihrer annimmt. [...] Nun lebe wohl. Ich küsse Dich und die Kinder, angefangen bei Wanja, über Sascha, M[ischa], A[ndrjuscha] bis zu Ljowa. Ich hoffe auf ein baldiges Wiedersehen. Gebe Gott, daß ich Dich wohlauf antreffe. Was, d.h., welche Nachrichten von Dir mag die Post morgen nur bringen?

L.T.

[Sofja Andrejewna Tolstaja an Lew Nikolajewitsch Tolstoj]

[20. November 1891]

[Moskau]

Sei bedankt, lieber Ljowotschka, für Deinen Brief und die Artikel. Gestern abend waren Grot und seine Frau sowie Lisa und Mascha bei mir zu Besuch, und ich las ihnen vor, was Du geschrieben hast. Alle fanden die Erzählung überaus interessant und bedauerten sehr, daß es noch keine Fortsetzung gibt[36]. – Es ist sehr anschaulich, wie die Leute Jagd auf die Hühner machen. Es ist klar, was das Anliegen ist; auch scheinst Du niemanden beschuldigen zu wollen. Und doch glaubt man den Schuldigen zu erkennen. Was den kurzen Artikel betrifft, so ist meine Meinung folgende: Als Bericht ist er nicht umfassend genug und zu ungenau; als Artikel indes nicht von Interesse, weil er das Gefühl nicht anspricht. Er ist etwas unbefriedigend. Verzeih, daß ich Dir dies sage. Dein Artikel über den Hunger ist unwiderruflich verboten.

[...]

Seit Ljowa aus Samara zurückkehrte, fühle ich mich erleichtert und glücklich. Besonders schön ist aber, daß alle Kinder wieder wohlauf sind; Wanetschka war heute zum ersten Mal wieder an der Luft; in zwei Tagen darf auch Sascha wieder hinaus.

[...]

Es war mir nicht sehr angenehm, daß Ihr Ljowa und Natascha[37] als Eure Sachwalter hierher geschickt habt, damit sie meine Haltung hinsichtlich Eures weiteren Aufenthalts erkundeten. Ihre diplomatischen Bestrebungen waren allzu leicht zu durchschauen. Brauchen wir denn Diplomaten, die zwischen uns vermitteln? Da verstehe ich Tanja viel besser, die mir schrieb: »Sollte meine Anwesenheit erforderlich sein, so werfe ich hier alles hin und komme umgehend zurück.« Es ging mir bisweilen durch den Sinn, ob ich ihr schreiben solle, daß ich ihre Hilfe brauche. Allzu schwer und sorgenvoll war doch die Zeit, als die Kleinen krank waren. – Ich hatte insgeheim darauf gerechnet, daß Du Mitleid mit mir empfinden und für ein paar Tage kommen würdest. Doch wieder einmal hatte ich mich getäuscht. [...] Nun ist ja wieder alles in Ordnung, mein Leben, meine Arbeit und mein Herz. Und ich brauche niemanden. – Mögen alle auch weiterhin ihren Aufgaben nachgehen. Und Eure Aufgabe ist zweifellos eine dankbare und notwendige. Ich nehme von ganzem Herzen Anteil daran und unterstütze sie, wo ich nur kann. [...] Der Spenden wird es immer weniger, und bald werden sie wohl ganz versiegen, wer geben wollte, hat dies getan. – Den größten Teil gebe ich Ljowa; dort wird die Hilfe am meisten gebraucht, das Elend dort ist fürchterlich. [...] Ich habe große Angst um ihn, um seinen seelischen und körperlichen Zustand. Es ist belastend, in solch

jungen Jahren eine derart weitreichende Aufgabe zu übernehmen; gleichwohl halte ich es für gut, daß er wieder dorthin
fährt. – Ohne ihn wird es hier erneut leer und traurig sein. Aber
was soll man machen – die Zeiten erfordern es nun einmal.
[...] Ich küsse Dich und Euch alle. Mascha ist, wie ich mir
denke, glücklich, daß sie nun eine wirklich wichtige Aufgabe
gefunden hat. – Nun denn also Ljowotschka, sei aufrichtig und
gut gegen mich, nur dies wünsche ich mir. – Nur dies ist es, was
ich mir wünsche und daß es Euch allen gut gehe.
S. T.

[Lew Nikolajewitsch Tolstoj an Sofja Andrejewna Tolstaja]
[25. November 1891]
[Begitschewka]
Gestern, am 24., erhielten wir zwei Briefe von Dir, liebste
Freundin. Deine Vorwürfe meiner vermeintlichen Diploma-
tie wegen sind ganz verfehlt. [...] Schon in der letzten Woche,
als ich Deine Briefe erhielt, wollte ich eilends zu Dir reisen,
doch die Mädchen baten mich, zu warten, und nun ist Iw[an]
Iw[anowitsch] erkrankt. [...] Es geht ihm noch nicht besser.
Heute sagt man, es sei die Influenza, früher nannte man es
Hitze. Er liegt mit fast 39° darnieder, redet im Fieberwahn und
atmet schwer.
[...]
Gestern erhielten wir die 2000 an Spenden und die Briefe. Die
Garküchen breiten sich aus wie eine Flechte. Mittlerweile gibt
es hier insgesamt 30, und sie laufen gut. Gestern abend besuchte ich zwei. Es ist anrührend zu sehen, wie die Kinder mit
ihren Löffeln in der Menge dorthin strömen. Es war auch ein
Betteljunge aus einem anderen Dorf darunter. Man lud ihn
ein, gab ihm zu essen und ließ ihn dort im Speisesaal auch
schlafen. – Ich habe Dir versehentlich den Beginn einer neu-
en Erzählung geschickt. Obgleich Du sonst stets alles im vor-

aus weißt, hast Du den Ausgang der Erzählung nicht ergründet. Bitte schreibe sie ins reine und schicke sie mir, sollte ich nicht bald zurückkehren. Ich komme nach Moskau, sobald es Iw[an] Iw[anowitsch] besser geht.

Als ich gestern Deine Briefe las, wollte ich Dich von ganzem Herzen, welches ich Deiner Meinung nach nicht habe, nicht nur sehen, sondern bei Dir sein. – Den Artikel, den ich für Grot geschrieben habe, laß bitte in der letzten Fassung – ohne die Abmilderung, die Grot vornahm, doch mit jenen Änderungen, um die ich ihn bat – abschreiben und schicke ihn nach Petersburg an Hansen[38] und Dillon[39] und nach Paris an Galperin[40]. Soll er doch dort veröffentlicht werden. Von dort wird er auch nach Rußland gelangen, die Zeitungen hier werden ihn nachdrucken. [...]

Wir alle sind wohlauf. [...] Küsse Ljowa und Andrjuscha, Mischa, Sascha, Wanja von mir.

[Lew Nikolajewitsch Tolstoj an Sofja Andrejewna Tolstaja]
[28. November 1891]
[Begitschewka]

Du weißt schon von dem furchtbaren Ereignis[41]. Nun ist es 12 Uhr in der Nacht des 27., das Haus ist voll von Verwandten und Freunden, die gekommen sind [...]. 1 1/2 Tage sind vergangen, seit er starb. Er starb ohne Schmerzen – Influenza, die zu einer Lungenentzündung wurde. Wanja[42] traf ihn noch lebend an, doch er war bereits ohne Bewußtsein. Jel[ena] Paw[lowna[43]] tut mir unendlich leid, ebenso seine Kinder. [...] – Wir alle sind wohlauf und würden nach der Beerdigung gern noch ein paar Tage bleiben, damit bei den Menschen nicht der Eindruck entsteht, mit dem Tod Iw[an] Iw[anowitsch] fände die gesamte Arbeit hier ihr Ende. Ich sage: Wir würden gern, doch alles hängt davon ab, ob Du tapfer bist. Ich verstehe, daß Dir schrecklich bange zumute ist, zugleich aber weiß ich auch, daß zur Beunruhigung keinerlei Anlaß besteht. – Alles wird sich ergeben. Das einzige, das ich sicher weiß, ist, daß ich Dich von ganzem Herzen liebe und eile, Dich wiederzusehen und zu beruhigen.

Heute erhielt Vera von Deiner Schwester Tanja[44] einen Brief, in Petersb[urg] gehe das Gerücht um, wir reisten von hier ab, und es erhebe sich ein Murren, es hieße, man dürfe die Arbeit hier nicht hinwerfen, für die so viele Spenden gegeben hätten. Und tatsächlich darf man dies nicht. Für eine gewisse Zeit wird Matw[ej] Nik[olajewitsch[45]] hier bleiben; doch er kann nicht alles allein übernehmen. Wir werden dies alles in Ruhe und Liebe besprechen.

Anbei der Artikel über die Garküchen. [...] Lies ihn, verbessere die Fehler, schreibe ihn ins reine (ist nicht unbedingt notwendig) und füge Deine und Tanjas Aufstellung über die Verwendung der Spenden hinzu[46]. [...] Es tut mir so leid um Rajewski. Ich mochte ihn sehr. Und ich kann es mir nicht verzeihen, daß ich ihn früher nicht recht verstand. Doch wie glücklich, hochgestimmt und jung fühlten wir uns in letzter Zeit oft, die wir gemeinsam verbrachten und uns unserer Arbeit hier widmeten. [...].

Nun denn, auf Wiedersehen, ich küsse Dich und die Kinder. Ljowa sei bedankt für seinen Brief. [...]

L. T.

1892

[Sofja Andrejewna Tolstaja an Lew Nikolajewitsch Tolstoj]

4. Februar 1892
[Moskau]

Liebster Freund, ich schreibe Dir nach Klekotki[47], vielleicht wirst Du den Brief ja erhalten. Tanja liegt immer noch darnieder und kann deshalb morgen nicht reisen. [...] Ich bin gut wieder hier angekommen, habe sogar gut geschlafen[48]. In Moskau herrscht heute ein furchtbarer, und zwar ohne jegliche Übertreibung furchtbarer Schneesturm. Was habt Ihr alle heute unternommen? Wie habt Ihr den Tag verbracht? Obwohl Wanja sehr liebevoll gegen mich ist und auch die Knaben sich darüber freuen, daß ich wieder hier bin, tut es mir doch leid, daß ich Euch verlassen mußte. Diese Reise hat meinem Verdruß und meiner nicht eben wohlwollenden Haltung gegen Dich aufgrund der Tatsache, daß Ihr uns alle hier zurückgelassen habt, ein Ende gemacht, und ich nehme nun zutiefst Anteil an Deiner schweren, doch zweifellos nutzbringenden Arbeit. Ich habe begriffen, wie schwierig diese ist, daß sie Dich absolut nicht heiter sein läßt, und wie schwer es wäre, dies alles hinzuwerfen.

Der erste Eindruck in Moskau war das allgemeine Geschrei und Gestöhne aufgrund des Artikels in den »Moskowskije wedomosti«[49]. [...] Tanja[50] traf Suworin[51], überflog Deinen Artikel bei Grot und die Übersetzung der »Moskowskije wedomosti«. Suworin telegraphierte, es sei erforderlich, daß ich eine Richtigstellung veröffentlichte. Am Vormittag war Grot hier, er hat sich in dieser Angelegenheit sehr klug in Petersburg engagiert. Er brachte die Druckfahnen, die Dillon als Grundlage für seine Übersetzung dienten, zu Plewe und erklärte ihm, was mit der Formulierung, das Volk wird sich erheben, gemeint sei; dieser Satz hat alle um den Verstand gebracht, niemand verstand ihn, er hat allen die tatsächliche Bedeutung erläutert. Der Zar soll zu Alexandrine[52] gesagt haben: »Sehen Sie sich diesen Artikel einmal an und lesen Sie, was unser *protegé*[53] geschrieben hat.« Es wäre sehr bedauerlich, wenn niemand den Zaren über die Verleumdung durch die »Moskowskije wedomosti« aufklärte. Es heißt auch, daß man Dich unter Hausarrest in Jasnaja Poljana zu stellen gedenke, doch der Zar habe befohlen: »Tolstoj darf nicht angerührt werden.« Wer soll sich in all diesem noch zurechtfinden. Doch ich bin überzeugt, daß der Zar mit seinem guten Herzen die Wahrheit auf jeden Fall herausfinden wird[54]. Über Dillon wird noch erzählt, er verabscheue Rußland und habe Deinen Artikel absichtlich verschärft, kaum merkbar zwar, aber auf boshafte Weise. Tanja wird Dir alles berichten. […]

Die Söhne Rajewskis, Kolja Obolenski, Sonja Mamonowa und Stjopas Maschenka[55] sind bei uns zu Besuch. Die Kleinen schlafen bereits, auch ich bin müde und gehe nun zu Bett. Ich küsse meine Mascha, grüße Vera und Jelena Michailowna[56] freundschaftlich und umarme Dich. […] Lebe wohl.

S. Tolstaja.

[Sofja Andrejewna Tolstaja an Lew Nikolajewitsch Tolstoj]

6. Februar 1892. Donnerstag.

[Moskau]

Ich habe Euch bereits nach Klekotki geschrieben und schreibe noch einmal nach Tschernawa, damit Ihr Euch nicht beunruhigt. […] Gestern war M. Stachowitsch[57] bis drei Uhr des Nachts hier zu Besuch. Die Gespräche und Mitteilungen über den Artikel in den »Moskowskije wedomosti« machen mich noch ganz krank. Meine Schwester Tanja schreibt, in Petersburg sei eine Versammlung der Minister einberufen worden, auf der beschlossen wurde, Dich ins Ausland auszuweisen, der Zar jedoch habe diesen Beschluß nicht unterzeichnet und gesagt: »Er hat mich an meine Feinde verraten«, und er sei sehr gekränkt. »Seine Frau habe ich sogar empfangen, das habe ich bis jetzt für niemanden sonst getan.« Du vernichtest uns noch alle mit Deinen händelsüchtigen Aufsätzen, wo ist denn da Liebe und Gewaltlosigkeit? Du hast als Vater von neun Kindern kein Recht, mich und die Kinder zu vernichten. Und mag auch all dies dem Christentum entspringen, so sind die Worte doch schlecht gewählt. Ich bin sehr beunruhigt und weiß noch nicht, was ich unternehmen werde, allein – so wie es sich darstellt, kann ich es nicht belassen. Ich werde vorsichtig und mich kurz fassen, dessen sei gewiß. Ich küsse Dich und Mascha.

S.T.

[Sofja Andrejewna Tolstaja an Lew Nikolajewitsch Tolstoj]

8. Februar 1892. In der Nacht.

[Moskau]

Den ganzen heutigen Tag war ich damit beschäftigt, Briefe zu schreiben: An den Minister für Innere Angelegenheiten, an Jelena Grigorjewna Scheremetewa[58] und an den »Prawitelstwenny westnik«[59]. Bei der Abfassung des an die Zeitungen gerichteten Briefes half mir Grot. Doch er wird wohl kaum irgendwo veröffentlicht werden. Und zugleich werden mir ohne Unterlaß beunruhigende Gerüchte zugetragen. Heute erhielt ich einen Brief von Alexander Michailowitsch Kusminski und einen von Tanja. Beide schreiben voller Anteilnahme darüber, daß sich irgendeine Gefahr zusammenbraue und flehen mich an, schnellstmöglich zu handeln, rufen mich nach Petersburg. Doch um welche Gefahr es sich handelt, verschweigen sie. Ich wäre heute schon fast mit dem Eilzug nach Petersburg gefahren. Doch ich fürchte, die Kinder allein zu lassen und darüber hinaus, einen Schlag zu bekommen – vor lauter Anspannung schmerzen der Nacken, die Schläfen und das ganze Gesicht. Den ganzen Tag bange ich und erwarte die Nachricht, daß man uns irgend etwas antut. Es wird traurig sein: Du wirst ausgewiesen, mich trifft der Schlag, und unsere Kinder bleiben allein zurück. Und wofür das alles, wenn man sich das einmal überlegt! [...] Wozu die Menschen in ihrer Bosheit doch fähig sind!

Ich habe überallhin geschrieben, wie ich es konnte. Doch ich bin mit den Briefen nicht zufrieden. Ich bin viel zu erregt, daß ich nicht gut und klug vorzugehen vermag. Wenn wir nur alle beisammen wären, so wäre dies alles nicht so schwer! [...] Es mutet geradezu komisch an, wenn ich mich daran erinnere, wie besorgt Du, Ljowotschka, warst, damit ich nicht fröre. Wenn Du wüßtest, wie viel schlimmer und beängstigender mein derzeitiger Zustand ist als Krankheit und Schmerz. [...] Heute abend war M-me Junge[60] bei mir und half mir beim Abfassen der Briefe. Wenn sie nicht gewesen wäre, so hätte ich sicher den Verstand verloren. Die Kinder hatten Tanzunterricht bei Grot, ich war nicht dort.

Lebt wohl, meine Lieben, ich kann nicht weiterschreiben, es ist bald zwei Uhr in der Nacht, und so viel habe ich geschrieben. [...] Ich erwarte Eure Nachrichten. Das Wetter ist mittlerweile besser, nur leichter Frost. Anbei auch die Zeitungen.

S. Tolstaja.

[Lew Nikolajewitsch Tolstoj an Sofja Andrejewna Tolstaja]

[12. Februar 1892]

[Begitschewka]

[...] Es tut mir außerordentlich leid, liebste Freundin, daß Dich das dumme Gerede über den Artikel in den »M[oskowskije] w[edomosti]« derart beunruhigt, daß Du gar dessentwegen Sergej Alexandowitsch[61] aufgesucht hast. Es ist doch gar nichts geschehen. All das, was ich in dem Artikel über die Hungersnot schrieb, wurde schon oft in noch schärferer Form geschrieben. Was ist denn daran neu? Es ist wie eine Massenhypnose, wie eine Lawine, die sich bildet und heranrollt. Eine Gegendarstellung habe ich geschrieben[62]. Doch ich bitte Dich, liebste Freundin, nicht ein Wort daran zu ändern und nicht ein Wort hinzuzufügen und auch niemandem zu gestatten, daran etwas zu ändern. Ich habe jedes einzelne Wort gewissenhaft überlegt und alles wahrhaftig dargelegt und die fälschliche Anschuldigung genauestens widerlegt. Ich küsse Dich und die Kinder.

L. T.

[Sofja Andrejewna Tolstaja an Lew Nikolajewitsch Tolstoj]

[16. Februar 1892]

[Moskau]

Nicht laut vorzulesen.

Sei bedankt, liebster Ljowotschka, für den Brief an den »Prawitelstwenny westnik«. Wenngleich Sergej Alexandrowitsch
mir sagte, es sei wünschenswert, daß Du selbst eine Gegendarstellung für den »Prawitelstwenny westnik« verfaßt, weil
dies die Gemüter beruhigen sowie auch den Zaren
zufriedenstellen würde, so weiß doch nur Gott, ob sie sie
tatsächlich publizieren werden. Auf meine Richtigstellung, die
ich an den »Prawitelstwenny westnik« geschickt hatte, antwortete mir der Redakteur Slutschewski, die Zeitschrift veröffentliche keine Streitschriften. [...] Dies weiß Großfürst Sergej
Alexander möglicherweise nicht. Nun denn, sei es drum. Scheremetewa wird den Brief, den ich ihr schrieb, dem Zaren vor-
legen. Dies ließ Alexandra Andrejewna mir übermitteln. [...]
Nun bin ich etwas beruhigt. In der Moskauer Gesellschaft
heißt es: »*La pauvre comtesse, comme elle est dérangée*«[63] u.ä.
Gestern sagte mir jemand, die Großfürstin[64] bedauere mich
sehr und ließe mir ausrichten, ich solle mich nicht beunruhigen, »*qu'il n'y a rien, rien à caindre.*«[65] Wobei das zweite *rien*
besonders betont wurde. [...]
Tanja sagte zu irgend jemanden hier in Moskau: »Wie bin ich es
doch müde, die Tochter eines berühmten Vaters zu sein.« Und
auch ich bin es müde, die Gattin eines berühmten Mannes zu
sein. [...]
Des weiteren beunruhigt mich, daß Mascha mehrmals selbst
nach Tschernawa gefahren ist. Sollte sie vielleicht heimlich
Briefkontakt zu Petja aufgenommen haben[66]? Dies wäre ganz
und gar nicht wünschenswert. Was soll nur dabei herauskommen, wenn sie ihr Leben lang heimliche amouröse Affären
pflegt, welche zerplatzen wie die Luftballons von Kindern und
nur Schandflecken und Gewissensbisse bei ihr hinterlassen, die

sie nie wieder los wird! So sie ein Gewissen hat – woran ich allerdings zweifle, denn Menschen mit Gewissen tun nichts heimlich, sondern zeigen und sagen alles offen und ehrlich. – Sollte ich mich täuschen und sie schreibt ihm keine heimlichen Briefe, so bitte ich sie um Verzeihung. Aber allzuoft hat sie mich schon belogen!

[...]

Ich mache mir weiterhin Sorgen Eurer Abwesenheit wegen, und welche Folgen sie zeitigen mag. Poscha[67] und ich stöhnten auf, als wir lasen, daß Du Pfannkuchen gegessen hast. So etwas hat Dich schon einmal fast das Leben gekostet, dies war ebenfalls im Februar. Dies ist der schlimmste Monat für Gallenerkrankungen. Auch mir geht es seit der Reise nach Begitschewka nicht gut, ein häufiger Schmerz unter der Schulter; ich bitte Dich also, auf Deine Gesundheit zu achten und Dich mit dem Essen vorzusehen.

[...]

Wanetschka lief die ganze Zeit ganz aufgeregt hin und her, suchte etwas, das er den »jungen Damen« schicken könnte. Er fand Pistazien, die er in ein Schächtelchen füllte, erbat dann noch etwas von mir und bat mich zu schreiben: »Den jungen Damen von Wanetschka«. Mögen sie sein Schächtelchen und seine Aufmerksamkeit nicht gering schätzen.

Gestern hatten die Kinder Tanzunterricht und lernten voller Begeisterung die Masurka. Mischa spricht nur noch vom Tanzen, führt seine Künste immerfort vor, und Andrjuscha betrachtet ihn mit einem gewissen Neid, da er die Stunde versäumte. Seit fünf Tagen ist sein Hals gerötet. Er hat kein Fieber, doch er darf nicht ausgehen, was ihn sehr betrübt. – Sie haben gute Vorsätze für die Fastenzeit gefaßt: Sie wollen fleißig lernen, in Betragen ein Ausgezeichnet erhalten, nur Fastenspeisen essen usw. – Sascha ist gesund, Wanja ebenso, er singt schon den ganzen Vormittag über, spielt und freut sich des Lebens. [...] Habt Ihr die Zwiebeln und den Kohl erhalten? [...] Dies ist soweit alles. Ich küsse Euch alle. Vergeßt mich nicht, meine lieben Freunde, und antwortet bald auf meine Fragen.

S. Tolstaja.

16. Februar 1892.

[Sofja Andrejewna Tolstaja an Lew Nikolajewitsch Tolstoj]

[19.-22. Februar 1892]

[Moskau]

19. Februar 1892.

Meine Lieben, anbei sende ich Euch den Frachtschein für den Kohl. Achtet darauf, daß alle Fässer unversehrt sind. [...] Gestern war Stachowitsch sen. hier und hat mich wieder sehr beunruhigt. Ich werde nicht alles wiederholen, was er berichtete, doch es scheint, daß der Unmut in der Gesellschaft noch größer ist als in der Regierung und daß wir noch längst nicht außer Gefahr sind. Noch eine Kleinigkeit, und man wird uns nicht mehr verschonen. In Begitschewka meint man, dies alles sei gar nichts, ich fühle mich hier aber wie ein gehetzter Hase, als ob ich mich versündigt hätte, würde mich am liebsten irgendwo verstecken, um nichts sehen und hören zu müssen.

Ljowa geht es besser, er hat seinen Bericht an die »Russkije wedomosti«[68] geschickt, sich ein wenig mit den Kleinen beschäftigt, d. h. sich mit ihnen unterhalten. Andrjuscha ist sehr schlecht in der Schule. Er tut einem richtig leid! Ich schreibe morgen weiter, soeben wurde eine Unzahl von Briefen und Geschäftskorrespondenz gebracht. Und irgendwie ist mir traurig zumute, es fällt mir schwer zu schreiben.

Tanja, Liebe, ich schicke die gesamte Presseschau der »Argus de la Presse«[69], denn es ist interessant, was geschrieben wurde, doch ich bitte Dich, mir alles wieder mitzubringen. Dies alles aufzubewahren ist von historischem Interesse.

[...]

20. Februar

Heute gegen 12 Uhr begann Wanetschka zu gähnen, hatte plötzlich Schüttelfrost, jetzt ist es vier, er hat Fieber und schläft. Mitja Obolenski kam vorbei und fragte mich: »Ist es denn wahr, daß Lew Nikolajewitsch verhaftet und auf Jasnaja Poljana unter Arrest gestellt wurde?« Es heißt, in der Universität kursierten Proklamationen revolutionären Inhalts, die mit »Lew Tolstoj« unterzeichnet seien. Ich bin überzeugt, daß diese Proklamationen unter dem Namen Tolstoj von den »Moskowskije wedomosti« in Umlauf gebracht wurden. [...]

Während ich schrieb, hat das Fieber auch Sascha erwischt. Sie hat 38,3°, doch sie ist ganz kalt, und es schüttelt sie. Hier hat es seit gestern alle getroffen – Ljowa, Mitja, Annuschka und nun die Kinder. Und auch ich habe etwas Leibschmerzen. Ich bin in jeder Hinsicht Euretwegen sehr besorgt: Ob Ihr möglicherweise auch krank geworden seid wegen der Gerüchte des allgemeinen Unmuts gegen Papá, des Schneetreibens – all diese Fragen beunruhigen mich in den vergangenen vier Tagen, da ich nichts mehr von Euch hörte.

[...]

Soeben habe ich einen Brief vom »Prawitelsstwenny westnik« mit einer Ablehnung erhalten. Verzeih mir, Ljowotschka, daß ich Dich den Widerruf zu schreiben veranlaßte. Nie mehr werde ich mich jetzt in Deine Angelegenheiten einmischen.

[...]

22. [Februar]. Am Morgen.

Die ganze Nacht hat Wanja nicht geschlafen, hatte Angstzustände, schrie, daß ein zottiger Bär ihn ergreife, erst gegen 6 Uhr des Morgens schlief er in meinem Bett ein. Immerfort erinnerte mich dies daran, wie Aljoscha, bevor er starb, sich fürchtete, nichts essen wollte, und Wanetschkas Zustand war dem Aljoschas so ähnlich, daß ich geradezu verzweifelte. Jetzt ist es 10 Uhr, ich habe bei allen Fieber gemessen, Wanja hat 37°. Mischa hustet sehr schwer, ist heiser, hat aber kein Fieber, Wanja und Sascha sind gutgelaunt nach neun aufgestanden. Ljowa scheint bedrückt, unsere familiäre Betriebsamkeit scheint ihn anzustrengen, er ist nicht mehr daran gewöhnt.

Ich erhielt einen Brief von Alexandrine, den ich beilege[70]. Grot rät, Deinen Brief, Ljowotschka, an alle Redaktionen in Rußland zu senden. Die eine oder andere Zeitung wird ihn veröffentlichen, dann werden auch andere ihn nachdrucken[71]. Grot glaubt, im »Westnik Jewropy«[72] wird man es wagen, ihn zu drucken. Hier heißt es, die Jugend, die sich in Dir getäuscht meine, zerreiße Deine Portraits usw. Dies ist es, was traurig macht, diesem gilt es Einhalt zu gebieten.

Tanja, wie ist Deine Seelenstimmung?

[...]

Lebt wohl, meine lieben Freunde. Ich bin etwas in Sorge der Überweisungen und Geldanweisungen wegen, die ich an Euch übermittle. Eigentlich müßte ich hier alles notieren, was ich aber nicht tue. Warum schickst Du, Ljowotschka, mir denn nicht die unterschriebene Anweisung über die 1400 Rubel zurück? Ich habe sie jemandem mitgegeben, weiß aber nicht mehr, wem. Ich schicke sie noch einmal los. Ich küsse Euch alle.

S. Tolstaja.

[Lew Nikolajewitsch Tolstoj an Sofja Andrejewna Tolstaja]

[28. Februar 1892]

[Begitschewka]

Während der Zeit der Schneestürme lebten wir in völliger Einsamkeit und Ruhe. Gestern, am 27., ritt ich wieder nach Roshnja, doch erneut war kein Durchkommen. Überall Berge von Schnee und keine freien Wege. Ich war des Brennholzes und des Kinderheims wegen in Kolodesi und einem anderen Dorf, schmiedete mit den Bauern und war um 5 wieder zurück.

[...]

Von Grot erhielt ich meine Erklärung an die Zeitungen und Zeitschriften in hektographierter Form zur Weiterleitung an die Zeitungen. Ich habe alle unterschrieben und sende sie ab. Sei um Gottes Willen, liebste Freundin, all dessentwegen nicht beunruhigt. Aus dem Brief der lieben Alexandrine ersehe ich, daß dort ein Ton herrsche, als ob ich mir etwas hätte zu schulden kommen lassen und ich mich vor irgend jemandem zu rechtfertigen hätte. Diesen Ton darf man nicht zulassen. [...]

Die Regierung errichtet eine Zensur, die absurd und ungesetzlich ist und es den Menschen nicht gestattet, ihre Gedanken in der sie umgebenden Welt frei zu äußern, und deshalb geschieht es, daß deren Werke in entstellter Form im Ausland publiziert werden. Die Regierung gerät in Aufregung, doch statt die Angelegenheit offen und unparteiisch zu untersuchen, versteckt sie sich erneut hinter der Zensur, spielt beleidigt, erlaubt sich, andere zu beschuldigen und sucht nicht die Schuld bei sich selbst. Was ich im Aufsatz über den Hunger schrieb, ist ein Teil dessen, was ich seit zwölf Jahren in unterschiedlicher Art und Weise schreibe und sage, was ich bis zu meinem Tod sagen werde und was mit mir alle Aufrichtigen und Wahrhaftigen auf der Welt sagen, was das Herz eines jeden unverdorbenen Menschen sagt, was das Christentum sagt, welches jene predigen, die von der ganzen Sache so erschreckt sind. Ich bitte Dich, nicht im Ton der Angeklagten zu sprechen. Dies wäre eine Umkehrung der Rollen. Man kann schweigen. Wenn man aber nicht schweigt, so sollte man nicht die »Mosk[owskije] wed[omosti]« beschuldigen, eine Zeitung, die ganz und gar nicht von Interesse ist, und auch nicht die Menschen, sondern man sollte die Schuld in den Verhältnissen sehen, die all das möglich machen, was bei uns geschieht. Ich wollte Dir dies lange schon schreiben. Und heute morgen sage ich mit frischem Geist, was ich darüber denke.

Bedenke bitte auch, daß meine Schriften, in welchen ich meine

Ansichten äußerte, in 10000en von Exemplaren in verschiedensten Sprachen veröffentlicht sind. Und ganz plötzlich, aufgrund irgendwelcher geheimer Briefe, die in einer englischen Zeitung erschienen, haben nun alle begriffen, was ich für ein Vogel bin? Das ist doch lächerlich. Nur die absolut Unbedarften, von denen jene, welche zum Hofstaat gehören, die Dümmsten sind, können das, was ich geschrieben habe, nicht kennen und der Überzeugung sein, solcherlei Ansichten wie die meinen könnten vom einen auf den anderen Tag revolutionäre werden. Dies alles ist lächerlich. Und mit solchen Leuten zu disputieren ist für mich erniedrigend und beleidigend.

Ich fürchte, Du wirst mich für diese Worte schelten, liebste Freundin, und mir Stolz vorwerfen. Doch dies wäre ungerecht. Es ist nicht Stolz. Es sind jene Grundsätze des Christentums, nach denen ich lebe, die nicht den Forderungen unchristlicher Menschen unterworfen werden können, und ich verteidige nicht mich selbst oder fühle mich selbst beleidigt, sondern fühle jene Grundsätze meines Lebens beleidigt.

Dennoch habe ich die Erklärung geschrieben, denn – wie der liebe Grot mir ganz richtig schrieb – die Wahrheit sollte man auf jeden Fall erklären. Und jene, welche meine Portraits zerreißen, haben diese ganz überflüssigerweise besessen.

So viel also habe ich auf nüchternem Magen geschwatzt. Und habe wohl, wie ich fürchte, auf keine wichtigen Fragen geantwortet und nichts Wichtiges gesagt. […] Ich küsse Dich fest.
L.T.

[Sofja Andrejewna Tolstaja an Lew Nikolajewitsch Tolstoj]
[1. März 1892]
[Moskau]
Gestern habe ich Deinen langen Brief erhalten, liebster Freund, in welchem Du schreibst, ich soll nicht die Rolle der Angeklagten annehmen. Zu allem Unglück entspricht dies ganz und gar

nicht meinem Charakter, im Gegenteil: Ich habe die Rolle der Beleidigten, Gekränkten angenommen, die bereit ist, sich von allem Russischen loszusagen und mit all ihren Kindern in ein anderes europäisches Land zu gehen. Nur eines macht mich traurig, und dies sage ich auch, nämlich daß der Zar ebenfalls in die Irre geleitet wurde; er ist tatsächlich sehr gütig, und dies ist nach allem, was man hört, noch offensichtlicher, da er Dir, trotz allen Aufruhrs, der um ihn herum herrscht, von ganzem Herzen wohlgesinnt bleibt und Dich keineswegs für einen Revolutionär hält. [...] Die von Dir unterschriebenen Exemplare Deiner Erklärung werde ich mit Grot (der mittlerweile auch an der Influenza erkrankt ist) an alle wichtigen russischen Zeitungsredaktionen versenden, vielleicht auch an einige im Ausland.

Wenn Du mir auch nicht gestattest, Dich als stolz zu empfinden, so kann ich doch nicht finden, daß Du Dich den Dingen fügst. Indem Du Dich hinter den christlichen Prinzipien versteckst, bist Du trotz allem entrüstet, ich fühle dies und empfinde ebenso ohne den christlichen Schutzschild. Wahres Christentum ist folgendes: Wird man geschlagen, beschimpft, verfolgt, verleumdet, so antworte man: »Liebet einander«. Dies ist das Ideal, ich aber kann dies nicht, doch ich sage ja auch nicht, daß ich Christin bin.

[...]

In welcher Verfassung kam Ljowa bei Euch an? Ich ließ ihn schweren Herzens zu Euch, sowohl seelisch als auch körperlich geht es ihm nicht allzugut. Tanja geht es bereits sehr viel besser, aber trotzdem weiß ich nicht, ob es gut ist, wenn ich sie am Mittwoch schon zu Euch reisen lasse. Doch ich fürchte auch um Dich, und ich hoffe, daß Mascha ihre Amouren für einige Zeit vergessen hat und sich in jeglicher Hinsicht um Dich kümmert.

Ich habe große Sehnsucht nach Dir, und wenn ich nicht wüßte, daß ich Euch dort überhaupt keine Hilfe bin, so würde ich zu Euch kommen.

Den Kindern geht es besser, doch sie bleiben noch im Hause. [...] Meine Gesundheit ist gut, das Nahen des Frühlings hebt trotz allem die Befindlichkeit. Ich küsse Dich und die Kinder. S. Tolstaja.

1. März 1892.

[Sofja Andrejewna Tolstaja an Lew Nikolajewitsch Tolstoj]

[17. Juli 1892]

[Jasnaja Poljana]

Mein liebster Freund Ljowotschka, endlich habe ich einen Brief von Dir erhalten; Du schreibst, Du seiest wohlauf, doch fühltest Dich schwach, daß sich eine neue Hungersnot ankündige, Ihr Eure Arbeit dort bis September unterbrecht und noch nicht wißt, was Ihr dann tun werdet. Wie stets legte sich nach diesem Brief aus Begitschewka ein Stein auf mein Herz, mein Atem stockte, und ich wollte in Tränen ausbrechen. [...] Ein einziges Mal will ich jedoch meine Ansicht und meine Gefühle hinsichtlich der Zukunft kundtun. Ich meine, daß Du physisch nicht in der Lage bist, noch einmal in derart beschwerlichen Umständen zu leben wie im vergangenen Jahr, und daß Du moralisch nicht recht daran tust, Deine letzte Kraft und Deine letzten Jahre etwas anderem zu widmen als Deiner geistigen und künstlerischen Arbeit. – Darüber hinaus sehe ich mich nicht in der Lage, noch einmal all jenes durchzumachen, was ich im vergangenen Jahr durchgemacht habe. [...] Eine jede Frau, die ohne Fehl in dreißig Jahre währender Ehe lebt, hat schließlich das Recht, sich danach zu sehnen, den geliebten Ehemann an ihrer Seite zu haben, um ihn zu umsorgen, zu lieben und mit ihm beisammen zu sein. Wenn Du nur eine einzige Minute objektiv sein könntest und selbst liebtest, so würdest Du verstehen, wie legitim und menschlich mein Wunsch ist. Außerdem reicht mir schon der Anblick des Leidens, den Eure stolze Tätigkeit der Arbeit am Volk über Tanja gebracht hat.

Ihr gesundheitlicher Zustand ist meines Erachtens sehr schlecht. [...] Als sie gestern von einem Spaziergang mit Sascha zurückkehrte, schien sie sehr munter. Niemand, der ihre Seele zerriß, und schon ging es ihr besser. Nach Begitschewka lasse ich sie nicht mehr fahren. [...]

Es tut mir sehr leid, daß mein Brief Dich verdrießen wird, doch ich zog es vor, dies alles niederzuschreiben, denn ein Gespräch darüber ertrage ich nicht. Selbst während ich diesen Brief schreibe, rast mein Herz so sehr, daß sein Schlag sich auf den Tisch überträgt. Zerreiße diesen Brief bitte, damit er nicht ungewollterweise in fremde Hände fällt. [...] Leb wohl, lieber Ljowotschka, gib auf Dich acht, ich bitte Dich darum; trinke kein Wasser, das nicht abgekocht ist; nimm lieber Mandelmilch mit, wenn Du für längere Zeit unterwegs bist und auch die trinke nur verdünnt mit abgekochtem Wasser.

S. T.

[Lew Nikolajewitsch Tolstoj an Sofja Andrejewna Tolstaja]

[24. Juli 1892]

[Begitschewka]

Gerade erhielt ich Deinen Brief [...]. Du schreibst, Du fürchtest, ich wolle erneut nach Begitschewka fahren und hier bleiben; ich bitte Dich, dies nicht zu glauben. Alles kann ohne meine persönliche Anwesenheit hier eingerichtet werden, vor allem, wenn Poscha[73] vor Ort sein wird.

Ich bleibe nur noch ein paar Tage hier – vielleicht 4 oder 5, vielleicht auch weniger, beginne schon einmal, wenigstens ins unreine, einen Rechenschaftsbericht zu schreiben, für den die Anwesenheit hier notwendig sein kann. Bis dann wird möglicherweise auch Popow[74] hier eintreffen, den Tschertkow des Manuskripts wegen, das nunmehr, wie ich glaube, fertiggestellt ist, schickt[75]. [...]

Wir sind wohlauf. [...] Nach Deinem nächsten Brief entscheide

ich, wann genau ich abreise, und werde dann umgehend telegraphieren. [...] Bis dahin lebe wohl, liebste Freundin, ich
küsse Dich und die Kinder.
L. T.

[Sofja Andrejewna Tolstaja an Lew Nikolajewitsch Tolstoj]
[3. November 1892]
[Moskau]

Mein liebster Freund Ljowotschka, gestern brachte Mitja
Olsufjew[76] mir Deinen Brief, für den ich sehr danke, und heute
kam noch einer mit der Post. Ihr verwöhnt mich, indem Ihr mir
jeden Tag schreibt. [...]
Ich habe heute Ljowas Rechenschaftsbericht gekürzt und abgeschrieben. Er ist allzulang geraten, recht unbeholfen geschrieben, und als ich ihn in der Redaktion abholte, bat Postnikow[77] mich inständig, ihn zu kürzen und zu überarbeiten, was
ich auch getan habe, dann werde er ihn veröffentlichen. Morgen gebe ich ihn ab; es war viel daran zu verbessern, überaus
achtlos ist sein Umgang mit Zahlen und Worten. – Von der
Nummer mit Deinem Bericht wurden 5000 Exemplare mehr
als sonst verkauft, und immer noch gehen Nachbestellungen
ein[78]. Ich erhielt von der Redaktion 30 Exemplare und habe sie
unter anderem an: Alexandrine, Strachow, die Kusminskis und
Ljowa geschickt sowie an das Ministerium am Hofe, denn mit
gleicher Post schrieb ich eine Mahnung an die Buchhaltung der
Kaiserlichen Theater über das Honorar für die Aufführung von
»Früchte der Aufklärung«, das seit dem 1. Januar noch nicht
eingegangen ist, sowie an einige großzügige Spender, um daran
zu erinnern, daß Unterstützung nach wie vor not tut. Auch nach
Amerika schickte ich ein Exemplar. Dunajew sagt, alle weinten
bei der Lektüre der letzten Episode. Wie könnte es anders sein!
Dies ist keine Analyse, sondern wahre Kunst! Das hat wahre
Kraft, es ist Gold und nicht vergoldetes Messing. [...]

Ich hoffe, Tanjas Migräne ist vorüber. Heute leidet auch Sascha unter so etwas wie Migräne, beim Essen rührte sie nichts an, hat zwar kein Fieber und keine Schmerzen, nur der Kopf tut ihr weh. Wanetschka ist weiterhin wohlauf und heiter, bezaubert alle mit seiner Lebhaftigkeit und Herzlichkeit. [...] Mitja Olsufjew berichtete, Du seiest sehr ungehalten darüber, daß Du nach Moskau kommen müßtest – dies ist jedesmal wieder schrecklich verletzend. Ich rufe Euch nicht hierher, denn erstens habe ich mich an die Trennungen gewöhnt, zweitens – fürchte ich Euch. Ich fürchte die unausgesprochenen und ausgesprochenen Vorwürfe, fürchte Deine leidenden und teilnahmslosen Erwartungen hier – und ich weiß schon gar nicht mehr, was schlimmer ist: die Trennung und die Sorge um Euch oder letzteres. [...] Lebe wohl, Ljowotschka, ich wünsche Dir, weiterhin gesund und munter zu bleiben. Ich küsse Dich und die Kinder.

S. T.

Ich bitte Euch, meine Briefe niemals im Beisein von Fremden und Popow laut zu lesen.

[Sofja Andrejewna Tolstaja an Lew Nikolajewitsch Tolstoj]

[8. November 1892]

[Moskau]

Heute empfinde ich ganz besondere Sehnsucht nach Euch allen. Nun ist auch Tanja wieder fort. [...] Bist Du wohlauf, lieber Ljowotschka, und die Mädchen auch? [...] Ich fühle mich bisweilen sehr allein, die vier Kleinen bereiten mir nur Sorgen. Am wenigsten Verdruß macht mir Mischa. Wanetschka ist furchtbar lieb, doch allzu sensibel, und ich bin geradezu krankhaft um ihn besorgt. [...]

Poscha sagte mir, daß Ihr ganz und gar nicht nach Moskau zu kommen gedenkt. Ich verstehe, daß es Euch, d. h. Dir, in Jasnaja besser ergeht und das Leben dort ruhiger ist. Doch es tut

mir so weh, daß das Leben der beiden Töchter ganz in ihren Verpflichtungen aufgeht. Sollten sie denn tatsächlich niemals ihr eigenes Leben leben? Wir haben nicht das Recht, ihre junge Existenz mit unserem egoistischen Dasein zu zerstören. Dessen sollten wir uns stets bewußt sein und sie liebevoll und uneigennützig unterstützen, soweit uns dies möglich ist, ohne sie für unsere eigenen Ziele zu mißbrauchen. Ich sage nicht, daß sie dafür unverzüglich nach Moskau kommen müssen. Ganz und gar nicht. Man muß ganz einfach aufmerksam zu verstehen suchen, was ihnen für ihr eigenes Glück unabdingbar ist. Sie taten mir plötzlich so leid. Erst waren sie in Begitschewka gebunden, nun sind sie ganz allein in Jasnaja, leben ausschließlich für Interessen nicht ihres eigenen, sondern eines fremden Lebens, das ihnen gar nicht zur Gänze zugänglich sein kann, da sie sich dafür, es vollständig zu verstehen, allein vom Alter her noch ein halbes Jahrhundert weiterentwickeln müssen. Doch die Jahre und die Jugend gehen dahin. Tanja ist abgereist, Mascha will unbedingt nach Begitschewka – doch es ist offensichtlich, daß sie dieses Leben nicht immer so weiterführen werden können. Lebe wohl, Ljowotschka, ich fürchte, Dich wird all dies verdrießen, doch ich als Mutter gräme mich dessentwegen. Du wirst fragen: »Und meinetwegen?« Nun, Du fliehst ja das Glück. Du wirst geliebt, mit Dir zu leben empfinde ich als Glück, doch Du schätzt dies nicht, Du brauchst dies nicht. Wie soll ich da Mitleid mit Dir haben? Mehr als Liebe kann ein Mensch nicht geben.
S. T.

[Lew Nikolajewitsch Tolstoj an Sofja Andrejewna Tolstaja]
[9. November 1892]
[Jasnaja Poljana]
Gestern erhielten wir viel Post aus Tula, darunter auch die Briefe und Broschüre, die Du uns übersandt hast. [...] All dies

erinnerte mich an das anrüchige, geschäftige Leben in Moskau. Von dem man sich freilich fernhalten kann, doch einfach ist dies nicht. – Du erkundigst Dich behutsam, wann wir kommen. Und Du schreibst, M[itja] O[lsufjew] habe erzählt, ich habe gesagt, wie schwer mir das Leben in Moskau ist. Dies entspricht nicht der Wahrheit. Ich sagte ihm, was ich immer sage, und zwar, daß es mir schwerfalle, jenen Ort zu verlassen, an dem ich mich nun befinde, an dem zu leben meiner Natur entspricht, und daß es gewichtige Gründe geben müsse, ihn zu verlassen. Ich werde mich mit Tanja beratschlagen, wenn sie hier ist, d. h., ich werde es ihr und Mascha überlassen, für mich zu entscheiden. Ich kann nicht selbst entscheiden; warum sollte ich denn hierhin oder dorthin fahren, wenn es nicht notwendig ist, d. h., wenn ich von niemandem gebraucht werde. Und es ist absolut überflüssig, daß Du schreibst, ich oder wir erhöben, wenn wir in Moskau sind, gegen jemanden unausgesprochene Vorwürfe. Ich bin in Moskau nicht schwermütig, sondern fühle mich dort ebenso wie hier. Doch wenn ich darüber nachdenke, dann weiß ich, daß es mir hier bessergeht. Ich weiß noch nicht, ob ich diesen Brief absenden werde. Denn er wird ganz sicher Widerworte herausfordern, das einzige, was ich aber möchte, ist, mit Dir in Liebe und Einmütigkeit zusammenzuleben und nicht in Disputen. [...] Die Stille an den Abenden hier ist mir nach der Arbeit am Tage, die mich müde macht – und ich werde nunmehr schnell müde –, sehr angenehm. Niemand, der Ablenkung, niemand, der Unruhe bringt. Ein Buch, Patience, Tee, Briefe, meine Gedanken über das, was gut und wichtig ist, über die bevorstehende lange Reise an jenen Ort, von dem niemand zurückkehrt. So ist es gut. Es ist nur schrecklich betrüblich, daß Du, Deinen Briefen nach zu urteilen, immer noch so traurig bist. Was nur kann Dir Ruhe geben, beglückende, zufriedene, dankbare Ruhe, wie ich sie gelegentlich empfinde? – Ich küsse Dich und die Kinder.
L. T.

[Sofja Andrejewna Tolstaja an Lew Nikolajewitsch Tolstoj]

[11. November 1892]

[Moskau]

Du bist immer noch erstaunt, lieber Ljowotschka, daß ich Dir bisweilen schwermütige Briefe schreibe. Ich bin doch nur Deiner und der Mädchen wegen schwermütig; mit Euch ist es mir leichter und heiterer. Wenn es mir, wie meiner Schwester Tanja, seit jungen Jahren, als ich mir dies mitunter so sehr wünschte, vergönnt gewesen wäre, am gesellschaftlichen Leben, an Empfängen und Spiel usw. Vergnügen zu finden, dann wäre ich nunmehr nicht traurig, sondern lebte auf diese Weise. Doch ich habe mein Herz an Dich und Jasnaja gehängt – und ohne Dich und Jasnaja ist es mir schwer. Hätte ich mehr Kraft und Energie und glaubte ich daran, daß es möglich sei, den Kindern auf dem Land eine gute Ausbildung angedeihen zu lassen – ich lebte nicht in Moskau. Doch da ich sie nicht auf dem Lande ganz allein unterrichten kann, muß ich sie Schulen besuchen lassen und bin daher gezwungen, in Moskau zu leben. Ich rechtfertige mich nicht, denn dieses Mal trage ich ganz und gar keine Schuld; ich bin überzeugt, daß ich nicht das Recht habe, anders zu handeln. Zugleich verstehe ich Dich in jeder Beziehung. Außer Ruhe und Abgeschiedenheit brauchst Du nichts mehr. Ein vor allem geistiges Leben, Übersättigung an allem, Ermüdung – dies alles ist in Deinem Alter ganz natürlich. Das einzige, was mir wehtut, ist, daß Du für uns – für mich und die Kinder – gar keine Liebe mehr empfindest. Daß Du nicht den Wunsch verspürst, mit uns zusammen zu sein. Dies tut sehr weh. Doch was kann man da tun.

[...] Warum sollen denn die Mädchen entscheiden, ob Du hierher kommst oder nicht? Mir bleibt also nur zu wünschen übrig, daß ich schwer erkranke – dies wäre dann ein Grund für Dich, Dich von Deinem ruhigen Leben dort zu trennen, und wenn ich sterben würde, dann wäre dies ein noch wichtigerer Grund, hierherzukommen. Doch auch dann brauchte ich es ja nicht mehr. Eine Krankenschwester und ein Beerdigungsinstitut würden dann notwendiger gebraucht. Versündige Dich also nicht, Ljowotschka. Und warte nicht auf einen wichtigen Grund, sondern handle, wie es Dir Dein Herz befiehlt. Wenn Du nicht hierherkommen möchtest, so bleibe dort; wenn Du uns nicht mehr liebst und ich Dir nicht leid tue – dann tue Dir keine Gewalt an. [...]

Heute habe ich die Bücher von Dickens und Baudelaire gekauft, allerdings nicht die »Fleurs du mal«, dieses Buch ist verboten, sondern ein anderes. »Fleurs du mal« habe ich bestellt, Gotje hat mir versprochen, es zu besorgen. Heute gehe ich mit Andrjuscha und Mischa ins Konzert, sie sollen ruhig einmal in den Genuß guter Musik kommen, sonst haben sie nur ihre Musikstunden und hören niemals etwas Schönes. Und sonst ist das Leben auch allzu langweilig, man muß sich irgendwie unterhalten. In den nächsten Tagen sehe ich mir auch »Kleopatra« mit Sarah Bernhardt[79] an.

[...]

Ich bin Dir sehr dankbar, daß Du mir so offen geschrieben und den Brief abgeschickt hast. Es ist immer besser, die ganze Wahrheit zu kennen. Verstehe meinen Brief nicht als Widerrede. Du wünschst, mit mir in Liebe und Einvernehmlichkeit zusammenzuleben. Und ich wünsche mir dies noch hundertmal mehr als Du. Doch wie soll dies aussehen, wenn man nicht zusammenlebt?

Ich küsse Mascha und Tanja. Hier sind alle wohlauf, nur Wanja ist schwach und blaß. Ich küsse Dich.

S. T.

[Lew Nikolajewitsch Tolstoj an Sofja Andrejewna Tolstaja]

[12. November 1892]

[Jasnaja Poljana]

Ich schreibe Dir, liebste Freundin, aus unserem Eßzimmer. Tanja und ich haben gerade Tee getrunken und Philipok[80] spannt die Pferde an. [...] Tanja hat ein wenig Zahnschmerzen (wie bei einem Geschwür), ich bin wohlauf, doch ich fühle mich sehr alt. Ich mache mir Sorgen um Mascha, hoffe von ganzem Herzen, daß sie vor dem Schneetreiben angekommen ist[81]. Heute herrscht starker Frost, und es hat sehr viel geschneit. Gestern wollten wir eigentlich nach Piro[gowo] fahren, doch um 12 begann es zu schneien, so daß wir unsere Abreise verschoben haben, heute schneite es ebenfalls, und wir haben unsere Pläne ganz aufgegeben. – Zwei Tage habe ich Dir nicht geschrieben, und es tut mir leid. [...] Wanja! Wir kommen bald und werden Dich im Korb herumtragen[82]. Und wir bringen Dich an einen Ort, den Du nicht erraten kannst. Und wenn Du den Deckel hochhebst, wirst Du etwas erblicken, das Du noch nie zuvor gesehen hast. Ich küsse Dich und die Mamá und Deine Brüder. Wenn meine Kapuze in Moskau ist, so schickt sie mir bitte.

L.T.

[Sofja Andrejewna Tolstaja an Lew Nikolajewitsch Tolstoj]

[14. November 1892]

[Moskau]

Soeben habe ich mit der Abendpost einen Brief von Mascha und den Deinen, lieber Ljowotschka, erhalten. Ich bin froh, daß Ihr nicht nach Pirogowo gefahren seid; der Gedanke daran, daß Ihr zu fahren gedenkt, peinigte mich seit gestern sehr. Hier in Moskau herrschen Schneetreiben, starker, eiskalter Wind und 11 Grad Frost. Wie mag es da nur auf dem freien Feld sein? Maschas wegen kann ich keine Minute unbesorgt sein. Läuft allein draußen umher, hat keinen guten Pelz, niemanden, der sie umsorgt und an sie denkt, ja überhaupt bemerkte, ob sie wieder da ist. Die Kälte dort muß fürchterlich sein. [...] Du schreibst über Dich selbst, Du seiest alt. Dazu ist zunächst einmal zu sagen, daß sich im Herbst alle älter fühlen, alles scheint im Zustand des Sterbens begriffen, es ist ganz natürlich, dies ebenso wie die Natur zu empfinden. Und zweitens wirst Du ohne mich tatsächlich schneller älter, denn ich teile mit Dir die Reste meiner Jugend – wenn Du mit mir und den Kindern zusammen bist, geht es Dir besser. Und drittens ißt Du vermutlich zu wenig und schlecht. Wenn man sich nur von Gemüse, mit anderen Worten also nur von Wasser, ernährt, kann sich kein Mensch gesund fühlen, vor allem, wenn er sein ganzes Leben daran gewöhnt war, sich gut zu ernähren. [...]

Ich bin die ganze Zeit zu Hause, denn ich habe einen schrecklichen Schnupfen. Den ganzen Tag habe ich heute gelesen, am Abend mit Mischa musiziert, er spielt so gern auf der Geige, und auch mir bereitet es Vergnügen. Sascha und Wanetschka sind stets dabei, entweder sitzen sie ruhig da und hören uns zu, oder sie tanzen ganz still mit ihren Puppen zur Musik. Wenn der Walzer von Chopin gespielt wird, ruft Wanetschka jedesmal: »Den mag ich so gern« und schlägt mit seinen kleinen Fingern den Takt. – Jetzt habe ich versucht, Andrjuscha bei seinem Aufsatz zu helfen. Doch auf alles, was ich ihm riet, antwortete er unwillig, und es legten sich böse Falten auf seine Stirn. Er hat ein bemitleidenswertes, unangenehmes Wesen. Er macht mir die größten Sorgen. So viele Opfer, Mühen und Plagen, ja sogar Ausgaben, und es führt doch zu nichts. [...]

Gestern habe ich bis halb vier Uhr in der Nacht an meiner Erzählung geschrieben[83]. Sollte sie irgendwann einmal veröffentlicht werden, so wird sie aufgrund der ungeübten Art, wie sie verfaßt ist, möglicherweise durchfallen, aber die Leidenschaftlichkeit, Ehrlichkeit und Wahrhaftigkeit, mit der sie geschrieben wurde, wird die Menschen beeindrucken. Doch es bleibt noch viel Arbeit, bis ich damit am Ende bin. Ich denke nur bisweilen daran, schreibe nur, wenn ich gar nicht anders kann, lege sie dann immer wieder für lange Zeit weg, wenn ich keine Lust zu schreiben verspüre. Vielleicht werde ich sie gar nicht zu Ende schreiben.

[...]

Ist es bei Euch auch warm genug? Die Fenster sind doch gar nicht abgedichtet. Ich denke, daß es Euch dort nicht allzugut ergeht, was das leibliche Wohl betrifft. Und was sitzt Ihr auch da, wie in einer Winterhöhle? Es ist geradezu lachhaft.

Ich küsse Dich, liebe Tanja, und werde glücklich sein, Dich zu sehen. Nach Dir sehne ich mich sehr, und wenn Du nicht bei mir bist, tut es mir immer am meisten weh. Was machen Deine Zähne? Wenn Du kommst, solltest Du Dich hier ihrer annehmen. Lebt wohl.

S. T.

1893

[Sofja Andrejewna Tolstaja an Lew Nikolajewitsch Tolstoj]

[11. Februar 1892]

[Moskau]

Gestern schrieb ich Mascha, und heute erhielt ich Eure Briefe, meine Lieben, Ljowotschka und Tanja. Nun weiß ich endlich, daß Ihr gut in Begitschewka angekommen seid. Morgen sind es zwei Wochen seit Eurer Abreise. Welch eine Aufregung herrscht dort bei Euch und wie traurig ist es, daß jene, die kamen, um zu helfen, miteinander nicht in Frieden leben können. [...]

Heute war Mathilda[84] hier und bot an, Sascha zu unterrichten, und zwar für ebenjene Summe von 20 Rubel, die ich auch der Lehrerin bot. Bis jetzt unterrichte ich sie recht gewissenhaft selbst; doch ich habe sehr wenig Zeit und bin rasch gereizt, was sich auf unser Verhältnis nicht gut auswirkt. Ich bin sehr froh über Mathildas Unterstützung für die nächsten zwei oder drei Monate. Den Französischunterricht werde ich jedoch weiterhin selbst übernehmen.

[...]

Wir alle sind wohlauf, auch mir geht es etwas besser, meine Nervosität macht mir nicht mehr zu schaffen. Gegen drei Uhr gehe ich zu Bett; ich lese des Nachts und des Morgens die Korrektur[85], damit der Tag etwas freier ist – mehr gibt es nicht zu erzählen. Andrjuscha ist artig, alles ist beim alten; er ist schlecht in der Schule, obgleich er viel lernt, Mischa liest »Anna Karenina«, ich kann es ihm nicht ausreden, doch ich heiße es nicht gut, denn es ist noch zu früh. Seit Sonntag gehen Sascha und Wanetschka nicht mehr nach draußen; ständig herrschen Schneetreiben, Frost von minus 12 bis 15 Grad und starker Wind. – Daß Ihr 90 Garküchen in Augenschein nehmen wollt, ist ganz und gar unnötig. Ist das denn überhaupt möglich? Wozu soll das gut sein?

[...] Gestern schrieb ich Mascha und habe dabei ganz vergessen, daß sie am 12. ja Geburtstag hat. Ich gratuliere ihr und wünsche Ihr mehr wahrhafte Freude für das kommende Jahr. Ich küsse Euch alle.

S.T.

[Lew Nikolajewitsch Tolstoj an Sofja Andrejewna Tolstaja]
[14. Februar 1893]
[Jasnaja Poljana]

Es ist jetzt 11 Uhr am Abend, Sonntag. Alle Helfer haben bis eben zusammengesessen, Tee getrunken, einander vorgelesen und sind nun auseinandergegangen [...]. Ich schreibe Dir nun ein paar Worte. Uns geht es gut, und wir sind guter Stimmung. Die Mädchen waren heute recht viel unterwegs, ich blieb hier. Die Besichtigungen der Garküchen neigen sich dem Ende zu.

Es herrscht starker Frost, doch es geht kein Wind, und die Wege sind gut. [...]
Und Du quälst Dich immer noch mit den Korrekturen. Warum schläfst Du denn des Nachts nicht?
Nun also, lebe wohl, auf ein baldiges Wiedersehen. Ich küsse Dich und die Kinder. Die Lektüre der An[na] Kar[enina] ist für Mischa natürlich noch zu früh.

[Lew Nikolajewitsch Tolstoj an Sofja Andrejewna Tolstaja]
[25. Februar 1893]
[Jasnaja Poljana]
Gestern traf Ljowa hier ein, wir haben uns verplaudert, außerdem herrschte Schneetreiben, so daß wir nicht nach Koslowka nach Briefen geschickt und auch nicht geschrieben haben. Wir alle sind wohlauf. Ljowa scheint es immer noch nicht besser zu gehen, und es tut mir weh zu sehen, wie aus einem lebensfrohen, schönen jungen Mann ein Hinfälliger wurde[86]. Aber ich hoffe, das wird sich wieder geben. Seelisch geht es ihm gut, und er ist frohen Mutes. Ich ging spazieren und machte einen Ausritt nach Jassenki. [...] Wenn nichts dazwischenkommt, kommen wir am Samstag mit dem Eilzug. Bleibe gesund und munter und sei der Cholera wegen nicht beunruhigt. Ich küsse Dich, Tanja und die Kinder.
L.T.

[Sofja Andrejewna Tolstaja an Lew Nikolajewitsch Tolstoj]
[26. Februar 1893]
[Moskau]
Heute erhielt ich, lieber Ljowotschka, Deine Nachricht, daß Du am Samstag kommen wirst, und ich bin glücklich, Dich bald wiederzusehen. Ich hoffe, daß nichts dazwischenkommt und daß Ihr alle wohlauf seid. – Gestern brachte Ljowa Euch

Nachrichten von uns; die ganze Nacht heulte der Wind, und ich war im ungewissen, ob er gut angekommen ist. [...] Tanja lebt wieder ihr altes Moskauer Leben, und dies scheint ihr großes Vergnügen zu bereiten. Sie hat nur wenig von Begitschewka und dem Stand der Arbeit dort erzählt, ich muß also warten, bis Du kommst und mir berichtest. Tanja hatte heute nachmittag um 3 Uhr eine Einladung bei den Mamonows zum Tee, von dort ist sie in die Schule gefahren. Am Samstag wird sie mit Sonja [Mamonowa] einen bunten Abend mit Spielen für die Kinder veranstalten, zwanzig Kinder sind eingeladen, und ich bin ziemlich bekümmert, daß Du ankommst, wenn hier ein solcher Trubel mit einem Haufen von Kindern und deren Eltern herrscht. Doch wir können den Abend nicht absagen. [...]

Mein Leben verläuft wieder in der Welt von damals – »Krieg und Frieden« –, was mich überaus entzückt. Wie dumm war ich doch, als Du »Krieg und Frieden« schriebst und wie klug Du! Wie gut, ja genial ist »Krieg und Frieden« geschrieben. Nur eines noch: Bei »Kindheit« habe ich oft geweint, bei »Familienglück« hatte ich einen Kloß im Hals, bei »Krieg und Frieden« indes ist man beständig überrascht, bezaubert, fassungslos – doch man weint nicht. Warten wir ab, was bei »Anna Karenina« sein wird.

Die Kinder sind wohlauf, waren heute nicht draußen. [...] Weiterzuschreiben »finde ich nichts«, wie unser Verwalter aus Samara zu schreiben pflegte. Ich mache mich nun wieder an die Korrekturen, werde erneut bis tief in die Nacht daran arbeiten. – Du schreibst gar nichts über Maschas Husten. Ich hoffe, daß Ihr an einem Tag wie dem heutigen aufeinander achtgebt und Euch schont. Ich küsse Euch und werde nun nicht mehr schreiben.

S. Tolstaja.

Ich weiß nicht, warum, aber bei der Lektüre von »Krieg und Frieden« rühren mich am meisten der alte Fürst und die Fürstin Maria, überhaupt alles, was die Familie Bolkonski betrifft, die Rostows indes ganz und gar nicht.

[Lew Nikolajewitsch Tolstoj an Sofja Andrejewna Tolstaja]
[15. September 1893]
[Jasnaja Poljana]
Als Wanetschka heute zum Tee kam, erzählte ich ihm, daß es Dir nicht gut gehe, und ich sah, wie sehr ihn dies bedrückte. [...] Er ist sehr lieb, mehr noch als lieb – er ist gut. Gestern war prachtvolles, erfrischendes Wetter, und ich bin bis nach Tula gewandert. Dort wollte ich Dawydow[87] treffen und aufs Postamt. [...] Dawydow ist sehr nett. Er hat mir erzählt, daß im »Figaro« ein Auszug aus meinem letzten Buch »Das Reich Gottes [ist in uns]« über die Rekrutierung erschienen ist. Dies ist mir ziemlich unangenehm. Des weiteren ist mir unangenehm, daß Mascha ihre Beziehung zu S[ander[88]] wieder aufgenommen hat. Sie hat ihn sehr harsch, allzu harsch, wie es scheint, zurückgewiesen. Er schrieb ihr daraufhin einen Brief, der sogar mich anrührte. Ich antwortete, sprach ihm meine Anteilnahme aus und hoffte, damit habe es sein Bewenden. Doch sie antwortete ebenfalls auf seinen Brief und teilte ihm mit, daß sie seinen Antrag nicht ablehne, daß alles bei dem bliebe, wie es besprochen war, bevor er abgereist ist, nämlich daß sie bis zum neuen Jahr warten werde. Sie tut mir sehr leid. Ich hoffe, sie wird sich besinnen. Doch es ist unabdingbar, daß die Veränderung ihrer Gefühle und ihrer Beziehung zu ihm sich in ihr und durch sie selbst vollzieht. Ein Einwirken von außen wird einem guten Ausgang dieser Geschichte nur störend sein. [...] Bitte brüskiere sie nicht. Das alles ist sehr bedauerlich, wenn sie aber so krankhaft gestimmt ist, so kann man ihr wohl nur mit Zärtlichkeit und Sanftmut helfen. [...] Daß nach P[etja] R[ajewski] und P[oscha[89]] ihre Wahl ausgerechnet auf S[ander] fallen mußte! Wir werden alles bespre-

chen, wenn wir uns sehen. [...] Ich kann mir vorstellen, wie Dich dies verdrießen wird. Gebe Gott, daß Dich dies alles weniger beunruhigt als mich. Ich küsse Dich und die Kinder.
L. T.

[Sofja Andrejewna Tolstaja an Lew Nikolajewitsch Tolstoj]
19. September 1893
[Moskau]

Allein zu lesen.

Liebster Freund Ljowotschka, Du schreibst, wie sorgenvoll Du Maschas wegen bist und schilderst mir die Geschichte, die sie nun wieder angebandelt hat. Warum aber hast Du Dich hinreißen lassen, S[ander] einen Brief zu schreiben? Du bist ganz augenscheinlich sehr erregt, und der ganze Kummer über diese Geschichte hat Dich erneut übermannt; wenn Dein Gefühl diese Verbindung ablehnt, so mußt Du geradlinig handeln. Wir können doch nicht zulassen, daß Mascha sich in ihrem unnormalen Zustand diesem fetten Deutschen allein deshalb, weil er ihr einen sentimentalen Brief zu schreiben vermochte, an den Hals wirft. Es ist einfach unmöglich, sich Mascha in bürgerlicher, deutscher Umgebung mit einem rotnasigen Mann vorzustellen, mit Marktgängen nach Bier und Würstchen – und mit vielen kleinen, weißen Sanderleins. Das ist einfach schauderlich! Ich werde ihr nicht schreiben, denn ich kann nichts anderes schreiben, als das, was ich ihr bereits sagte: die Familie oder dieser Deutsche. Sie muß sich entscheiden; und sie sollte wissen, daß sich unser Verhältnis zu ihr – auch wenn wir sie nicht wie in alten Zeiten aufgrund ihres töchterlichen Ungehorsams in Fragen der Ehe unwiderruflich verdammen werden – abkühlen wird und nicht mehr sein wird wie zuvor, was hundertmal schlimmer für sie sein wird als die ärgste Verdammung. Und all dies, d. h. ihre gute, geordnete Familie, ist sie einzutauschen gewillt gegen einen unbekannten und, nach allem, was man hört, nichtswürdigen Menschen, der in zehn Jahren der fetten Haushälterin den Vorzug geben wird vor seiner in Armut und Not darbenden, mageren, verwelkten und alt gewordenen, gescheiten Ehefrau. – Das ist es, was ich denke – ich kann nicht anders. Und all dies wird sich in Schlichtheit und Wohlgesinntheit vollziehen, denn ein deutscher Doktor mit einem Schmerbauch vollzieht alles, selbst den Betrug an seiner Gattin, überaus wohlgesinnt. – Ich habe großes, großes Mitleid mit Dir, liebster Freund. Ich glaube, daß Dir dies alles schmerzhafter ist als mir, denn mir ist es widerlich, und das ist einfacher, als in Güte zu leiden.

Wanetschka hast Du zu lieben begonnen, ich bin glücklich darum. Doch er ist ein so dünnhäutiges Kind, ich fürchte, er wird immer anfällig und schwach sein. Hoffentlich hat er Dich mit seiner kindlichen Schlichtheit und Liebe beruhigen können. – Mascha kann ich nicht schreiben, denn ich weiß einfach nicht, was ich ihr sagen soll. Es wäre immer dasselbe. Ich küsse Dich. Bald werden wir uns wiedersehen, allerdings nur, um uns dann wieder für eine noch längere Zeit zu trennen.

S. Tolstaja.

[Sofja Andrejewna Tolstaja an Lew Nikolajewitsch Tolstoj]

[23. Oktober 1893]

[Moskau]

Jetzt habe ich Dir so lange schon nicht mehr geschrieben, lieber Ljowotschka, und auch von Euch habe ich seit Tagen keine Briefe mehr erhalten. Weder bei Euch noch bei uns hat sich irgend etwas ereignet, und den Alltag, dem ich immer wieder ausgeliefert bin, den eintönigen Lauf der Dinge kannst Du Dir so gut vorstellen, daß ich darüber nichts berichten möchte und muß. Natürlich gilt mein Augenmerk vor allem Ljowa und seinem Gesundheitszustand; gestern klagte er erneut, er habe Leibschmerzen, und auch heute morgen sagte er, er fühle sich schlecht. Das hat mich aber nicht allzusehr beunruhigt. Hier liegen alle mit der Herbstgrippe darnieder; Tanja hat es sehr schwer erwischt, sie ist trübsinniger und gedrückter Stimmung, bei Ljowa ist es nicht ganz so schlimm. [...] Gerade hat Tanja Deinen Brief erhalten, und Wanetschka und Sascha haben Briefe von Mascha bekommen. Sie haben sich so gefreut; auf Wanetschkas Gesicht spiegelten sich die mannigfaltigsten Gefühle. Mit einem Kopfnicken hieß er es gut, daß Mamá Euch mit Weintrauben versorgt hat; darüber, daß Ihr vor den Mäusen keine Angst habt, lachte er und auch darüber, daß »sein Brief im Korb herumgetragen« werde[90]. Vor ein paar Tagen erblickte er in der Ecke neben dem Diwan zufällig die Büste von Dir. Du hättest seine Aufregung und Freude sehen sollen; er schlug die Hände zusammen, strich über den Kopf (welch Vorstellungskraft, er fühlte nicht einmal die Kälte des Metalls), dann ging er langsam um die Büste herum und küßte sie, ohne sich dessen bewußt zu sein, daß wir alle ihm zusahen. Ein unvergleichlicher Knabe. [...] Wie geht es Mascha? Was machen ihre Liebesangelegenheiten? Ist sie endlich zu sich gekommen, hat sie begriffen, daß sie sich selbst und ihre Reputation retten muß? [...] Deinen Toulon-Artikel[91] möchte ich bei Suttner[92] veröffentlichen lassen, weil er so als Protest gegen den Krieg aufgefaßt werden wird und nicht als persönliche Stellungnahme; so werden weder die Franzosen noch die Russen einen Grund haben, beleidigt zu sein, und dies ist immer besser. [...] Nun also, lebe wohl, es ist Zeit, zum Ende zu kommen. Ich küsse Mascha und Vera[93]. Ich gehe nun zu Bett, sonst bin ich immerfort müde und matt. Schreibe mir bald wieder.

S. Tolstaja.

[Sofja Andrejewna Tolstaja an Lew Nikolajewitsch Tolstoj]

[25. Oktober 1893]

[Moskau]

Heute morgen ließ Dunajew uns Eure Briefe bringen, liebster Freund Ljowotschka und liebe Mascha, am Abend kam er selbst auf einen Sprung vorbei und berichtete uns, daß Ihr gesund und munter seid, was mich sehr freute. Auch uns geht es, Gott sei es gedankt, bisher sehr gut. Ljowa geht es besser, heute sagte er, er fühle sich wieder ganz gesund, doch das ändert sich bei ihm ja immer sehr rasch. [...]

Ich schicke Dir, lieber Ljowotschka, heute als Drucksache eine Zeitschrift aus Genf, in der ein Artikel über Dein neues Buch[94] zu lesen ist; vielleicht wird er Dich interessieren.

Deine Anteilnahme an meinem gesundheitlichen Zustand rührte mich sehr. Ich fühlte mich die ganze letzte Zeit sehr schlecht, der rote Ballon[95], wie Du früher bisweilen zu sagen pflegtest, hat schnell an Luft verloren und wurde faltig, doch jetzt geht es mir seit zwei Tagen wieder etwas besser. Ich hatte Schmerzen in der Brust, und das Atmen fiel mir schwer; das habe ich ja jedes Jahr im Herbst, und mit den Jahren wird es immer schlimmer. – Doch die Krankheit macht mir das Leben nicht schwer, sie hilft mir lediglich dabei, in Richtung jenes Punktes zu blicken, an welchem das Ende erreicht ist und man in die Ewigkeit hinübertritt, und dieser Übertritt ist keineswegs angsteinflößend, sondern vielmehr beglückend. Einstmals lebte ich in der Gewißheit, daß ich für irgend etwas oder von irgend jemandem gebraucht werde; nun aber muß ich erkennen, daß ich immer weniger bewirken kann, meine Kraft und Energie stetig nachlassen. Ich wünschte mir mehr Ruhe und Abgeschiedenheit, doch dies ist nicht möglich. Bisweilen habe ich das Bedürfnis, wenigstens für eine Stunde lang im Wald oder an einem anderen Ort spazierenzugehen, wo ich in Einklang mit Gott und der Natur sein kann und mich nicht ständig mit den Tapezierern, Gästen, Lehrern, Dunklen, Dienstboten u. a. auseinandersetzen muß.

[...]

Stimmt es, daß Maria Alexandrowna[96] zu Euch gezogen ist?
Ich habe vergessen, Dunajew danach zu fragen. Grüßt sie von
mir. Ich kann mir vorstellen, wie glücklich sie ist, ohne uns mit
dem so teuren Lew Nikolajewitsch und Mascha zusammenzu-
sein. Ich küsse Euch.

S. Tolstaja.

[Lew Nikolajewitsch Tolstoj an Sofja Andrejewna Tolstaja]
[26. oder 27. Oktober 1893]
[Jasnaja Poljana]

Gestern wurde die Post erst spät gebracht. [...] Ich beneide
mich selbst, daß ich in solcher Ruhe und Muße weile, während
Du im alltäglichen Trubel lebst und darunter leidest. Es kann
gar nicht anders sein, als daß man unter dieser leeren Nichtig-
keit des Alltags leidet. – Doch mich freut Dein Streben nach
innerer Einkehr, und ich weiß, daß dieses Streben trotz Deines
unsteten Charakters aufrichtig ist. – Du kannst, so bin ich
stets überzeugt, nicht nur mich, sondern auch Dich selbst überraschen. – Gestern lasen wir den zweiten Teil von »Mimotschka«[97]. Ganz gut, aber mit Übertreibungen. Mar[ia] Alex[an-
drowna] verleidete mir die Lektüre. Sie hat Grippe und war
sehr schwach und bemitleidenswert, doch sie blieb bis zum
Schluß, wollte absolut nicht früher gehen. Heute scheint es ihr
etwas besser zu gehen, sie behauptet, ihr Befinden sei ausgezeichnet.

[...]

Der Artikel über mein Buch ist sehr schlecht, aber zumindest
unter dem Gesichtspunkt interessant, daß der Republikaner,
der ihn schrieb, sich bemüßigt fühlte, mir zu widersprechen.
Heute erhielt ich einen Brief von einem Dänen, der mir schreibt,
daß aufgrund meines Buches zahlreiche junge Männer in Dänemark den Kriegsdienst verweigern, weshalb sie für jene Zeit,

die die Ableistung des Dienstes gedauert hätte, ins Gefängnis gesperrt werden. Ich wollte noch etwas schreiben, habe es aber vergessen. Ich küsse Dich und die Kinder.
L. T.

1894

[Sofja Andrejewna Tolstaja an Lew Nikolajewitsch Tolstoj]
[23. Januar 1894]
[Moskau]

Von Euch habe ich noch keine Nachricht. Ich habe heute einen Brief erwartet, doch es kam keiner. Von Ljowa erhielten wir einen kurzen Brief an Wanetschka, auf der Rückseite ein paar Worte an den Vater, ohne Anrede, daß es ihm ein wenig besser gehe, daß er in Nizza gewesen sei, auf dem Karneval, daß in Cannes ein Fest stattfinde, *batailles des fleurs*[98], und nichts weiter[99]. Gestern war ich bei Deiner Schwester Mascha im Kloster. Als ich kam, war sie bei der Vorbereitung zur Abendmesse, die Vater Valentin leitete. Ich habe ihn also gesehen; ein sympathisches Gesicht, doch seine Augen blicken niemanden an, sondern durch jeden hindurch, und als man mich ihm vorstellte, richtete er einen derart unwilligen und hastigen Blick auf mich, als ob er sich zum Gesetz gemacht habe, niemals jemanden auf dieser Welt anzusehen. Welch wunderliche Welt ist es doch, in der Mascha dort lebt! Alle Frauen, ob dick oder dünn, tragen ihr Haupt bedeckt, gehen wie Nonnen schleichenden Schrittes umher, alle verehren Vater Valentin, alle sind ohne Familie, ohne Heim, beten ohne Unterlaß, entzünden die Öllämpchen vor den Ikonen, und ihr Abgott, die Freude ihres Lebens, sind Vater Valentin und das brave Leben mit Störfleisch, Gesprächen über Essen u. ä. Ein jeglicher errettet sich auf seine Weise. Sie beten fast den ganzen Tag, und wenn dieses Einssein mit Gott nicht nur mechanisch, sondern aufrichtig und wahrhaftig wäre, dann wäre dies, d.h. das Gebet und das Einssein mit Gott, durchaus gut.

Heute morgen war ich mit Wanetschka und der Njanja im Garten; wir fegten die Eisbahn, damit Sascha Eislaufen üben könne. Doch dann wurde es am Tag wieder wärmer, und es begann zu schneien, die Schneeflocken waren so dicht, daß von Gottes Welt gar nichts mehr zu sehen war. [...] Wir hatten bis jetzt gar keinen Besuch, und es hat sich auch niemand angekündigt. Ich erhole mich und auch den Kinder tut es gut, sie können sich besser auf ihre Schulaufgaben konzentrieren, ernsthafter und ungestörter lernen.

Die Gäste, die tagtäglich kommen, stören das Familienleben allzusehr. Man sollte nur an bestimmten Tagen in der Woche Besuch empfangen oder überhaupt nur auf Einladung, wenn man jemanden zu sehen wünscht – so ist es für uns alle eine Katastrophe. Und der beste Beweis dafür, daß Ihr diese Katastrophe über uns gebracht habt, ist, daß in Eurer Abwesenheit hier niemand erscheint. Es ist schade, daß ein Familienleben gar nicht existiert, weil immerfort irgendwelche Fremde anwesend sind. Und wenn die Kinder kommen, schweigen sie und gehen wieder. Bei Dunajew und Mischa Suchotin kommt man gar nicht zu Worte, und außer Ermattung geben sie einem nichts.

Nun denn also, lebt wohl. [...] Ich küsse Sonja[100], die Kinder und Euch alle. Serjosha will für zwei, drei Tage auch zu Euch aufs Land kommen.

[Lew Nikolajewitsch Tolstoj an Sofja Andrejewna Tolstaja]
[28. Januar 1894]
[Grinjowka[101]]

Uns ergeht es hier sehr gut, und unser Leben verläuft sehr ruhig. [...] Ich schreibe an den Vormittagen[102], in der übrigen Zeit lese ich oder gehe spazieren. Gestern lief ich bis nach

Nikolskoje und bewunderte Serjoshas Haus[103] und das *inte-rieur*[104]. Sein Kutscher brachte mich mit einem schwarzen Pferd nach Hause. [...] Ich huste wenig, viel weniger als in Moskau. Doch ich habe Schmerzen, oder besser gesagt, ein Unbehagen in der Brust und bemerke ein Nachlassen meiner körperlichen und geistigen Kräfte, das mit diesem Zustand der Krankheit einhergeht. Vielleicht ist dies eine neue Stufe des Alters, an die ich mich noch nicht gewöhnt habe. Ich muß mich daran ge-wöhnen. Heute habe ich einen Brief von Ljowa erhalten und einen von Dir. An seiner Reise nach Paris ist gar nichts Schlech-tes. Er ist aber allzu gierig nach neuen Eindrücken. Daß er sich von dem Arzt getrennt hat, ist sehr gut. [...] Jeder muß seinen eigenen und für jeden neuen Weg gehen. Und Ljowas Weg in-teressiert mich. Wo er enden wird, vermag niemand zu sagen. Sein gesundheitlicher Zustand beunruhigt mich wenig, denn ich bin überzeugt – und gebe Gott, daß ich mich nicht irre –, daß er sich in gegebener Zeit ganz unabhängig von Ärzten und Klimaveränderung wieder bessern wird, wenn nichts Uner-wartetes geschieht. Mich interessiert sein seelisches und inne-res Erleben. Ich werde ihm heute auch noch schreiben.

Von Ilja kamen zwei Briefe aus Berlin. Sonja schreibt ihm, doch wir sind sicher, daß die beiden sich auch ohne Briefe und Tele-gramme in Paris treffen werden, da sie gemeinsame Bekannte dort haben. Tanja ist nicht ganz wohlauf, einmal hat sie Leib-schmerzen, ein anderes Mal ist ihr immerfort kalt. Heute geht es ihr jedoch recht gut. An den Vormittagen malt sie und geht spazieren, an den Abenden schreibt sie fleißig meine Arbeiten ins reine. [...] Ich küsse die Kinder. An Andrjuscha kann ich nicht denken, ohne unangenehm berührt zu sein, weil ich mich an seine dummen Reden, darüber, wie man die Deutschen mit dem Bajonett umbringen solle, erinnere. Ich bemühe mich, dies zu vergessen, und ich werde es auch vergessen, doch es be-rührt mich unangenehm. Lebe wohl, ich küsse Dich und die Kinder. [...]

[Lew Nikolajewitsch Tolstoj an Sofja Andrejewna Tolstaja]

[27. März 1894]

[Rshewsk[105]]

Mascha hat bereits alles berichtet, liebste Freundin Sonja, so daß mir nur noch bleibt, ihre Worte zu bestätigen und hinsichtlich meiner Person hinzuzufügen, daß ich sehr glücklich bin, hier zu sein, [...] Tschertkow und ich stehen einander seelisch so nahe, haben so viele gemeinsame Interessen und sehen uns so selten, daß es uns beiden sehr wohltut, zusammen zu sein. [...] Die Gegend hier ist sehr schön, das Haus steht auf einer Anhöhe, auf der einen Seite geht es einen steilen Abhang hinunter, auf der anderen liegt ein dichter Wald. Ich war gerade allein spazieren und habe Schneeglöckchen gepflückt. Ich küsse Euch alle der Reihe nach, beginnend mit Dir und endend mit Wanetschka. [...]

L.T.

[Lew Nikolajewitsch Tolstoj an Sofja Andrejewna Tolstaja]

[7. September 1894]

[Jasnaja Poljana]

Ich bin sehr froh, daß Du 1. Klasse gefahren bist. [...] Als Ihr gestern abgereist wart, habe ich begonnen, meine Erzählung aufzuschreiben, wollte heute damit fortfahren, doch ich war nicht in der Stimmung[106]. Ich würde es sehr gern sehen, wenn Ljowa meinen Rat mit der Gymnastik beherzigte. Nur einige wenige, leichte Übungen, sie würden ihm etwas gezielte Bewegung verschaffen. Was meint Dr. Fljorow dazu? Ich küsse alle Meinigen.

L.T.

Zweimal fragte ich Wanetschka, ob er auf Sascha böse sei, und beide Male antwortete Miss Welsh[107], sie seien im Gegenteil sehr lieb miteinander. Ich habe ihm versprochen, Dir dies zu schreiben.

[Sofja Andrejewna Tolstaja an Lew Nikolajewitsch Tolstoj]

[11. September 1894]

[Moskau]

Sascha hat mir einen schönen und sehr interessanten Brief geschrieben. Ich denke in letzter Zeit viel über Dich nach, lieber
Ljowotschka. Natürlich bin ich glücklich, daß Dein Befinden
und Deine Stimmung gut sind. Die Erzählung, die Du erdacht
hast, interessiert mich sehr. Mir schien, aufgrund des Tons, in
dem Du von ihr erzählt hast, daß sie sehr gut, ja vortrefflich
werden kann. Wie seltsam sind doch diese Aufwallungen Deiner künstlerischen Natur. Wie eine Schönheit, die mit den Jahren immer seltener wirklich schön ist, so erblüht auch die
künstlerische Schönheit immer seltener und verwelkt rascher
als früher. Und dies ist bedauernswert, man muß diese kurze
Blütezeit zu schätzen wissen, wie man im Herbst die seltenen
Strahlen der Sonne zu schätzen weiß. Ich kann mich nicht ent-
wöhnen von meiner Liebe zu Deiner künstlerischen Arbeit;
heute wurde mir plötzlich klar, daß dies damit zusammenhängt, daß ich mit ihr die besten Jahre meines Lebens verbracht
habe, d. h. meine Jugend. Unsere Töchter leben ihre Jugend mit
einer anderen Seite Deiner schriftstellerischen Arbeit und werden deshalb diese für immer mehr als alles andere lieben.

Diese Ausführungen sind Dir möglicherweise unangenehm –
dann täte es mir leid, daß ich Dir dies schrieb; ich wollte nur
meine Gedanken mit Dir teilen.

Ljowa scheint es, trotz des ständigen Regens und des dunklen
Himmels, der überhaupt nicht aufklart, besser zu gehen, er
klagt weniger, scheint frohgemuter. [...] Er nimmt keine Medizin mehr, macht aber auch keine Gymnastik, heute übte er ein
wenig auf der Geige. [...] Ich war heute bei den Direktoren.
Andrjuscha braucht einen Mathematiklehrer; keine einzige
Aufgabe ist er selbst zu lösen imstande. Meine Bitte, ob Mischa
zu Hause Französischunterricht erhalten könne, wies Poliwanow harsch zurück. [...]

Schreibe mir, liebster Freund, wieder einmal einen schönen Brief, nicht nur über Alltägliches. Ich küsse Dich und meine lieben Töchter sowie meine Kleinen, nach denen ich große Sehnsucht habe. Miss Welsh, die Njanja und Dunjascha grüße ich.
S. Tolstaja.
Ich sitze mit Mischa zusammen: Er macht seine Aufgaben, ich las Korrektur und schreibe nun Briefe.

[Lew Nikolajewitsch Tolstoj an Sofja Andrejewna Tolstaja]
[18. September 1894]
[Jasnaja Poljana]
Was Du über Deine Beziehung und die unserer Töchter zu meiner Schriftstellerei geschrieben hast, war mir keineswegs unangenehm, ich halte es im Gegenteil für überaus berechtigt, und meine Erinnerung an jene Zeit meiner künstlerischen Arbeit ist eine gute. Mit meiner jetzigen Erzählung komme ich nicht vom Fleck[108]. [...] – Die Fahrt nach Pirogowo haben wir erst einmal verschoben. Doch ich würde meinen Bruder Serjoscha gern wiedersehen und ihm die Gelegenheit geben, mich zu beschimpfen. Allzu oft wird das nicht mehr möglich sein.
Über Ljowas Brief habe ich mich sehr gefreut. Ich küsse ihn.
L. Tolstoj.

[Lew Nikolajewitsch Tolstoj an Sofja Andrejewna Tolstaja]
[25. Oktober 1894]
[Jasnaja Poljana]
Gestern bin ich nach Koslwoka geritten und habe den Brief an Dich dort aufgegeben. [...] Auf dem Weg dorthin sah ich eine Gruppe von Bauern, die den Eid leisteten, vor dem Priester, der vor seinem Hause stand und hochgemut, ohne zu wissen, was er tat, die Leute betrog[109]. So etwas zu beobachten ist mir schmerzlich und zuwider. Gleich daneben standen Kosa-

ken und Polizei, um den Zug mit dem Leichnam des Zaren zu beschützen. Dies zu sehen war noch furchtbarer. Tatsächlich wird bei einem Wechsel an der Macht die ganze Lüge offensichtlich, und es ist furchtbar und schmerzlich, dies mitanzusehen. Das Manifest des neuen Zaren ist in jeder Beziehung unanständig: »Rußland ist stark durch die Ergebenheit gegen seine Herrscher.« [...]
Dieser Tage habe ich einen Brief an die englischen Zeitungen geschrieben, worin ich darlegte, daß es nicht das Ziel des Christentums sei, die bestehende Ordnung zu zerstören und sie durch eine andere zu ersetzen. Sein Ziel sei einzig die Errettung der Menschen. [...] Meine Interpretation des Glaubens habe ich erst einmal beiseite gelegt. Am liebsten möchte ich noch einmal von vorn beginnen und alles anders darlegen. Seit drei Tagen habe ich keine Briefe erhalten, vermutlich werden sie noch [von den Sicherheitsbehörden] gelesen. Mir geht es körperlich und seelisch sehr gut. Den Mädchen, so glaube ich, ebenfalls. Dich, Sonja, liebe ich sehr, wie die gesamte letzte Zeit. Ich schreibe diesen Brief an Dich und Ljowa zugleich. Ich küsse Ljowa und hoffe, ihn bald wiederzusehen.

[Sofja Andrejewna Tolstaja an Lew Nikolajewitsch Tolstoj]
[27. Oktober 1894]
[Moskau]
Dein gestriger Brief, liebster Freund Ljowotschka, hat mich sehr beruhigt, denn gerade gestern war mir alles sehr schwer. Die Feindseligkeit Ljowas gegen mich wird immer größer, und sie ist so unverständlich, niemand wäre imstande, ihre Ursache zu ergründen. Selbst das, was er ihn mit Sorgen und Zärtlichkeit bedrängen nennt, habe ich in letzter Zeit ganz und gar gelassen. [...] Der Arme ist so sehr mit seinem Leiden beschäftigt, daß er seine einstige Empfindsamkeit gegen andere ganz und gar verloren hat. [...]

Ich habe Mascha lange nicht geschrieben, doch ich denke immerfort zärtlich an sie und daran, wie liebenswert, munter, ja fröhlich gar – überhaupt nicht leidend und unglücklich – sie in der letzten Zeit zu sein schien, was mich stets glücklich macht. Was macht Tanjas Spiel auf der Mandoline? [...]

Pawel Petrowitsch, mein Gehilfe und die Njanja hinterbringen uns die mannigfaltigsten unglaublichen Gerüchte, wie zum Beispiel, Sacharin habe sich vergiftet, dies bedeute, er sei schuldig und habe den Zar vergiftet, und alle Fenster seines Hauses seien kaputtgeworfen worden. Zugleich berichten die Rajewskis, Klein (ein Moskauer Professor) habe den Regenten obduziert und ebenjenes, was Sacharin diagnostiziert habe, bestätigt gefunden: Verfettung, oder besser durch Fett bedingte Anomalie des Herzens; die Nieren gesund, nur ein wenig geschrumpft. – Heute berichtete Warinka noch, in der Universität hätten zahlreiche Studenten aus religiösen Motiven heraus den Treueeid verweigert, dies werde totgeschwiegen; die Studenten würden wohl der Universität verwiesen. Und jemand, ich weiß nicht mehr wer, erzählte, Du, Ljowotschka, hättest ein Manifest verfaßt und dies hier in unserem Haus verlesen. Eine erregte Stimmung ist zu spüren; wie immer wird von der Herrschaft des neuen Zaren viel erwartet, und womöglich wird sich dies alles nicht bald beruhigen.[110]

Für Samstag wird die Ankunft des Leichnams des Zaren erwartet. Allerorten zieht die Armee auf, überall stehen Wachen, die Stadttore und Kirchen, die Herrschaftshäuser – alles wird verstärkt bewacht. Vor wem soll dies alles beschützt werden? Ich glaube, es käme niemandem in den Sinn, den Leichnam des Zaren zu entehren, wenn man ihn nicht durch die verstärkten Truppen und Wachen erst auf solcherlei Gedanken brächte. [...]

Ljowotschka, ich bitte Dich, wenngleich dies vielleicht auch überflüssig ist, schreibe in der jetzigen Lage keine Briefe bezüglich der Herrschaft des neuen Zaren an englische, amerikanische oder sonstige ausländische Zeitungen. Ich weiß, daß Deine Gedanken und Handlungen stets im reinen Christentum begründet sind; doch im Moment wird man jeden Anlaß nutzen, über jedes Deiner Worte herzufallen und alles auf infame Weise zu interpretieren (wie vor zwei Jahren die »Moskowskije wedomosti«). Der dahingegangene Zar kannte Dich und hatte Verständnis für Dich, dies habe ich gefühlt, der neue aber – Gott weiß, wie er handeln wird!

Es tut mir sehr leid, daß Du mit Deiner Arbeit wieder unzufrieden bist und erneut alles von neuem anzufangen gedenkst. Dies muß doch überaus schwer sein. Vielleicht aber will Gott diese Arbeit ja auch nicht, und deshalb kannst Du Dich nicht für sie erwärmen und sie nicht fertigstellen. Vielleicht werden Deine geistigen Kräfte für etwas anderes gebraucht. Es ist schön, daß Du gesund und guter Stimmung bist; ich habe vergessen, wie beides sich anfühlt.

Lebe wohl, liebster Freund, sei bedankt, daß Du mich wenigstens auf meine alten Tage mit den Worten, Du liebtest mich, beschwichtigst. Dies ist mir gerade auf meine alten Tage besonders teuer.

Deine Sonja Tolstaja.

[Lew Nikolajewitsch Tolstoj an Sofja Andrejewna Tolstaja]
[31. Oktober 1894]
[Jasnaja Poljana]
Von den unsrigen ist niemand zu Hause, und ich weiß nicht, ob sie Dir bereits geschrieben haben, deshalb schreibe ich Dir. Gestern kam Mischa Stach[owitsch], der seit Orjol im Geleitzug dem Leichnams des Zaren gefolgt war[111]. [...] Gestern erhielten wir Deinen Brief. Ich werde nirgendwohin schreiben, bin ganz von meiner Arbeit in Anspruch genommen. [...] Heute herrscht Nebel, der den ganzen Schnee vertrieben hat. *I hope*[112], daß Deine Kopfschmerzen vorüber sind und es auch

Andrjuscha besser geht. Ljowa habe ich bereits gestern geschrieben.

[Sofja Andrejewna Tolstaja an Lew Nikolajewitsch Tolstoj]
[31.] Oktober 1894
[Moskau]

Der heutige Tag war voller Ereignisse, denn heute begann die Überführung des toten Zaren aus Moskau. Die Kinder wollten den festlichen Zug furchtbar gerne sehen, doch da niemand den Tag kannte, hatten wir uns dessentwegen nicht bemüht. [...] Gestern abend erschien unerwartet Dostojewskaja mit ihrer Tochter bei uns[113]. Sie waren auf der Durchreise von der Krim und hatten gehofft, die ganze Familie anzutreffen. Die Dostojewskaja ist sehr gutmütig und etwas laut, die Tochter recht klug, sieht dem Vater überaus ähnlich. Sie ist sehr belesen und lebhaft. Als die beiden erfuhren, daß die Kinder gern den Zug sehen würden, versprachen sie sogleich, sich um Plätze für uns im Historischen Museum[114] zu kümmern. – Heute um 7 Uhr des Morgens klingelte es dann plötzlich an der Tür. Ich hörte, daß die Tochter Dostojewskaja gekommen war und sagte: »Schnell, kleiden Sie sich an, um zehn Uhr beginnt bereits der Ausmarsch aus der Stadt.« Ich sprang aus dem Bett, warf das Morgenkleid über und weckte die Kinder. Um halb acht waren alle bereit, rasch wurde der Wagen angespannt, und wir fuhren los. [...] Im Historischen Museum hatten wir Plätze mit Blick auf das Iwerski-Tor[115]. Wir saßen sehr gut auf einem Podium, Dostojewskaja ließ uns einen ganzen Korb voll heißer, mit Fleisch gefüllter Piroggen bringen, die die Kinder aßen, während sie aufgeregt warteten.
[...]
Als der Zug vorüber war, begleitete Dostojewskaja uns ins Dostojewski-Museum. [...] Zum Frühstück waren wir wieder zu Hause, es war warm, sogar die Sonne zeigte sich bisweilen.

Ljowa kam, wir erzählten ihm, er nahm alles sehr ironisch auf und sagte, nicht das, was wir gesehen hätten, sei von Wichtigkeit, sondern die Tatsache, daß sich die Studenten in der Universität geweigert hätten, den Treueeid zu leisten, daß auf dem Jungfrauenfeld eine Versammlung stattgefunden hätte, auf der über hundert Studenten arretiert worden seien, und daß die Universität für drei Tage ganz geschlossen worden sei. – Ich sehe hierin allerdings keinerlei fortschrittliche Bewegung, sondern lediglich, daß ein paar angetrunkene junge Männer einen Anlaß zur Auflehnung gefunden haben.

Um zwei Uhr bin ich mit der Pferdebahn ins Frauenkloster gefahren. Ich hatte in den Zeitungen gelesen, daß in den Klöstern zwei Tage lang Armenspeisungen veranstaltet werden, und dies wollte ich miterleben. [...] Von der Pferdebahn bis zum Kloster ging ich zu Fuß und sah bereits auf dem Weg eine große Menge von Frauen: mit Säuglingen und kleinen Kindern, Greisinnen, Bettlerinnen, heiter gestimmte und sogar festlich gekleidete junge Frauen mit roten Tüchern, andere in abgerissener Kleidung – eine Menge, wie sie sich vermutlich auch vor den Nachtasylen versammelt, doch ausschließlich Frauen. [...] In der niedrigen Kirche standen lange Tische mit weißen Tüchern und lange Bänke. Auf der einen Seite stand ein Tisch, auf dem Piroggen und Brote lagen sowie Kessel mit Kohlsuppe und Schalen mit Kisel standen. Junge Novizinnen liefen mit großen Körben (wie Wäschekörbe) mit Brot und mit Kohl gefüllten Piroggen umher. All dies wurde friedlich verteilt. Vor dem Essen erhoben sich alle, und ein Priester las mit einem Chor von Nonnen die Totengebete für Alexander III. Die Mutter Schatzmeisterin brachte Kupfermünzen und gab jeder der Frauen im Namen der Äbtissin 5 Kop. Dann wurden Bier und Honig gebracht. Alles verlief wohlgesittet und still, kein einziger Laut war von dieser großen Menge zu vernehmen. [...] Als das Essen zu Ende war, erhoben sich erneut alle, bedankten sich bei zwei betagten Nonnen, die sie alle küßten und sagten:

»Nun, Ihr seid satt geworden, nun, Gott sei Dank dafür, nun, Gott sei mit Euch ...« Die Frauen bekreuzigten sich, bedankten sich wieder und gingen durch das Tor hinaus, dann wurden die nächsten eingelassen. [...] Ich unterhielt mich mit einer Nonne, sie war um die 50 und weinte immerfort, als ich sie etwas fragte, wiederholte sie ohne Unterlaß: »Mein Herz ist zu Stein geworden, viele Sünden habe ich auf mich geladen, oh, so schwere Sünden. Seit 30 Jahren bete ich nun schon und kann doch keine Vergebung finden, mein Herz ist zu Stein geworden!«

Zum Essen war ich wieder zu Hause, wieder nahm ich die Pferdebahn.[116] [...] Lebt wohl. Hier sind alle wohlauf, alles ist beim alten. Ich küsse Euch.

S. Tolstaja.

1895

[Sofja Andrejewna Tolstaja an Lew Nikolajewitsch Tolstoj]

[6. Januar 1895]

[Moskau]

Noch nicht einen richtigen Brief habe ich Euch geschrieben, liebster Freund Ljowotschka. Es ist schade, daß sich das, was Du Dir erhofftest, als Du nach Nikolskoje fuhrst, bis jetzt nicht erfüllt hat. Ich meine Dein Vorhaben, jenes niederzuschreiben, das Du schon lange erdacht hast[117]. Dies ist nun vielleicht bereits Vergangenheit, und Du läßt Dich von der Natur, der anderen Umgebung und den lieben Menschen dort inspirieren. Wie geht es Dir und Tanja beim jetzigen Tauwetter? Ich fürchte, daß es sich auf Eure reizbaren Organismen abträglich auswirken wird. Nun zu uns. Gestern weckte mich um 8 Uhr in der Frühe die Njanja mit den Worten: »Wanetschka ist krank.« Wie oft in meinem Leben schon blieb bei diesen Worten mein Herz stehen: Tanetschka, Iljuscha, Serjoscha, Petja, Aljoscha usw. usf. ist krank. Ich fühle diesen wunden Punkt in meinem Herzen so brennend und mit zunehmendem Alter nur noch schmerzlicher. – Wanetschkas Fieber war derart hoch, daß ich sogar zu messen fürchtete und sogleich nach Filatow schicken ließ [...]. Er befand sogleich, daß es sich um eine Darmverstopfung handelte, gab ihm Rizinusöl, und am Abend war das Fieber vorüber. Heute stand Wanetschka bereits wieder auf, ist noch ein wenig blaß, und ich habe mich wieder beruhigt. Gestern kamen Ilja und Andrjuscha, der Ilja so abgöttisch liebt, daß es geradezu komisch ist. Ilja ist laut, redet grob daher, aber gutmütig und sehr lieb im Umgang mit mir. Gestern sprach er über Gelddinge und verurteilte Serjosha hart. Diese Gespräche, die nach der Aufteilung des Besitzes immer noch kein Ende gefunden haben, sind unerfreulich und unerschöpflich, es ist sehr schwer. Ilja und seine Frau lebten auf allzu großem Fuße, und nun geht es ihnen schlecht, dies ist offensichtlich. [...]

Ich bin ohne Euch nicht allzu traurig, bin glücklich, daß es Euch gut geht, daß wenigstens Ihr Euch an der Natur erfreuen könnt, die ich erst jetzt im Alter richtig zu lieben gelernt habe. Die Tatsache, daß ich gerade keine Sorgen habe und von lieben Menschen umgeben bin, tut mir so gut.

Gerade ist Wanetschka gekommen und bat mich, Euch zu küssen und grüßen. Auch ich küsse Dich und Tanja.

S. Tolstaja.

6. Januar 1895.

[Lew Nikolajewitsch Tolstoj an Sofja Andrejewna Tolstaja]
[8. oder 9. Januar 1895]
[Nikolskoje-Oboljanowo[118]]

Ich habe Tanja gebeten, sie möge Euch schreiben, doch auch ich selbst verspüre Lust dazu, obwohl es eigentlich nichts zu berichten gibt. [...] Seit drei Tagen ist das Wetter hier prachtvoll, und ich gehe viel spazieren. [...] Tanja sieht nicht mehr so abgemagert aus, sie schläft gut, und auch ich bin vollauf gesund, doch schreibe nur wenig. [...] Es ist gut, daß Deine Angst um Wanetschka sich als unbegründet erwies, doch es ist nicht gut, daß Du Dich solcherlei Ängsten derart hingibst. Es ist ganz offensichtlich richtig, daß alte Frauen keine Mütter mehr werden können, denn sonst würden sie an ihren Ängsten sterben, bevor sie ein hohes Alter erreichten.

[...] Nikolskoje liegt zwar nicht so weit von Moskau entfernt wie Jasnaja, trotzdem sind die Briefe länger unterwegs. Seit langem haben wir nichts von Euch gehört. Schreibe mir bitte über alles, was wichtig ist: über Ljowas Befinden, Deinen Seelenzustand und das Betragen der Knaben. Wir kehren ja schon bald zurück, doch ich möchte all dies genau wissen. Es fehlt mir, es nicht zu wissen.

Mir gefällt hier alles sehr gut, bis auf die Tatsache, daß ich meine Überzeugungen nicht kundtun kann. [...] Die ganze Zeit über fühle ich mich erschöpft, die Arbeit will nicht vorangehen – dies stimmt mich verdrießlich, und dies wiederum beschämt mich. Wenn man keine Kraft und Lust zu schreiben verspürt, heißt dies wohl, daß man es nicht sollte. Ein rechtes Leben führen zu können, d. h. nichts Böses zu tun, ist wichtiger als alles Schreiben.

Nun also, lebt wohl, auf bald. [...] Du tust mir so leid, ich denke oft an Dich und mir scheint, daß Du nicht glücklich und froh bist und Dich über Dein Leben beschwerst. Dies ist Sünde. Tue alles mit Freude, und wenn Du dies nicht vermagst, so sei zumindest offen für jede Freude, die da kommen mag und ergreife sie, so Du kannst.

[Sofja Andrejewna Tolstaja an Lew Nikolajewitsch Tolstoj]

26. April 1895

[Kiew]

Mein lieber Ljowotschka, immerfort quält mich die Frage, warum ich nur fortgefahren bin von Dir und Euch allen und den mir so teuren Erinnerungen an Wanetschka[119], und bisweilen verspüre ich den Wunsch, unverzüglich nach Hause zu reisen. Doch meine Schwester Tanja und auch Sascha[120], Vera[121] und die Knaben sind derart lieb gegen mich, bemühen sich so sehr um mich, sind so taktvoll in Hinsicht auf meine Trauer, daß dies unendlich anrührend ist und mich sehr dankbar sein läßt. [...] Ohne Unterlaß denke ich an Dich, an Tanja und an Andrjuschas Zähne, an Saschas Zehen und an Mischas Prüfungen. Meine verschreckte Seele fürchtet alles, und ich fürchte alles, was das Schicksal bringen mag. [...] Heute nachmittag überredete Sascha uns zu einem Spaziergang im Botanischen Garten. Dies waren bisher die schönsten Eindrücke hier: ein hügeliger, riesiger Park, Kastanienalleen, der Park in ganz frischem Grün, das noch keinen Schatten spendet, und allerorten Nachtigallen. Doch natürlich rief diese schöne und beglückende Natur des Frühlings wie alles andere Verzweiflung und Tränen hervor. Tanja tut mir so leid, sie weint die ganze Zeit zusammen mit mir. Ich bemühe mich, mich zurückzuhalten, [...] doch ich kann nicht an mich halten und nichts auf dieser Welt, dies weiß ich nun ganz genau, wird meine Verzweiflung zu mindern oder gar zu heilen imstande sein.

Mascha ist immerfort unterwegs, heute war sie im Höhlenkloster[122], bewunderte den Dnjepr, der jetzt im Frühling einen ebenso großartigen Eindruck vermittelt wie die Wolga. [...] Mitja[123] fragt mich ohne Unterlaß nach Wanetschka, ist sehr lieb zu mir, nimmt mich bei der Hand und versucht, mich abzulenken. Wenn ich ihm von Wanetschka erzähle, dann seufzt er und sagt »Ja, ja.« Er denkt voller Ehrfurcht an ihn. [...] Gestern abend habe ich ihm Wanetschkas Hund aus Bronze geschenkt, und als er zu Bett ging, legte er den Hund auf ein Kissen neben sich und deckte ihn mit einem Tuch zu. Wir beide sprechen viel miteinander und erinnern uns an glücklichere Zeiten. – Ich fühle mich immer noch schwach, mein Körper gesundet, nicht jedoch meine Seele.

Von Euch haben wir noch keinen Brief. Wie geht es Dir, lieber Ljowotschka? Wie geht es Tanja, in welcher Seelenstimmung ist sie? [...] Ich küsse Euch alle zärtlich und fest. [...] Lebe wohl, liebster Freund. Vergiß mich nicht.

S. Tolstaja.

[Sofja Andrejewna Tolstaja an Lew Nikolajewitsch Tolstoj]

[21. Mai 1895]

[Moskau]

Am Abend erhielten wir Euren Brief und haben uns sehr darüber gefreut. [...] Gestern kam ein Brief von Ljowa, der schreibt, er werde im Sommer nicht nach Jasnaja kommen, der Seitenflügel sei also frei. Am Abend war Tanejew[124] zu Besuch, wir haben alles noch einmal besprochen und vereinbart, daß er die Räume dort für 125 Rubel für den Sommer über mieten wird. Er bat inständig, 150 R[ubel] bezahlen zu dürfen. [...] Heute ist Pfingsten. Des Morgens war ich sehr schwermütig und ging, wie immer in einer solchen Stimmung, ein wenig im Garten umher. [...] Dann machten Tanja und ich uns ganz wie jeden Tag an die Korrekturen, und später fuhr sie zum Dentisten, der ihr eine Wurzel zog, das Zahnfleisch reinigte und einschnitt, was sie ganz furchtbar mitgenommen hat, so daß wir uns bei den Ratschinskis etwas verspäteten.

Ratschinski[125] begrüßte uns mit den Worten: »Das ist wohl Schicksal«, wollte noch etwas hinzufügen, doch er hielt inne. Ich fragte: »Können wir einander gratulieren?« und er erwiderte: »Warum sollten wir uns denn nicht gratulieren?« Wir zogen uns ins Arbeitszimmer zurück, und er legte mir dar,

das Schicksal habe Manja[126] unsere Familie und Serjosha geschickt, damit sie errettet werde. Er ist offensichtlich von dieser Geschichte in England derart erschreckt, daß die Ehe mit
Serjosha ihm als großer Glücksfall erscheint[127].
Von dort fuhr Manja mit Serjosha in ihrem Wagen, wir in unserem. Es war eine bitterkalte Mondnacht. Als ob es nicht Mai
wäre, sondern schon Ende August. [...] Es war so schwer, wieder jene traurigen Wege entlangzufahren, die wir in den unheil-
vollen Tagen im Februar fuhren[128].
Wie ergeht es Dir, liebe Mascha, in der neuen Umgebung? Ich
hoffe, daß Du, lieber Ljowotschka, in Deinem so sehr geliebten
Nikolskoje wieder zu Kräften kommst. [...] Ich küsse Euch
beide und bitte, alle anderen herzlich zu grüßen.
Bleibt gesund und munter.
S. Tolstaja.
21. Mai 1895. In der Nacht.

[Sofja Andrejewna Tolstaja an Lew Nikolajewitsch Tolstoj]
[12. Oktober 1895]
[Jasnaja Poljana]
Die ganzen letzten Tage liegt mir ein Stein auf dem Herzen,
doch ich wagte nicht, mit Dir zu sprechen, weil ich fürchtete,
Dich zu verdrießen. Gleichwohl kann ich mich nicht enthalten,
Dir zum letzten Mal (ich werde zumindest bemüht sein, daß
es das letzte Mal ist) zu sagen, was mich so furchtbar plagt.
Warum bist Du in Deinen Tagebüchern, wenn Du von mir
sprichst, so ausfallend gegen mich? Warum möchtest Du, daß
alle kommenden Generationen und unsere Enkel auf meinen
Namen verächtlich schauen, als oberflächliche, bösartige und Dich unglücklich machende Ehefrau? Wenn es Deinen Ruhm auch mehren mag, daß Du als Opfer dastehst, so
sehr zerstört es doch mich! Wenn Du mich einfach ausschimpf-
test oder sogar schlügest, wenn ich etwas Deiner Meinung nach

Schlechtes tue, so wäre mir dies unvergleichlich leichter – denn dies vergeht, Deine Worte aber bleiben.

Nach Wanetschkas Tod (erinnere Dich, wie er sagte: »Tu der Mamá nicht weh!«) hast Du mir versprochen, alle bösen Worte über mich aus Deinen Tagebüchern zu streichen. Doch das hast Du nicht getan, im Gegenteil. Vielleicht fürchtest Du ja tatsächlich, daß Dein Nachruhm geschmälert werde, wenn Du mich nicht als Quälgeist und Dich selbst als Märtyrer darstellst, der sein Kreuz in Person seiner Ehegattin erträgt.

Verzeih mir, daß ich die Unredlichkeit besaß, Dein Tagebuch zu lesen. Es war ein Zufall, daß es dazu kam. Ich räumte in Deinem Zimmer auf, wischte Staub auf Deinem Schreibtisch und stieß dabei den Schlüssel vom Tisch. Die Verführung, in Deine Seele zu blicken, war zu groß, als daß ich ihr hätte widerstehen können. Und dabei stieß ich auf Worte wie: »S[onja] kam aus Moskau. Mischte sich in das Gespräch mit Boll[129], hob ihre eigene Person hervor. Nach W[anetschkas] Tod ist sie noch o b e r f l ä c h l i c h e r geworden. Ich muß mein K r e u z bis zum Ende t r a g e n. Hilf mir, oh Gott.« Usw.

Wenn wir beide nicht mehr sein werden, wird jeder dieses Wort oberflächlich deuten, wie es ihm gefällt, und jeder wird aufgrund Deiner Worte Deine Ehefrau mit Schmutz bewerfen.

Und dies dafür, daß ich mein Leben lang nur für Dich und unsere Kinder gelebt und Dich mehr als jeden anderen auf der Welt geliebt habe (außer Wanetschka), daß ich mich keineswegs oberflächlich verhalten habe (auch wenn Du dies den nachfolgenden Generationen übermitteln magst) und daß ich an Körper und Geist als Deine Dir einzig ergebene Ehefrau sterben werde. Ich weiß, daß o b e r f l ä c h l i c h sich auf die Religion bezieht, doch wer wird dies schon verstehen?

[...]

Wenn es Dir nicht schwerfällt, so streiche doch alle diese gegen mich gerichteten Stellen aus Deinen Tagebüchern. Dies wäre schließlich nur christlich. Mich zu lieben kann ich Dich nicht bitten, doch bitte ich Dich, meinen Namen zu schonen, so tue dies, wenn Du es willst. Noch einmal versuche ich, mich an Dein Herz zu wenden. Ich schreibe dies voller Schmerz und unter Tränen. Es auszusprechen, werde ich niemals imstande sein.

Verzeih mir, wenn Du kannst.

S. Tolstaja.[130]

[Sofja Andrejewna Tolstaja an Lew Nikolajewitsch Tolstoj]

17.-18. Oktober 1895
[Sankt Petersburg]

Jetzt ist es zwei Uhr in der Nacht, gerade erst sind alle auseinander gegangen. Nach der Oper[131] hatten sich bei uns alle, auch Sergej Iwanowitsch [Tanejew] zum Tee versammelt [...]. Der Erfolg der Oper war mittelmäßig, der Komponist kam viermal auf die Bühne. Es war merkwürdig, Sergej Iwanowitsch auf der Bühne im Frack zu sehen, Hand in Hand mit den Darstellern in antiken Kostümen; die Sänger applaudierten ihm wohlgesinnt. [...] Ich wollte eigentlich morgen bereits abreisen, doch im Alexandrinski-Theater wird morgen zum ersten Mal »Macht der Finsternis« aufgeführt, die Wassiljewa[132] hat mir Karten für eine Loge im ersten Rang schicken lassen. Wir werden uns das Stück natürlich ansehen. [...] Es wird reizvoll für mich sein, schließlich ist es ein Teil von Dir, und ich hoffe, daß es mir gefällt.

Wir reisen am 19. mit dem Postzug von hier ab und werden am 20. mit dem Eilzug in Jasnaja eintreffen. Ich telegraphiere noch einmal. Ich gehe nun zu Bett, denke an Euch, an Jasnaja, daran, daß ich bald wieder dort und bei Euch sein möchte. Bis dahin küsse ich Euch alle, verzeiht meinen unzusammenhängenden Brief, ich bin sehr müde.

S. Tolstaja.

[Lew Nikolajewitsch Tolstoj an Sofja Andrejewna Tolstaja]
[25. Oktober 1895]
[Jasnaja Poljana]
Noch am Tag Deiner Abreise wollte ich Dir, liebste Freundin, unter dem Eindruck jenes Gefühls schreiben, welches ich empfand, doch nun sind bereits anderthalb Tage vergangen und erst heute, am 25., schreibe ich Dir nun. Das Gefühl, welches ich empfand, war eine solche Ergriffenheit, ein solches Bedauern und eine ganz neue Liebe zu Dir, eine solche Liebe, die mich ganz in Dich hineinversetzte und mich all das empfinden ließ, was auch Du empfandest. [...] Diese unsere Liebe ist so eigentümlich wie die Abenddämmerung. Bisweilen nur trüben sie Wolken Deines Nichteinverständnisses mit mir und meines mit Dir und dämpfen ihr Licht. Ich hoffe, daß sie sich, noch bevor es Nacht wird, verziehen werden und der Sonnenuntergang hell und klar sein wird.
[...]
Uns allen geht es gut. Ich ziehe morgen nach oben um, damit die unteren Zimmer nicht geheizt werden müssen. [...] Was macht Deine Gesundheit, und wie ist Dein Verhältnis zu den Söhnen? Beides ist sehr wichtig. Wenn sie doch nur Mitleid mit Dir hätten und Dich verstünden, wenigstens den hundertsten Teil dessen, wie ich es tue. – Ich hoffe nur, sie betäuben sich nicht, eilen nicht immerfort aus dem Haus und kränken Dich nicht, denn sie beide lieben Dich. Ich küsse sie und die liebe Sascha. Ohne sie ist es leer hier und ohne ihr Lachen nicht so fröhlich wie sonst. Lebe wohl, auf bald.
L. T.

[Sofja Andrejewna Tolstaja an Lew Nikolajewitsch Tolstoj]
Moskau, den 26. Oktober 1895, am Abend.
Mein lieber Ljowotschka, eigentlich war ich drauf und dran, mich heute abend der Melancholie hinzugeben, als ich gleich

drei Briefe unterschiedlichsten Inhalts erhielt, die mir Türen öffneten, durch die ich Licht, Frohsinn und Veränderung erblickte. Dein Brief war das Licht, auch Ljowas, den ich danach las und der voller Liebe und Zärtlichkeit für mich ist; dann der Brief von Mischa Stachowitsch – er war Frohsinn und Veränderung. Er ist ganz erfüllt von der »Macht der Finsternis«. Er ißt nicht, schläft nicht, arbeitet an seiner Inszenierung, ist aufgeregt entzückt, ja pathetisch gar, fragt mich, wie das Stück in Petersburg aufgenommen wird, und hat mit seinem Brief einen solchen Aufruhr in mir hervorgerufen, daß ich mich am liebsten in die Inszenierung hier in Moskau im Kleinen Theater einmischen würde, damit sie ganz und gar gut werde. Ich hatte dies eigentlich bereits verworfen. Erlebten wir beide nicht gerade unsere Abenddämmerung, wie Du unser Verhältnis so poetisch und schön beschreibst, dann könnte man sich dem Erfolg, den »Macht der Finsternis« genießt, hingeben und stolz darauf sein. Das Stück wird überall gespielt [...].
Das Verhältnis zu den Söhnen war heute sehr gut. Mischa lernt artig, auch Andrjuscha ist willig und macht seine Aufgaben. Sascha wird nunmehr bereits von der Russischlehrerin und M-me Fridman unterrichtet. Heute stellte sich eine sehr sympathische Schweizerin vor, ich glaube, ich nehme sie. Es ist schon spät im Jahr, alle Gouvernanten haben bereits eine Anstellung gefunden, die guten schon längst. Ich war heute viel unterwegs, habe Papier für »Kindheit« gekauft, Einkäufe gemacht und Sachen beim Schneider abgeholt. [...]
Besuch hatten wir heute nicht. Ich habe viel Klavier gespielt[133] und mich um die Kinder gekümmert. Es ist wahr, daß sie mich aufrichtig lieben, dies ist mein größtes Glück. Heute aber war mein größtes Glück Dein Brief und der von Ljowa und das Verhalten der Söhne gegen mich. Jene Wolken, die, wie es Dir scheint, bisweilen unsere gute Beziehung trüben – sie sind ganz und gar nicht bedrohlich. Sie sind rein äußerlich – Auswirkungen des Lebens, der Gewohnheiten, der Bequemlichkeit sie zu

verändern und der Schwäche –, entspringen aber keineswegs seelischen Gründen. Das Innere, die Grundlage unseres Zusammenlebens, selbst bleibt unverrückbar und einmütig. Wir beide wissen, was gut und was schlecht ist, und wir beide lieben einander. Dank sei Gott dafür! Und wir beide blicken in eine Richtung, auf den Endpunkt dieses Lebens, haben keine Angst vor ihm, gehen zusammen und streben nach dem einem Ziel – dem Göttlichen. Auf welchen Wegen wir dorthin gelangen, ist letztendlich gleich. – Ich bin froh, daß Ihr alle wohlauf seid und daß es Euch wohl ergeht. Ein wenig neidisch bin ich allerdings auf Euch, daß Ihr Euch nicht von früh bis spät mit Tapezierern, Schriftsetzern, Gouvernanten und Geschäftlichem auseinandersetzen müßt, daß das Gerumpel der Equipagen und der Lärm der Stadt Eure Ruhe nicht stört. Es ist schwierig, in diesem Chaos in Einheit mit Gott zu leben und in friedfertiger, andächtiger Stimmung zu bleiben. Gleichwohl bin ich bemüht, mich vom Irdischen und Äußerlichen fernzuhalten, um nicht ganz darin zu versinken. Doch es ist schwer! Lebe wohl, mein Herz, es scheint, als ob ich gar nicht das geschrieben habe, was ich eigentlich schreiben wollte – nun, so ist es aus mir herausgeflossen.
Deine Sonja Tolstaja.

[Lew Nikolajewitsch Tolstoj an Sofja Andrejewna Tolstaja]
[28. Oktober 1895]
[Jasnaja Poljana]
Gestern erhielt ich Deinen Brief, er hat mich sehr gefreut. Gebe nur Gott, daß alles weiterhin so bleibt, auch hinsichtlich der Söhne. Bei uns ist alles beim alten, heute kam Maria Michailowna[134]. Für morgen erwarten wir die Dawydows. Ich schaute gestern bei meinem Ausritt bei ihnen vorbei.
Heute, am 28., habe ich sehr gut nachgedacht, etwas geschrieben und den begonnenen Roman[135] ganz und gar aufgegeben.

Er gefällt mir überhaupt nicht mehr. Von Tschertkow habe ich die Tagebücher erhalten und werde mich mit ihnen beschäftigen[136]. Die Tschertkows reisen nach Petersburg und werden sich dort niederlassen. [...] Es geht mir seelisch sehr gut. Ich küsse Euch alle. Mischa schreibe ich einen Brief, schicke ihn morgen.

L.T.

[Sofja Andrejewna Tolstaja an Lew Nikolajewitsch Tolstoj]
[29. Oktober 1895]
[Moskau]

[...] Dein Briefchen habe ich erhalten. Es ist sehr kurz, doch wieder dergestalt, daß ich Dich ganz nah bei mir fühle, erreichbar, gütig und verstehbar. Ich schäme mich ein wenig, es zu auszusprechen, doch hat es mich aus irgendeinem Grunde gefreut, daß Dein Roman Dir nicht mehr gefällt. Mir schien die ganze Zeit, daß die Geschichte allzu erdacht ist und nicht den Tiefen Deines Herzens und Deiner Begabung entspringt. Du hast sie e r s o n n e n, nicht gelebt. Ich würde gerne etwas von Dir lesen, bei dem ich mich an jedem Wort erfreuen kann, wie sich Akim[137] über die Reumütigkeit und Beichte seines Sohnes freut. Wie sehr möchte ich Dir helfen, Dich in schöpferische Höhen zu erheben, damit die Menschen, die Deine Werke lesen, verstehen, daß sie Flügel brauchen, um zu Dir aufzusteigen, daß sie, wenn sie Deine Werke lesen, angerührt werden und daß das, was Du schreibst, niemanden beleidigte, sondern alle besser machte und daß Deine Werke unvergänglich seien und auf ewig Interesse hervorriefen.

Hier also hast Du eine ganze Seite eines Rezepts, nach dem Du schreiben sollst. Nach diesem Rezept ist »Kindheit« geschrieben. Dieses Werk lese ich mit Vergnügen jetzt bei den Korrekturen wieder. Ich veröffentliche es in einer Ausgabe für Kinder.

Heute war ich mit der Njanja auf dem Friedhof bei Wanetschka und Aljoscha. [...] Es tut mir stets gut, aus der Stadt hinaus zu diesen stillen, mir so teuren kleinen Gräbern zu gehen, in denen begraben liegt, was mir das wichtigste auf der Welt war. Mich ihrer zu erinnern tut mir wohl, wenngleich es auch schmerzlich ist. Es ist merkwürdig, doch jedesmal, wenn ich an den Gräbern bin, und sei es auch ein noch solch nebliger Tag, zeigt sich doch für kurze Zeit die Sonne. So auch heute. Die Erde ganz weiß, von Schnee bedeckt, wie es auch am Tag der Beerdigung war, aber natürlich viel weniger Schnee. Auch die kleinen Gräber waren mit Schnee bedeckt, aus dem noch die bunten, festen Blüten hervorschauten, die der Frost jäh überraschte.

Tanja geht es heute nicht sehr gut, gleichwohl fuhr sie ins Theater. Das Betragen der Söhne ist annehmbar. Mischa benahm sich gestern schlecht, doch als ich mich, von dem Streit mit ihm ermüdet, hinlegte, bereute er sein Verhalten und bat mich um Verzeihung.

Lebe wohl, liebster Freund. [...] Sei bedankt auch wegen der Tagebücher und für die innere Ruhe, die Du mir damit gibst[138]. Könnte sie doch nur für immer bleiben! Ich küsse Dich.
S. Tolstaja.

[Lew Nikolajewitsch Tolstoj an Sofja Andrejewna Tolstaja]
[4. November 1895]
[Jasnaja Poljana]
[Zusatz zu einem Brief Vera Kusminskajas]
Der Gedanke daran, daß es Dir, liebste Freundin, nicht gut geht, läßt mich nicht los. Um unser aller willen sage ich nicht, begebe Dich in Behandlung, sondern: schone Dich.
Dein letzter Brief an Mascha war insofern beruhigend, als Du schreibst, Du bliebest zu Hause und schontest Dich. Ich bitte Dich, tue dies, meine Liebste. Gestern habe ich die Lektüre

meiner Tagebücher beendet und in Hinsicht darauf, worüber wir sprachen, einen überaus guten Eindruck erhalten. Ein jeder, der sie, wann auch immer einmal lesen wird, wird diesen Eindruck erhalten, nämlich, daß uns beide eine Liebe verband und verbindet, welche durch nichts entzweit werden kann, daß unser unterschiedlicher Glaube, d. h. der Umbruch, der sich in mir vollzogen hat, uns leiden ließ, unsere Liebe jedoch obsiegte. Es ist augenscheinlich, daß sich dies langsam vollzog und schließlich ein glückliches Ende fand. Es mußten nicht mehr als 2 S[eiten] geschwärzt werden[139]. Und auch diese hätten gar nicht geschwärzt werden müssen. [...] Ich küsse Dich und die Kinder. Tanja kränkelte etwas, nun geht es ihr wieder besser, wir alle sind wohlauf und leben einmütig zusammen.

1896

[Lew Nikolajewitsch Tolstoj an Sofja Andrejewna Tolstaja]
[27. Februar 1895]
[Nikolskoje-Oboljanowo]
Dein Brief ist nicht eben beruhigend. Vor allem klingt aus ihm Beklommenheit und eher Trauer als Unzufriedenheit. Schreibe bitte einen schönen Brief in guter, heller Seelenstimmung. Wenngleich wir auch nicht zusammen sind, kann es mir doch nur gutgehen, wenn ich weiß, daß es Dir so gut als irgend möglich geht, daß unsere Seelen miteinander verbunden sind und wir nichts voreinander geheim halten. Es schmerzt mich, daß Du unter der Frechheit Andrjuschas und offensichtlich auch Mischas zu leiden hast; Du tust mir sehr leid, und ich würde Dich so gern vor ihrer Lieblosigkeit erretten. [...]
Wir genießen hier vor allem die Ruhe. Ich habe alle wichtigen Briefe geschrieben und schreibe ohne Unterlaß[140], soweit es mir in meinem Alter möglich ist. Auch Tanja scheint es gutzugehen – das wichtigste ist die Ruhe. Ich bin vollauf gesund.

[...]
Die Ärzte hier haben mir gesagt, das mit Deinen Augen habe einen besonderen Namen, sei aber nicht gefährlich. Zuerst habe man Fieber, es sei ansteckend und in einer Woche vorüber. Das einzige, was schwer für Dich ist, ist, daß Du ohne Beschäftigung bist. Dafür aber kannst Du Deine Tonleitern üben. Für Deine Musik habe ich von allen in der Familie das meiste Verständnis. Ich selbst habe dies, als ich in Deinem Alter war, durchlebt und weiß, wie beflügelnd es ist.

Das Wetter ist herrlich, doch ich nutze es wenig. Jetzt mache ich mich auf zu einer längeren Wanderung. Lebe wohl einstweilen, ich küsse Dich und die Kinder.

L.T.

[Sofja Andrejewna Tolstaja an Lew Nikolajewitsch Tolstoj]

[1. März 1896]

[Moskau]

[...] Warum fühlst Du Dich denn immer noch so schwach, liebster Freund? Ißt Du denn auch gut? Denn allein Fastenspeisen zu sich zu nehmen ist nicht zuträglich. Ich habe vier Wochen lang sehr streng gefastet, aß sogar eine Zeitlang keinen Fisch, und auch ich bin nun sehr geschwächt, habe sogar abgenommen. Beim Schlittschuh- oder Treppenlaufen fehlt mir jegliche Kraft in den Beinen.

Ich bin kaum einmal allein: Gestern war Waritschka zum Essen hier [...]. Ich ließ mich verführen und ging mit ins Konzert, es dirigierte der bekannte Nikisch[141]. Es wurden die 5. Symphonie Tschaikowskis und die Unvollendete von Schubert gegeben, beide hörte ich mit großem Vergnügen; ein Prélude von Liszt gefiel mir weniger gut, Wagner war ganz und gar gehaltlos. [...] Ich beschäftige mich weiterhin sehr viel mit der Musik, sie ist mir immer noch nicht über. Vielleicht ist es mein Beispiel, daß auch Mischa nun öfter spielt und fleißiger übt.

Überhaupt sind die Kinder fleißiger und ernsthafter am Lernen, wenn im Hause nicht so viel Trubel herrscht.

[...]

Lieber, was soll ich Dir über mein Seelenleben erzählen? Ich weiß nichts darüber zu sagen, kann nicht eingestehen, daß ich auch weiterhin danach strebe, mit Nichtigkeiten alles zu ersticken, was mich in meinem Dasein quält, was immer noch so schmerzt, jämmerlich ist. Als ich fastete, ging es besser; nun aber suche ich wieder nach Ablenkung und Eindrücken oder aber erbebe unter einer Woge von Schwermut und Ruhelosigkeit, und dann laufe ich wieder irgendwohin – aus dem Haus, weg vor mir selbst. In letzter Zeit habe ich, Gott sei's gedankt, viel zu tun.

[...]

Bin sehr froh, wenn es Euch gutgeht, ich jedoch liebe die Ruhe nicht mehr – o weh! Und noch weniger liebe ich die Einsamkeit.

Unser Haus ist ganz eingeschneit, es ist ein Graus. Wie mag es erst auf dem Land sein!

Nun denn also, lebe wohl, liebster Freund. Ich danke Dir, daß Du mir schreibst. Niemals zuvor hielt ich es für so unerläßlich wie dieses Mal, daß Du Dich von den Menschen erholst, doch kaum bist Du fort, ist es jedesmal düster. Deine Schwäche bekümmert mich sehr, doch Du bist alt an Jahren und – ob Du es möchtest oder nicht –, Du mußt dies doch anerkennen. Es ist traurig!

Deine Sonja Tolstaja.

Ich küsse Dich und Tanja. Grüße an alle.

[Lew Nikolajewitsch Tolstoj an Sofja Andrejewna Tolstaja]

[3. März 1896]

[Nikolskoje-Oboljanowo]

[…] Dir geht es, liebe Sonja, soweit ich aus dem Brief ersehe, gut an Körper und Seele. Ich möchte Dir sagen, daß Dein Wunsch nach Selbstvergessen vielleicht sehr natürlich, aber kaum erfüllbar ist. Denn vergißt man sich, so verschiebt man nur die Lösung der Frage, die doch dieselbe bleibt und die zu beantworten, wenn nicht in dieser Welt, so doch in der Zukunft, das heißt nach unserem körperlichen Tod, gleich wichtig ist. Die Spiritisten sagen: Tötet man sich selbst, so muß man dasselbe Leben noch einmal leben; so auch hier: Die Lösung der Frage des Lebens und die des Todes – des eigenen und jenes unserer Nächsten – ist unvermeidlich, ihr kann man nicht entgehen. Dies alles wollte ich Dir längst schon sagen, doch ich habe es nicht getan, weil man das alles selbst erleben und erreichen muß. Ich sage nur, daß es wundervoll ist, nicht nur zu wissen, sondern auch zu fühlen, daß dieses Leben nicht endlich, sondern unendlich ist. Sobald man dieses Gefühl erreicht hat, verändert sich der Wert aller Dinge und Empfindungen, es ist, als ob man aus einem engen Kerker in Gottes weite, eigentliche Welt heraustritt. Ich fühle mich besser, habe heute gearbeitet, gehe viel spazieren und genieße die Ruhe und die Freiheit von den Forderungen der Mitmenschen an mich. Auch Tanja scheint es gutzugehen. […] Ich küsse Dich, Liebste, und Sascha und Mischa.

L.T.

[Lew Nikolajewitsch Tolstoj an Sofja Andrejewna Tolstaja]

[16. September 1896]

[Jasnaja Poljana]

Wie leid Du mir doch tust, ich vermag gar nicht zu sagen, wie sehr. Das Wetter ist ganz genau wie an jenem Tag, als wir Deinen Namenstag mit Musik des Oberst Junoscha feierten und auf der Terrasse tanzten[142]. Besonders schade finde ich, daß Du Deinen Namenstag nicht mit uns gemeinsam feiern wirst. [...] Ich denke ohne Unterlaß an Dich.

L.T.

Wir feierten Deinen Namenstag in jenem Jahr, als Dagmar nach Rußland kam. Es ist 20 Jahre her[143]. Es war ein schönes Gefühl, welches ich damals für Dich empfand. Ich erinnere mich gut daran.

[...]

Nun also, lebe wohl einstweilen. Es ist schade, daß Du morgen nicht bei uns sein wirst. Das Wetter wird hoffentlich ebenso feierlich sein. Ich küsse Mischa. Sollte er tatsächlich nicht bald erwachsen werden und seiner eigenen Wege gehen, sondern sein Leben lang darauf warten, daß ihm jemand die Schnürsenkel bindet?

[Sofja Andrejewna Tolstaja an Lew Nikolajewitsch Tolstoj]

[27. oder 28. Oktober 1896]

[Moskau]

Allein zu lesen.

Lieber Ljowotschka, Deine Briefe sind für mich wie Deine Hand, die mich von hinten ergriff und leitete, als ich mich vor dem herannahenden Zug erschreckte und gar nicht mehr wußte, wohin. Sei bedankt für Deine Briefe; ich bin Deiner Güte nicht würdig, fühle mich um so vieles schlechter als Du, daß ich glaube, niemals ebenjenen geistigen und seelischen Zustand erreichen zu können wie Du. Doch ich werde bemüht sein, wenigstens jenen Zustand zu erreichen, Dich niemals mehr zu verletzen, selbst mit Nichtigkeiten. Ich bin noch weit davon entfernt, seelische Ruhe zu empfinden, und den Weg, wieder ein nützliches Leben zu beginnen, sehe ich noch nicht vor mir. Alles weist zurück, und wenn ich nach vorne blicke, sehe ich nur Finsternis. Es ist besser, nicht in diese Richtung zu blicken. Meine gesamte Lebenskraft, derer ich, wie Du meinst, so viel habe, ist auf das Vergessen gerichtet. Und wenn ich dies nicht erreiche, so werde ich sogleich von Schwermut übermannt. Seit ich in Jasnaja war, geht es mir allerdings besser, fühle ich mich frohgemuter und sicherer. [...]

Andrjuscha ist gestern nach Twer abgereist, zuvor beteuert er mir, wie sehnlich er wünsche, ein besserer Mensch zu werden und legte in schönsten Worten seine Pläne für ein bescheidenes, sittliches Leben dar. – Doch, o weh, ich glaube ihm nicht mehr. [...]

Es tut mir leid, daß Du Dich schwach und erschöpft fühlst. Du mußt besser essen. Iß doch wenigstens Eier, Du mußt bei Kräften bleiben, eine rein pflanzliche Ernährung ist im Alter, bei schwindenden Kräften nicht mehr ausreichend. Ich fühle mich mittlerweile wieder ganz gesund und schlafe gut; Dein Rat, früh zu Bett zu gehen, ist wohlgemeint, doch ohne Dich kann ich es nicht.

Nun denn, lebe wohl, mein liebster Freund, gebe Gott Dir Seelenstärke, Ruhe und geistige Kraft für Deine geliebte Arbeit. Ich küsse Dich und alle meine Kinder. Lebe wohl und verzeih mir bitte alles, was Dir an mir nicht gefällt.

Deine Sonja Tolstaja.

[Lew Nikolajewitsch Tolstoj an Sofja Andrejewna Tolstaja]
[13. November 1896]
[Jasnaja Poljana]

[...] Du hast mich gefragt, ob ich Dich noch immer liebe. Meine Gefühle für Dich können sich, so glaube ich, niemals verändern, denn sie beinhalten alles, was zwei Menschen zu verbinden vermag. Nein, nicht alles. Die äußerliche Übereinstimmung im Glauben fehlt – ich sage äußerliche, denn ich glaube, die Mißhelligkeiten diesbezüglich sind lediglich äußerlicher Natur, und ich war stets überzeugt, daß sie überwunden werden können. Die Vergangenheit und die Kinder verbinden uns, ebenso wie die Anerkenntnis der eigenen Schuld, Mitleid und unbezwingbare gegenseitige Anziehung. Mit einem Wort: Alles ist sehr gut verpackt und verschnürt. Und ich bin darüber froh.

Bei uns ist alles bestens. Alle verträglich und wohlauf. Ich möchte baldmöglichst wieder mit Dir vereint sein. Die Arbeit geht schlecht voran, und ich habe heute beschlossen, mir keine Gewalt mehr anzutun, sondern mich zu erholen. Heute ist ein herrlicher Tag, die Sonne scheint, ich ritt am Vormittag zu Bulygin und aß um 4 allein. [...] Man ruft mich zum Abendessen. Warum nur hat sich Deine Seelenlage immer noch nicht gebessert, wie Deine Briefe mir zeigen? So sehr, so sehr möchte ich bei Dir sein, und zwar – ohne mich loben zu wollen – vor allem Deiner und nicht meiner selbst wegen – doch da Du und ich dasselbe sind, eben auch meinetwegen.

[...]

Lebe einstweilen also wohl.

L.T.

1897

[Lew Nikolajewitsch Tolstoj an Sofja Andrejewna Tolstaja]
1. Febr[uar 1897]. Am Abend.
[Nikolskoje-Oboljanowo]

Liebste Freundin Sonja,

Tanja hat Dir geschrieben, wie wir angekommen sind und wie es uns hier ergeht, also alles, was das Äußerliche betrifft, ich möchte Dir schreiben, was Dich interessiert – das, was das Innenleben betrifft, meine Seelenverfassung.

Ich reiste voller Trauer ab, Du hast dies gespürt und bist deshalb noch gekommen, indes vermochtest Du nicht, mein schweres Herz zu erleichtern, im Gegenteil Du hast es sogar noch schwerer gemacht. Du hast gesagt, ich möge ruhig sein, und hinzugefügt, Du werdest nicht zur Probe reisen[144]. Ich konnte lange nicht begreifen, was Du meintest: welche Probe? Ich hatte überhaupt nicht mehr daran gedacht. Und doch schmerzte es mich. Es war mir unangenehm, mehr als unangenehm, zu erfahren, daß Du [...] diese Reise [nach Petersburg] genau zu dem Zeitpunkt unternehmen mußt, an dem es unangebracht ist. [...] Ich weiß, daß diese Reise nichts bedeutet, doch unwillentlich spielst Du damit, bringst Dich selbst in Versuchung; bringst Dich in Versuchung und forderst damit meine Ablehnung heraus. Und Du spielst damit. Für mich ist dieses Spiel, ich bekenne es, unendlich peinigend, erniedrigend und seelisch ermüdend. [...]

Es ist furchtbar, erniedrigend und beschämend, daß ein Fremder, ein überflüssiger und in jeglicher Hinsicht uninteressanter Mensch[145] unser Leben bestimmt, die letzten Jahre oder das letzte Jahr unserer Ehe vergiftet, es ist erniedrigend und quälend, daß man sich danach richten muß, wann er wohin fährt, welche Proben er wann abhält. Es ist furchtbar, furchtbar, widerwärtig und beschämend. Und dies gerade am Ende unseres Lebens, das wir gut und rein gelebt haben; gerade jetzt, da wir uns immer mehr einander angenähert haben, ungeachtet all dessen, was uns hätte trennen können. Diese Annäherung vollzog sich schon lange, noch vor Wanetschkas Tod, wir kamen einander wieder näher, vor allem in letzter Zeit, und plötzlich ist an die Stelle dieses einfachen, guten, glücklichen Gipfelpunkts unseres 35jährigen Zusammenlebens diese widerwärtige Abscheulichkeit getreten, die allem ihren peinvollen Stempel aufdrückt. Ich weiß, daß es auch Dir schwer ist, daß auch Du leidest, da Du mich liebst und gut zu sein suchst, es jedoch immer noch nicht zu sein vermagst, und dies alles ist mir so widerwärtig und peinlich, und Du tust mir so leid, denn ich liebe Dich mit der allerbesten, nicht körperlichen und nicht berechnenden, sondern geistigen Liebe.

Lebe wohl und verzeih, liebste Freundin.

Ich küsse Dich.

L.T.

Vernichte diesen Brief.

Und schreibe mir auf jeden Fall oft.

[...]

Dies alles kann entweder unerwartet mit dem Tod von einem von uns beendet werden, und dies wird für jenen, welcher bleibt, ein ebenso schreckliches Ende sein wie für jenen, der stirbt, oder es wird durch eine freiwillige, innere Veränderung in einem von uns beendet. Diese Veränderung kann sich in mir indes nicht vollziehen: Ich kann nicht aufhören, das zu sehen, was ich bei Dir sehe; ich kann es nicht, denn ich sehe Deinen Zustand sehr klar und kann nicht gleichgültig dagegen sein. Um dagegen gleichgültig zu sein, müßte ich unser gesamtes gemeinsames Leben für beendet erklären, in meinem Herzen all jene Gefühle vernichten, welche ich für Dich empfinde. Es scheint, daß es nur die Möglichkeit gibt, daß Du aus Deinem somnambulen Zustand erwachst, in dem Du nunmehr durchs Leben gehst, und zum normalen Leben zurückkehrst. Möge Gott Dir dabei helfen. Auch ich bin bereit, Dir dabei zu helfen, Du mußt mir nur sagen, wie. [...]

[Lew Nikolajewitsch Tolstoj an Sofja Andrejewna Tolstaja]

[17. Februar 1897]

[Nikolskoje-Oboljanowo]

Heute – Dienstag – erwachte ich matt und erschöpft, doch ich bin vollauf gesund und hoffe, arbeiten zu können. Ich bin wieder ganz in jenem Zustand, in dem ich vor unserer Reise nach Petersburg war[146]. Ich bitte Dich, Dir keine Vorwürfe zu machen; auch ich mache Dir keine Vorwürfe, nur mir selbst. Lebe einstweilen wohl, ich küsse Dich und bitte dich sehr, auf Dich achtzugeben, Dich nicht mit den Korrekturen zu quälen[147] und mich nach Moskau kommen zu lassen, wenn es Dir nicht gut geht. [...]

L. T.

Ich möchte Dir noch einmal schreiben, nach dem Gespräch am Telefon. Es ist mir traurig, traurig, ganz furchtbar traurig zumute. Ich möchte weinen. [...] Doch denke nicht, daß Du der Grund dafür bist. Ich schreibe Dir dies deshalb, weil in diesem Gefühl keinerlei Vorwurf gegen Dich oder Verurteilung Deiner Person ist, es gibt dafür überhaupt keinen Grund. Im Gegenteil, vieles an Dir – vor allem Deine veränderte Beziehung zu Tschertkow und Birjukow – macht mich glücklich. Ich schreibe dies, da man mit Logik bei Dir, ebenso wie bei allen Frauen, nichts erreichen kann, Logik bringt Euch auf, als ob sie eine unnatürliche Gewalt sei. [...] Und dessentwegen darf man nicht die Logik vor das Gefühl stellen, sondern muß das Gefühl vor die Logik stellen. Doch ich bin ganz und gar ratlos, ich weiß nur, daß es mich schmerzt, daß ich Dich verletzt habe, ich möchte dies gern ungeschehen machen, denn dies macht mich traurig. Doch es wird vergehen. Aber Du, Liebe, schreibe mir bitte, solltest Du traurig sein. Das Gefühl, daß Du mich brauchst, wird mich sehr glücklich machen. Dies ist alles. Man ruft zum Essen.

L. T.

[Lew Nikolajewitsch Tolstoj an Sofja Andrejewna Tolstaja]
[12.-13. Mai 1897]
[Jasnaja Poljana]

Allein zu lesen.

Wie bist Du in Moskau angekommen und wie ergeht es Dir dort, liebste Freundin? Du hast bei Deinem Aufenthalt hier

einen so kraftvollen, munteren und schönen Eindruck hinterlassen, sogar allzu schön für mich, denn nun fehlst Du mir
noch mehr als sonst.

Mein Wiedererwachen zum Leben und Dein Aufenthalt hier –
sind die stärksten und glücklichsten Eindrücke meines Lebens;
und dies im Alter von 69 Jahren von einer 53jährigen Frau.

Gestern verabschiedete ich die Molokanen mit dem Brief, um
den sie mich baten[148]. Ich glaube, der Brief wird den Zaren
nicht beleidigen. Was Dir beim Vorlesen allzu kämpferisch
erschien, habe ich gestrichen. Heute gab es zwei erfrischende
Gewitter mit Regen in Strömen. Der Sommer beeilt sich her-
einzubrechen: Der Flieder wird bereits wieder blaß, die Linde
bereitet sich auf ihre Blüte vor, in der Tiefe des Parks turteln im
dichten Gebüsch die Tauben und Pirole, vor meinem Fenster
singt eine überaus musikalische Nachtigall. Es ist Nacht, die
Sterne leuchten wie frisch geputzt, und nach dem Gewitter
liegt der Duft des Flieders und der Birken in der Luft. An jenem
Abend Deiner Abreise ist Serjosha hier angekommen; er klopfte an mein Fenster, und ich rief freudig auf: »Sonja!« Nein, Serjosha. Wir leben einmütig hier beisammen, allen geht es gut.
Die Arbeit geht nicht schlecht voran. Heute abend fühle ich
mich etwas besser, der Kopf schmerzt kaum mehr. Vielleicht ist
diese Kränklichkeit ja auch nur das Alter. [...]

Lebe wohl, ich küsse Dich – Mascha, Mischa, was macht
Mischa? Hat er sich wieder beruhigt? Wenn er tatsächlich derart liebt und geliebt wird, dann müßte ihn dies besonders zu
lernen anspornen.

Nun mache ich Schluß. Es geht auf 1. Der 13.

L.T.

[Sofja Andrejewna Tolstaja an Lew Nikolajewitsch Tolstoj]

[14. Mai 1897]

[Moskau]

Heute erhielt ich Deinen liebevollen Brief, lieber Ljowotschka, und war danach so glücklich, daß ich, als ich die Pretschistenkaja zum Markt am Ochotny Rjad hinunterging, um für Euch Vegetarier einzukaufen, immerfort in meinen Gedanken mich mit Dir unterhielt und mir vornahm, Dir alles, was mir durch den Sinn ging, heute abend zu schreiben. Doch nun ist der Abend gekommen, und ich vermag gar nicht mehr, meine Gedanken und Gefühle in dieser Klarheit und Aufrichtigkeit darzulegen; die Betriebsamkeit des Tages hat sie ganz und gar verdreht, und ich bin nicht mehr imstande, jene Formulierungen zu finden, die ich heute morgen auf meinem Weg durch Moskau fand. Doch ich entsinne mich natürlich ihres Inhalts und werde Dir diesen darlegen, wie ich es kann. Ich dachte darüber nach, wie oft es dies in unserem Zusammenleben gab – dieses Auf- und Abwogen unseres Verhältnisses. Und welch seelische Kraft und Freude mir seine Gipfelpunkte stets gaben. Heute schien mir, daß es möglich sein wird, auch zum Ende unseres Lebens noch einmal einen solchen Gipfelpunkt zu erreichen, was mich sehr glücklich machen würde. Wir sollten versuchen, unsere Einhelligkeit nicht dadurch zu zerstören, indem wir unsere grausamen Tagebücher lesen oder einander mit Eifersucht, Vorwürfen quälen oder mit Verachtung dafür, womit sich der andere beschäftigt. Wir müssen unsere Beziehung behüten. So vieles ist schon unumkehrbar verloren, und so schmerzlich ist die Berührung mit allem Quälenden der Vergangenheit.

[...] Gestern abend spielte Juscha Pomeranzew[149] sehr lange, und heute vormittag kam Tanejew und spielte mir seine Sinfonie vor. Einige Male arbeitete er hier im Garten im Teepavillon.

Ich bin weiterhin beständig mit den Korrekturen beschäftigt;

bis drei Uhr nachmittags sitze ich mit Maria Wassiljewna daran, am Abend bis drei Uhr des Nachts dann allein. Es ist schrecklich ermüdend; und dann noch das Packen für den Umzug nach Jasnaja, die Einkäufe, die Gäste. [...] Mischa ist im Griechischen offensichtlich bereits durchgefallen, Latein hofft er morgen zu bestehen. Den ganzen Tag hat er heute zu Hause gelernt. Wie kalt es wieder geworden ist! Ich mache mir etwas Sorgen Saschas wegen, da sie mit der ziemlich hilflosen Mademoiselle Aubert reisen wird. [...] Wann ich selbst kommen werde, weiß ich noch nicht; außer den Korrekturen sind noch ein Haufen typographischer Arbeit und finanzieller Angelegenheiten zu erledigen. Und die Zähne. Das kann nicht aufgeschoben werden. Ich bin müde dessen, daß ich nicht bei Dir und in der Natur und der Ruhe bin. Und so wird der Frühsommer in diesem Jahr vermutlich voller Arbeit vorübergehen. [...] Lebe wohl, ich mache mich nun wieder an die Korrektur, obgleich es bereits auf ein Uhr geht.
Deine Sonja Tolstaja.

[Lew Nikolajewitsch Tolstoj an Sofja Andrejewna Tolstaja]
Nachts, am 19. Mai [1897]
[Jasnaja Poljana]
Liebe und teure Sonja.
Deine erneute Annäherung an T[anejew] ist mir nicht unangenehm, nein, sie ist schrecklich quälend für mich. Wenn ich weiterhin unter diesen Bedingungen leben muß, so vergifte und verkürze ich mein Leben. Es ist nunmehr ein Jahr, daß ich nicht mehr arbeiten und nicht leben kann, sondern mich ohne Unterlaß quäle. Du weißt dies. Ich habe Dir dies in verärgertem und in bittendem Ton gesagt, in letzter Zeit habe ich allerdings überhaupt nichts mehr gesagt. Ich habe alles versucht, nichts hat geholfen: Deine Freundschaft zu ihm wird zunehmend näher, und ich weiß, daß dies weiterhin so sein wird. Ich kann dies

nicht länger ertragen. Nachdem ich Deinen letzten Brief erhalten hatte, wollte ich fortgehen. Drei Tage lang lebte ich mit diesem Gedanken und kam zu dem Schluß, daß ich mich, und sei mir die Trennung von Dir auch noch so schwer, aus dieser Lage der erniedrigenden Verdächtigungen, der Qual und des Herzzerreißenden befreien werde, um zumindest am Ende meines Lebens das zu tun, was ich für richtig halte. Und ich habe beschlossen, Dich zu verlassen, doch als ich an Dich dachte – nicht daran, wie schmerzlich es für mich sein werde, ohne Dich zu sein, sondern daran, wie sehr es Dich verletzen, quälen würde, wie sehr Du leiden würdest –, begriff ich, daß ich es nicht kann, daß ich nicht fortgehen kann, ohne daß Du damit einverstanden bist.

[...]

Was tun? Entscheide selbst. Überdenke die Lage und entscheide, was zu tun ist. Ich für meinen Teil sehe folgende Auswege aus der Situation: 1. und bestens scheint mir zu sein, jegliche Beziehungen zu Tanejew abzubrechen, und zwar nicht langsam, mit Rücksicht darauf, wie es wirken könnte, sondern derart, daß wir uns sofort und ganz von diesem schrecklichen Alptraum befreien, der uns schon ein ganzes Jahr aufzehrt. Der zweite Ausweg wäre, daß ich ins Ausland reise, nachdem ich mich von Dir getrennt habe, damit wir unser Leben unabhängig voneinander führen können. [...]

Drittens wäre es möglich, daß wir, nachdem jeglicher Kontakt zu T[anejew] abgebrochen wurde, gemeinsam ins Ausland reisen und dort leben, bis das, was der Grund für all dies ist, vorübergegangen ist.

Das Vierte ist kein Ausweg, sondern die schrecklichste Vorstellung, an die ich ohne Entsetzen und Erbitterung nicht zu denken vermag, und zwar, sich einzureden, daß alles vorübergeht und darin nichts Schlimmes sei und so weiterzuleben wie im vergangenen Jahr: nämlich dergestalt, daß Du, der dies gar nicht bewußt ist, jede Möglichkeit suchst, Tanejew nahe zu sein, und ich dies beobachte und mich dabei quäle – nicht aus Eifersucht – vielleicht ist auch sie beteiligt, aber sie ist nicht das wichtigste. Das wichtigste ist, ich sagte es Dir bereits, die Schande – Deine ebenso wie die meine. [...]

Sonja, mein Herz, Du bist eine gute, anständige und gerecht urteilende Frau. Versetze Dich in meine Lage und begreife, daß man nichts anderes empfinden kann als ich es tue, d. h. peinigenden Schmerz und quälende Scham, und finde, mein Herz, einen Weg, nicht nur mich, sondern vor allem auch Dich von diesen schrecklichen Qualen zu erlösen, welche auf diese oder jene Art unvermeidlich sein werden, solltest Du nicht Deine Ansicht diesbezüglich ändern und jegliche Anstrengung dafür unternehmen. [...] Ich fahre nach Pirogowo, um Dir und mir die Möglichkeit zu geben, dies alles gut zu überdenken und nicht in Zorn oder in die Gefahr einer unaufrichtigen Versöhnung zu geraten.

Überdenke alles mit Gott und schreibe mir. Ich werde auf jeden Fall bald nach Moskau kommen, und wir müssen versuchen, all dies in Ruhe zu besprechen. [...] Tatsächlich gäbe es noch zwei weitere Auswege, und zwar meinen oder Deinen Tod, doch beide sind sie furchtbar, sollten sie sich ereignen, bevor wir unsere Sünden gebüßt haben.

Ich fahre nach Pirogowo, auch, weil ich mich, nachdem ich 5 Nächte nicht geschlafen habe, derart schwach an meinen Nerven fühle, daß ich zu weinen beginne, kaum daß ich einmal nicht an mich halte. Ich fürchte, daß ich das Zusammentreffen mit Dir und alles, was aus ihm resultieren mag, nicht werde ertragen können. [...][150]

[Lew Nikolajewitsch Tolstoj an Sofja Andrejewna Tolstaja]

[8. Juli 1897]

[Jasnaja Poljana]

Liebe Sonja,

seit langem schon quält mich der Widerspruch zwischen meinem Leben und meinem Glauben. Ich habe Euch nicht zwingen können, Euer Leben und Eure Gewohnheiten, die ich selbst Euch lehrte, zu ändern, zugleich habe ich Euch bisher auch nicht verlassen können, weil ich dachte, ich würde den Kindern, solange sie noch klein sind, meinen wenngleich geringen Einfluß entziehen und Euch verletzen. So weiterzuleben wie ich es in den letzten sechzehn Jahren tat, bald kämpfend und Euch reizend, bald selbst den Versuchungen erliegend, an die ich mich gewöhnt habe und inmitten derer ich lebe, vermag ich indes auch nicht mehr, und deshalb habe ich beschlossen, das zu tun, was ich schon lange tun wollte – fortzugehen. [...] Wie die Hindus, wenn sie das sechzigste Jahr erreicht haben, sich in den Wald zurückziehen, wie jeder alte und religiöse Mann die letzten Jahre seines Lebens Gott weihen möchte und nicht Späßen, Wortspielen, Klatsch und Tratsch, Tennis – so sehne auch ich, der ich bald das siebzigste Lebensjahr erreiche, mich von ganzem Herzen nach Ruhe und Zurückgezogenheit, und wenn schon nicht nach absoluter Einmütigkeit, so doch zumindest nicht nach jenem schreienden Widerspruch meines Lebens mit meinem Glauben und meinem Gewissen, in welchem ich jetzt lebe.

Wenn ich diesen Schritt offen getan hätte, wäre es zu Bitten, Verurteilungen, Streit, Klagen gekommen, und ich wäre, vielleicht, schwach geworden und hätte meinen Entschluß nicht umgesetzt, der jedoch umgesetzt werden muß. Und deshalb bitte ich Euch, mir zu verzeihen, sollte mein Handeln Euch verletzen. Laßt mich, vor allem Du, Sonja, laß mich von Herzen gehen und suche mich nicht, zürne mir nicht, verurteile mich nicht.

Daß ich Dich verlassen habe, heißt nicht, daß ich unzufrieden mit Dir gewesen wäre. Ich weiß, daß Du nicht wie ich auf das Leben blicken kannst und nicht wie ich empfinden kannst, buchstäblich nicht kannst, und deshalb weder Dein Leben ändern, noch mir Opfer zu bringen vermagst, für etwas, das Du nicht anerkennst. Deshalb verurteile ich Dich nicht, sondern denke im Gegenteil mit Liebe und Dankbarkeit an die langen 35 Jahre unseres Zusammenlebens zurück, besonders an die erste Hälfte dieser Zeit, als Du, mit der Dir eigenen mütterlichen Selbstentsagung voller Kraft und Stärke all jenes getragen hast, was Du selbst für Deine Bestimmung hieltest. Du gabst mir und der Welt das, was Du zu geben vermochtest, Du gabst Deinen Kindern viel mütterliche Liebe und hast Deiner selbst entsagt – dies nicht wertzuschätzen ist unmöglich. Doch in der letzten Phase unseres Zusammenlebens, in den letzten 15 Jahren haben wir uns voneinander entfernt. Ich kann mich nicht für schuldig halten, denn ich weiß, daß ich mich weder für mich noch für die Menschen veränderte, sondern weil ich nicht anders konnte. Auch Dich kann ich nicht verurteilen, daß Du mir nicht gefolgt bist, sondern ich danke Dir und werde Deiner stets für alles, was Du mir gabst, in Liebe gedenken. Lebe wohl, liebe Sonja.
Dein Dich liebender Lew Tolstoi.
8. Juli 1897.[151]

[Lew Nikolajewitsch Tolstoj an Sofja Andrejewna Tolstaja]
[17. oder 18. November 1897]
[Jasnaja Poljana]
Seit langem habe ich keinen Brief von Dir, liebe Sonja, erhalten. [...] Ich fürchte, Du verübelst mir, daß ich nicht komme und hoffe doch zugleich, daß Du verstehst, wie wohl es mir tut und wie notwendig es mir ist, in jener stillen Abgeschiedenheit zu leben, trotz der Trennung von Dir, um all jenes zu tun, was

ich in den letzten Jahren, vielleicht dem letzten Jahr, vielleicht den letzten Monaten, die mir bleiben, tun kann und muß. Es scheint, als langweilte ich mich hier, und oft tue ich gar nichts – ich lege Patiencen, lese Zeitung, und das Ergebnis ist, daß im Geiste Gestalt annimmt und dann auf Papier niedergeschrieben wird, was ich für wichtig halte. Ich habe ein Vorwort zu Carpenters[152] Artikel über die Wissenschaft geschrieben, der mir sehr wichtig erscheint […] und die Überarbeitung des Aufsatzes über die Kunst beendet, es bleibt lediglich das eine oder andere bei den Korrekturen zu ändern. Und ich habe etwas Neues begonnen: ein Erzählung über den Kaukasus[153], die *me bande*[154] schon lange.

Heute oder morgen übersende ich Grot zehn Kapitel von »Über die Kunst« […]. Es ist schön, daß ich damit fertig bin. Solange ich daran geschrieben habe, schien es überaus wichtig, nun aber scheinen andere Dinge wichtiger. […] Ich bin wohlauf, doch ich wünschte mir mehr Energie – ich fühle mich matt. Doch vermutlich muß dem so sein. Wie geht es Dir? Schreibe mir einen schönen Brief, damit ich Dich fühlen kann. Ich möchte auch Andrjuscha heute noch schreiben. Irgendwie tut er mir leid. Ich hoffe, ja ich hoffe, daß Mischas Betragen sich gebessert hat und er Dich nicht mehr bekümmert. Lebe wohl einstweilen, liebste Sonja. Ich küsse Dich.

[Sofja Andrejewna Tolstaja an Lew Nikolajewitsch Tolstoj]
[19. November 1897]
[Moskau]
Es ist seltsam, daß Du in Deinem Brief, der heute morgen gebracht wurde, auf ebenjene Fragen antwortest, welche ich Dir in meinem Brief stellte, den ich gestern abend schrieb, den Du also noch gar nicht erhalten haben konntest. Ich meine, was Du über den Aufsatz über die Kunst schreibst und darüber, ob Du nach Moskau zu kommen gedenkst. – Die Frage zu beant-

worten, ob ich Dir böse bin, da Du noch nicht kommen möchtest, fällt mir jedesmal schwer. Du hast ja vollkommen recht,
wenn Du sagst, die Zurückgezogenheit sei wichtig für Deine
Arbeit, es bleibe Dir vielleicht nicht mehr viel Zeit im Leben
und daher sei Dir diese und Deine Muße so wichtig; die ganze
Welt, die ganze Menschheit, der Du mit Deiner Schriftstellerei
dienst, werden finden, daß Du damit vollkommen recht hast.

Ich aber, als Individuum, als Deine Gattin, muß mich sehr anstrengen, um anzuerkennen, daß die Tatsache, ob ein besser
oder schlechter geschriebener Aufsatz, ein Aufsatz mehr oder
weniger, wichtiger ist als mein eigenes Leben, meine Liebe zu
Dir, mein Wunsch mit Dir zusammen zu sein und darin und
nicht in allem anderen das Glück zu sehen.

Dies schreibe ich Dir als Erläuterung, nicht als Vorwurf. Ich
habe mich daran gewöhnt, auch ohne Dich zu leben und keine
Sehnsucht nach Dir zu empfinden. Mir scheint gar, daß wir
seelisch einander näher sind, wenn wir äußerlich getrennt sind;
und wenn wir äußerlich wieder zusammenkommen uns seelisch erneut voneinander entfernen. – Dein Argument, es bleibe
Dir womöglich nicht mehr viel Zeit im Leben, könnte ich auch
um meiner selbst willen anführen – nämlich, daß es gerade
deshalb notwendig ist, in der letzten Zeit, die einem bleibt,
z u s a m m e n zu sein. Doch gerade in letzter Zeit, besonders
nach der Lektüre der Biographie Beethovens, wurde mir zunehmend klar, daß Menschen, die der Menschheit dienen und
dafür das größte Geschenk erhalten, nämlich Ruhm, dieser
Verführung nicht mehr entsagen können und alles preisgeben,
was diesem Ruhm im Wege steht und ihren Dienst an der
Menschheit stört. Beethoven hatte glücklicherweise keine Familie – und daher hatte er das Recht, derart zu handeln. […]

Ich lebe achtsam gegen mich selbst und andere. Seit der Minute
unseres Abschieds empfand ich nicht Zorn noch Verdruß gegen irgend jemanden und habe mich auch keineswegs erbost,
da Du nicht nach Moskau zu kommen gedenkst. Bleibe, so-

lange es Dir notwendig und angenehm dort ist; hier würde Dich alles verdrießen, und dies ist schlimmer als die Trennung.

So spiele ich auch wieder sehr viel Klavier, bisweilen bis zu 5 Stunden; zu Bett gehe ich jeden Tag erst gegen drei Uhr. [...] Heute habe ich mir die Karten gelegt, und zweimal zeigte sich der Tod. Wir werden sehen!

Solange ich aber am Leben bin, küsse ich Dich und denke oft an Dich und fühle, wie Deine Tage, Gedanken, Interessen an mir vorübergehen und in Aufsätze, Erzählungen, in die Briefe an Tschertkow nach England usw. fließen. Einstmals entstand das, was Du geschrieben hast, gemeinsam mit mir, allerorten konnte ich auch mich spüren. – Deine Vorräte sind vermutlich bereits aufgebraucht, und Du hast weder Feigen noch Zwieback – nichts. Soll ich Dir etwas schicken? Lebe wohl.

S. T.

[Lew Nikolajewitsch Tolstoj an Sofja Andrejewna Tolstaja]
[26. November 1897]
[Jasnaja Poljana]

Gestern kam Tanja, blieb einen Tag und hinterließ den mich beglückenden Eindruck, daß sie sich von ihrer Besessenheit befreit hat[155]. [...] Deine Ausführungen darüber, es sei wichtiger in Moskau bei Dir zu sein als die Tatsache, daß dieses oder jenes besser oder schlechter geschrieben werde, sind außergewöhnlich in ihrer Ungerechtigkeit. Denn 1. ist die Frage überhaupt nicht, was denn wichtiger ist, 2. bin ich nicht allein deshalb hier, damit irgendein Werk besser geschrieben wird, und 3. stört meine Anwesenheit in Moskau, und dies weißt Du sehr gut, Andr[juscha] und Mischa keineswegs, sich schlecht zu betragen. Kein Vater der Welt kann seinen Söhnen, denen bereits Bärte wachsen, verbieten, auf die Weise zu leben, welche sie für die richtige halten; und sollte es 4. tatsächlich die Frage sein, was wichtiger ist: zu schreiben, was ich schreibe und was, wie ich hoffe, von Millionen gelesen werden und auf Millionen einen guten Einfluß haben wird (andernfalls schriebe ich es nicht), oder in Moskau zu leben, ohne jegliche Beschäftigung dort, in Betriebsamkeit, Anspannung und abträglichen Umständen, dann wird wohl ein jeder gegen ein Leben in Moskau entscheiden.

Das bedeutet nicht, daß ich nicht nach Moskau zu kommen wünsche, daß ich nicht alles täte, was ich kann, um Dein Leben für Dich schöner zu machen, oder daß ich nicht mit Dir zusammen sein möchte, im Gegenteil, ich möchte dies sehr, doch dies bedeutet, daß Deine Ausführungen hierzu überaus ungerecht sind ebenso wie jene Schlußfolgerung, die Du aus der Lektüre der Biogr[aphie] Beeth[ovens] ziehst, nämlich, Ziel meiner Tätigkeit sei es, Ruhm zu erlangen. – Ruhm zu erlangen kann das Ziel eines jungen Mannes oder eines dummen Menschen sein. Das Ziel eines ernsthaften und vor allem alten Menschen ist nicht der Ruhm, sondern seine Kräfte auf beste Weise einzusetzen. [...] Als kluger Mensch mit Lebenserfahrung – für einen solchen halte ich mich – kann ich nicht verkennen, daß das einzige Wohl, welches das Gewissen gutheißen kann, in jener Arbeit liegt, welche ich am besten zu tun vermag und welche ich für gottgefällig und den Menschen nützlich halte. Dies ist das Motiv, das mich in meiner Arbeit leitet, und was den Ruhm betrifft, so habe ich mir vor langer Zeit schon folgende Frage gestellt: Arbeitete ich ebenso, wenn ich niemals erführe, ob die Menschen meine Werke gutheißen? Und ich antworte aufrichtig, ja, selbstverständlich, ich arbeitete ebenso. Ich sage nicht, daß ich gegen Anerkennung der Menschen gleichgültig wäre, ich freue mich über Anerkennung, doch sie ist nicht der Grund, das Motiv meiner Arbeit.

Ich schreibe dies besonders auch deshalb, da ich Dir, liebe Sonja, eine solche Aufgabe wünschte, eine Aufgabe, bei der Du gewiß sein könntest, daß das, was Du tust, das Beste ist, was Du tun kannst, und bei deren Verrichtung Du ruhig und gelas-

sen sein könntest vor den Menschen und vor Gott. Deine Aufgabe war die Erziehung der Kinder, die Du voller Selbstentsagung und gut bewältigt hast. Dir ist das Gefühl der Pflichterfüllung bekannt, und Du weißt, daß Du dies nicht aufgrund
von Ruhm getan hast. [...] Welcher Art Deine Aufgabe nunmehr sein kann, weiß ich nicht, und ich kann es Dir auch nicht
sagen, doch es sollte eine Aufgabe sein, die Dir entspricht,
wichtig und erhaben ist, der Du Dein gesamtes Leben widmen
kannst, wie es jeder tut, der seine Bestimmung gefunden hat.
Deine Bestimmung aber ist es keineswegs, Klavier zu spielen
und Konzerte zu besuchen.

Wie sehr wünschte ich mir, liebste Sonja, Du nähmest alles,
was ich in diesem Brief gesagt habe, mit eben jener Liebe, Un-
eigennützigkeit, Selbstentsagung und dem einzigen Wunsch
für Dein Wohlergehen an, wie ich sie empfinde. – Ich arbeite
wieder intensiv an den Änderungen der »Kunst«. Überdenke
dies und jenes. Ich bin vollauf gesund, gerade war ich mit
Ljowa und den Dorfjungen Schlittschuhlaufen. Es war sehr
schön! Der ganze große Teich ist glatt wie ein Spiegel. Warum
gehst Du nicht Eislaufen? Ich bin überzeugt, es täte Dir gut.
Um 3 Uhr erst zu Bett zu gehen ist überaus schlecht. Ich küsse
Dich fest.

L. T.

1898

[Sofja Andrejewna Tolstaja an Lew Nikolajewitsch Tolstoj]
3. Mai 1898
[Moskau]
Soeben erhielt ich Deinen Brief, lieber Ljowotschka, und bin
froh, daß bei Euch alles in Ordnung ist und Du wohlauf bist.
[...]
Ich habe immer noch Rückenschmerzen, allerdings schon et-

was weniger. Die ganze Zeit war ich vollauf beschäftigt. Der Frühling versetzt mich in Trauer, weil ich das Gefühl habe, daß er ganz an mir vorübergeht. Was Dich betrifft, so dachte ich gerade, daß es absolut unnötig ist, daß Du unzufrieden bist, weil Du nicht arbeitest; auch in früheren Zeiten hast Du im Sommer nicht geschrieben, und jetzt hast Du so viel anderes zu tun! Gib auf Dich acht, das ist das Wichtigste. Es tut mir so wohl, daß Du in Deinen Briefen so aufmerksam gegen mich bist. Was ich brauche, sind nicht Zärtlichkeiten (seien sie auch angenehm), sondern Wahrhaftigkeit, Klarheit. Ich kann nachempfinden, wie es Dir ergeht, und dies ist es, was ich brauche. […]
Schreibe mir bitte, wann Du nach Jasnaja zu fahren gedenkst. Sascha hat eine neue Gouvernante, und ich möchte, daß sie mit ihr am 14. oder 15. Mai dorthin fährt. Die Zeit vergeht sehr schnell. Mischa lernt bis jetzt sehr fleißig, doch er braucht nach wie vor strenge und liebevolle Unterstützung. Hier erreicht ihn eine Einladung zum Picknick nach der anderen, doch er hat bisher alle ausgeschlagen.
Was es noch zu berichten gibt, wird Mascha Dir erzählen. […]
Ich küsse Dich, die Kinder und die Enkel.
Deine S. Tolstaja.

[Lew Nikolajewitsch Tolstoj an Sofja Andrejewna Tolstaja]
[12. Mai 1898]
[Grinjowka[156]]
Liebe Sonja,
soeben erhielt ich Deinen Brief, den Serjosha mitbrachte. Wie leid tut es mir doch, daß Du immer noch kränkelst. Baldmöglichst brauchst Du das Land, Spaziergänge, Badengehen und Stille. Ich habe Dir geschrieben, daß ich nach Jasnaja komme, wenn auch Du schließlich dorthin übersiedelst. In den zwei Wochen, die bis zum 28. oder 29. bleiben, werden wir hier alles, gebe es Gott, auf den Weg bringen. Seit gestern ist die Ar-

beit insofern vorangekommen, als im Bezirk Tschern von den örtlichen Behörden Mehl ausgegeben wird, vor allem an jene, die unsere Garküchen aufsuchen. Deshalb kann die Arbeit hier also verringert werden, in anderen Dörfern hingegen muß sie intensiviert werden; besonders im Bezirk Mzensk, wo kein Mehl ausgegeben wird, gibt es weitere Dörfer, die betroffen sind. Heute haben uns aus zwei Dörfern des Bezirks Menschen aufgesucht, und offensichtlich wird dort sehr dringend Hilfe benötigt. Ich bin gestern und heute nicht ausgeritten, denn ich litt an einer Magenverstimmung – ohne Schmerzen –, und ich habe versucht, mich zu schonen, seit heute abend geht es mir wieder vollauf gut. Gestern kam ich mit meiner Arbeit gut voran, vor allem stand mir deutlich vor Augen, woran genau es meinen Arbeiten, die ich begonnen habe, mangelt. [...] Sonja[157] erledigt die Reinschrift sehr gut [...].

Wenn Du etwas Geld entbehren könntest, wäre es gut, wenn nicht, ist es auch nicht schlimm. Ich bin froh, zu hören, daß Du selbst den Wunsch hast, etwas zu geben.

Daß Du in diesem Jahr viele Ausgaben zu tätigen hast, weiß ich. Lebe wohl, liebe Sonja. Ich küsse Dich, Mischa, Sascha und Tanja, doch sie ist vermutlich gar nicht bei Dir.

L. T.

12. Mai.

[Sofja Andrejewna Tolstaja an Lew Nikolajewitsch Tolstoj]

21. September 1898

[Moskau]

Liebster Freund Ljowotschka, Mischa kam aus Jasnaja und hatte mir absolut nicht von Interesse zu berichten. Seine Feststellung, Du seiest etwas schwermütig, indes bekümmerte mich; dies schrieb mir auch Maschenka[158].

Was macht Dir Sorgen? Bist Du wohlauf? Wie geht Deine Arbeit voran? Du hast mir bis jetzt nicht ein Wort geschrieben. Auch die Angelegenheit mit Andrjuscha bekümmert mich sehr[159]. Sollte diese Ehe zustande kommen, so wird sie wohl nicht lange halten. Überhaupt ist nur wenig Erfreuliches daran: Sie ist einige Jahre älter als er, hat ein kühles, unsympathisches Wesen, ist mittellos, und Andrjuscha wird nicht für sie sorgen können. Ist so etwas nicht gewöhnt. Ich kann deshalb keine Freude empfinden, und etwas vormachen kann ich ihm auch nicht. Irgendwie tut er mir leid, doch es hätte schlimmer kommen können.

Gestern war ich in Petrowskoje-Razumowskoje und habe mich an meinem Enkel[160] ergötzt. Ein lieberes und sympathischeres Kind kann es gar nicht geben. In seiner feinen Art erinnerte er mich an Wanja. So sagte seine Mutter: »Serjosha, sei lieb zur Mamá«, und er streichelte daraufhin mit seinen kleinen Händen ihre Wangen, und gleich darauf streichelte er auch mich. [...] Er ist gesund und munter und in Statur und Aussehen ganz der Vater.

[...] Heute war ich den ganzen Tag unterwegs, um eine Gouvernante [für Sascha] zu finden.[161] Ich überlege, ob ich eine junge Deutsche nehmen soll, die an einer höheren Schule in Riga studiert und 8 Jahre in Paris gelebt hat. Ob eine junge womöglich besser für sie ist? Ich weiß nicht, was ich machen soll. Es regnete ohne Unterlaß, ich bin müde, es sind weite Wege. Gerade habe ich die Sachen, die Maschenka geschickt werden sollen, zusammengepackt; jetzt werde ich etwas zuschneiden, dann mit der Njanja Pilze putzen und zuletzt noch die Artikel über Dich lesen.

Lebe wohl, liebster Freund, schreibe mir. Morgen werde ich den ganzen Tag zu Hause sein und Gouvernanten empfangen. Ich küsse alle.

S. T.

[Lew Nikolajewitsch Tolstoj an Sofja Andrejewna Tolstaja]
[18. oder 19. September 1898]
[Jasnaja Poljana]

Nicht ein einziges Mal habe ich Dir bis jetzt geschrieben, liebste Freundin, aber nicht, weil ich nicht an Dich denke und Dir nicht schreiben wollte, sondern weil ich so viel zu tun habe wie selten. So viel zu tun habe ich, da ich mit meiner Arbeit so gut vorankomme, und dann bedauert man jede halbe Stunde, die man verliert, und außerdem ist es ermüdend. Und jede verlorene halbe Stunde bedauert man, weil man weiß, daß einem nicht mehr viel Zeit bleibt. Außerdem herrscht viel Trubel: Andrjuscha und Olga, die Samarins und noch jemand. Ich habe es ja gern so. Und dann noch die Angelegenheit der Duchoborzen, die in einer schrecklichen Lage sind. 2000 Menschen wollen ausreisen, Geld aber haben sie nicht. Ich bin überzeugt, daß dieses Problem gelöst werden kann, und tue, was ich kann, ohne zu verzagen[162].

Es braucht Dir übrigens nicht leid zu tun, daß Du nicht mehr hier bist. Seit Deiner Abreise gab es nur einen einzigen schönen Tag. Maschenka ist bisweilen etwas launisch, doch wenn das vorüber ist, ist sie sehr lieb. [...] Über Andrjuscha und Olga schreibe ich nichts, denn ich weiß, daß Du richtig handeln wirst. Lebe wohl, ich küsse Dich.

L.T.

[Lew Nikolajewitsch Tolstoj an Sofja Andrejewna Tolstaja]
[12. Oktober 1898]
[Jasnaja Poljana]

Ich schreibe Dir, damit Du meine Handschrift siehst. Goldenweiser[163] wird Dir alles berichten. Uns allen geht es gut. Nur, was die Arbeit in den letzten Tagen angeht, kann ich mich nicht sonderlich loben.

Marx[164] habe ich mein Einverständnis gegeben, bekomme von

ihm 12 T[ausend]. Suworin bot dasselbe. Vielleicht gebe ich ihm ein anderes Werk, sollte es erforderlich und genügend Zeit und Kraft vorhanden sein.

Wie hast Du Dein Leben in Moskau eingerichtet? Ich bitte Dich, *ne veille pas*[165] bis 3 Uhr. Dies ist sehr abträglich. Tanja ist heiter. [...] Schreibe. Ich küsse Dich, Sascha und Mischa.

L.T.

[Lew Nikolajewitsch Tolstoj an Sofja Andrejewna Tolstaja]

[31. Oktober 1898]

[Jasnaja Poljana]

Ich tröste mich mit dem Gedanken, daß Mischa vermutlich wieder zu sich gekommen ist und sich in einem normalen Zustand befindet. Sein Betragen ist einfach furchtbar. Mich betrübt dies sehr. Ich kann Dir gar nicht sagen, wie leid Du mir tust, liebe Sonja. Ich habe ihm einen Brief geschrieben, doch bin ich fast sicher, daß dieser keinerlei Spuren bei ihm hinterläßt. Er hat sich den haltlosen Gewohnheiten schon allzusehr hingegeben: Tabak, Wein, Gesang und vermutlich auch Frauen. Mit Menschen, die sich in einer solchen Lage befinden, ist das Gespräch unmöglich, man muß sie behandeln, ihnen Abführmittel, Beruhigungsmittel geben, sie der frischen Luft aussetzen, ihnen Bewegung verschaffen und genügend Schlaf, erst dann werden menschliches Gefühl und Verstand wieder in ihnen erwachen.

[...] Ich tröste mich einzig mit dem Gedanken, daß alle, fast alle, diese Phase durchschreiten. Und daß sie von allein wieder vorbeigeht. Auch Serjosha war ja kein Kind von Traurigkeit. An niemandem sonst wird derart sichtbar, wie sehr ein maßvolles Leben den Menschen verändert. Er ist ein ganz anderer geworden. – Die Veränderung vollzieht sich von innen, Worte von außen richten nur wenig aus, und doch können wir es nicht lassen, einzuwirken zu versuchen, und Du tust gut daran, wenn Du ihm sagst, was zu sagen ist. Man darf nur nicht selbst verdrießlich werden: *Fais ce que dois, advienne que pourra*[166].

Gebe Gott, daß diese Überlegungen hinfällig sind und er sich bereits besonnen hat. Bei uns ist alles bestens. Ich fühle mich seit heute besser. Arbeite gut und ziemlich viel[167]. [...] Lebe wohl, Sonja, ich küsse Sascha und Mischa.

[Lew Nikolajewitsch Tolstoj an Sofja Andrejewna Tolstaja]
[17. November 1898]
[Jasnaja Poljana]

Ich kann mich nicht des innigen und traurigen Gefühls erwehren, liebe, teure Sonja, wenn ich mich Deiner Tränen am Morgen Deiner Abreise erinnere.

Ich bin überzeugt, daß das Gute, Göttliche, welches in Dir ist, über all jenes obsiegen wird, was Dich niederdrückt und erstickt, jene Apathie und jenes inhaltleere Leben, welches Du beklagst, und daß Du dereinst ein glückliches, Dir gemäßeres und ruhiges Leben führen wirst.

Ich fürchte nur, daß ich Dir dabei störend sein könnte und daß ich Dir dabei einzig dadurch hilfreich sein kann, daß meine Liebe zu Dir immer größer wird.

Hier ist das Haus voller Gäste. Morgen aber kommt niemand, nur Pasternak[168].

Gestern unternahm ich einen langen Ausritt, heute bin ich nur spazierengegangen und habe wenig gearbeitet. Die letzten zwei Tage hatte ich etwas Kopfschmerzen und fühlte mich nicht recht frisch.

Ich schreibe heute an Marx, daß die Veröffentlichung auf März verschoben werden muß. Dies ist sowohl mir als auch Pasternak und den Verlegern im Ausland notwendig. Gestern erhielt ich die weiteren Korrekturen bis zum 40. Kapitel. Die Skizzen von Pasternak sind wundervoll. Bitte schreibe mir, mein Herz, öfter und schone Deine Gesundheit – gehe spazieren, sei nicht allzu geschäftig und gehe früh zu Bett.

Einstweilen lebe wohl. Ich bin froh, daß ich wenigstens ein wenig mit Mischa sprechen konnte. Er hat mit diesem Gespräch einen guten Eindruck bei mir hinterlassen. Ich hoffe, er war aufrichtig und bleibt standhaft. Die dicke, liebe Sascha küsse ich.

L. T.

[Lew Nikolajewitsch Tolstoj an Sofja Andrejewna Tolstaja]

[18. November 1898]

[Jasnaja Poljana]

Gestern schrieb ich Dir bereits, doch ich möchte heute noch Pasternak ein paar Zeilen an Dich mitgeben. [...] Wie ist es Dir in den letzten Tagen ergangen? Ich hoffe gut. Es wäre schön, wenn Du Dich wenigstens etwas besser fühltest. Wie Sascha zu sagen pflegt: *Paris n' a p[as] é[té] b[âti] e[n] u[n] j[our]*[169]. Wenn Du doch nur ruhig auf Besserung warten könntest, wissend und fest überzeugt, daß sie kommen wird.

Mascha ist wieder ganz gesund. Ich fühle, daß ich ein Tief durchmache: Ich kann nicht mehr arbeiten wie noch vor kurzem, als ich mich vor Dir lobte. Ich warte gelassen darauf, daß die Kraft zurückkommt und bin bemüht, nicht jenes, das ich in besserer Verfassung schrieb, zu verderben.

[...]

Ich küsse Dich und Sascha und Mischa und erwarte heute einen Brief.

Dein L. T.

[Sofja Andrejewna Tolstaja an Lew Nikolajewitsch Tolstoj]

19. November 1898.

[Moskau]

Deine Briefe sind so zärtlich und schön und halfen mir in den letzten Tagen, denn ich spürte wenigstens von Ferne Deine Anteilnahme. Mir ging es in diesen Tagen sehr schlecht. An jenem Abend, als ich Dir zum letzten Mal schrieb, blieb Mischa wieder bis 3 Uhr in der Nacht aus; am Sonntag, als wir nicht hier waren, blieb er die ganze Nacht aus; er gab zu, daß er bei einem Trinkgelage war, zu dem er eingeladen worden war, und so geht es jeden Tag. [...] Ich beschloß, den Direktor aufzusuchen und um Aufnahme ins Internat zu bitten. Er war, wie stets, sehr klug, mitfühlend und vorsichtig. Er sagte: »*Vous jouez gros jeu, comtesse*«[170], womit er andeuten wollte, daß Mischa dann das Lyzeum gänzlich verlassen könne.

[...]

Sascha ist seit der Rückkehr aus Jasnaja mißmutig und niedergedrückt, ihr Bein schmerzte, nun ist es besser, und sie ist wieder ganz artig. Ich bleibe zu Hause, nähe Saschas Bluse um, schreibe, spiele ein wenig Klavier.

[...]

Es tut mir so leid, liebster Freund, daß Deine Inspiration Dich verlassen hat, und es quält mich die Frage, ob nicht ich und mein Aufenthalt in Jasnaja der Grund dafür sind? Was soll ich denn tun, ich bin nun einmal ein Mensch mit Schwächen und Bedürfnissen, und Du kannst mich nicht einfach fallenlassen, denn meine Bestimmung ist es, Deine Frau zu sein und Dir eine Hilfe und bisweilen auch Last zu sein.

Lebe wohl, liebster Freund, hiermit schließe ich. Ich küsse Dich. Achte auf Deine Gesundheit.

Deine Sonja Tolstaja.

1899

[Sofja Andrejewna Tolstaja an Lew Nikolajewitsch Tolstoj]
26. September 1899, 5 Uhr am Nachmittag.
[Moskau]
Ihr Lieben alle, Familie und Freunde, voller Schmerz habe ich
mich von Euch getrennt.
[...]
Als ich in Moskau ankam, war Mischa nicht zu Hause. Dies
beunruhigte mich sehr. Ich fand ein Telegramm, der Großfürst
wünsche mich um halb 11 zu sehen, um 11 besuche er die Messe[171]. Ich kleidete mich um, trank den Kaffee, den die Njanja
mir zubereitet hatte, nahm eine Droschke und fuhr los.
Der Großfürst empfing mich unverzüglich. Er war außerordentlich liebenswürdig, erkundigte sich nach der Gesundheit
Tanjas, Lew Nikolajewitschs und der meinigen, sprach über
die Büste von Trubezkoj[172], über Mischa, den er gesehen habe,
und war mit allem einverstanden, sagte sogar noch, wenn ich
noch weitere Anliegen habe: »Ich stehe stets zu Ihren Diensten,
Gräfin, und einen Ihrer Wünsche zu erfüllen würde mich glücklich machen.«
[...]
Nach dem Besuch beim Großfürsten fuhr ich zum Komman-
deur der Einheit und traf ihn auch an. Er war sehr liebenswürdig, riet mir, wie ich weiter vorzugehen habe, und rief den
diensthabenden Schreiber, der alle Gesuche schrieb, die aber
noch nicht eingegeben werden können, solange die Verfügung
des Großfürsten noch nicht eingegangen ist. Jetzt muß ich
zunächst noch eine Notiz mit meiner Bitte an den Großfürsten
senden.
Auf dem Weg zum Essen bei meinem Bruder werde ich dieses
Schreiben im Haus des Großfürsten abgeben.
Während ich unterwegs war, kehrte Mischa nach Hause zurück. Er war mit seinem Freund Kusnezow auf dem Land auf

der Jagd, hatte 3 Waldschnepfen erlegt, war bester Laune, fiel mir um den Hals, küßte mich und bedankte sich sehr für meine Bemühungen. Dies ist alles. Ich weiß noch nicht, wann ich alles hier zu Ende bringen werde. [...] Ich hoffe, es dauert nicht länger als 3 oder 4 Tage. Ich küsse alle zärtlich.

S. Tolstaja.

V. Das letzte Jahrzehnt

Seit Juli 1898 arbeitet Tolstoj an seinem Roman *Auferstehung*. Die Kompromißlosigkeit, mit der Tolstoj die herrschende Ordnung in seinem Roman anklagt, erschüttert die Gesellschaft. Die Machthaber bereiten ihren Gegenschlag gegen den »Verkünder einer neuen Irrlehre« vor. Im Februar 1901 melden die Zeitungen die Exkommunikation Tolstojs, dessen Standpunkte der Kirche schon lange ein Dorn im Auge waren. Voller Zorn über die Exkommunikation ihres Mannes verfaßt Tolstaja einen offenen Brief an die Kirchenfürsten und an Pobedonoszew, in dem sie ihrem Protest flammend und selbstbewußt Ausdruck verleiht.

Nach einem fast einjährigen Aufenthalt in Gaspra auf der Halbinsel Krim kehren die Tolstojs nicht mehr zum ständigen Wohnsitz in Moskau zurück. Beide Ehepartner gehen ihrer Tätigkeit nach: Tolstoj schreibt *Hadschi Murat* und kommentiert in einer Vielzahl von Aufsätzen die revolutionären Unruhen im Rußland der Jahre 1905 bis 1907, in denen er zu Gewaltlosigkeit aufruft; seine Frau bereitet die elfte Auflage der Gesamtausgabe der Werke Tolstojs zum Druck vor, malt, fotografiert und schreibt an ihren Erinnerungen *Mein Leben*.

Nach der Rückkehr Tschertkows nach Rußland im Jahr 1907 gerät der stets instabile Kompromiß des Lebens auf Jasnaja Poljana ins Wanken. Tschertkow und andere Adepten Tolstojs belasten durch ihre ständige Anwesenheit im Haus und ihre Parteinahme gegen die Gattin das Leben der Familie. Tschertkow drängt Tolstoj, ein Testament abzufassen, dessen Inhalt vor Sofja Tolstaja geheimgehalten wird. Die Situation auf Jasnaja Poljana eskaliert. Tolstoj verläßt seine Frau nach achtundvierzig Ehejahren ohne Abschied. Auf seiner Reise erkrankt der Schriftsteller und stirbt am 7. November 1910 in Astapowo, ohne daß es zu einer Versöhnung mit seiner Frau kam.

[Sofja Andrejewna Tolstaja an Lew Nikolajewitsch Tolstoj]

[23. September 1900]

[Moskau]

Gerade bin ich aufgestanden, und das erste, was ich tun möchte, ist, Dir, lieber Ljowotschka, zu schreiben und jenes Tages zu gedenken, der uns für die vielen Jahre, die wir miteinander leben, vereint hat[1]. Zuerst war ich traurig, daß wir heute nicht beieinander sind, doch dann wandte sich mein Herz mit inniger Zärtlichkeit der Erinnerung an unser gemeinsames Leben und Dir zu, und da verspürte ich den Wunsch, Dir für das einstige Glück, das Du mir gegeben hast, zu danken und zu bedauern, daß es nicht unser ganzes Leben lang so stark, still und vollkommen bleiben konnte.

Es bekümmert mich sehr, daß Sascha mir nicht geschrieben hat, und ich bin in Sorge Deiner Gesundheit wegen; vermutlich hat sie zu schreiben vergessen oder den Brief nicht beizeiten abgesandt.

Hier gibt es viel trostlose alltägliche Arbeit zu erledigen; ich komme nur sehr langsam damit voran. […] An den Abenden bin ich derart erschöpft, daß ich gar nicht ausgehe, mich weiterhin mit den Abrechnungen und Aufzeichnungen beschäftige und ein wenig Klavier spiele. […] Auch heute bleibe ich zu Hause, möchte nur zum Gottesdienst in die Kremlkirche fahren, wo wir getraut wurden, weiß aber noch nicht, ob ich es schaffe. Als ich noch in Jasnaja war, war ich guten Mutes, ich könne in Moskau das Theater besuchen, doch das Leben hier ist so ermüdend, daß mir gar nicht der Sinn nach Zerstreuung steht.

Ich war bei Krjukow[2], er sagt, das Sehen habe sich verbessert, doch der schwarze Fleck verschwände nicht schnell, da das Innenauge nur sehr wenig vom allgemeinen Stoffwechsel erhalte und deshalb alle Prozesse dort sich sehr langsam vollziehen. Er gab mir eine Salbe, die ich einmassieren soll und Tropfen, wenn das Auge entzündet ist.

Morgen möchte ich nach Petrowskoje-Razumowskoje[3] fahren, um meinen Enkel dort zu besuchen. Morgen ist Sonntag, daher muß ich meine Erledigungen aufschieben. Zuvor suche ich am Vormittag das Waisenhaus[4] auf, was ich am Abend mache, weiß ich noch nicht. Am Montag mache ich Besorgungen und werde vermutlich am Dienstag abend nach Hause, nach Jasnaja abreisen. [...]

Ich hoffe, lieber Ljowotschka, daß Du mir aus alter Verbundenheit heraus wenigstens einmal schreibst.

Ich küsse Dich, gib auf Dich acht, und laß uns noch lange und noch besser miteinander leben.

Deine Sonja Tolstaja.

[Sofja Andrejewna Tolstaja an Lew Nikolajewitsch Tolstoj]

[26. Dezember 1900]

Jasnaja Poljana

Es ist überaus schwierig, liebster Freund, darüber zu schreiben, was sich hier bei uns ereignet[5]. Endloses Leiden, ständige Gespräche darüber, wer schuld habe, wer ihn verkühlt habe usw. usf. Das Kind ist noch nicht begraben, für morgen wird Westerlund[6] erwartet, er kommt am Abend an, die Beerdigung wird am 28. um 12 Uhr sein. Beide Eltern befinden sich in furchtbarer Verfassung. Dora[7] läuft weinend von dannen, läuft immer wieder ins Zimmer, in dem Ljowuschka liegt. Sie schreit, wirft sich auf ihn, ruft seinen Namen, spricht Unverständliches. [...] Ljowa leidet ihretwegen, steht ihr bei und ist doch selbst halbwahnsinnig vor Trauer. Heute ist er spazieren gewesen, die Sonne schien, blauer Himmel, große Fliegen brummten an den Fenstern, wo die Hyazinthen stehen. In der Sonne waren es 15 Grad und die Luft war fast frühlingshaft, die Bienen in ihren Körben brummten unter der Treppe, wo sie den Winter über untergebracht sind. Dies alles erinnerte ihn an jenen Frühling, in dem sie aus Schweden hier ankamen, und an Ljowuschka, wie er jetzt an der Sonne sein könnte – er kam nach Hause gerannt, warf sich aufs Bett, auf dem Dora saß und stillte, sie warf mir Pawlik[8] in die Arme, stürzte sich in Ljowas Umarmung und beide begannen zu weinen – es ist furchtbar! [...]

Dora sucht immerfort meine Nähe, umarmt mich oder setzt sich zu meinen Füßen auf den Boden und legt ihren Kopf auf meine Knie, erzählt mir von Ljowuschka und welche Worte er schon sprechen konnte, wie er spielte, weinte, krank war usw. Gegen den Kleinen ist sie recht gleichgültig und sagt, sie stillte und liebte ihn einzig deshalb, da Ljowuschka sie geheißen hätte, dies zu tun. Und wiederholt immerfort seine Worte: »Mamá, nimm mein Brüderchen auf den Arm, er hat Hunger.«

[...] Ich warte ungeduldig auf Nachrichten von Euch. Was macht Saschas Husten? Ich bin Euretwegen sehr in Sorge und sehne mich nach Euch. Doch es ist unmöglich, jetzt abzureisen. Ich küsse Euch alle. Gebt auf Euch acht.

Deine S. Tolstaja.

26. Dezember 1900, in der Nacht.

[Lew Nikolajewitsch Tolstoj an Sofja Andrejewna Tolstaja]

[30. Dezember 1900]

[Moskau]

Deine Absicht, zu Tanja zu reisen, betrübte mich sehr, liebe Sonja. Aus den letzten Nachrichten von dort, die Dir Dunajew überbringen sollte, ist zu ersehen, daß es ihr sehr gutgeht und ihr die bestmögliche Pflege zuteil wird. Dunajew wurden zwei Briefe mitgegeben, einer von Serjosha und einer von Tanja selbst (sie hat ihn diktiert und auch selbst etwas hinzugeschrieben), in denen alles genau berichtet wird und die absolut beruhigenden Inhalts sind. Zu allem Unglück sagte der Beamte im

Telegraphenamt Dunajew sehr überzeugt, Du seiest in Moskau, und so brachte er diesen Brief mit nach Moskau. Ich habe Dir umgehend telegraphiert und die Briefe übersandt. Doch bis zum 28. waren sie noch nicht bei Dir eingetroffen, und ich fürchte, daß Du nun doch dorthin reisen wirst. Dies macht mich Deiner körperlichen und seelischen Verfassung wegen besorgt. Was Du dort durchmachen wirst, ist allzuschwer für Dich, denn Du nimmst Dir alles allzusehr zu Herzen. [...]

Dora und Ljowa, die Armen, tun mir sehr leid. [...] Ich bin vollauf gesund, auch Sascha hustet nicht mehr so viel und geht mit Erlaubnis Ussows[9] schon wieder ein wenig spazieren. Iljuscha ist noch hier, er reist heute ab. [...]

Ich küsse Dich und Dora und Ljowa, die Lieben.

30. Dezember, am Morgen.

L.T.

Eure Trauer empfinde ich von ganzem Herzen nach, liebe Dora und lieber Ljowa, und ich wünsche und hoffe, daß Ihr Trost finden könnt bei jenem, der ihn zu geben vermag, bei Gott. Sollte Mamá bereits abgereist sein, so sendet ihr diesen Brief nach.

[Sofja Andrejewna Tolstaja an Lew Nikolajewitsch Tolstoj]

[30. Dezember 1900]

[Kotschety[10]]

Tanja geht es recht gut. Alles verläuft günstig: die Rekonvaleszenz, ihre Milch wird weniger, ihre Temperatur ist normal[11]. Sie ist sehr vernünftig, zügelt sich, doch die Traurigkeit des Ereignisses bleibt nicht ohne Auswirkung auf ihr seelisches Befinden. Meine Ankunft, die sie sehnlich erwartet hat, hat sie doch auch sehr aufgewühlt. [...] Sie weint nur bisweilen, da sich ihr Traum von einem Kind, einem Mädchen, nicht erfüllt hat. Die Sorge um ihren Mann, darum, was er tun wird, läßt sie nicht eine Minute los[12]. Wenn er kommt, ist ihm dies abträglich, wenn nicht, wie wenig liebt er sie dann. Dies sagt sie zwar nicht, doch sie wird es wohl denken. Sie tut mir so leid, heute nacht hat sie überhaupt nicht geschlafen.

[...] Ich gedenke, am 1. oder 2. mit dem Abendzug abzureisen, je nachdem, wie es Tanja geht und ob es das Wetter zuläßt, das im Moment prachtvoll ist: Sonne, Frost, Ruhe und minus 10 Grad. Auf der Fahrt hierher gestern Abend ergötzte ich mich an der Natur wie lange nicht mehr. [...]

Es ist schwierig zu schreiben, liebster Freund, da ich noch kein einziges Wort von zu Hause erhalten habe. Warum ist denn niemand in der Lage, dem anderen dann eine Hilfe zu sein und sein Leiden zu lindern, wenn er dies braucht? Was ich in der letzten Zeit durchgemacht habe, die Trauer meiner Kinder mit anzusehen und zu ertragen, ist um vieles schwerer als wenn dies sich in der Ferne vollzogen hätte. Und auch die eigene Hilflosigkeit ist schwer.

Es läutet zum Essen. Ich küsse Dich und Sascha. Wenn ich von Euch ein Telegramm erhielte, daß es Euch gutgeht, fiele mir der Weg nach Hause leichter. Lebe wohl.

Deine Sonja Tolstaja.

[Lew Nikolajewitsch Tolstoj an Sofja Andrejewna Tolstaja]

31. Dez[ember 1900]

[Moskau]

Es ist sehr schade, daß meine Briefe und mein Telegramm Dich der Feiertage wegen nicht beizeiten erreichten. Da ich um Deine Neigung, Dich zu sorgen, weiß, habe ich mich bemüht, Dir umgehend alle Nachrichten, die ich erhielt, mitzuteilen. Doch eine Reihe von Umständen führte dazu, daß Du aus Jasnaja abgereist bist, ohne meine Nachricht zu erhalten. [...] Ich hoffe nur, daß Tanjas Befinden weiterhin gut ist und Du Dich auf der Reise nicht verkühlst, ich bin froh, daß Du in Kotschety bist und Dich dort von dem Schweren, das Du auf Jasnaja durchge-

macht hast, erholen kannst. Wir hier sind vollauf gesund. Sascha war gestern bei den Martynows. Mischa ist bei uns. Heute abend wird auf der Silvesterfeier bei den Glebows seine Verlobung mit Lina[13] bekanntgegeben. Es ist gut, daß ich jeglichen Aberglauben abgelegt habe. Daß wir den Beginn des neuen Jahres nicht zusammen begehen, bekümmert mich nicht, wenn wir nur weiterhin einander seelisch so nah verbunden sein werden. Ich küsse Dich und die liebe, kluge Tanja.
L.T.

1901

[Lew Nikolajewitsch Tolstoj an Sofja Andrejewna Tolstaja]
[26. Mai 1901]
[Jasnaja Poljana]
Von Dir haben wir noch keinen Brief erhalten, liebe Sonja. Ich hoffe, dies bedeutet nichts Schlechtes. [...] Bei uns ist alles bestens. Ich bin wohlauf. Nur die Knie schmerzen noch ein wenig, doch insgesamt geht es mir viel besser. [...] Ljowa ist gestern zu Ilja abgereist. Er ist, so scheint es, ziemlich mürrisch gegen Dora, und dies betrübt mich. [...] Ich nutze den wunderbaren Sommer – der Frühling ist schon dahingegangen – und bin sehr traurig, daß Dich die Geschäfte in Moskau halten. Es besuchten mich hier ein Herr aus Rjasan mit einer Grußadresse[14], des weiteren zwei in ihrer Klugheit und Ernsthaftigkeit sehr eindrucksvolle junge Arbeiter aus Moskau. [...] Soeben war die schwangere Bäuerin hier, deren Haus abgebrannt ist und die Dir besonders leid tat, ich gab ihr Brennholz. Auch drei weitere Opfer des Brandes waren hier, ich gab ihnen je 10 R[ubel].
Nun denn, lebe einstweilen wohl. Bleibe gesund und sorge Dich nicht.
26. Mai 1901.
L.T.

[Sofja Andrejewna Tolstaja an Lew Nikolajewitsch Tolstoj]
[22. April 1902]
[Sewastopol]
Bis Balaklawa[15] verlief die Fahrt leicht und unbeschwert. Das
Tal von Baidar erfreute das Auge mit seinem frühlingshaften,
frischen Grün; allerorten grünt es, und die Augen können sich
vom schweren Grau der Steine in Gaspra[16] erholen. Nach Balaklawa kam Wind auf, und es wurde heiß, auf dem Weg nach
Sewastopol und in der Stadt selbst wurden Gesicht und Kopf
geradezu verbrannt. Die Billetts haben wir bereits gekauft, wir
reisen in einer Stunde. Ich bin in Sorge, was bei Euch in Gaspra
sein mag, doch versuche ich, mich meiner Angst um Dich nicht
hinzugeben.
Ich küsse alle. Hat Sascha meine Telegramme abgesandt?

[Lew Nikolajewitsch Tolstoj an Sofja Andrejewna Tolstaja]
[27. April 1902]
[Gaspra]
Übermitteln Sie der Gräfin: Wetter prachtvoll, 19 Grad im
Schatten, den dritten Tag bereits werde ich auf die Terrasse
geschoben, dies telegraphiere ich persönlich.
Lew.

[Sofja Andrejewna Tolstaja an Lew Nikolajewitsch Tolstoj]
[15. November 1902]
[Moskau]
Lieber Ljowotschka, hier in Moskau begannen plötzlich die
Gelenke an Händen und Fingern derart zu schmerzen, daß
ich mich an Ussow um Rat wenden mußte. Er war wie immer
überaus liebenswürdig, untersuchte mich aufmerksam und be-

fand, die Gicht sei sehr vorangeschritten, der Grund hierfür liege in ungenügender Ernährung (*manque de nutrition*), aus irgendeinem Grund sagte er dies auf Französisch. Er verordnete mir für die Dauer von 6 Wochen Heilwasser, Solebäder, Jodsalbe, Warmhalten von Händen und Füßen u. ä. Dies alles ist sehr beschwerlich, doch ich werde es tun, wenn ich wieder in Jasnaja bin und nirgendwo anders hinfahren.

Das Schlimmste ist, daß ich in der gesamten Zeit nichts mit den Händen tun darf und die erkrankten Gelenke einbinden soll. Was ist das für ein Leben: Die Augen darf ich nicht anstrengen, die Hände ebenso – was soll ich denn da tun? Sogar vom Klavierspiel rät Ussow mir ab. Dies alles läßt mich sehr niedergeschlagen sein, und da ich fortan sehr lange im Haus zu bleiben gezwungen sein werde, beschloß ich, noch ein paar Tage länger, d. h. bis Mittwoch, in Moskau zu bleiben. Am Dienstag gibt Hofmann[17] sein letztes Konzert [...] – dieses zu hören wird mir ein großes Vergnügen sein. [...] Ich tröste mich damit, daß man mit den Jahren lernen muß, die »Kälte des Lebens« zu ertragen, und daß »*la vraie sagesse de l' homme c' est de savoir vieillir*«[18], doch ich habe mich noch nicht ganz daran gewöhnt und bin deshalb bisweilen schwermütig.

Was mir hier in Moskau besonders gefällt, ist, daß ich Sonja[19] und Annotschka[20] sowie Mischa und Lina sehe, die sehr lieb mit mir umgehen; ich aß gestern abend bei ihnen, die Glebows sind ins Ausland gereist, Mischa und Lina wohnen mit Wanetschka[21] im elterlichen Haus. Wanetschka ist entzückend, aber dick und riesig. [...]

Heute abend gehe ich in die Philharmonie, Schaljapin[22] singt, und morgen werde ich, sollte es nicht allzukalt sein, meinen Enkel Serjosha besuchen.

Seid mir nicht böse, daß ich drei Tage länger bleibe, und sollte irgend etwas Schlimmes bei Euch vorfallen, so bitte ich Euch inständig, mir umgehend zu telegraphieren. Ich bin froh, daß bei Mascha nichts Ernstes festgestellt wurde. [...] Ich küsse alle, danke für Deinen Brief.

S. Tolstaja.

[Lew Nikolajewitsch Tolstoj an Sofja Andrejewna Tolstaja]
[18. November 1902]
[Jasnaja Poljana]

Es tut mir sehr leid, daß die Schmerzen in den Händen so arg sind. Ich hoffe, dies ist nur vorübergehend. Daß Du länger zu bleiben gedenkst, ist sehr gut, denn bei uns ist alles in bester Ordnung, Du mußt Dir also keine Sorgen machen. Mascha geht es sehr viel besser, und auch mir geht es gut. Lebe wohl. Ich küsse Dich.

L. T.

1903

[Sofja Andrejewna Tolstaja an Lew Nikolajewitsch Tolstoj]
8. Oktober 1903, 2 Uhr am Nachmittag.
[Moskau]

Heute morgen erhielt ich Euer Telegramm, daß alles in Ordnung ist. Gott sei es gedankt, daß Du wohlauf bist. Wie ich voraussah, wird es nicht möglich sein, hier alles in drei Tagen zu erledigen. [...] Erst gegen 4 war ich gestern in der Bank fertig und konnte danach nur noch ein paar Besorgungen machen; ich aß mit Warwara Iwanowna und Fjodor Iwanowitsch[23] und fuhr dann ins Künstlertheater, um mir »Julius Cäsar« anzusehen, um 7 ½ begann es[24]. Ich fror ein wenig im Parkett, bisweilen langweilte ich mich etwas, muß aber sagen, daß die Inszenierung und Spielweise großartig waren. Ich berichte dann mündlich. [...] Heute vormittag habe ich mit meinem Gehilfen und Makarenko[25] an den Abrechnungen gesessen, um 3 machen wir weiter. Wir werden wohl am Abend damit fertig, und wenn ich es schaffe, besuche ich noch das Tantchen. Das also war der heutige Tag. Morgen muß ich Tapeten aussuchen [...], Maklakow meiner Augen wegen, die wieder sehr stark entzündet sind, konsultieren u. ä. – Ich werde deshalb vermutlich erst am Samstag morgen ankommen, schickt also dann eine Kutsche. Sollte ich früher fertig werden, so telegraphiere ich. Solltest Du erkranken oder ich anderweitig gebraucht werden, so werfe ich hier natürlich alles sogleich hin und komme umgehend.

[...] Ich küsse Dich, Julia Iwanowna[26], Pawel Alexandrowitsch[27] und Chrisanf Nikolajewitsch [Abrikossow] grüße ich. Deine Sonja.

[Lew Nikolajewitsch Tolstoj an Sofja Andrejewna Tolstaja]

[8. Oktober 1903]

[Jasnaja Poljana]

Es ist mir ein Bedürfnis, Dir zu schreiben, daß Du unbesorgt sein kannst und Dich nicht beeilen mußt. Es ist schade, daß wir noch keine Nachricht von Dir erhalten haben. Ungeachtet des schauderlichen Wetters – gestern war es sehr windig, heute ist es neblig und regnerisch – ritt ich mit Paw[el] Al[exandrowitsch] aus. [...] Gestern fühlte ich mich erstarkt, ich hatte wunderbar geschlafen; heute, vermutlich des schlechten Wetters wegen, fühle ich mich schläfrig und nicht ganz gesund – doch es geht mir gut, ich habe keine Schmerzen, nur ein wenig Sodbrennen. [...] Ich kann mich immer noch nicht von Shakespeare befreien[28]. Nun denn, dies ist alles, ich küsse Dich. L. T.

1904

[Sofja Andrejewna Tolstaja an Lew Nikolajewitsch Tolstoj]

[9. Januar 1904]

[Moskau]

Den ganzen Tag schon denke ich an Dich, lieber Ljowotschka, stelle mir vor, wie Du durch den leeren Saal gehst und es vollkommen still im ganzen Haus ist. Und es plagt mich ein wenig das Gewissen, daß wir alle abgereist sind. [...]

In Moskau tranken wir Kaffee miteinander, und alle gingen ihrer Wege. Ich war in der Bank und saß dort mit Dunajew zusammen, während die Dokumente und finanziellen Angelegenheiten bearbeitet wurden. Er las mir einen sehr anrührenden Brief Olgas[29] vor, in dem sie schreibt, wären nicht die Kinder, bereitete sie ihrem Leben ein Ende, so verzweifelt sei sie. Sie bittet, Andrjuscha nicht zu schelten, sie empfinde nachgerade mütterliche Liebe für ihn. Es ist schon merkwürdig, für wen man Liebe empfindet!

Auch im Historischen Museum war ich bereits. Schtscherbatow[30] traf ich nicht an, er wird erst am Samstag ab 5 Uhr wieder in Moskau sein. Also wandte ich mich an Sabelin[31]. Er ist hochbetagt, 84 Jahre alt, sehr schlecht auf den Beinen, läuft schlurfend. Sein Geist indes ist frisch. Er war sehr liebenswürdig und wird die Manuskripte selbstverständlich für das Archiv annehmen[32]. Morgen um 2 Uhr soll ich sie überbringen, doch mich stört die formale Seite der Angelegenheit. Wer wird sich ihrer annehmen, wie werden die Kisten gesichert, werden sie verschlossen? Vielleicht werde ich sie nicht vor Montag übergeben. Morgen werde ich im Rumjanzew-Museum erfragen, ob die Kisten dort noch weitere zwei Tage verbleiben können, und sie dann erst, nachdem ich dies alles mit Schtscherbatow besprochen habe, am Montag übergeben.

Am Sonntag werde ich den ganzen Tag mit den Abrechnungen beschäftigt sein.

Wir aßen im Restaurant »Prag«; Ilja schaute auf ein paar Minuten vorbei; [...] Nach dem Essen fuhren wir nach Hause, kleideten uns fürs Theater um. Auf dem Weg dorthin begleitete uns Boulanger, denn keiner meiner Söhne war zu Hause. Andrjuscha ist von früh bis spät unterwegs. Gott weiß, was für ein Leben er nunmehr führen wird, allein der Gedanke daran ist schon furchtbar. [...] Die ganze Aufregung störte mich bei der Konzentration auf die Musik, trotzdem hinterließ die Oper einen guten Eindruck.

Dies ist alles, mein lieber Ljowotschka. [...] Sascha ist wohlauf, doch hier sind die Mädchen nicht so heiterer Stimmung wie zu Hause. Ich küsse Dich, grüße Julia Iwanowna und Grigori Moisejewitsch[33].

Deine Sonja.

[Sofja Andrejewna Tolstaja an Lew Nikolajewitsch Tolstoj]

12. Januar 1904

[Moskau]

Gestern habe ich Dir nicht geschrieben, lieber Ljowotschka, ich weiß ja gar nicht, ob Du Dich über meine Briefe freust. Wir sind wohlauf, doch Sascha klagt über starke Zahnschmerzen, ist deshalb mürrisch und sagt immerfort, sie wolle zurück nach Jasnaja.

Serjosha ist heute bei einem Empfang der Universität, jetzt ist es 2 Uhr in der Nacht, und er ist immer noch nicht zu Hause. Andrjuscha ist unbekümmert und heiter wie ein Vogel, verschwendet Unmengen von Geld, sagt, er sei in die Tolmatschowa verliebt und werde nie, niemals zu seiner Frau zurückkehren. Die Arme, sie tut mir so leid. [...]

Von 12 bis 3 Uhr nachmittags waren wir heute mit dem Transport der Kisten aus dem Rumjanzew-Museum ins Historische Museum beschäftigt, wo ein Bibliothekar und ein Soldat alles beaufsichtigten. Am Eingang standen Wächter und Gendarmen zum Schutz der Wagen mit den Kisten; mein Gehilfe trug sie mit ein paar Soldaten hinein. Der Bibliotheksgehilfe hat das Kadettenkorpus besucht und war Artillerieoffizier; nach der Lektüre Deiner Werke konnte er nicht weiter in der Armee bleiben und nahm seinen Abschied. Er ging zur Universität, studierte an der Historisch-Philologischen Fakultät und ist nun Bibliothekar am Historischen Museum[34]. Er sagte mir, der Tag, an dem Deine Manuskripte dem Historischen Museum übergeben wurden, sei der glücklichste Tag seines Lebens, und er versprach, alles in der Welt zu geben, um sie zu ordnen und abzuschreiben, sollte es notwendig sein. Doch dies habe ich selbstverständlich nicht gestattet.

Man wies mir einen erstklassigen Raum zu, im Turm, und bot sogar noch das Zimmer daneben an. Gestern führte Schtscherbatow mich überall herum.

Großfürst Sergej Alexanderowitsch, der von Schtscherbatow von meiner Absicht, die Manuskripte zu übergeben, erfuhr, ließ mir ausrichten, er danke mir für die Ehre, die ich dem Historischen Museum damit erweise, dies sei ein großes Glück für alle Angestellten des Museums. Und dem ist tatsächlich so – alle dort sind begeistert.

Aus Anlaß des hundertsten Todestags Gribojedows[35] wurde dort kürzlich das Originalmanuskript von »Verstand schafft Leiden« angekauft, für sechstausend Rubel.

Ich könnte morgen bereits wieder abreisen. Für dieses Mal habe ich nur noch wenig zu erledigen, doch ich möchte Sascha nicht allein hierlassen. Meine Befürchtungen bezüglich ihrer Hinneigung zu B[oulanger] scheinen sich zu bewahrheiten, und dies quält mich sehr. […]

Gott sei es gedankt, daß bei Euch alles in Ordnung ist. […] Ich küsse Dich und hoffe, daß Du nicht unwirsch bist ob meiner dieses Mal so langen Abwesenheit.

S. T.

[Sofja Andrejewna Tolstaja an Lew Nikolajewitsch Tolstoj]

17. Februar 1904

[Moskau]

Gestern habe ich Dir nicht geschrieben, lieber Ljowotschka, denn ich war verstimmt. Ilja hat mich den ganzen Tag über bedrängt und um Geld ersucht. Er hat Schulden bei zahlreichen Bekannten, hat unentwegt neue Ideen für Unternehmungen und endlose Ausgaben. Ich gab ihm 400 Rubel, er versprach, es damit bewenden zu lassen und abzureisen. [...] Dann war ich im Wagner-Konzert, auch dies bereitete mir kein Vergnügen: Überaus unangenehme und selbstzufriedene Deutsche sangen schlecht und falsch, die Musik befremdete mich, es war langweilig und ermüdend.

Doch meine wichtigste Aufgabe erledige ich gut und voller Erfolg. [...] Seit zwei Tagen ordne ich mit Hilfe des Bibliothekars im Museum die Manuskripte, Briefe und Photographien und erstelle eine Inventarliste. Alexej Iwanowitsch Stankewitsch[36] sortiert liebevoll alles und legt die Dinge in eine sehr schöne Vitrine, schließt alles zu und ist pedantisch genau.

[...] Morgen bin ich von 11 bis 3 wieder im Museum; das Schwierigste steht an, die Briefe sollen geordnet und gezählt werden. [...] Für die Musik werde ich wohl in diesen Tagen keine Zeit finden, was mich sehr traurig macht. Heute aß ich bei den Maslows, am Abend nun bin ich allein zu Hause, ich bin müde und schreibe Dir. [...] Mischa Stachowitsch geht als Vertreter des russischen Adels mit dem Roten Kreuz in den Krieg[37]. Die Maslows haben erzählt, wie der Sanitätszug verabschiedet wurde; 60 junge Damen, auch viele aus besseren Kreisen, fuhren als Krankenschwestern, Ärztinnen usw. mit. Der Zug war sehr lang, und als er aus dem Bahnhof fuhr, herrschte, ungeachtet der riesigen Menschenmenge, Totenstille. Es ist aufgrund des Krieges allerorten eine düstere Stimmung zu spüren, als ob etwas Unausgesprochenes, Unklares in der Luft liege. Die Fuhrleute glauben, wie auch die Bauern, unerschütterlich an den russischen Sieg.

Nun also, lebe wohl, liebster Freund, ich küsse Dich und Sascha und grüße alle.

S. Tolstaja.

[Lew Nikolajewitsch Tolstoj an Sofja Andrejewna Tolstaja]

[14. August 1904]

[Pirogowo]

Ich werde noch zwei oder drei Tage hierbleiben, liebe Sonja. Ich weiß selbst nicht, wie lange. Ich möchte noch nicht abreisen, denn es scheint mir, ich könnte Sergej im Wichtigsten, in seiner seelischen Not, hilfreich sein, doch zugleich ist das Beisammensein mit ihm und die Erkenntnis, ihm nicht helfen zu können, sehr schwer[38]. Die Pferde schicke ich zurück, denn Mascha[39] hat versprochen, mich zurückbringen zu lassen. [...]

Sein Zustand ist schrecklich, da er ihn nicht erkennt oder nicht erkennen will, immerfort ungehalten und launisch ist und nichts als leidet. Er ist sehr schwach, wankt beim Gehen, zieht sich aber doch an und geht herum.

Richte doch bitte Julia Iwanowna aus, Tschertkow habe geschrieben, daß er alle Artikel, die sie ihm geschickt hat, erhalten habe, das Vorwort zum Aufsatz über die Revolution[40] allerdings nicht dabei war. Offensichtlich wurde es beschlagnahmt. Ich bitte sie, es noch einmal per Einschreiben abzusenden.

Lebe wohl, ich küsse Dich.

Ich hatte starkes Sodbrennen, nun ist es wieder besser, das Wetter ist herrlich.

L.T.

Ich habe mein Tagebuch auf dem Schreibtisch vergessen, nehme es an Dich.

Ich bin immer noch mit dem Kalender[41] beschäftigt. Es ist eine leichte und angenehme Arbeit.

[Sofja Andrejewna Tolstaja an Lew Nikolajewitsch Tolstoj]

17. August 1904, des Nachts.

[Jasnaja Poljana]

Es scheint, Du wartest auf Briefe von mir, lieber Ljowotschka, und ich, so scheint es, erwarte Dich zurück, denn Du schriebst, Du kämest am 14. oder 15. [...], doch Du kommst wohl nicht, was vielleicht auch besser ist, denn in Deinem Zimmer mußte der Ofen abgetragen werden, und die Arbeiten sind wohl nicht bald beendet. [...] Wir haben immerfort Gäste, gestern waren die Goldenweisers hier, wir saßen beim Sonnenuntergang auf dem Balkon und sprachen über Unsterblichkeit und ewiges Leben, danach spielte er eine Beethoven-Sonate für uns. Und heute abend kam plötzlich Ilja mit zwei Bekannten. Sie waren laut und fröhlich, und ich wurde immer trauriger. Balalaika, Gitarre, Gesang und Späße – dafür bin ich wohl nun schon zu alt.

Ich gehe täglich allein zur Woronka und schwimme im eiskalten Wasser, auf dem Weg sammle ich Pilze, derer es nur noch wenige gibt. – Gestern habe ich eine Leinwand gespannt und beginne morgen mit der Kopie des Kramskoj-Portraits.

Von Andrjuscha kam ein allzu heiterer Brief aus Ufa[42]. Er ist sehr bemüht, weder nach vorn noch zurück zu blicken. Mir gegenüber ist der Brief von Zärtlichkeit erfüllt. Von Dora kam ein düsterer Brief, in Schweden ist es kalt und regnerisch [...]. Lina und ihre Kinder sind mir immer noch angenehm und lieb, Mischa ist auf sein Gut gereist. Olga ist zurückhaltend und hat die ganzen Tage sehr fleißig an Deinem Kalender gearbeitet.

Sergej Nikolajewitsch dauert mich sehr, und Du dauerst mich, da Du sein körperliches und seelisches Leiden mitansehen mußt. Es ist sehr richtig, was Du sagst, nämlich daß es schwer ist, die Machtlosigkeit zu spüren und die Unmöglichkeit, sein Leiden etwas erträglicher zu machen. Ich küsse Dich und grüße Mascha und Kolja. Und wenn ich mir auch Sorgen mache, wie Du Dich hier ohne Dein Schlafzimmer einrichten wirst, werde ich doch glücklich sein, wenn Du zurückkehrst.

Achte auf Deine Gesundheit.

Deine Sonja Tolstaja.

1905

[Sofja Andrejewna Tolstaja an Lew Nikolajewitsch Tolstoj]

15. Januar 1905

[Moskau]

In Moskau ist alles ruhig, lieber Ljowotschka. Ein paar Fabriken wurden bestreikt, doch auch dort wird wieder gearbeitet[43]. Bachruschin[44] und Morosow haben den Arbeitern gesagt, für die versäumten Tage werde ihnen der Lohn nicht abgezogen, sie bekamen ein schlechtes Gewissen und gingen wieder an die Arbeit[45]. [...] Serjosha scheint guter Stimmung zu sein, er ging zum Essen bei Maklakow, ich gehe heute abend ins Konzert.

Ich war in der Bank, habe Dunajew dort getroffen, er fährt heute zur Erholung aufs Land, die Ereignisse in Petersburg belasten ihn sehr und bereiten ihm Sorge. Ich fühle mich recht gut, obgleich etwas verzagt. Niemand kann in den heutigen Zeiten mehr ruhig und heiter sein.

Bleibe gesund, ich küsse Dich, Sascha, Julia Iwanowna und Vera, grüße Duschan Petrowitsch[46].

Deine Sonja.

[Lew Nikolajewitsch Tolstoj an Sofja Andrejewna Tolstaja]

[16. Januar 1905]

[Jasnaja Poljana]

Bei uns ist alles bestens, liebe Sonja. [...] Ich bin wohlauf, doch ich fühle mich sehr alt, was mich jedoch, obgleich Awd[otja] Wass[iljewna[47]] gegenteiliger Meinung ist, nicht betrübt. Gestern erhielt ich einen Brief Deines Verehrers Bourdon[48], er kommt wieder nach Rußland. Es herrscht starkes Schneetreiben, trotzdem habe ich meine beiden täglichen Spaziergänge unweit des Hauses unternommen. Erfreust Du Dich an der Musik? Folgendes dachte ich vor ein paar Tagen über die Musik: Musik ist Stenographie der Gefühle. Beim Sprechen erheben und senken wir die Stimme und drücken durch Lautstärke, Schnelligkeit oder Langsamkeit jene Gefühle aus, die das, was wir erzählen, begleiten, die in den Worten formulierten Gedanken, Bilder, Ereignisse. Die Musik indes gibt diese einander abwechselnden Gefühle ohne Worte, Bilder und Schilderung von Ereignissen wider. – Dies wird mir deutlich aus jenem, was ich empfinde, wenn ich Musik höre. Schreibe doch, lebe wohl. Ich küsse Dich und unsere Söhne.

L. T.

[Sofja Andrejewna Tolstaja an Lew Nikolajewitsch Tolstoj]

19. Januar 1905
[Moskau]

Über Deinen Brief habe ich mich sehr gefreut, lieber Ljowotschka. [...] Serjosha und mir gefiel Deine Deutung der Musik als Stenographie der Gefühle. Leider wird es die ganze Woche über keine Musik für mich geben, nur die Oper mit Schaljapin am Freitag will ich besuchen.

Pawel Iwanowitsch [Birjukow] und ich sind täglich im Museum, er von 11 bis 3, ich ab 12, da ich an den Vormittagen von allen Seiten bedrängt werde und Geschäfte erledigen muß. Mittlerweile aber ist fast alles getan. Im Museum herrscht große Unordnung, drei der Kisten sind derart trocken, daß bei einer gar der Boden herausgefallen ist. Deshalb mußten die Manuskripte in einen Schrank gelegt und die Kisten zur Reparatur gegeben werden. Ich werde einen Schrank bestellen, in dem die Kisten aufbewahrt werden können.

In Moskau finden allerorten Zusammenkünfte, Aufläufe und Diskussionen statt. Morgen beginnen die Wahlen der Adelsversammlung. [...]

Am Abend hatte ich viel Besuch, und wieder sprachen wir über die Lage in Rußland. Bis 2 Uhr in der Nacht saßen wir zusammen, jetzt ist es bereits drei.

Morgen früh will ich die Tretjakow-Galerie besuchen, danach gehe ich wieder ins Museum. Ich esse zu Hause, für den Abend erwarte ich einen Violinisten, der mit mir musizieren wird. [...]

Du beklagst das Alter, auch ich fühle in den letzten Tagen, daß ich alt werde. Und im Gegensatz zu Dir stimme ich mit Dunjascha überein (was alt ist, kann nicht gut sein). – Wie geht es Euch allen? Hat das Schneetreiben auch niemandem ein Unglück zugefügt? Ich hoffe, Du gibst auf Dich acht. Ich küsse Dich, übermittle allen meinen Gruß.

Deine Sonja T.

1906

[Sofja Andrejewna Tolstaja an Lew Nikolajewitsch Tolstoj]

14. Mai 1906
Moskau

Vom Friedhof zurück, wo ich die Gräber meiner Kinder besucht habe, sitze ich nun allein hier im Haus, und plötzlich wurde mir traurig zumute, bin um Euch alle besorgt, denn ich habe noch keine Nachricht von Euch erhalten. [...]

Vom Friedhof fuhr ich zum Bezirksvorsteher, um ihn zu bitten, ein wenig für Ordnung unter der Bevölkerung dort zu sorgen, denn Wanetschkas Grabstein wurde schon wieder mit Steinen beworfen. Er erwies sich als sehr liebenswürdiger, kluger, älterer Herr (unter den Bezirksvorstehern gibt es tatsächlich doch auch gute Menschen), und er erzählte mir, daß für den heutigen Tag große Ausschreitungen erwartet werden. Die Truppen wurden aus ihren Kasernen beordert und alle Schutzmänner und Hauswarte mit Waffen ausgerüstet; Gendarmen patrouillieren zu viert. [...] Das alles ist sehr beunruhigend, eine Revolution liegt in der Luft. Niemand setzt irgendwelche Hoffnungen auf die Duma[49]. [...] Auch der Kutscher, der mich fuhr, glaubt nicht an sie, er sagte: »Man wird sie auseinanderjagen und nicht erlauben, daß das Land den Bauern übergeben wird.« Jeder hat seine eigenen Ansichten, doch alle sind überzeugt, daß die Duma aufgelöst wird.

Gestern aßen wir im »Metropol«, Konstantin Alexandrowitsch Ratschinski, der große und der kleine Serjosha[50], Miss Gensh und ich. Dann begleitete mich mein Enkel bis nach Hause, besichtigte unser Heim und sagte immerzu: »Ach, wie gemütlich, wie schön! Ich würde so gern mit Papá auf Jasnaja Poljana und hier leben.«

[...]

Gestern habe ich auch die Abrechnungen des Bücherverkaufs begonnen, heute bin ich damit fertig geworden. In der Nacht von Freitag auf Samstag wachte ich um 3 Uhr auf, denn ich hatte starke Leibschmerzen mit Durchfall. Ich ging entschieden dagegen vor, und es geht mir wieder besser. Nun habe ich schreckliche Zahnschmerzen. Der Zahnarzt wird mich vor Montag (morgen) nicht behandeln, ich habe noch so viel zu erledigen, morgen entscheidet sich, wie lange ich noch hier bleiben muß. Bis auf die Zahnbehandlung und den Hausputz, den ich aufgrund des Regens noch nicht machen konnte – habe ich alles erledigt. [...]

Soweit ist dies alles. Ich hoffe, morgen von Euch eine Nachricht zu erhalten. Es machte mich so traurig, daß ich Euch alle, vor allem die neuen Enkelkinder, verlassen mußte und sie nicht mit meinen Diensten und meiner Liebe umsorgen kann. Wenn ich nun die Sache mit den Zähnen in Ordnung bringe, so werde ich mich bis August nicht mehr von Jasnaja wegbewegen müssen, welches Glück!

Ich küsse Euch alle, ohne jeden gesondert aufzuzählen, denn ich wende mich von ganzem Herzen an Euch alle.

Eure Gattin, Mamá, Schwiegermamá, Großmutter usw.

S. Tolstaja.

(Wie in den Dokumenten des Zaren: Herrscher von ganz Rußland, König von Polen, finnischer Großfürst usw. usf. So klingt es auch bei mir).

[Lew Nikolajewitsch Tolstoj an Sofja Andrejewna Tolstaja]

[16. Mai 1906]

[Jasnaja Poljana]

Tanja und Ju[lia] I[wanowna] berichten Dir vermutlich alles, was sich hier ereignet. Alles ist bestens. [...] Heute erhielt ich Deinen Brief, über alles allgemeine, die Duma, und Dich selbst – über Deine Zähne und Deine Krankheit. Letzteres interessiert mich viel mehr als ersteres. Bei uns ist alles bestens, wir leben in völliger Harmonie, die Enkelkinder sind sehr lieb. Ich ernähre mich von Sauermilch, bis jetzt geht es mir gut. Aber ich arbeite nicht, lese nur. Heute war ein alter Greis hier, vom Typ des Bauern, der langsam verschwindet. Dies war ein schönes Ereignis für mich. Lebe wohl, schreibe mir oft und ausführlich. Deine Briefe sind mir stets von Interesse. Vor allem nun. Was wird der Dentist befinden?

1907

[Lew Nikolajewitsch Tolstoj an Sofja Andrejewna Tolstaja]

[4. April 1907]

[Jasnaja Poljana]

Ich schreibe Dir gern, liebe Sonja, denn Du sagst, daß Du Dich über meine Briefe freust. Bei uns ist alles bestens. Ich habe meine Unpäßlichkeit gänzlich überwunden. Heute wanderte ich zur Försterei, um mit Andrjuscha[51] am Telefon zu sprechen, doch er war nicht zu Hause. Ich wollte mich hinsichtlich einer Bittstellerin erkundigen, deren Mann von den Gendarmen erschossen wurde, als in Shitow die Warenladungen aus den umgestürzten Waggons geplündert wurden, ob sie also auf Entschädigung hoffen darf. Heute aßen wir bei Tanja. Von Sascha kam ein fröhlicher Brief. Ich habe wieder Bauernkinder unterrichtet und hoffe immer noch, daß dies irgendwelchen Nutzen hat[52]. Zumindest ruft der Umgang mit ihnen in mir die besten Gedanken und Gefühle hervor. Wir warten auf Nachrichten von Dir. Bis jetzt haben wir nichts gehört. [...] Lebe wohl. Ich küsse Dich, S[erjosha] und M[ascha[53]].

[Lew Nikolajewitsch Tolstoj an Sofja Andrejewna Tolstaja]
[16. Juli 1907]
[Jasnaja Poljana]
Ich schreibe Dir, liebe Sonja, nach dem Essen und hoffe, daß Du diesen Brief erhalten wirst, denn ich gebe ihn A[nna] N[iko-ljewna] Scharapowa nach Koslowka mit, der *belle soeur*[54] von Birjukow, die mich hier ziemlich belästigt hat. Sie beschäftigt sich mit Esperanto und spricht ohne Unterlaß. Es ist zu hoffen, daß sie abreist. Überhaupt war der heutige Tag sehr anstrengend aufgrund der vielen Besucher. Außer den Bittstellern kamen 6, mit denen man sich unterhalten mußte. Und dies, wo ich unglücklicherweise oder, wie ich hoffe, glücklicherweise noch sehr viel an meinem Artikel über das Gebot »Du sollst nicht töten«[55] weitergeschrieben habe. Heute morgen erhielt ich einen langen Brief von Tanetschka[56] mit einem Barometer, Photographien und ganz erfüllt von ihrem lieben Wesen. Hier sind alle wohlauf. Sascha sieht jeweils den Zustand meines Magens voraus und gibt ideale Mahlzeiten in Auftrag. Gestern abend war Goldenweiser hier, und wir spielten Karten. [...] Tschertkow[57] habe ich gestern nicht gesehen, doch heute aß er

bei uns und ist auch jetzt noch hier. Ich küsse Dich, Tanja, Tanetschka, ihren Vater und grüße freundschaftlich die Njanja und *last but not least*[58] Natascha[59].

[Lew Nikolajewitsch Tolstoj an Sofja Andrejewna Tolstaja]
[10. November 1907]
[Jasnaja Poljana]
Ich grüße Dich, liebe Sonja,
wie geht es Dir, bei uns ist alles beim besten, trotz der Wächter[60]. Es ist an der Zeit, sie aus ihren Diensten zu entlassen – diese beiden überflüssigen Männer, die hier gar nichts zu tun haben. Ich und wir alle haben einen viel besseren Wächter, der uns bewacht, obgleich wir ihn nicht sehen und nicht hören können. Ich bin sehr, sehr beschäftigt, erfüllt von Gedanken, die mir überaus wichtig scheinen, doch ich habe keine Energie und Kraft, sie auf die gebührende Weise auszudrücken. Derart ist es also eingerichtet, daß einem im Alter alles klar wird, man aber keine Kraft mehr hat, es auszudrücken. Damit auch den Jungen etwas zu tun bleibt. Von Gussew[61] habe ich nichts Neues gehört. Sascha, Duschan, Ju[lia] I[wanowna] sind sehr liebe Helfer und Wohngenossen und sehr gute Menschen. Und auch Du wirst Dich mit Serjosha und Mascha wohlfühlen (ich mag ihren lächerlichen Kosenamen nicht). Küsse sie beide von mir. [...] Bleibe gesund, ich küsse Dich.
L.T.
10 Uhr am Abend.

[Sofja Andrejewna Tolstaja an Lew Nikolajewitsch Tolstoj]
12. Dezember 1907
[Moskau]
Lieber Ljowotschka, die Kälte erwies sich als nicht so schlimm wie befürchtet. Der Weg zur Bahnstation war sogar schön: Der

Mond schien, es war hell, eine wunderschöne Fahrt. [...] Als ich in Sasseka meinen Platz im Zug einnahm, stellte sich heraus, daß der Mitreisende im Coupé ebenjener Offizier der Gendarmerie war, in dessen Händen die Strafsache gegen Gussew liegt. [...] Ich habe inständig gebeten, er möge Gussew so bald als möglich entlassen, und er sagte mir heuchlerisch lächelnd: »In ein paar Tagen wird er frei sein.«

[...] In Moskau habe ich mich sogleich ins Museum begeben und saß dort bis 3 Uhr an meiner Lieblingsarbeit[62]. Dann war ich in der Bank, habe die Zinsen nach Tula anweisen lassen, habe Dunajew gesehen, er will am 6. Januar nach Jasnaja kommen.

Serjosha und Mascha geht es gut, sie sind mit ihren eigenen Dingen beschäftigt und leben harmonisch zusammen. Das Bein schmerzt immer noch.

Zum Schluß, *I hope*[63], daß bei Euch alles in Ordnung ist und daß Du vernünftig bist und auf Dich acht gibst. Ich küsse Sascha und Julitschka, grüße Duschan Petrowitsch und bleibe bis zum Grabe Deine Dich liebende und Dir treu ergebene Ehefrau,

die alte Sonja.

1908

[Lew Nikolajewitsch Tolstoj an Sofja Andrejewna Tolstaja]

[15. Januar 1908]

[Jasnaja Poljana]

Die Nachrichten, Dein Befinden betreffend, sind sehr schlecht, liebste Freundin Sonja. Auch wenn dies kein Fieber ist, sondern etwas Innerliches, so hoffe ich doch, daß Dein starker Organismus diese Krankheit niederringen wird. Sascha hat Dir vermutlich geschrieben, daß wir das Haus voller Gäste haben und alles in bester Ordnung ist. Ich fühle mich sehr gut.

Heute war Andrjuscha hier. Er hinterließ, leider, keinen guten Eindruck bei mir. Sascha kommt den Pflichten der Hausfrau sehr umsichtig nach. Tschertkow ist mir, wie immer, sehr angenehm. [...]
Ich küsse Dich. Auf Wiedersehen.
L.T.

[Sofja Andrejewna Tolstaja an Lew Nikolajewitsch Tolstoj]
[17.-18. Januar 1908]
[Moskau]
Sei bedankt, lieber Ljowotschka, für das Briefchen. Ich bin glücklich, daß Du wohlauf bist und es Dir mit Tschertkow wohl ergeht. Ich würde ihn sehr gern noch antreffen. [...]
Gestern ging es mir sehr schlecht. Meine Zahnärztin hat einen neuen Techniker, einen Deutschen. Er sollte einen Gipsabdruck des unteren Kiefers abnehmen und ließ den Gips derart hart werden, daß er die Form nicht mehr abnehmen konnte; sie versuchten es zu zweit – nichts. Dann riß dieser Kurpfuscher noch einmal mit solcher Gewalt, daß er mir unter schrecklichen Schmerzen jenen Zahn mit völlig gesunder Wurzel ausriß, an dem die falschen fixiert waren. Ich schrie vor Schmerzen und war sogar für eine Weile ohnmächtig. Die Behandlung beim Zahnarzt kommt also langsam voran, ich bin schon ganz verzweifelt, denn es ist kein Ende abzusehen, und das Resultat wird wohl derart schlecht sein, daß ich mich an einen weiteren Dentisten werde wenden müssen.
Auch mein Allgemeinbefinden ist schlecht: Ich war die letzten zwei Tage nur im Haus (außer am Morgen bei der Zahnärztin), und doch geht es mir immer noch nicht besser. Heute hatte ich am Tag plötzlich wieder Temperatur, 37,9°. Gegen Abend wurde es weniger. Ussow war zweimal hier, verordnete Chinin in hoher Dosis und sagte, ich müsse mich unbedingt Snegirjow[64] vorstellen. Aber Snegirjow ist auf dem Land und kommt

frühestens am Samstag zurück. Ich weiß gar nicht, was ich tun soll. Ich habe Sehnsucht nach Euch, will nach Hause, aber es wäre ja dumm, das Begonnene, d.h. die Zahnbehandlung, nicht zu Ende zu führen.

[...]

Nun also, Ljowotschka, ich schreibe nur über mich selbst, ich schäme mich nachgerade dafür. Ich war heute doch kurz in den Ausstellungen[65] und am Abend im Konzert. Das macht es ja nicht schlimmer.

Ich küsse Dich und Sascha, bedanke mich bei allen, auch bei Julia Iwanowna, für die regelmäßigen Nachrichten aus Jasnaja.

Deine Sonja Tolstaja.

[Sofja Andrejewna Tolstaja an Lew Nikolajewitsch Tolstoj]

12. Februar 1908, am Nachmittag.

[Moskau]

Lieber Ljowotschka, wie ergeht es Euch, was macht Saschas Gesundheit? Ich habe bisher keine Nachrichten von zu Hause und bin aus alter Gewohnheit dessentwegen beunruhigt.

[...]

In den letzten zwei Tagen hat man mich wieder mit Gipsabdrücken der Zähne gequält, meine Nerven sind völlig zerrüttet. Darauf folgt dann die Erneuerung und das Anpassen der Unterleibsbandage, und all dies nur, um seinen widerwärtigen Körper aufzutragen!

Serjosha und Mascha sind hier angekommen, aber Serjosha ist in finanziellen Angelegenheiten gleich weiter nach Tula gereist, und Mascha und ich werden heute abend etwas für unsere Nerven tun und uns das Konzert des Pianisten Godowsky[66] anhören, der vortrefflich spielen soll. Gestern abend war ich bei den Maslows, um dem erkrankten Fjodor Iwanowitsch aus meinen Erinnerungen vorzulesen, auch Tanejew erschien dort und musizierte anderthalb Stunden. Er gab ein richtiges Konzert für uns, es war sehr schön. [...]

Morgen werde ich von 11 bis 3 Uhr im Museum sein. Ich habe Dir 1600 Rubel Honorar für »Früchte der Aufklärung« nach Tula angewiesen, dort müssen weitere 1500 für Dich bereitliegen, ich weiß nicht mehr, wieviel genau.

Es ist sehr anstrengend, Erledigungen und Besorgungen zu machen, denn im Pelz ist es unerträglich warm, die Luft aber sehr kalt, und es geht ein furchtbarer Wind. Ich gebe sehr auf mich acht und bitte Euch inständig, auch auf Euch acht zu geben. Hier sind sehr viele an Influenza erkrankt. [...] Lebe wohl, Ljowotschka.

Sonja Tolstaja.

[Lew Nikolajewitsch Tolstoj an Sofja Andrejewna Tolstaja]

[25. März 1908]

[Jasnaja Poljana]

Heute, am 25, kam gegen 3 Dawydow hier an, war wie immer sehr liebenswürdig, und ich gebe ihm diese Zeilen mit. Ich bin vollkommen gesund. Serjosha war sehr angenehm, insgesamt und auch, indem er sich auch Dawydows annahm. Er scheint, wie auch ich, der Feier ablehnend gegenüber zu stehen[67]. Ich küsse Dich und fühle, daß mir etwas fehlt, wenn Du nicht hier bist. Dies schreibe ich, damit Du weißt, was ich empfinde, doch ich bitte Dich, Deine Abreise aus Moskau dessentwegen nicht zu beschleunigen und Deine Aufgaben, die Du Dir zu erledigen vorgenommen hast, nicht bleibenzulassen.

L.T.

1909

[Lew Nikolajewitsch Tolstoj an Sofja Andrejewna Tolstaja]

[13. Mai 1909]

[Jasnaja Poljana]

[Entwurfs eines nicht abgesandten Briefes]

Diesen Brief wird man Dir übergeben, wenn ich nicht mehr bin. Ich schreibe Dir sozusagen aus dem Grab heraus, um Dir das zu sagen, was ich Dir, um Deines eigenen Wohle willen, so viele Male und so viele Jahre sagen wollte und nicht sagen konnte, so lange ich lebte. Ich weiß, daß ich, wäre ich ein besserer Mensch gewesen, Dir dies alles noch zu Lebzeiten hätte auf eine solche Art sagen können, daß Du mich angehört hättest, doch ich vermochte es nicht. Verzeih mir dies und verzeih mir all jenes, worin ich mich in der ganzen Zeit unseres Zusammenlebens, vor allem in der ersten Zeit, vor Dir schuldig gemacht habe. Dir habe ich nichts zu verzeihen, Du warst, wie Deine Mutter Dich auf die Welt brachte, eine treue und gute Ehefrau und Mutter. Doch eben weil Du diese geblieben bist und Dich nicht ändern wolltest, nicht an Dir arbeiten wolltest, Dich nicht weiter in Richtung des Guten, der Wahrheit bewegen wolltest, sondern im Gegenteil mit Sturheit an allem Schlechten, dem Gegenteil von all jenem, das mir teuer ist, festhieltest, hast Du vielen Übles angetan und bist selbst immer tiefer gesunken. Dies ist der Grund für die bedauernswerte Lage, in der Du nun bist.[68]

[Sofja Andrejewna Tolstaja an Lew Nikolajewitsch Tolstoj]

20. Juni 1909

[Jasnaja Poljana]

Sei bedankt für Deinen Brief, lieber Ljowotschka, ich bin glücklich, daß es Dir bessergeht. Das Wetter ist etwas erträglicher geworden, und dies wirkt sich immer gut auf das Befinden aus. Du bittest, oft zu schreiben – allein, worüber? Unser Leben verläuft so ruhig und eintönig, daß es gar nichts zu berichten gibt. In Kotschety ist es sehr viel heiterer, und es sind viel mehr Menschen dort, überhaupt ist das Leben dort mehr in Bewegung.

In den letzten Tagen habe ich mich ausgiebig mit der Wirtschaft beschäftigt: Ich habe die Bücher und Abrechnungen des Verwalters geprüft, habe die Wege und Brücken reparieren lassen, das Wasser noch auf anderem Wege aus dem Seitenflügel pumpen und im Umkreis des Guts Bäume fällen lassen, und damit Sascha und Ljowa angesteckt, woraufhin der Fliederstrauch verschwand, der vor Saschas Fenster wuchs. Sie ist glücklich, daß nun mehr Licht ins Zimmer fällt und die Feuchtigkeit, über die sie klagte, verschwinden wird. Heute jedoch ist mir das alles schon wieder über, und ich werde nach Teljatinki[69] fahren, denn ich habe von dort gar nichts mehr gehört. Danach mache ich mich wieder an »Mein Leben«. Ich verbringe viel Zeit mit Ljowa, an den Abenden sitzen wir lange beisammen und unterhalten uns. Aus irgendeinem Grunde dauert er mich sehr; in Erwartung Deiner Rückkehr modelliert er Sascha, doch irgendwie gefällt mir das Resultat nicht. Gestern sprach er darüber abzureisen; da das Schiff aus Riga nur an Samstagen fährt, müßte er am Donnerstag hier losfahren. [...] Er wird vermutlich für die nächsten zwei Jahre nicht nach Rußland zurückkehren, und deshalb fällt ihm die Trennung von uns schwer. Ich versuche, ihn aufzuheitern und bin sehr liebevoll gegen ihn, doch er scheint überaus traurig. Ich erinnere mich daran, wie ich vor meiner Operation dem Tode nahe war[70], mir alles im Leben so nichtig und sinnlos erschien, ein Vorsatz aber unzweifelhaft und klar war – nämlich, die anderen in ihrem Leben zu unterstützen, ihnen die Bürden des Lebens erträglicher zu machen; nicht in Worten, sondern in Taten, in persönlicher Anteilnahme. Allein, dies gelingt uns so selten, aber ich will es versuchen.

Lebe wohl, vergiß uns nicht.

Deine Sonja.

Die beiden Tanetschkas küsse von mir, sie schenkten mir so viel Liebe und Zärtlichkeit.

Allen anderen mein Gruß.

[Lew Nikolajewitsch Tolstoj an Sofja Andrejewna Tolstaja]

[21. Juni 1909]

[Kotschety]

Heute erhielt ich Deinen Brief, liebe Sonja, und antworte Dir sogleich. Es ergeht mir hier sehr gut. Mein Befinden ist nicht schlecht, die Kopfschmerzen sind verflogen. Die Arbeit geht voran. Den Aufsatz habe ich beendet, doch an etwas Neues, Künstlerisches habe ich mich noch nicht gewagt. Die Korrespondenz und das Tagebuch rauben sehr viel Zeit. Aber was soll ich über mich schreiben. Ich kann mich nicht enthalten, Dir zu raten, der Wirtschaft so wenig Bedeutung als möglich zuzumessen. Dies ist eine Angelegenheit, die tatsächlich nur schlechte und keineswegs gute Gefühle hervorruft. Den Menschen aber gute Gefühle entgegenzubringen ist weitaus wichtiger als jegliche Wirtschaft. Gestern bin ich viel geritten, heute war ich mit den drei Tanetschkas Pilze suchen. Sie haben riesige Steinpilze gefunden, und ich habe mich sehr angeregt und ernsthaft mit den Bauern des Dorfes, die Heu mähten, unterhalten. Ich bin froh, daß Ljowa noch nicht abreist und bemühe mich, früher zurückzukommen. Möchte Sascha nicht vielleicht auch hierherkommen? Wie stets denke ich voller Zärtlichkeit an sie und küsse sie. W[arwara] M[ichailowna[71]] grüße ich. Ich küsse Dich und denke voller Liebe an Dich.

L. T.

[Lew Nikolajewitsch Tolstoj an Sofja Andrejewna Tolstaja]

[23. Juni 1909]

[Kotschety]

Heute erhielten wir Deinen Brief an Tanja, liebe Sonja. Mir geht es hier sehr gut, doch zugleich möchte ich nach Hause, Deinet-, Ljowas, Saschas und auch meinetwegen. Ich mag es nicht, mich im voraus festzulegen, doch ich glaube, daß ich bald zurückkommen werde. Heute erhielt ich einen Brief von Tschertkow, darin die Kopie des Briefes an Dich[72]. Er schlägt vor, die Erzählung »Der Teufel« dem Literaturfond[73] zu übergeben, der darum gebeten habe. Ich habe noch nichts entschieden. Die Erzählung gefällt mir nicht. Ich muß sie noch einmal lesen. Hier ist es mittlerweile ziemlich ruhig, viel ruhiger als in Jasnaja, hinsichtlich der Besucher. [...] Ich fühle mich gut. Ich arbeite ein wenig und habe noch so viel vor, daß es ganz klar ist, daß es sich dabei um unerfüllbare Träume des Alters handelt. Ich möchte meine mir noch bleibenden Monate, Tage, Stunden nicht umsonst leben, da mir nun so vieles, was mir früher unbekannt und verborgen blieb, klar geworden ist. [...] Ich wiederhole meinen Rat an Dich, der Wirtschaft nicht allzuviel Bedeutung zuzumessen, sondern jenem, wie Du ja selbst richtig schreibst, ein guter Mensch zu sein. Einzig dies ist es, was wichtig ist. Der Beweis dafür, daß dies das Wichtigste ist, ist, daß dies immer möglich ist.

Ich küsse Dich, Sascha, Ljowa, grüße W[arwara] M[ichailowna].

L.T.

[Sofja Andrejewna Tolstaja an Lew Nikolajewitsch Tolstoj]

24. Juni 1909

[Jasnaja Poljana]

Gestern erhielt ich Deinen Brief, lieber Ljowotschka, mit der Belehrung: der Wirtschaft so wenig Bedeutung als möglich zuzumessen sowie den Menschen gute Ge-

fühle entgegenzubringen, da dies weitaus wichtiger sei als jegliche Wirtschaft. Darauf könnte man vieles antworten. Gute Gefühle in Worten, nicht aber in Taten haben keinerlei Wert. Ich kümmere mich um die Wirtschaft, dies tue ich, da ich niemanden übervorteilen und den Betrieb, wo es mir möglich ist, gerecht und anständig führen möchte. Gestern zum Beispiel erschienen Bauern aus Grumont[74] bei mir. Ich hatte dem Dorfvorsteher einen Brief geschrieben, daß die von mir zur Pacht zur Verfügung gestellten 37 Desjatinen zu gleichen Teilen aufgeteilt werden sollen. Der Dorfvorsteher und der dreisteste der Bauern, Grigori Matrosow, haben sie jedoch nach eigenem Gutdünken aufgeteilt, und zwar derart, daß ihnen mehr zufiel als jenen, die es nötiger hätten. Und sie wollten meiner Anweisung auf keinen Fall nachkommen. Da sagte ich ihnen, daß ich das Land in diesem Fall nicht abzugeben gedenke, und sie waren gezwungen, mir entgegenzukommen – sie verteilten das Land so, wie ich es wollte, und die, welche daraufhin mehr bekommen hatten, kamen, um mir zu danken. Dies ist ein Beispiel. Und es gibt ihrer viele. [...]
Beim Essen kam eine Bäuerin an die Terrasse und bat, ihrem Kind, das nicht einmal zwei Jahre alt ist, zu helfen: Es ist aus dem Fenster gefallen, hatte eine furchtbare Wunde am Kopf, bis auf den Knochen, es war ein furchtbarer Anblick. Sascha fuhr mit ihr zur Feldscherin bei den Tschertkows, doch sie konnte nichts tun, morgen bringt man sie nach Tula. Daß es hier keinen Arzt gibt, ist allerorten zu spüren; die Leute haben sich daran gewöhnt, daß wir ihnen helfen und kommen deshalb zu uns. Nach dem Essen kam dann ein Brief von Dima[75], der schrieb, Tschertkow sei bei Stolypin[76] gewesen und dieser habe ihm unwiderruflich die Rückkehr nach Teljatinki untersagt[77]. Tschertkow habe darum gebeten, seine kranke Frau besuchen zu dürfen, woraufhin Stolypin ihm antwortete, dies zu entscheiden sei Sache der Polizei. Was ist das nur für eine empörende Willkür!

Dies alles hat Ljowa und mich sehr verstimmt. Er sagte, es sei an der Zeit, nach Schweden abzureisen. Und auch Du bist nicht hier, genießt das Leben woanders; ich aber habe schon lange vergessen, was es heißt, glücklich zu sein. Immerfort bedrückt irgend etwas mein Herz und lastet schwer auf meinen Schultern. Nun also lebe wohl, bleibe gesund und heiter. S. Tolstaja.

[Sofja Andrejewna Tolstaja an Lew Nikolajewitsch Tolstoj]

25. Juni 1909
[Jasnaja Poljana]
Ich habe Dir bereits geschrieben, lieber Ljowotschka, daß Tschertkow nicht nur endgültig die Rückkehr nach Teljatiniki untersagt wurde, sondern auch der Besuch bei seiner Frau. Galja[78] hat daraufhin beschlossen, umgehend auf das Gut der Paschkows bei Moskau überzusiedeln, wohin Olga nunmehr fahren wird, um zu erkunden, ob das Leben dort einigermaßen eingerichtet werden kann. [...] Alle, mich eingeschlossen, sind ob dieser Umstände furchtbar bekümmert. Noch dazu hat Ljowa heute die Büste von Dir, an der er einen Monat lang voller Anstrengung gearbeitet hat, zertrümmert, alle seine Sachen gepackt und wird noch heute nacht nach Schweden abreisen. Es ist mir schwer, von ihm Abschied nehmen zu müssen. [...] Ich war froh, daß er hier war. Nunmehr bleiben wir drei Frauen einsam zurück. [...] Gäste haben wir keine, ich bin mit meinen Aufzeichnungen[79], der Wirtschaft und anderen Dingen beschäftigt, und doch ist mir in der Seele schwer und einsam zumute.
Mein ganzes Leben habe ich für Dich und mit Dir gelebt, und da ist es nur allzu verständlich, daß ich mich einsam fühle, wenn ich allein bleiben muß. Wann nur kehrst Du zurück? Darüber scheinst Du bewußt zu schweigen. [...]
Wäre ich ein guter Mensch, so freute ich mich, daß Du wohlauf

bist und heiterer Stimmung. Und ich bemühe mich auch, darüber glücklich zu sein, doch ungeachtet all meiner vernunftgeleiteten Überlegungen sehnt sich mein Herz doch nach Dir. Und auch die Umstände sind so unglücklich. Ich küsse Dich und die Tanetschkas.

Deine S. Tolstaja.

[Lew Nikolajewitsch Tolstoj an Sofja Andrejewna Tolstaja]

[28. Juni 1909]

[Kotschety]

[Zusatz zu einem Brief Tatjana Tolstajas]

Wollte Dir einen eigenen Brief schreiben, liebste Sonja, doch Tanja bot an, unter ihren etwas hinzuzufügen. Ich bin wohlauf, und wenn ich auch ein schlechtes Gewissen verspüre, glücklich und zufrieden zu sein, kann ich mich doch nicht enthalten, es zu sein. Heute ging ich im prächtigen Park spazieren [...] und dankte ohne Unterlaß Gott für alles, was er mir gab – nicht das Materielle, sondern das Geistige, welches allein wirkliches Glück zu schenken vermag. Von ganzem Herzen nehme ich Anteil an Deinen Sorgen und Deiner Traurigkeit und wäre froh, wenn ich Dir helfen könnte, doch ich weiß nicht, wie. Meine Pläne sind unbestimmt, denn ich weiß nicht, wo ich Tschertkow treffen werde, was ich mir sehr wünsche, ebenso er, der Arme. Wir nahmen an, daß er an einen Ort hier in der Nähe kommen wird, doch ich weiß noch nicht, wie er entschieden hat und warte auf seine Nachricht. Sollte er nicht hierher kommen können, was ich vermutlich mit der heutigen Post erfahren werde – jetzt ist es 11 Uhr am Morgen –, dann komme ich in ein, zwei Tagen. Ich werde selbstverständlich telegraphieren. Auf Wiedersehen, ich küsse Dich.

L.T.

[Lew Nikolajewitsch Tolstoj an Sofja Andrejewna Tolstaja]

[28. Juni 1909]

[Kotschety]

Bevor Tanjas Brief abging, erhielt ich von Tsch[ertkow] die Nachricht, es sei ihm möglich, in eine Ortschaft hier in der Nähe zu kommen. Auf jeden Fall werde ich um den 3., den Donnerstag, abreisen. Deinen Brief habe ich erhalten und bedaure sehr, daß Ljowa abgereist ist.

L. T.[80]

[Lew Nikolajewitsch Tolstoj an Sofja Andrejewna Tolstaja]

[8. September 1909]

[Krjokschino[81]]

Vollauf gesund. Erwarte Dich sehr, ebenso die Tschertkows.

Lew.

[Sofja Andrejewna Tolstaja an Lew Nikolajewitsch Tolstoj]

13. Dezember 1909, 12 Uhr am Mittag.

[Moskau]

Lieber Ljowotschka, voller Freude erfülle ich Deinen Wunsch, Dir zu schreiben. Mir geht es sehr gut, und gleich gehe ich ins Gedenkkonzert zu Ehren Joseph Haydns; das Programm besteht einzig aus seinen Werken. Wanda Landowska[82] spielt Cembalo. Gestern war ich furchtbar erschöpft, vor allem aufgrund der schlaflosen Nacht im überheizten Zug. Mein Buch[83] wird morgen erscheinen, mein Gehilfe wird es an die Buchhandlungen ausliefern. Man sagte mir, daß in den »Russkije wedomosti« bereits eine Notiz darüber war, ich habe sie aber nicht finden können, doch es wurde wohl sehr gelobt. Was mich allerdings viel mehr freut, ist, daß ich gerade dem kleinen Serjosha meine Erzählung »Wanetschka« vorgelesen habe und er ganz begeistert davon war: »Wie schön«, sagte er.

[...]

Hier ist alles in bester Ordnung, von den Bekannten habe ich nur den strahlenden Dunajew in der Bank gesehen. Bisher habe ich wenig erledigt, es ist sehr anstrengend – überheizte Räume nach starkem Wind und bitterer Kälte und der schwere Pelz.

Ich küsse Euch alle, denke immerfort an Euch und bin sehr in Sorge um Dich. Gib auf Dich acht, liebster Freund.

Deine alte Sonja.

1910

[Sofja Andrejewna Tolstaja an Lew Nikolajewitsch Tolstoj]

[4. Mai 1910]

[Jasnaja Poljana]

Andrjuscha ist mit Frau[84] und Tochter[85] gekommen, gerade haben wir gegessen. Andrjuscha ist sehr betrübt, daß das Haus ganz leer ist, fragt nach allen, ist Jasnaja Poljana gegenüber sehr sentimental eingestellt und aufgeregt, als ob etwas unausgesprochen sei. Mit seiner Berufung ist er sehr zufrieden[86] und reist in etwa 9 Tagen nach Tambow. Ich habe ihn eingeladen, mit mir am Freitag nach Kotschety zu fahren, aber er hat noch nicht entschieden, ob er mitkommt.

[...]

Es ist wieder sehr kalt geworden, und ich fürchte, daß sich dies schlecht auf Deine Gesundheit auswirken könnte, lieber Ljowotschka. Ich bitte Dich, gib hinsichtlich Essen und Kälte auf Dich acht. Es tut mir leid für Andrjuscha und seine Familie, daß es hier so trostlos ist. Ich bin sehr, sehr beschäftigt. Ich habe einen Haufen Korrekturen geschickt bekommen[87], den ganzen Tag habe ich daran gesessen, bin gerade erst bei »Jugend«. Darüber hinaus sehe ich noch die Belege für die Jahresabrechnung aus dem Buchverkauf durch.

[...]

Nun denn also, lebt wohl, ich grüße alle und küsse Dich, Ljowotschka, und die beiden Tanetschkas. Die Zuneigung meiner
lieben Enkelin Tanja rührt mich sehr. Bald werde ich die Kleine
ja sehen.

Eure alte, einsame S. Tolstaja.

[Lew Nikolajewitsch Tolstoj an Sofja Andrejewna Tolstaja]
[3. Mai 1910]
[Kotschety]
Ich schreibe Dir, liebe Sonja, um Dich höchstpersönlich über
mich zu unterrichten.

Wir sind sehr gut angekommen, und ich vermag es kaum zu
glauben, daß man hier das Haus verlassen kann, ohne auf wenigstens 8 Bittsteller zu treffen, vor denen man sich schämt,
und zwei oder drei Besucher, die zwar sehr nett sein mögen,
doch Aufmerksamkeit und Geistesanstrengung von einem fordern, daß man in den prachtvollen Park gehen kann und auf
dem Rückweg von dort wieder niemandem begegnet außer
den lieben Tanetschkas und dem lieben Mich[ail] Serg[eje-
witsch Suchotin]. Es ist wie ein wunderbarer Traum. Mein
Befinden ist gut – bereits den zweiten Tag habe ich kein Sodbrennen. Wie geht es Dir, hast Du Dich etwas erholt? Wer
begleitet Dich hierher? Richte Andr[juscha] und Kate aus, ich
bedauerte es, daß sie mich nicht angetroffen haben. Nun gehe
ich zu Bett. Tanja ist so sehr um mein Wohl bemüht, daß ich sie
am liebsten zügelte. Ich gehe spazieren und habe noch nichts
Ernsthaftes geschrieben. Ich küsse Dich.

L. T.

[Lew Nikolajewitsch Tolstoj an Sofja Andrejewna Tolstaja]

[14. Juni 1910]

[Otradnoje]

Ich nutze die Abreise Dimotschkas[88], um ihm einen Brief an Dich mitzugeben, liebe Sonja. Sascha schrieb Dir bereits von unserer Fahrt hierher und wie wir angekommen sind. An Neuigkeiten gibt seither nur zu berichten, daß Sascha sich irgendwo einen starken Schnupfen geholt hat [...]. Ich selbst bin ganz und gar gesund. Mein Leben ist hier dasselbe wie in Jas[naja] Pol[jana] mit dem einzigen Unterschied, daß hierher weder Bittsteller noch Besucher kommen, was sehr angenehm ist. [...] Bis jetzt habe ich nicht besonders viel gearbeitet, mühe mich immer noch mit dem alten Zeug ab[89]. Doch ich hoffe, hier Muße zu finden. – Wie schön es auch sein mag, irgendwo zu Besuch zu sein, zu Hause ist es doch schöner. Und ich werde, wie ich es vorhatte, auf keinen Fall später als am 24. zurückkommen[90], sollte bei Dir und bei mir bis dahin alles in Ordnung sein. Wie geht es Dir, und was machen Deine Arbeit, die Verlags- und die Wirtschaftsangelegenheiten? Reiben sie Dich auch nicht allzusehr auf? Dies ist die Hauptsache. Viel wichtiger als alle materiellen Dinge! Ich bedaure sehr, daß Ilja mich nicht antraf. Wie geht es ihm?

Lebe wohl, meine liebe, alte Frau. Ich küsse Dich. Ich hoffe auf ein Wiedersehen.

Dein Mann

L.T.

14., am Abend[91].

[Sofja Andrejewna Tolstaja an Lew Nikolajewitsch Tolstoj]

17. Juni 1910
[Jasnaja Poljana]

Heute habe ich keine Nachrichten von Euch erhalten, lieber Ljowotschka; ich hoffe, dies bedeutet, daß alles in Ordnung ist. Hat Sascha ihren Schnupfen überwunden und ist er nicht in Husten übergegangen?

[...]

Hier im Hause ist nirgendwo ein Durchkommen: überall Leitern, in dem einen Zimmer wird geschliffen, im anderen gemalert. Morgen werden zwei Zimmer im oberen Geschoß fertig.

Zu den Tschertkows kann ich nicht fahren: aufgrund meines nicht allzu guten Befindens und weil ich hier in einem Netz von mannigfaltigen Beschäftigungen gefangen bin, aus dem ich mich nicht befreien kann.

Selbstverständlich komme ich umgehend, solltest Du, Gott behüte, erkranken oder ich Dir irgendwie sonst vonnöten sein. Doch ich hoffe, daß ersteres nicht eintreten möge, letzteres indes ist nach meinem Empfinden bereits lange nicht mehr der Fall. Gleichwohl danke ich dem Schicksal und Dir dafür, daß es wenigstens für eine Weile der Fall war.

Heute las ich Tschertkows Anzeige des Inhalts, daß alle, die Dich zu sehen wünschten, seine Genehmigung einzuholen haben. Warum dies? Du wolltest doch am 24. zurückkommen; dies wird nur noch mehr Besucher anziehen. Hier gab es in letzter Zeit so gut wie keine Besucher; lediglich ein Abgeordneter des Friedenskongresses war hier, um Dich persönlich zur Teilnahme an dem Kongreß einzuladen; ich habe ihn nicht gesehen, er ist sogleich wieder abgereist. Auch Bittsteller kommen nur wenige, wir geben allen.

Auf bald also, lebe wohl, bleibe gesund und gelassen. Ich küsse Sascha.

Deine Sonja Tolstaja.

[Lew Nikolajewitsch Tolstoj an Sofja Andrejewna Tolstaja]

[18. Juni 1910]

[Otradnoje]

Heute wollte ich Dir, liebe Sonja, ohnehin schreiben. Am Morgen brachte Tsch[ertkow] plötzlich ein in der Nacht erhaltenes Telegramm, das für uns alle unverständlich war[92]. Von uns ist weder das geringste Ungemach zu beklagen noch etwas Positives zu berichten. Mein Magen ist in Ordnung, der Schwächezustand, in dem ich mich befand – wenn man denn nun jegliche Kleinigkeit anmerken möchte –, ist vorüber, auch Sascha ist auf dem Weg der Besserung mit ihrem Schnupfen, sie ist frisch und munter. Ich arbeite ein wenig[93], denke voller Liebe an Dich und empfinde nichts außer guten Gefühlen. Gestern bin ich allein ausgeritten, heute mit Tschertkow. [...] Gruß und Dank an Deine liebenswürdigen Wohngenossen[94]. Ich küsse Dich.

L.T.

[Sofja Andrejewna Tolstaja an Lew Nikolajewitsch Tolstoj]

18. Juni 1910

[Jasnaja Poljana]

Ich bitte sehr um Entschuldigung, lieber Ljowotschka, daß ich Euch mit dem Telegramm beunruhigt habe. Meine Tage verliefen ziemlich ruhig; ich versuchte, jenes innere Gleichgewicht zu erhalten, welches mir für die anstrengende Arbeit, die in der ganzen Zeit zu erledigen war, notwendig ist. Meine Fahrt nach Tula hatte mich sehr ermüdet, und ich leide wieder an Schlaflosigkeit, und dieses dumme Telegramm aus Petersburg hat mich sehr beunruhigt. All das, was sich an dem Abend in meiner aufgewühlten Phantasie abspielte – in schrecklicher Geschwindigkeit wechselten Bilder, Ereignisse und verschiedenste Situationen –, könnte den Stoff für eine ganze Erzählung über eine Halbwahnsinnige liefern. Ich glaubte, in Petersburg habe man

vor mir von einer jähen Verschlechterung Deines Gesundheits-
zustands oder gar von Deinem Tod erfahren – ich habe überhaupt nicht schlafen können, bis ich nicht von Euch das Telegramm und den Brief erhielt, für welche ich Euch danke.
Olga ist mit Sonja und Iljuschka[95] für einen Tag hergekommen,
ich bin sehr glücklich, daß sie hier sind. Wir gehen nun baden.
Ich küsse Dich und das Geburtstagskind Sascha.
S. Tolstaja.

[Lew Nikolajewitsch Tolstoj an Sofja Andrejewna Tolstaja]
22. Juni [1910]
[Otradnoje]
In drei Tagen werde ich wieder bei Dir sein, liebe Sonja, und
doch will ich Dir noch ein paar Zeilen schreiben. Seit ich Dir
zum letzten Mal schrieb, ist bei uns weiterhin alles in Ordnung. [...] Gestern war Berkenheim hier, hörte Sascha ab und
sagte, sie könne sich als vollkommen gesund fühlen. Er riet ihr
zu schwimmen. Und obgleich ich den Worten der Doktoren
keinen Glauben schenke, hat es mich doch gefreut, dies zu hören. Auch ich bin wohlauf. Gestern ging es mir sogar ganz
besonders gut, und ich habe viel gearbeitet [...]. Am Abend
war ich in der Heilanstalt für Geisteskranke bei einer großartigen Kinomatographievorführung. Die Ärzte dort sind alle sehr
nett. Doch der Kinematograph an sich gefällt mir überhaupt
nicht, und so blieb ich, aus Mitleid mit Sascha, die unter Migräne litt, und mir selbst, weniger als eine Stunde. Gegen 10 war
ich wieder zu Hause.
[...]
Wie geht es Dir? Ich hoffe, es gab keine neuen Unannehmlich
keiten, sollte es aber welche gegeben haben, hoffe ich, daß Du
sie, soweit möglich, gelassen überstanden hast. Du hast zwei
wichtige Aufgaben, deren Du ganz Herr bist: Deine verlegerische Tätigkeit und Deine Aufzeichnungen[96].

Ich küsse Dich, liebste Freundin. Grüße an Warja[97] und Ko-
letschka[98]. [...] Auf ein baldiges Wiedersehen.
Lew Tolstoj.

[Lew Nikolajewitsch Tolstoj an Sofja Andrejewna Tolstaja]
[23. Juni 1910]
[Otradnoje]
Abreise morgen günstiger[99], wenn unabdingbar, heute abend.
Poststation Sasseka.
An die Gräfin Tolstaja.[100]

[Lew Nikolajewitsch Tolstoj an Sofja Andrejewna Tolstaja]
[23. Juni 1910]
[Otradnoje]
Kommen heute, Sasseka neun Uhr abends.
Poststation Sasseka.
An Tolstaja[101].

[Lew Nikolajewitsch Tolstoj an Sofja Andrejewna Tolstaja]
14. Juli 1910
[Jasnaja Poljana]
1) das Tagebuch, welches ich im Moment führe, übergebe ich
niemandem[102].
2) Die alten Tagebücher werde ich von Tschertkow zurückfordern und in Verwahrung nehmen, bzw. in einem Banksafe
aufbewahren.
3) Wenn Dich der Gedanke beunruhigt, daß jene Stellen in
meinen Tagebüchern, die ich unter dem Eindruck des Augen-
blicks über unsere Meinungsverschiedenheiten und Auseinandersetzungen schrieb, von künftigen, Dir nicht wohlgesinnten
Biographen mißbraucht werden könnte – ganz abgesehen da-

von, daß solche Ausdrücke augenblicklicher Gefühle in meinen ebenso wie in Deinen Tagebüchern keine zutreffende Beschreibung unserer wirklichen Beziehung geben können –, wenn Du dies also fürchtest, so bin ich froh, diese Gelegenheit zu nutzen und im Tagebuch oder gleich in diesem Brief meine Beziehung zu Dir und mein Urteil Deines Lebens darzulegen.

Meine Beziehung zu Dir und mein Urteil Deines Lebens sind folgende: Wie ich Dich von Jugend an liebte, so liebte ich Dich immerwährend, ungeachtet der verschiedenen Ursachen für eine Abkühlung meiner Gefühle, und liebe Dich noch. Die Ursachen dieser Abkühlung waren (ohne vom Ende unserer ehelichen Beziehungen zu sprechen, denn damit wurde nur ein trügerischer Ausdruck der wahren Liebe beseitigt): Erstens, meine immer stärkere Abkehr von den Interessen des weltlichen Lebens und mein Ekel vor ihnen, während Du Dich davon weder losreißen wolltest noch konntest, da Deiner Seele jene Voraussetzungen fehlten, die mich zu meinen Überzeugungen gebracht haben, was nur sehr natürlich ist und ich Dir nicht vorwerfe. Dies ist das erste. Zweitens (verzeih mir, wenn das, was ich sage, Dir unangenehm sein sollte, doch was sich im Moment zwischen uns vollzieht, ist derart wichtig, daß man nicht fürchten darf, die ganze Wahrheit auszusprechen und anzuhören) wurdest Du in den letzten Jahren immer gereizter, despotischer und unnachgiebiger. Die Entwicklung dieser Charakterzüge mußte zu einer Abkühlung, nicht des eigentlichen Gefühls, aber seiner Äußerungen, führen. Dies ist das zweite. Drittens. Die wichtigste und verhängnisvollste Ursache – an der weder Du noch ich die Schuld tragen – ist unsere gänzlich entgegengesetzte Auffassung vom Sinn und Ziel des Lebens. Alles in unserer Auffassung vom Leben war entgegengesetzt: die Lebensweise, die Einstellung zu den Menschen und die Mittel zum Leben – das Eigentum, das ich als Sünde ansehe, Du aber als notwendige Voraussetzung zum Leben. Ich unterwarf mich, um mich nicht von Dir trennen zu müssen, in meiner Lebensweise den für mich schweren Lebensbedingungen, Du aber hast dies als Annäherung an Deine Ansichten gedeutet, und so wurde die Entfremdung zwischen uns größer und größer. [...] Doch ich habe ungeachtet aller Mißverständnisse, die es zwischen uns gab, nicht aufgehört, Dich zu lieben und zu respektieren.

Meine Beurteilung Deines Lebens mit mir ist folgende: Ich, ein sittlich verdorbener und sexuell zutiefst lasterhafter Mensch, habe, als ich schon nicht mehr der Jüngste war, Dich, ein reines, gutes, kluges, achtzehnjähriges Mädchen geheiratet, und Du hast, ungeachtet meiner schmutzigen, lasterhaften Vergangenheit, fast fünfzig Jahre mit mir zusammengelebt, mich geliebt und ein arbeitsames und schwieriges Leben gehabt, indem Du Kinder gebarst, sie stilltest, erzogst, für die Kinder und mich sorgtest und Dich nicht anderen Versuchungen hingabst, die jede gesunde, kräftige und schöne Frau in Deiner Lage so leicht hätten ergreifen können. Du lebtest so, daß ich Dir nichts vorzuwerfen habe. Daß Du mir auf meinem besonderen geistigen Weg nicht gefolgt bist, kann ich Dir nicht vorwerfen, und werfe ich Dir nicht vor, denn der geistige Weg eines jeden Menschen ist einzigartig vor Gott, und von einem anderen zu fordern, den selben Weg zu gehen, den man selbst geht, ist unmöglich. Wenn ich dies von Dir forderte, so war dies ein Fehler, und ich habe mich schuldig gemacht.
[...]
Dies also war 3) dazu, was Dich in Bezug auf die Tagebücher beunruhigen könnte, aber nicht beunruhigen muß.

4) Sollte Dir zum jetzigen Zeitpunkt meine Verbindung zu Tsch[ertkow] unerträglich sein, so bin ich bereit, ihn nicht mehr zu sehen, doch ich muß sagen, daß dies für ihn schlimmer wäre als für mich selbst. Wenn Du dies also möchtest, so bin ich bereit, dies zu tun.

Und wenn Du schließlich 5) meine Bedingungen eines guten, friedlichen Zusammenlebens nicht annimmst, ziehe ich mein

Versprechen, Dich nicht zu verlassen, zurück. Dann gehe ich fort. [...]

Ich könnte weiterhin so leben, wenn ich Dein Leiden ruhig mit ansehen könnte, doch ich kann es nicht. [...] Denke ruhig nach, liebste Freundin, höre auf Dein Herz und Dein Gefühl, und Du wirst entscheiden, wie entschieden werden muß. Ich meinerseits muß sagen, daß ich alles so entschieden habe, daß ich es anders nicht kann, nicht kann. Hör auf, Liebste, nicht die anderen, sondern Dich selbst zu quälen, Dich selbst, denn Du leidest mehr als alle anderen. Dies ist alles.

Lew Tolstoi.

14. Juli, morgens.

1910.

[Sofja Andrejewna Tolstaja an Lew Nikolajewitsch Tolstoj]

15. Juli 1910

Auf Jasnaja Poljana

Ljowotschka, Lieber, ich schreibe Dir und spreche nicht aus, was ich zu sagen habe, denn nach einer schlaflosen Nacht fällt mir das Sprechen schwer, ich bin allzu erregt und könnte erneut alle in Aufregung versetzen, doch ich möchte, möchte ganz furchtbar ruhig und vernünftig sein. In der Nacht habe ich alles überdacht, und folgendes ist es, das mir quälend klargeworden ist: Mit der einen Hand liebkost Du mich, während Du mir das Messer zeigst, welches Du in der anderen hältst. Gestern fühlte ich undeutlich, daß dieses Messer mein Herz bereits verletzt hat. Dieses Messer ist Deine ausdrückliche Drohung, das mir gegebene Wort zurückzunehmen und still und heimlich von mir fortzugehen, wenn ich jene bleibe, die ich nunmehr bin. Wozu dann also überhaupt irgend etwas glauben, wenn am nächsten Tag jedes Versprechen zurückgenommen werden kann?

Jene, die ich nunmehr bin, ist zweifellos eine Kranke, welche ihr seelisches Gleichgewicht verloren hat und darunter leidet. Also werde ich nun in jeder Nacht, wie in der vergangenen, horchen müssen, ob Du nicht von mir fortgehst? Und jedesmal, wenn Du irgendwohin fährst, werde ich Angst haben, daß Du auf immer von mir gegangen bist. Begreife doch, lieber Ljowotschka, daß die Drohung mich zu verlassen der Drohung, mich zu töten gleichkommt. Ja, kann ich denn leben ohne Dich? Werde ich es ertragen können, daß Du mich ohne jegliche Schuld meinerseits verläßt, mich, die ich unglücklich und krank bin und die Dich heiß und innig liebt, mehr als jemals zuvor? Wie soll ich nach solch einer Drohung gesunden, wenn ich Tag und Nacht fürchten muß, daß Du fortgehst? [...] Dann war da noch der Brief von Tschertkow, bei dem Du zu weinen begannst. Vermutlich hofft er, Du gäbest ihm die Tagebücher wieder für seine Arbeit, wenn Du es für richtig hältst. Wieder ergreift mich Tag und Nacht Verzweiflung, daß Du sie ihm hinter meinem Rücken geben wirst. [...]

Nimm diese beiden schweren, mich immerfort peinigenden Ängste von mir: 1) daß Du still und heimlich von mir fortgehen wirst, 2) daß Du still und heimlich Tschertkow die Tagebücher wieder übergeben wirst. [...] Ich werde nicht hinauskommen, Dich zu begrüßen, um Dich mit meinem Anblick nicht zu quälen. Ich werde nichts mehr sagen. Ich habe Angst vor mir selbst, und es peinigt mich selbst, so sehr tust Du mir leid, mein Lieber, Armer, Geliebter, von mir Fortgenommener, aus meinem Herzen Gerissener – mein Mann! Wie schmerzt diese große Wunde! Und am meisten schmerzt, daß ich Dich mit meinem Leiden quäle.

S. T.

[Sofja Andrejewna Tolstaja an Lew Nikolajewitsch Tolstoj]
In der Nacht des 24. auf den 25. Juli 1910.
[Jasnaja Poljana]
Lebe wohl, lieber Ljowotschka! Sei bedankt für mein einstiges
Glück. Du hast mich gegen Tschertkow getauscht; heute habt
Ihr Euch heimlich über etwas verständigt, und am Abend sagtest Du mir, Du habest beschlossen, Dir Deine Handlungsfrei-
heit zu wahren und Dich keiner Deiner Handlungen zu schä-
men. Was bedeutet dies? Welche Freiheit?
Die Ärzte rieten mir, mich an einen anderen Ort zu begeben,
und so fahre ich also fort, und Du bist frei, Deine geheime Verbindungen, *a parté*[103] auch mit Tschertkow, zu pflegen. Ich kann
dies alles nicht mehr ertragen, ich kann es nicht ... Ich bin gepeinigt von Eifersucht, Verdächtigungen und Leid, Du könntest
mir auf immer genommen sein. Ich habe versucht, mich mit meinem Unglück abzufinden, Tschertkow zu sehen, doch ich kann
es nicht. – Von der eigenen Tochter bespuckt, vom Ehemann
zurückgewiesen, verlasse ich mein Heim, solange, wie Tschertkow dort meinen Platz einnimmt, und ich werde nicht zurückkehren, solange er nicht fortgeht. Sollte die Regierung ihm
jedoch den weiteren Aufenthalt in Teljatinki gestatten, so werde ich wohl niemals zurückkehren. Es möge Dir wohl ergehen
und Du mögest glücklich sein mit Deiner christlichen Liebe zu
Tschertkow und der ganzen Menschheit, die aus irgendeinem
Grunde Deine unglückliche Ehefrau ausschließt.[104]

[Sofja Andrejewna Tolstaja an Lew Nikolajewitsch Tolstoj]
11. September 1910
Kotschety
Vor unserem Abschied, lieber Ljowotschka, möchte ich Dir
noch ein paar Worte sagen. Doch in den Gesprächen mit mir
bist Du oft so unwirsch, daß es mich traurig machen würde,
Dich zu betrüben.

Ich bitte Dich, zu verstehen, daß alle meine, nein nicht Forderungen, wie Du es nennst, sondern Wünsche nur einen einzigen Ursprung haben: meine Liebe zu Dir, meinen Wunsch, so wenig als möglich von Dir getrennt zu sein und meinen Kummer über die Einmengung eines fremden, mir nicht wohlgesinnten Einflusses auf unser langes, zweifellos von Liebe erfülltes privates Leben als Ehegatten.

Da dies nun beendet ist[105] – obwohl Du leider sogleich wieder bereut hast, mir Dein Wort gegeben zu haben, ich Dir indes unendlich dankbar bin für dieses große Opfer, welches mich ins Leben und mir mein Glück zurückbringt –, gelobe ich Dir, alles mir Mögliche zu tun, um Dein Dasein insgesamt friedvoll, umsorgend und glücklich zu machen.

Es gibt Tausende von Ehefrauen, die tatsächlich viel von ihren Gatten fordern: »Laß uns nach Paris fahren, damit ich mir Kleider kaufen kann; laß uns ins Casino gehen; heiße meinen Geliebten als Gast willkommen; wage nicht, in den Klub zu fahren; kaufe mir Brillanten; nimm mein Gott weiß von wem empfangenes Kind an Kindes Statt an usw. usw.«

Der Herr hat mich vor den mannigfaltigen Versuchungen und F o r d e r u n g e n errettet. Ich war so glücklich, daß ich nichts vermißte, und dafür danke ich Gott.

Ich habe das erste Mal im Leben – denn ich litt furchtbar unter der Erkühlung Deiner Gefühle zu mir und unter der Einmengung Tschertkows in unser Leben – nicht gefordert, sondern mit meiner ganzen gepeinigten Seele das vielleicht schon Unmögliche g e w ü n s c h t – die Rückkehr zu jenem, das war.

Die Mittel, mit denen ich dies zu erreichen suchte, waren zweifelsohne die schlechtesten, ungeschicktesten, die ich anwenden konnte, sie quälten Dich und auch mich selbst, und ich bereue dies sehr. Ich weiß nicht, ob ich die Gewalt über mich verloren habe, ich glaube, ja. Alles an mir war schwach: meine Willenskraft, meine Seele, mein Herz, sogar mein Körper. Das seltene Aufblitzen Deiner einstigen Liebe zu mir machten mich wahnsinnig glücklich, meine Liebe zu Dir indes, in der alle meine Handlungen, selbst die mißgünstigen und wahnsinnigen, begründet lagen, ist niemals erkaltet, mit ihr werde ich mein Leben vollenden. Lebe wohl, Liebster, zürne nicht ob dieses Briefes.

Deine Frau, auf immer nur Deine Sonja.

[Lew Nikolajewitsch Tolstoj an Sofja Andrejewna Tolstaja]

[14. September 1910]

[Kotschety]

Deinen Brief habe ich erhalten [...] und danke sehr dafür. Wie ich bereits sagte, möchte ich nicht über unsere Beziehung sprechen, sondern versuchen, diese zu verbessern, und ich bin zutiefst überzeugt, daß mir dies gelingt, wenn Du mich dabei unterstützt. [...] Gestern fühlte ich mich schwach und schlecht an Körper und Seele. Doch ich schlief gut und fühle mich heute erfrischt. [...] Wie bist Du angekommen? Bitte halte mich auf dem laufenden, liebe Sonja. Ich küsse Dich. Auf Wiedersehen.

L.T.

14.S. 1910.

[Sofja Andrejewna Tolstaja an Lew Nikolajewitsch Tolstoj]

[14. Oktober 1910]

[Jasnaja Poljana]

Du fragst mich jeden Tag anscheinend teilnahmsvoll nach meinem Befinden, wie ich geschlafen habe, und doch versetzt Du mir jeden Tag einen neuen Schlag, der mein Herz verbrennt, mein Leben verkürzt und schuld ist, daß mein Leiden kein Ende findet.

Meinem Schicksal gefiel es, diesen neuen Schlag, diese bösartige Handlung, mit der Du Deiner zahlreichen Nachkommenschaft die Autorenrechte an Deinen Werken aberkennst, zu entdecken[106], obwohl Dein Verbündeter in dieser Angelegenheit Dir verbat, mich und Deine Familie davon in Kenntnis zu setzen.

Er drohte mir, mir zu s c h a d e n, mir und der Familie, und hat dies auf glänzende Weise erfüllt, indem er Dir ein Dokument abgerungen hat, in welchem Du die Urheberrechte der Familie entziehst[107]. Die Regierung, die Ihr beide in allen Euren Pamphleten beschimpft und abgelehnt habt, wird nun dem Gesetz nach Deinen Erben das letzte Stück Brot entreißen und [...] reichen Verlegern übergeben, während zur gleichen Zeit die Enkel Tolstojs aufgrund seines boshaften und ruhmsüchtigen letzten Willens an Hunger sterben werden.

[...]

Die c h r i s t l i c h e L i e b e vernichtet durch verschiedene Handlungen den Dir am nächsten stehenden Menschen (in meinem Sinne, nicht in Deinem), Deine Frau, von deren Seite niemals s c h l e c h t e H a n d l u n g e n vollzogen wurden. [...] Wenn Du spazierengehst und betest, Ljowotschka, so bete und denke gut darüber nach, was Du unter dem Druck dieses Schuftes tust – bekämpfe das Böse, öffne Dein Herz, erwecke die Liebe und das Gute und nicht Bosheit, Stolz und Ruhmsucht (in bezug auf Deine Urheberrechte), den Haß auf mich, den Menschen, der Dir sein ganzes Leben und seine ganze Liebe gab. [...]

Wenn man Dich davon überzeugte, daß der Eigennutz mich lenke, so bin ich [...] bereit, auf offiziell beglaubigte Weise auf mein Erbe zu verzichten. Wozu denn brauche ich dies? Ich werde ja ohnehin bald aus diesem Leben scheiden. Ich werde von Grauen erfaßt, wenn ich mir ausmale, welche Bosheit sich an Deinem Grab und im Gedächtnis Deiner Kinder und Enkel erheben wird. Bekämpfe sie, Ljowotschka, noch zu Lebzeiten! Erwecke Dein Herz und laß es weich werden, laß Gott darin wohnen und die Liebe, von denen Du so laut den Menschen predigst.

S. T.

[Lew Nikolajewitsch Tolstoj an Sofja Andrejewna Tolstaja]

[28. Oktober 1910]

[Jasnaja Poljana]

Meine Abreise wird Dich betrüben. Das bedauere ich, aber
verstehe mich und glaube mir, daß ich nicht anders handeln
konnte. Meine Lage im Haus wird unerträglich, ist es schon
geworden. Ich kann nicht länger in diesen Verhältnissen des
Luxus leben, in denen ich bisher lebte, und tue nun das, was
alte Männer in meinen Jahren für gewöhnlich tun: Sie gehen
fort aus dem weltlichen Leben, um in Zurückgezogenheit und
Stille ihre letzten Tage zu verbringen.

Ich bitte Dich, mich zu verstehen und mir nicht nachzureisen,
wenn Du den Ort meines Aufenthalts erfährst. Deine Ankunft
würde nur Deine und meine Lage verschlechtern, an meinem
Entschluß jedoch nichts ändern. Ich danke Dir für Dein ge-
treues, achtundvierzig Jahre langes Leben mit mir, und ich
bitte Dich, mir alles zu verzeihen, womit ich mich vor Dir
schuldig gemacht habe, ebenso wie auch ich Dir von ganzem
Herzen alles vergebe, womit Du Dich vor mir schuldig gemacht haben könntest. Ich rate Dir, Dich in die neue Lage, in
die Dich meine Abreise bringt, zu finden und keine unguten
Gefühle gegen mich zu hegen. Wenn Du mir etwas mitteilen
möchtest, kannst Du es über Sascha tun, sie wird wissen, wo
ich bin, und läßt mir zukommen, was nötig ist; sagen, wo ich
bin, kann sie Dir jedoch nicht, weil ich ihr das Versprechen
abgenommen habe, es niemandem zu sagen.

28. Okt.

Lew Tolstoj.

Meine Sachen und Manuskripte zu packen und zu übersenden
habe ich Sascha aufgetragen.

L. T.[108]

[Sofja Andrejewna Tolstaja an Lew Nikolajewitsch Tolstoj]
[29. Oktober 1910]
[Jasnaja Poljana]
Ljowotschka, mein Liebster, kehre nach Hause zurück, Lieber,
rette mich vor einem neuerlichen Selbstmordversuch[109]. Ljowotschka, Freund meines ganzen Lebens, ich werde alles, alles
tun, was Du willst, jeglichem Luxus gänzlich entsagen; ich
werde mit Deinen Freunden gut umgehen, ich werde mich
ärztlich behandeln lassen, ich werde sanft sein; kehre zurück,
mein Lieber, man muß mich doch retten, denn auch im Evangelium heißt es doch, man möge seine Frau unter keinem Vorwand verlassen. Mein Lieber, mein Teurer, mein Herzensfreund
rette mich, kehre zurück, kehre zurück, und sei es auch nur,
um Dich von mir vor unserer ewigen Trennung zu verabschieden.
Wo bist Du? Wo? Bist Du gesund? Ljowotschka, quäle mich
nicht, mein Liebster, ich will Dir in Liebe mit meinem ganzen
Wesen und meiner ganzen Seele dienen, kehre zu mir zurück,
kehre im Namen Gottes, der göttlichen Liebe, von der Du allen
predigst, zurück, und ich werde Dir eine ebensolche friedvolle,
selbstentsagende Liebe schenken! Ich verspreche es aufrichtig
und fest, mein Liebster, wir werden unser Leben in Einigkeit
schlichter gestalten; wir gehen fort, wohin immer Du möchtest, wir werden leben, wie immer Du möchtest.
Nun lebe wohl, lebe wohl, vielleicht für immer.
Deine Sonja.

[Sofja Andrejewna Tolstaja an Lew Nikolajewitsch Tolstoj]
30. Oktober 1910, 4 Uhr des Nachts.
[Jasnaja Poljana]
Noch habe ich keinerlei Nachrichten von Dir erhalten, mein
lieber Ljowotschka, und mein Herz zerspringt vor Schmerz.
Mein Liebster, spürst Du denn nicht den Widerhall meines Lei-

dens in Deinem Herzen? Kann denn wirklich eine einzige dumme Handlung von mir unser ganzes Leben zerstören? Du ließest mir durch Sascha ausrichten, die Tatsache, daß ich in jener Nacht mißtrauisch in Deinen Papieren gewühlt hätte, sei jener Tropfen gewesen, der das Faß zum Überlaufen brachte und Dich bewegte, fortzugehen. In jener Nacht brachte ich meine Briefe nach unten, der Hund lief mir nach, und ich beeilte mich, alle Türen zu schließen, damit er Dich nicht aufwecke; ich weiß nicht, was mich veranlaßte, in Dein Arbeitszimmer zu treten und das Tagebuch zu berühren, wie ich es früher tat und lange Zeit nicht mehr getan habe – um sicherzustellen, ob es an seinem Platz liege.

[...]

Ljowotschka, liebster Freund, alles Großartige, das Du geschrieben hast, sowohl das Künstlerische als auch das Philosophische – all dies hast Du im Zusammenleben mit mir geschrieben. Sollte meine Nervenkrankheit Dich in Deiner Arbeit gestört haben, so verzeih, Liebster. Ich habe gestern mit der Behandlung der Krankheit begonnen. [...] Ich werde die Anweisungen genau befolgen, um so mehr, als ich in furchtbare Seelenverfassung geriet, nachdem Du mich verlassen hast – vermutlich wurdest Du bereits der Berichte gewahr, daß ich, als Sascha mir mitteilte, Du seiest für immer fortgegangen, hinunterlief zum mittleren Teich und mich rücklings ins Wasser stürzte, damit niemand mich retten könne. [...] Doch es gefiel Gott nicht, daß wir beide eine solche Sünde auf uns laden, und Sascha und Bulgakow[110] warfen sich angekleidet in den Teich, zogen mich mit Hilfe Wanjas und des Kochs aus dem Wasser und trugen mich nach Hause.

[...] Alle unsere Kinder sind zusammengekommen. Sie haben Mitleid mit mir und trösten und umsorgen mich, ich bin ihnen so dankbar dafür. [...] Ljowotschka, bist Du wirklich auf immer von uns gegangen? Du hast mich doch einmal geliebt? [...] Kehre zurück, mein lieber, teurer Ehemann. Kehre zurück,

Ljowotschka, mein Liebster. Sei nicht erbarmungslos, erlaube mir wenigstens, Dich zu sehen, sobald ich mich durch die Behandlung etwas besser fühle.

Peinige mich nicht, indem Du mir, gerade mir, verschweigst, wo Du Dich aufhältst. Du sagst, meine Anwesenheit störe Dich bei der Arbeit. Kannst Du denn arbeiten, wenn Du weißt, wie sehr ich leide?

Auch im Evangelium steht geschrieben: »Liebe Deinen Nächsten wie Dich selbst.« Und nirgends steht geschrieben, man möge irgendwelche Schriften mehr lieben als einen Menschen. [...] Ljowotschka, verzeihe mir, kehre zurück zu mir, e r r e t t e mich! Glaube nicht, all dies seien nur Worte, liebe mich, stimme Deine Seele gnädig, achte nicht darauf, was man über Dich sagen oder schreiben wird – stehe darüber – denn es ist doch nichts Höheres auf der Welt als die L i e b e – und wir werden in Eintracht und Liebe unser Leben bis zu unserem Ende zusammenverbringen! Wie oft hast Du Deine Absicht, fortzugehen, bezwungen, wie oft bist Du aus Liebe zu mir bei mir geblieben, und wir lebten friedlich und einträchtig unser Leben. Sollte denn meine Schuld derart groß sein, daß Du mir nicht verzeihen und nicht zu mir zurückkehren kannst? Und selbst wenn: Ich war doch krank!

[...] Lies diesen Brief aufmerksam; ein weiteres Mal werde ich nicht über meine Gefühle schreiben. Ein letztes Mal flehe ich Dich an: mein Mann, mein Freund, mein lieber, geliebter Ljowotschka verzeihe mir, errette mich, kehre zu mir zurück.
Deine Sonja.

[Lew Nikolajewitsch Tolstoj an Sofja Andrejewna Tolstaja]
[30.-31. Oktober 1910]
[Schamordino]
Ein Wiedersehen, geschweige denn meine Rückkehr wäre jetzt ganz unmöglich. Für Dich wäre dies, wie alle meinen, im höch-

sten Grade schädlich, für mich furchtbar, denn mein Befinden würde infolge Deiner Aufgeregtheit, Gereiztheit, Deines krankhaften Zustands, jetzt, sofern das überhaupt noch möglich ist, noch schlechter werden. Ich rate Dir, Dich mit dem, was geschehen ist, abzufinden, Dich in Deine neue Lage zu schicken und vor allem, Dich ärztlich behandeln zu lassen.

Wenn Du mich auch nicht liebst, sondern mich zumindest nicht haßtest, mußt Du Dich ein wenig in meine Lage versetzen. Und wenn Du dies tust, so wirst Du mich nicht verurteilen, sondern Dich bemühen mir zu helfen, die Ruhe und die Möglichkeit eines menschlichen Lebens zu finden, mir durch Bezwingung des eigenen Ich zu helfen und Dir nicht meine jetzige Rückkehr wünschen. Deine jetzige Stimmung, Deine Wünsche und Deine Selbstmordversuche zeigen, mehr als alles andere, daß Du jede Gewalt über Dich verloren hast und machen mir eine Rückkehr undenkbar. Niemand außer Dir selbst vermag alle Dir nahestehenden Menschen, mich und vor allem Dich selbst von Deinem Leiden zu befreien. Bemühe Dich, all Deine Kraft nicht darauf zu lenken, damit sich das, was Du wünschst – derzeitig, daß ich zurückkehre –, erfüllt, sondern darauf, Dich abzufinden, und was Du wünschst, wird sich erfüllen.

Ich habe zwei Tage in Schamardino verbracht und reise jetzt weiter. Meinen Brief schicke ich Dir von unterwegs. Ich teile Dir nicht mit, wohin ich fahre, da ich die Trennung, sowohl für Dich, als auch für mich für notwendig erachte. Glaube nicht, ich sei fortgefahren, weil ich Dich nicht liebe. Ich liebe Dich und bemitleide Dich von ganzem Herzen, ich kann aber nicht anders handeln, als ich es tue. [...] Zu Dir zurückzukehren, solange Du Dich in einem solchen Zustand befindest, wäre für mich mit dem Verzicht auf das Leben gleichbedeutend. Und ich halte mich nicht für berechtigt, dies zu tun. Leb wohl, liebe Sonja, Gott helfe Dir! Das Leben ist kein Scherz, und wir haben nicht das Recht, es nach unserem Willen von uns zu werfen. Auch ist es unklug, es nach der Länge der Zeit zu messen.

Vielleicht sind gerade jene Monate, die wir noch zu leben haben, wichtiger als alle gelebten Jahre, und wir müssen sie richtig verbringen.

L.T.[111]

[Sofja Andrejewna Tolstaja an Lew Nikolajewitsch Tolstoj]

1. November 1910

[Jasnaja Poljana]

Deinen Brief habe ich erhalten, fürchte nicht, daß ich mich sogleich auf die Suche nach Dir begebe; ich bin derart schwach, daß ich mich kaum rühre, ja, und ich möchte auch keine Nötigung begehen; handele so, wie es für Dich das beste ist. Dieses furchtbare Unglück, Dein Fortgehen, ist mir eine solche Lehre, daß ich alles auf der Welt tun werde – sollte ich am Leben bleiben und Du zu mir zurückkehren –, damit es Dir wohl ergehe.

Doch aus irgendeinem Grunde scheint mir, daß wir uns nicht wiedersehen werden! Ljowotschka, Lieber, ich schreibe Dir dies im Vollbesitz meiner geistigen Kräfte, aufrichtig, werde dies Versprechen ganz sicher einlösen. Gestern habe ich mich mit Tschertkow versöhnt, heute werde ich meine Sünde des versuchten Selbstmords, mit dem ich mein Leiden zu beenden suchte, beichten.

Ich weiß nicht, was ich Dir schreiben soll, ich weiß nicht, was sein wird. Deine Worte, ein Wiedersehen mit mir wäre furchtbar für Dich, haben mich überzeugt, daß ein solches unmöglich ist. Und doch: Wie demütig, dankbar und glücklich wäre ich Dir begegnet! Mein Liebster, habe Mitleid mit mir und den Kindern und beende unser Leid!

[...]

Ich kann nicht mehr schreiben, bin allzu geschwächt. Ich küsse Dich, mein teurer, alter Freund, der mich einst liebte. Es ist nicht zu erwarten, daß in mir etwas Neues sich entfalten wird.

Meine Seele ist so sehr erfüllt von Liebe und Demut gegen Dich, dem Wunsch, es möge Dir wohl ergehen und Du mögest glücklich sein, daß auch die Zeit nichts Neues zu bringen vermag.

Nun also, Gott sei mit Dir, schone Deine Gesundheit.

Sonja.

Anmerkungen

I. Die erste Ehezeit

1 Im Nordwesten Moskaus gelegene Ortschaft, in der die Familie Behrs ein Sommerhaus besaß. Dort wurde Sofja am 22. August 1844 geboren.

2 Einziger Brief Sofja Tolstajas an Lew Tolstoj aus der Zeit vor ihrer Ehe. »Sonja« ist die Anredeform des Vornamens Sofja.

3 Jelisaweta Andrejewna Behrs (1843-1919), genannt Lisa, ältere Schwester Sofja Tolstajas.

4 Vor ihrer Hochzeit schrieb Sofja Tolstaja eine Erzählung mit dem Titel *Natascha*, in der sie ihre Verliebtheit in Lew Tolstoj literarisch verarbeitet. »Seit meinem elften Lebensjahr bis zu meiner Ehe führte ich ein Tagebuch, doch habe ich leider alle meine Papiere vor meiner Hochzeit verbrannt«, heißt es in Tolstajas Erinnerungen *Mein Leben*. »Unter ihnen war auch eine lange Erzählung, deren Sujet unserem Leben entsprang. Ich beschrieb in ihr uns drei Schwestern, unsere Verliebtheiten, die Beziehungen untereinander in unserem Hause, die unterschiedlichsten Ereignisse.«

Auf Drängen Tolstojs gab Sofja ihm ihre Erzählung zu lesen. »Er erzählte mir später«, berichtet Sofja Tolstaja in ihrem autobiographischen Text *Die Heirat*, »daß er in dieser Nacht nicht geschlafen habe und daß meine Ausführungen über [...] den Grafen Dublizki, in dem er sich wiedererkannt habe, ihn überaus bekümmert hätten.«

5 Im Juli 1862 hatte Tolstoj die Familie Behrs auf dem Landsitz des Großvaters der Behrs-Kinder, Iwizy, besucht. Dort war es zu einer ungewöhnlichen Liebeserklärung Tolstojs an Sofja gekommen. Tolstoj bat sie, anhand von Anfangsbuchstaben der Worte, die er auf einer Tafel notierte, seine Botschaft zu entschlüsseln.

6 »4 Uhr des Nachts«, heißt es in Tolstojs Tagebuch vom 13. September 1862. »Ich schrieb ihr einen Brief und übergebe ihn morgen, also heute, am 14.« Den Brief übergab Tolstoj allerdings erst am 16. September. »Der Brief war auf einem Viertel Bogen einfachen weißen Papiers geschrieben, das nicht mehr ganz sauber und etwas zerknittert war«, hielt Sofja Tolstaja in ihren Erinnerungen fest. »Am 16. September [...] war Lew Nikolajewitsch [Tolstoj] den ganzen Tag über bei uns zu Gast, und rief mich in einem unbeobachteten Moment ins Zimmer meiner Mutter, in dem sich gerade niemand aufhielt. ›Ich wollte Ihnen etwas sagen‹, begann er, ›doch ich konnte es nicht. Hier mein Brief, den ich bereits einige Tage mit mir herumtrage. Lesen Sie. Ich warte hier auf Ihre Antwort.‹ [...] Ich las bis zur Stelle ›Wollen Sie meine Frau wer-

den?‹ [...] Wie beflügelt lief ich die Treppe hinauf, flog am Eßzimmer und am Salon vorbei und stürmte in Mutters Zimmer. Lew Nikoalje-witsch stand, an die Wand gelehnt, in der Ecke des Zimmers und war-tete. Ich trat auf ihn zu, und er nahm meine Hände. ›Nun?‹ fragte er. ›Selbstverständlich: Ja!‹ antwortete ich.«

7 Landgut der Familie Tolstoj, ca. 35 km von Jasnaja Poljana entfernt. Wohnsitz des ältesten Bruders Lew Tolstojs, Sergej Nikolajewitsch Tolstoj.

8 Alexander Andrejewitsch Behrs (1845-1918), genannt Sascha, Bruder Sofja Andrejewna Tolstajas.

9 Sergej Nikolajewitsch Tolstoj (1826-1904), genannt Serjosha, Bruder Lew Tolstojs.

10 Tatjana Andrejewna Behrs (verheiratete Kusminskaja) (1846-1925), genannt Tanja, jüngere Schwester Sofja Andrejewna Tolstajas.

11 Tatjana Behrs und Sergej Tolstoj hatten eine zwei Jahre währende stür-mische, aber unstete Liebesbeziehung. 1865 wurde ein Heiratstermin festgelegt. Sergej Tolstoj, der in nichtehelicher Verbindung mit Maria Schischkina, einer Zigeunerin, die er einst von ihrer Sippe losgekauft hatte, und den gemeinsamen Kindern auf Pirogowo lebte, löste die Verlobung nach kurzer Zeit allerdings wieder. Tatjana Behrs unter-nahm daraufhin einen Selbstmordversuch.

12 Sergej Lwowitsch Tolstoj (28. Juni 1863-23. Dezember 1947), ge-nannt Serjosha, ältester Sohn der Tolstojs.

13 Im Herbst 1863 hatte Tolstoj mit der Arbeit an dem Roman *Krieg und Frieden* begonnen, die er 1869 abschloß. Während dieser sechs Jahre wurden drei Kinder geboren, und Sofja Andrejewna erlitt zwei Fehl-geburten.

14 Olga Jerschowa, Bäuerin aus Jasnaja Poljana. In ihrer Kindheit Schü-lerin in der Schule Tolstojs. Von kleinem Wuchs, deshalb »Mäuschen« genannt.

15 Tatjana Alexandrowna Jergolskaja (1792-1874), genannt »Tantchen«, Cousine zweiten Grades von Nikolaj Iljitsch Tolstoj, dem Vaters Lew Tolstojs. Sie lebte bis zu ihrem Tod bei der Familie Tolstoj auf Jasnaja Poljana. Pelageja Iljinitschna Juschkowa (1801-1875), Tante Tolstojs, bei der er und seine Geschwister nach dem Tod der Eltern in Kasan aufwuchsen.

16 Nikolaj Michailowitsch Rumjanzew (1818-1893), Koch der Familie Tolstoj.

17 Frz. »buchstäblich«.

18 Iwan Iwanowitsch Orlow, Gutsverwalter der Familie Tolstoj.

19 Früheres russ. Längenmaß. 1 Werst entspricht 1,067 Kilometern.

20 Maria Nikolajewna Tolstaja (1830-1912), genannt Mascha, Ma-schenka, einzige Schwester Lew Tolstojs.

21 Grigorij Sergejewitsch Tolstoj (1853-1928), genannt Grischa, Sohn Sergej Nikolajewitsch Tolstojs.

22 Beigefarbener Setter der Tolstojs.

23 Nikolaj Nikolajewitsch Bibikow (1840-1906), Bekannter der Familie Tolstoj.

24 So nannte man in der Familie Tolstoj die Töchter der Schwester Lew Tolstojs, Maria Nikolajewna Tolstajas, Warwara (1850-1922), genannt Warja (verheiratete Nagornowa), und Jelisaweta (1852-1935), genannt Lisa (verheiratete Obolenskaja). Der Begriff stammt aus einem literarischen Feuilleton, von dem bei einem Besuch in Jasnaja Poljana eine Bekannte berichtet hatte. Sie habe in der Zeitung gelesen, übergroße Wesen in der Art von Vögeln oder Drachen, die sich von Pflanzen ernährten, seien herbeigeflogen gekommen, und diese nenne man Sefiroten.

25 Nikolskoje-Wjasemskoje, Landgut der Familie Tolstoj, etwa 100 km von Jasnaja Poljana entfernt. Befand sich im Besitz des ältesten Tolstoj-Bruder, Nikolaj Nikolajewitsch Tolstoj (1823-1860), und war nach dessen Tod in den Besitz Lew Tolstojs übergegangen. Später im Besitz des Tolstoj-Sohnes Sergej.

26 »Ljowa«, »Ljowotschka«, »Ljowuschka« sind Anredeformen des Vornamens Lew.

27 Jassenki (heute: Schtschokino), Poststation in ca. 5 km Entfernung von Jasnaja Poljana. Seit 1867 Bahnstation.

28 Schulden des verstorbenen Bruders Dmitri Nikolajewitsch Tolstoj (1827-1856).

29 Sofja Tolstaja war im August 1864 im siebten Monat schwanger.

30 Tatjana Lwowna Tolstaja (verheiratete Suchotina) (4. Oktober 1864-21. September 1950), genannt Tanja, zweites Kind der Tolstojs.

31 Tolstoj war nach Moskau gereist, um sich nach einem Reitunfall auf der Jagd im September 1864 dort einer Operation an der Schulter zu unterziehen. Bei dem Unfall hatte Tolstoj sich die Schulter ausgerenkt und war von den Ärzten in Tula nur unzureichend behandelt worden.

32 Lew Tolstoj wohnte bei seinem Aufenthalt in Moskau in der Wohnung seiner Schwiegereltern, des Hofarztes Andrej Jewstafjewitsch Behrs (1808-1868) und Ljubow Alexandrowna Behrs, geb. Islawina (1826-1886), im sogenannten Ordonnanzhaus im Kreml.

33 Seit Beginn der Niederschrift an *Krieg und Frieden* unterstützte Sofja Tolstaja ihren Mann bei seiner schriftstellerischen Tätigkeit. Beim Schein der Kerze, wenn alle Pflichten der Hausfrau und Mutter erledigt waren, saß sie oft bis tief in die Nacht kurzsichtig über die mit der großen, unleserlichen Handschrift ihres Mannes beschriebenen Blätter gebeugt und übertrug seine Arbeit ins reine. »Wie müde ich auch

immer gewesen sein mag, welcher Stimmung, ob gesund oder krank, nahm ich am Abend das von Lew Nikolajewitsch am Vormittag Geschriebene und schrieb alles ins reine«, heißt es in ihrer Autobiographie *Mein Leben.* »Am nächsten Tag streicht er vieles wieder durch, setzt etwas hinzu, schreibt noch ein paar Seiten – sofort nach dem Essen nehme ich es mir wieder vor und schreibe erneut alles ins reine. Es ist unmöglich, zu zählen, wie oft ich *Krieg und Frieden* abgeschrieben habe.«

34 Das Ende dieses Briefes ist nicht erhalten.

35 Jelisaweta Andrejewna Behrs.

36 Nikolaj Alexejewitsch Ljubimow (1830-1896), Professor der Physik an der Moskauer Universität, Mitarbeiter der Zeitschrift *Russki Westnik* [*Russischer Bote*], in der bereits verschiedene Werke Tolstojs publiziert worden waren.

37 Michail Nikiforowitsch Katkow (1818-1887), Verleger, Redakteur der Literaturzeitschrift *Russki Westnik.*

38 Antwort Sofja Tolstajas auf ein Telegramm ihres Mannes vom 25. November 1864, in dem er mitteilte, er habe sich auf ärztlichen Rat gegen eine Operation entschieden.

39 Fürstin Maria Bolkonskaja aus *Krieg und Frieden.*

40 Fürst Andrej Bolkonski aus *Krieg und Frieden.*

41 Fürst Nikolaj Andrejewitsch Bolkonski aus *Krieg und Frieden.*

42 Frz. »Sohn«.

43 Iwan Alexejewitsch (1814-1884), Bediensteter der Familie Tolstoj.

44 Adolf Fjodorowitsch Redlich, Arzt und Inhaber eines Instituts für Krankengymnastik.

45 Baron Michail Lwowitsch Bode (1824-1907), Sohn des Präsidenten des Moskauer Hofkontors, Gesellschaftslöwe.

46 Frz. »Meine Liebe«.

47 Stepan Andrejewitsch Behrs (1855-1910), genannt Stjopa, Bruder Sofja Tolstajas.

48 Wjatscheslaw Andrejewitsch Behrs (1861-1907), Bruder Sofja Tolstajas.

49 Maria Nikolajewna Tolstaja.

50 Sergej Nikolajewitsch Tolstoj.

51 Jelisaweta Tolstaja, eine der Sefiroten.

52 Kleiner Eichenwald auf Jasnaja Poljana.

53 Am 30. November feierte Tolstajas Vater Andrej Behrs seinen Namenstag.

54 Sofja Tolstajas Brief vom 26. November 1864, mit dem sie die von ihr angefertigte Reinschrift nach Moskau sandte.

55 Frz. »Gleichgewicht«.

56 Iwan Sergejewitsch Aksakow (1823-1886), Publizist, Dichter, Verleger.

57 Sofja Tolstaja erläutert: »Beim ersten gemeinsamen Aufenthalt während unserer Ehe in Moskau besuchte Lew Nikolajewitsch Iw. Ser. Aksakow. Er hatte versprochen, mich im Kreml abzuholen, damit wir dann gemeinsam nach Hause zurückkehrten. Bei Aksakow vergaß er über den Gesprächen die Zeit und kam erst gegen 4 Uhr morgens, während ich schrecklich beunruhigt und in Tränen aufgelöst war.«

58 Nil Alexandrowitsch Popow (1833-1897), Professor für russische Geschichte an der Universität Moskau.

59 Nikolaj Wassiljewitsch Netschajew (1818-1872), Chirurg.

60 Frz. »Heim«.

61 Titel einer Romanze.

62 Oper von Michail Glinka (1804-1857).

63 Pjotr Andrejewitsch Behrs (1849-1910), genannt Petja, jüngerer Bruder Sofja Tolstajas.

64 Agafja Michailowna (1808-1896), Hausmädchen der Großmutter Tolstojs. Sie lebte bis zu ihrem Tod auf Jasnaja Poljana und wurde in der Familie ihrer Tierliebe wegen »Hundegouvernante« genannt.

65 Alexej Michailowitsch Shemtschushnikow (1821-1908), russischer Dichter.

66 In der linken Ecke des Briefbogens, auf dem dieser Brief Tolstojs verfaßt ist, befindet sich der Stempel *Woin*. Die Ortschaft Woin und das Landgut der Familie Nowosilzow ist etwa dreizehn km südwestlich Moskaus im Gouvernement Orlow gelegen.

67 Familie Nowosilzow, Bekannte der Tolstojs.

68 Pjotr Petrowitsch Nowosilzow (1797-1869) diente in seiner Jugend als Kavalleriegardist und hatte 1812 am Krieg gegen Napoleons Grande Armée teilgenommen, der mit dem Sieg Rußlands geendet hatte.

69 Frz. »Aussichtspunkte«.

70 Frz. »Ich bin der ergebene Diener der Gräfin«.

71 Überzeugt, es dürfe in ihrer Beziehung keine Geheimnisse geben, lasen die Tolstojs gegenseitig ihre Tagebücher. Die Tagebücher der Tolstojs waren somit auch Instrumente in einer Kommunikation von schonungsloser Offenheit, die in den späteren Jahren der Ehe häufig dazu benutzt wurde, einander Verletzungen zuzufügen.

72 Tolstaja bezieht sich hier auf das Kap. 3 des zweiten Teils von *Krieg und Frieden*, in dem Tolstoj die Ankunft des Generals Karl Mack im Generalstabquartier Kutusows nach der Niederlage der österreichischen Armee im Jahr 1805 beschreibt.

73 Michail Sergejewitsch Baschilow (1820-1870), Maler und Illustrator. Lew Tolstoj hatte bei Baschilow Illustrationen für *Krieg und Frieden* in Auftrag gegeben.

74 Ilja Lwowitsch Tolstoj (22. Mai 1866-11. Dezember 1933), genannt Iljuscha, drittes Kind der Tolstojs.

75 Natalja Petrowna Ochotnizkaja, Gesellschafterin Tatjana Alexandrowna Jergolskajas.

76 Iwan Sergejewitsch Turgenjew (1818-1883), russischer Schriftsteller.

77 Alexander Pawlowitsch Raswetow (gest. 1902), Assistentsarzt an der Moskauer Universitätsklinik. Ab 1874 ordentlicher Professor.

78 Daniil-Karl Iwanowitsch Richau (1827-1883), Kupferstecher, Begründer des Xylographischen Instituts in Moskau.

79 Jekaterina Jegorowna Böse, Gouvernante bei der Familie Behrs.

80 Hannah Tarsey (geb. um 1845) kam 1866 als Gouvernante der Tolstoj-Kinder nach Jasnaja Poljana und blieb bis 1872 in Diensten der Familie.

81 Frz. »ermutigend«.

82 Die Bahnstrecke Moskau–Serpuchow–Tula wurde am 17. November 1866 in Betrieb genommen.

83 Engl. »wie schön«.

84 Engl. »Land«.

85 Engl. »sehr glücklich«.

86 Russ.: »Dienstältester«.

87 Alexander Michailowitsch Kusminski (1843-1917), Cousin der Behrs-Kinder, seit 1867 Ehemann von Tatjana Behrs.

88 Frz. »spätestens«.

89 Pjotr Iwanowitsch Bartenjew (1829-1912), Herausgeber der Zeitschrift *Russki archiw* [*Russisches Archiv*].

90 Grigori Antonowisch Sacharin (1829-1896), Arzt und Professor an der Allgemeinmedizinischen Fakultät der Moskauer Universitätsklinik.

91 Michail Petrowitsch Pogodin (1800-1875), Historiker und Journalist.

92 Sergej Alexandrowitsch Sobolewski (1803-1870), Bibliograph.

93 Juri Fjodorowitsch Samarin (1819-1876), Schriftsteller.

94 Pjotr Karlowitsch Schtschebalski (1810-1880), Historiker und Publizist.

95 Theodor (Fjodor Fjodorowitsch) Ries, Besitzer einer Druckerei und Schriftgießerei in Moskau.

96 Tatsächlich erschien der letzte Band von *Krieg und Frieden* erst im Dezember 1869.

97 Im September 1867 war Tolstoj nach Borodino gereist, wo am 25.8./ 8.9.1812 im Krieg zwischen Frankreich unter Napoleon und dem Russischen Reich eine der blutigsten Schlachten dieses Krieges stattgefunden hatte. In *Krieg und Frieden* beschreibt Tolstoj ausführlich diese Schlacht, bei der beide Seiten große Verluste erlitten.

98 Diese Briefe Sofja Tolstjas sind nicht erhalten.

99 Alexandra Andrejewna Tolstaja (1817-1904), genannt Alexandrine, Tochter von Andrej Andrejewitsch Tolstoj, dem Großonkel Lew Tolstojs. Hofdame der Tochter des Zaren Nikolaj I., Großfürstin Maria

Nikolajewna, 1874 durch ein Reskript Alexanders II. in die Zahl der »Damen des hl. Katharinenordens« aufgenommen. Vertraute Tolstojs.

100 An der Südküste der Krim gelegene Sommerresidenz der Zarenfamilie.

101 Tolstoj war in Begleitung seines Dieners Sergej Arbusows auf der Reise ins Gouvernement Pensa, um dort ein zum Verkauf stehendes Landgut zu besichtigen.

102 Das auf dieser Reise erlebte »Grauen von Arsamas« beschreibt Tolstoj in der 1874 entstandenen Erzählung *Aufzeichnungen eines Wahnsinnigen.*

103 In Sofja Tolstajas Brief an ihren Mann vom 6. September 1869 heißt es: »Gestern Nacht, in nervöser Unruhe, konnte ich die schwarzen Gedanken an Dich nicht abschütteln. Kaum habe ich mich hingelegt, beginnt es irgendwo zu klopfen; ich denke: das sagt mir, daß Ljowotschka etwas passiert ist, das Klopfen ist merkwürdig, taub. Dann denke ich: es klopft gar nicht, ich verliere den Verstand. Ich habe den Kleinen schlafen gelegt und war voller Angst, horchte, blickte um mich, verfiel in Nachdenken.«

104 Stepan Andrejewitsch Behrs.

105 Kumys: Nationalgetränk der asiatischen Steppenvölker aus vergorener Stutenmilch, das als Nährmittel bei unterschiedlichen Krankheiten galt.

106 Tolstoj bezieht sich hier auf jenen Gemütszustand, den er in seinem Brief an seine Frau vom 4. September 1869 schilderte. Die Angstzustände, die ihn in Arsamas übermannten, wiederholten sich und wurden in der Familie Tolstoj als »das Grauen von Arsamas« bezeichnet.

107 Im Gouvernement Samara gelegene Ortschaft, wo Tolstoj einen Monat bei einer Kumys-Kur verbrachte.

108 Lew Lwowitsch Tolstoj (20. Mai 1869-18. Oktober 1945), genannt Ljolja, Ljowuschka, Ljowa, viertes Kind der Tolstojs.

109 Am 12. Februar 1871 war Tolstaja mit dem fünften Kind, der Tochter Maria, niedergekommen und danach schwer an Kindbettfieber erkrankt. »Alle erwarteten meinen Tod«, blickt Tolstaja in ihren Erinnerungen zurück, »und ich hörte in halb bewußtlosem Zustand wie Onkel Kostja, der dachte, ich sei nicht bei Bewußtsein und nähme nichts wahr, sagte: ›Sie wird wohl sterben.‹ [...] Ich bat, daß man nach dem Priester schicke und ließ die Kinder zu mir kommen. Die vier Kleinen kamen mit erschrockenen Gesichtern zu mir. [...] Ich bekreuzigte und küßte sie alle und war derart schwach, daß es mir nicht einmal leid tat. Dann kam der Priester und ruhig legte ich die Beichte ab und empfing die Kommunion.«

110 Afanassi Afanassjewitsch Fet (1820-1892), russischer Dichter und Übersetzer, Freund der Tolstojs.

111 Fürst Sergej Semjonowitsch Urussow (1827-1897), Freund Tolstojs seit der Zeit in der Armee.

112 Nach Abschluß des Romans *Krieg und Frieden*, an dem er von 1863 bis 1869 gearbeitet hatte, nahm Tolstoj ein Selbststudium des Altgriechischen auf. »Sie müssen alle Ihre Kraft aufwenden und verhindern, daß Lew Nikolajewitsch sich derart mit dem Griechischen abmüht, wie er dies tut«, heißt es in Anfanassi Fets Brief an Sofja Tolstaja. »Er muß sich doch auch einmal erholen.«

113 Frz. »Riesenschritte«. Rundlauf, Laufkarussell.

114 Pelageja Iljinitschna Juschkowa.

115 Der damals zweijährige Ljowuschka lernt gerade sprechen. *Babika* meint *babuschka*, russ. »Großmutter«.

116 Stepanida Trifonowna Iwanowa (gest. 1886), Haushälterin der Familie Behrs.

117 Natalja Petrowna Ochotnizkaja.

118 Iwan Suworow, Diener der Tolstojs.

119 Tolstojs Telegramm vom 29. Juni 1871 ist nicht erhalten.

120 Engl. »mehr«.

121 Die von Tolstaja hier beschriebene Episode fand Eingang in *Anna Karenina* (Teil 3, Kap. 8).

122 Maria Lwowna Tolstaja (12. Februar 1871-27. November 1906), genannt Mascha, fünftes Kind der Tolstojs.

123 Jegor Alexandrowitsch Timrot (gest. 1908), Rechtsanwalt, späterer Nachbar der Tolstojs im Gouvernement Samara.

124 Im Jahr 1862 war Tolstoj vor der Heirat mit Sofja Andrejewna bereits einmal dort zur Kumys-Kur gewesen.

125 Altes russ. Flächenmaß. Eine Desjatine entspricht 1,09 ha.

126 Die Büste seines verstorbenen Bruders Nikolaj hatte Lew Tolstoj nach dessen Totenmaske anfertigen lassen. Sie stand zeitlebens im Arbeitszimmer des Schriftstellers.

127 Arkadi Dmitrijewitsch Stolypin (1821-1899), General. Vater des späteren russischen Premierministers Pjotr Arkadjewitsch Stolypin (1862-1911). Freund Lew Tolstojs seit dessen Armeezeit. Bei Tolstojs erstem Aufenthalt in Baschkirien im Jahr 1862 diente Stolypin als Ataman in Uralsk.

128 Tatjana Kusminskajas Ehemann wurde 1871 als Bezirksstaatsanwalt nach Kutajs in den Kaukasus versetzt.

129 Sofja Pawlowna Timrot (1837-1922), Gattin von Jegor Alexandrowitsch Timrot, spätere Nachbarin der Tolstojs.

130 Engl. »Serjosha ist der Beste.«

131 Gemeint ist der sogenannte »Anke-Kuchen«, ein Festtagskuchen mit Zitronencremefüllung, der zu den zahlreichen Geburtstagen in der Familie zubereitet wurde (benannt ist er nach Professor Anke, einem

Bekannten des alten Doktor Behrs, von dem das Rezept stammt). Für Tolstoj symbolisierte dieser Kuchen die überkommenen Traditionen der Bourgeoisie.

132 Tatjana Andrejewna Kusminskaja.

133 Die erste Hälfte des Briefes schrieb Sergej Tolstoj, der älteste Sohn der Tolstojs, der mit dem Vater reiste: »Liebe Mamá, wir sind nunmehr auf dem Schiff, und meine Handschrift ist deshalb so schlecht, weil der Dampfer sehr unruhig fährt. Wir haben den Zug nach Nishni [Nowgorod] ohne Verspätung erreicht; wir hatten ausreichend Platz, denn in unserem Abteil saßen ein Deutscher und ein Jude. Ich schlief auf dem Boden, doch ich habe mich dort besser ausschlafen können als auf der Liege. Am Morgen kamen wir in Nishni an. Dort war ein schrecklicher Menschenauflauf, denn es war Markttag. Wir kauften Billetts für das Schiff Alexander II, das sehr groß ist und über zwei Decks verfügt. Wir sind jetzt zwischen Nishni und Kasan und werden übermorgen früh in Samara ankommen. [...] Leben Sie wohl, liebe Mamá, ich küsse Sie und alle anderen. Ihr Sohn Serjosha.«

134 Am 22. April 1874 war Sofja Tolstaja mit dem siebten Kind, dem Sohn Nikolaj, niedergekommen. Nikolaj verstarb im Februar 1875.

135 Am 9. November 1873 war der Sohn Pjotr, der am 13. Juni 1872 geboren worden war, verstorben. »Am Tag nach Deiner Abreise, d.h. gestern morgen, starb Petja, und heute wurde er beerdigt«, heißt es in Lew Tolstojs Brief vom 10. November 1873 an seinen Bruder Sergej. »Er erstickte an dem, was Krupphusten genannt wird. Das ist ein unbekanntes Gefühl für uns, es ist sehr schwer, besonders für Sonja.«

136 Maria Alexandrowna Kusminskaja (1869-1923), Tochter Tatjana und Alexander Kusminskis.

137 Nikolaj Walerjanowitsch Tolstoj (1850-1879), Neffe Lew Tolstojs.

138 Tolstoj fuhr nach Orenburg, um Zuchtpferde zu erwerben.

139 Anna Phillips, Gouvernante der Tolstoj-Kinder.

140 Die Tolstoj-Tochter Maria (»Mascha«) wurde *little Mascha* genannt, die um zwei Jahre ältere Kusminski-Tochter Maria *big Mascha*.

141 Jules Rey (geb. um 1848), aus dem Schweizer Kanton Fribourg stammender Hauslehrer der Tolstoj-Söhne während der Jahre 1875 bis 1878.

142 Frz. »Stundenplan«.

143 Gesellschafterin von Maria Dmitrijewna Djakowa (verheiratete Kolokolzewa) (1850-1903), der Tochter Dmitri Alexejewitsch Djakows (1823-1891), eines engen Freundes der Familie Tolstoj.

144 Sergej Arbusow, Bediensteter der Familie Tolstoj.

145 Alexander Grigorjewitsch Mitschurin, Musiklehrer der Tolstoj-Kinder.

146 Sergej Petrowitsch Botkin (1832-1889), bekannter Arzt.

147 Pjotr Andrejewitsch Behrs.

148 Wjatscheslaw Andrejewitsch Behrs.

149 Jelisaweta Andrejewna Behrs.

150 Dies war das erste Zusammentreffen Sofja Tolstajas mit Alexandra Andrejewna Tolstaja.

151 Russ. »Die Stimme«, Literaturzeitschrift.

152 Russ. »Neue Zeit«, Literaturzeitschrift.

153 In der Dezember-Nummer der Zeitschrift *Russki westnik* [*Russischer Bote*] des Jahres 1876 waren die Kapitel 20-29 des fünften Teils des Romans *Anna Karenina* erschienen, an dem Tolstoj mit Unterbrechungen von 1873 bis 1878 arbeitete.

154 Frz.: »zu früh«

155 Frz.: »Sie ist genau so, wie ich sie mir vorgestellt habe.«

156 Alexander Michailowitsch Islenjew (1794-1882), Großvater Sofja Tolstajas mütterlicherseits.

157 Familie des Onkels von Sofja Tolstaja, Wladimir Alexandrowitsch Islawin. Die Mutter Sofja Tolstajas und deren Geschwister entstammten einer nichtehelichen Verbindung der Fürstin Sofja Petrowna Koslowskaja und Alexander Michailowitsch Islenjews. Da die Vaterschaft Islenjews für die Kinder, die der Verbindung entstammten, nicht offiziell anerkannt werden konnte, trugen diese den erdachten Familiennamen Islawin, »was sie in ihrem späteren Leben oftmals in eine prekäre Lage brachte«, wie Tatjana Kusminskaja in ihren Erinnerungen schreibt.

158 Tolstojs Brief ist eine Nachschrift zum Brief der Tochter Tatjana, in dem es heißt: »Wir sind wohlauf, damit beginne ich, da ich weiß, wie sehr Sie sich unseretwegen Sorgen machen.«

159 Wladimir Iwanowitsch Roshdestwenski, Hauslehrer der Familie Tolstoj.

160 Tolstojs Stellungnahme im Epilog zu *Anna Karenina* gegen die Freiwilligenbewegung im Zusammenhang mit der Balkankrise führte zum Konflikt mit dem Herausgeber des *Russki westnik*, in dem *Anna Karenina* veröffentlicht worden war. Michail Katkow weigerte sich, den Epilog zu veröffentlichen und forderte, alle kritischen Aussagen zu streichen. Erbost zog Tolstoj das Manuskript zurück und publizierte den Epilog als gesondertes Heft.

161 Nikolaj Nikolajewitsch Strachow (1828-1896), Philosoph und Literaturkritiker, enger Freund Tolstojs.

162 *Optina Pustyn*: Das in einer ehemaligen Einsiedelei gelegene *Heilige-Mariä-Tempeleinzugs-Kloster* war im 19. Jahrhundert eines der bedeutendsten Zentren der russischen Orthodoxie.

163 Fürst Dmitri Alexandrowitsch Obolenski (1822-1881), Mitglied des Staatsrats, Bekannter der Tolstojs.

164 Andrej Lwowitsch Tolstoj (6. Dezember 1877-24. Februar 1916), genannt Andrjuscha, neuntes Kind der Tolstojs.

165 Engl.: »Idiot«

166 M-r. Nief, d. i. Jules Vicomte de Montels, Erzieher der ältesten Tolstoj-Söhne. Franzose, der als einstiger Kommunarde in Rußland in der politischen Emigration lebte.

167 Alexandra Andrejewna Tolstaja.

168 Baron Rodrich Grigorjewitsch Bistrom (1809-1886). Tolstoj kaufte im Jahr 1878 bei Bistrom 4022 Desjatinen Land im Gouvernement Samara.

169 Falsche Übermittlung, soll heißen: Mamá.

170 Erste größere Bahnstation zwischen Moskau und Nishni Nowgorod, ca. 60 km von Moskau entfernt.

171 Am 20. Februar 1875 war der noch nicht einjährige Tolstoj-Sohn Nikolaj an einer Hirnhautentzündung gestorben.

172 Fuhrmann vor Ort.

173 Ortschaft ca. 15 km entfernt vom neu erworbenen Landgut der Tolstojs.

174 Alexej Alexejewitsch Bibikow (1837-1914), Bekannter der Tolstojs aus Tula und Anhänger der Ideen Tolstojs; stand von 1878 bis 1884 deren Landgut im Gouvernement Samara als Verwalter vor.

175 Sofja Tolstaja merkte hierzu an: »Ich verübelte die Erwähnung Gottes zuweilen deshalb, weil durch sie alle Sorgen, die den Alltag betrafen, zur Seite gewischt wurden.«

II. Krise und Umschwung

1 Antoni (Medwedew) (nach 1803-1880), ältester Beichtvater des Kiewer Höhlenklosters.

2 Im September 1879 war Sofja Tolstaja im siebten Monat mit dem zehnten Kind Michail, genannt Mischa (20. Dezember 1879-19. Oktober 1944), schwanger.

3 Tolstoj-Tochter Tatjana.

4 Jelisaweta Walerjanowna Obolenskaja.

5 *Swjato-Troizkaja Sergijewa Lawra* (»Kloster der Dreifaltigkeit und des heiligen Sergius«), ca. 70 km nordöstlich von Moskau gelegen. Um 1340 vom heiligen Sergius von Radonesch gegründet, gilt es seit Jahrhunderten als eines der bedeutendsten Zentren der russ. Orthodoxie.

6 d. i. der 2. Oktober 1879.

7 Kontor für Vermittlung von Hauslehrern und Gouvernanten.

8 Bezirkshauptstadt im Gouvernemt Tula.

9 In Begleitung seines Dieners Sergej Petrowitsch Arbusow (1849-

1904) und des Lehrers der Dorfschule von Jasnaja Poljana, Dmitri Fjodorowitsch Winogradow, unternahm Tolstoj eine Pilgerwanderung zum Kloster in Optina Pustyn.

10 Im Juni 1881 hatte Sergej, der älteste Sohn der Tolstojs, das 18. Lebensjahr vollendet. Seine Schulbildung, die er im Hausunterricht erwarb, war abgeschlossen, er hatte die Hochschulreife erlangt und wollte ein Studium aufnehmen. Ilja und Lew, 15 und 12 Jahre alt, sollten aufs Gymnasium gehen, die 17jährige Tanja zeigte Begabung zum Malen und sollte mit Unterricht gefördert werden. Es gelang Sofja Tolstaja, ihren Mann von der Notwendigkeit eines Winterquartiers in Moskau zu überzeugen, um den Kindern eine standesgemäße Bildung zukommen zu lassen.

Das Wolkonski-Haus mietete die Tolstaja schließlich an. Die Familie Tolstoj lebte dort im Winter 1881/82.

11 Tolstoj war mit dem Sohn Sergej auf das Landgut im Gouvernement Samara gefahren.

12 Tatjana, Ilja, Lew, Maria, Andrej, Michail. Michail Lwowitsch Tolstoj (20. Dezember 1879-19. Oktober 1944), genannt Mischa, zehntes Kind der Tolstojs.

13 Sofja Tolstaja war im sechsten Monat schwanger. Am 31. Oktober 1881 wurde das elfte Kind der Tolstojs, Alexej, genannt Aljoscha, geboren. Alexej verstarb am 18. Januar 1886.

14 Wassili Iwanowitsch Alexejew (1848-1919), ehemaliger Lehrer der ältesten Tolstoj-Kinder, lebte seit 1881 im Gouvernement Samara, wo er bei den Tolstojs ein Stück Land pachtete. Anhänger der Ideen Tolstojs.

15 Alexej Alexejewitsch Bibikow.

16 Russ. »Milchtrinker«. Christliche Religionsgemeinschaft. Im 18. Jahrhundert entstanden, verwarfen die Molokanen Priestertum, Riten und Fastengebote der orthodoxen Kirche. Der Genuß von in der Fastenzeit verbotenen Milchspeisen führte zu ihrem Namen. Im zaristischen Rußland der Verfolgung ausgesetzt.

17 Vermutlich *Konkordanz und Auslegung der vier Evangelien* (1882).

18 Russ. »Sabbatiner«. Christliche Religionsgemeinschaft, Anhänger der Sabbatruhe. Seit den 1880er Jahren wurden Anhänger der Sekte nach Sibirien und in den südlichen Kaukasus verbannt.

19 Diese Briefe Sofja Tolstajas sind nicht erhalten.

20 Frz. »Mahlzeiten«.

21 Die Tolstoj-Tochter Tatjana und Tatjana Kusminskaja.

22 Jelisaweta Alexandrowna Malikowa, Adoptivtochter Wassili Alexejews.

23 Vera Alexandrowna Kusminskaja (1871–um 1940), Tochter Tatjana Kusminskajas und Alexander Kusminskis.

24 Pjotr Andrejewitsch Behrs.

25 Altes russ. Längenmaß. 1 Sashen entspricht drei Arschin = 2,1336 m.
26 In Gedenken an die Krönung Zar Alexanders II. am 26. August
   1856.
27 Tolstojs Schwester Maria Tolstaja mit ihrer Tochter Jelena Sergejewna
   (verheiratete Denisenko) (1863-1942), die ihrer unehelichen Verbindung mit dem Schweden Hector de Kleen entstammte.
28 Konstantin Alexandrowitsch Islawin (1827-1903), Onkel Sofja Tolstajas.
29 Familie Olsufjew, gute Bekannte der Familie Tolstoj.
30 Jelisaweta Obolenskaja.
31 Wassili Kirillowitsch Sjutajew (1819-1892), Bauer aus dem Gouvernement Twer, dessen Bekanntschaft Tolstoj im Herbst 1881 gemacht
   hatte; Gründer einer christlichen Gemeinschaft. Sjutajew lehnte die
   kirchlichen Riten ebenso ab wie Tolstoj, predigte die Gemeinschaft
   aller Menschen in Brüderlichkeit und Nächstenliebe, lebte in einer Art
   Kommune ohne Eigentum und stand im Ruf, ein Prophet zu sein. Der
   Maler Ilja Repin (1844-1930) portraitierte Sjutajew bei einem Besuch
   bei den Tolstojs in Moskau (*Der Geistliche W. K. Sjutajew*, 1882, Tretjakow Galerie, Moskau).
32 Tolstoj bezieht sich hier auf einen unveröffentlichten Brief seiner Frau
   vom 2. Februar 1882.
33 Alexej Stepanowitsch Orechow (gest. 1882), einstiger Bediensteter
   der Familie Tolstoj, zu jener Zeit Verwalter des Landguts.
34 *Was sollen wir denn tun?*.
35 Am 23., 24. und 25. Januar 1882 fand in Moskau eine Volkszählung
   statt, an der Tolstoj teilnahm.
36 Weißbrot, entweder rund und hoch oder in Form eines Ringes, mitunter geflochten.
37 Tolstoj und der Sohn Ilja.
38 Michail Fomitsch Krjukow (1852-1918), bis 1877 Hausdiener der
   Tolstojs, auch später zeitweise in Diensten der Familie Tolstoj.
39 *Revue des deux mondes* (frz. »Rundschau beider Welten«), französische Halbmonatsschrift.
40 Agafja Michailowna, eine der Bediensteten in Jasnaja Poljana.
41 Walerija Wladimirowna Arsenjewa (1836-1909), Tochter eines Nachbarn Tolstojs. In den Jahren 1856/57 hatte Tolstoj über eine Ehe mit
   Arsenjewa nachgedacht.
42 Wassili Iwanowitsch Alexejew.
43 Iwan Alexandrowitsch Arnautow, Besitzer des Hauses Nr. 21 in der
   Dolgo-Chamownitscheski-Gasse.
44 Im Mai 1882 hatte Tolstoj seine Frau mit der Mitteilung überrascht, er
   werde ein anderes Haus suchen, das für die Familie geeigneter sei. Im
   Sommer 1882 kauften die Tolstojs das Haus Nr. 21 in der Dolgo-Cha-

mownitscheski-Gasse, das bis zu Tolstojs Tod im Besitz der Familie blieb.

45 Frz. »Im Kreise der Familie«.

46 Alexander Andrejewitsch Behrs.

47 Die Tolstoj-Tochter Tatjana.

48 Frz. »Daß sie die Mamá macht«.

49 *Staatliche Tretjakow-Galerie*, Kunstmuseum in Moskau, das aus der Kunstsammlung des Kaufmanns Pawel Michailowitsch Tretjakow (1832-1898) entstand. 1874 als privates Kunstmuseum gegründet, schenkte Pawel Tretjakow seine sowie die Sammlung seines verstorbenen Bruders Sergej 1892 der Stadt Moskau. 1893 wurde das Museum als *Moskauer Städtische Kunstgalerie Pawel und Sergej Michailowitsch Tretjakow* eröffnet.

50 Die Tolstoj-Tochter Tatjana zeigte malerische Begabung und erhielt seit Mitte der 1870er Jahre Mal- und Zeichenunterricht.

51 Sergej Andrejewitsch Jurjew (1821-1888), Redakteur der Zeitschrift *Russkaja mysl* [*Russische Idee*], in der Tolstojs *Beichte* erscheinen sollte. Die Veröffentlichung wurde allerdings von den Zensurbehörden verboten.

52 Das Haus, das die Familie Tolstoj 1881 bei der Familie Wolkonski angemietet hatte.

53 Sergej Petrowitsch Arbusow, Bediensteter der Familie Tolstoj.

54 Die Tolstoj-Söhne Sergej, der die Universität besuchte, und Ilja, dessen Unterricht am Gymnasium bereits begonnen hatte.

55 Am 2. Oktober 1882 teilte Tolstoj seiner Frau mit, daß für Dienstag, den 5. Oktober 1882 alles zur Ankunft der Familie vorbereitet sei.

56 Frz. »Alles wird für den, der zu warten weiß, rechtzeitig kommen.«

57 Zusatz Tatjana Tolstajas: »Papá, bitte entzünde viele Kerzen und Lampen zu unserer Ankunft, damit Mamá das Haus einladend erscheint und der erste Eindruck ein angenehmer ist. Wir sind von Deinem Telegramm nicht allzusehr erschreckt, wir langweilen uns hier nicht, allein, es ist traurig, nicht bei Euch zu sein. Tanja.«

58 Fast das gesamte Dorf Jasnaja Poljana war im April 1883 einem Großbrand zum Opfer gefallen.

59 Russ. »ein Viertel«. Bis Mitte des 19. Jahrhunderts gültiges russ. Getreidemaß, entspricht etwa 209,91 Litern.

60 Frz. »Mit immer neuem Vergnügen«.

61 Anna Seuron (1845-1922), Gouvernante der Tolstoj-Kinder. Autorin der Erinnerungen *Graf Leo Tolstoi. Intimes aus seinem Leben*, 1895.

62 Alexej Alexejewitsch Bibikow.

63 Wassili Iwanowitsch Alexejew.

64 Engl. »Ich hoffe«.

65 *Worin besteht mein Glaube?*

66 Krapiwna, Bezirkshauptstadt im Gouvernement Tula.

67 *Worin besteht mein Glaube?*

68 Konstantin Alexandrowitsch Islawin.

69 Illarion Michailowitsch Prjanischnikow (1839-1894), Genremaler, gehörte, wie auch Ilja Repin, der Gruppe der *Peredwishniki* [*Wanderer*] an.

70 Wladimir Jegorowitsch Makowski (1846-1920), Genremaler, illustrierte 1883 gemeinsam mit Ilja Repin, Viktor Michailowitsch Wasnezow (1848-1926) und Wassili Iwanowitsch Surikow (1848-1916) den Band *Erzählungen für Kinder von I. S. Turgenjew und L. N. Tolstoj.*

71 Iwan Michailowitsch Iwakin (1855-1910), Philologe, Hauslehrer der Tolstoj-Söhne.

72 Tolstaja bezieht sich auf einen Satz des Aufsatzes *Worin besteht mein Glaube?* In der Endfassung lautet der Satz: »Der Erlöser sollte einzig Erlöser sein, d. h. einzig erlösen.«

73 Miss Lake, die Sofja Tolstaja in ihren Erinnerungen *Mein Leben* wie folgt charakterisierte: »Miss Lake war eine ernsthafte und ehrliche junge Frau mit religiösen Prinzipien und gewissenhafter Pflichterfüllung.«

74 Sofja Tolstaja war Ende 1883 zum vierzehnten Mal schwanger.

75 Seit Anfang der 1880er Jahre bedachte Tolstoj in seinen Briefen und Tagebüchern alles die Zukunft betreffende mit dem Spruch: »Sollte ich am Leben bleiben«.

76 Jagdhund der Familie Tolstoj.

77 Frz. »Schreibmaschine«.

78 Fürst Wladimir Andrejewitsch Dolgorukow (1810-1891), 1865-1891 Generalgouverneur von Moskau.

79 Russ. »Der Kleine«, Iljas Hund.

80 Wladimir Grigorjewitsch Tschertkow (1854-1936), Freund und leidenschaftlicher Verehrer Lew Tolstojs, Sohn einer vermögenden Familie der besten Petersburger Hocharistokratie mit Verbindungen zum Zarenhof. Er schlug zunächst eine militärische Karriere ein, die er im Alter von 25 Jahren aufgab, um sein Leben der Wohltätigkeit für die Landbevölkerung zu widmen. 1897 aus Rußland verbannt, gab er in England Tolstojs in Rußland von der Zensur nicht zur Veröffentlichung freigegebene Werke heraus. Nach seiner Rückkehr nach Rußland 1907 wurde er zunehmend zum Gegenspieler Sofja Tolstajas.

81 Philip Rodionowitsch Jegorow (1839-1895), Kutscher der Familie Tolstoj.

82 Sammlung von Volksliedern.

83 Wlas Anisimowitsch Worobjow (1853-1929), Bauer in Jasnaja Poljana, Hausknecht der Familie Tolstoj.

84 Nikolaj Michailowitsch Rumjanzew, einstiger Koch der Familie Tolstoj, der bereits auf dem Altenteil war.

85 Michel de Montaigne (1533-1592), Politiker und Philosoph.

86 Mitrofan Nikolajewitsch Michailow, Verwalter auf Jasnaja Poljana.

87 Seinen neuen Überzeugungen folgend arbeitete Tolstoj an der Vereinfachung des Lebens und versuchte, allem vermeintlichen Luxus zu entsagen. Er trug einen Bauernkittel, verzichtete auf die Dienste des Hauspersonals und brachte am Morgen selbst das Nachtgeschirr hinaus, fegte sein Zimmer aus und räumte auf, hackte Holz, heizte den Ofen, kümmerte sich selbst um Kleidung und Schuhe. Da er zur Überzeugung gelangt war, daß der Mensch alle zum Leben notwendigen Dinge selbst erarbeiten und herstellen müsse, begann Tolstoj, das Schuhmacherhandwerk zu erlernen. Er machte einen Meister ausfindig, kaufte Handwerkszeug und ließ sich im Stiefelnähen unterweisen.

Zahlreiche Verwandte und Freunde erhielten von Tolstoj gefertigte Schuhe. Die meisten betrachteten diese freundschaftlichen Gaben mit milder Ironie. So sandte sein Freund Afanassi Fet statt eines Dankschreibens eine Bescheinigung darüber, daß diese Schuhe vom Grafen Tolstoj, dem Autor von *Krieg und Frieden* kunstvoll gefertigt seien, und Michail Suchotin, der spätere Ehemann seiner Tochter Tatjana, stellte die ihm geschenkten Schuhe neben die zwölfbändige Gesamtausgabe der Werke Tolstojs ins Regal und versah sie mit der Aufschrift: »Band XIII.«

88 In ihrem Brief vom 29. Januar 1884 hatte Sofja Tolstaja ihrem Mann geschrieben: »Marakujew sagte mir, Dein neues Buch [*Worin besteht mein Glaube?*] sei von der staatlichen nun an die geistliche Zensurbehörde übergeben worden. Der Archimandrit, Vorsitzender des Zensurkomitees, habe es bereits gelesen und gesagt, dieses Buch enthalte so viele erhabene Wahrheiten, daß es unmöglich sei, diese nicht anzuerkennen, und er sehe keine Notwendigkeit, das Buch nicht freizugeben. Doch ich befürchte, daß Pobedonoszew mit der ihm eigenen Taktlosigkeit und Pedanterie auch dieses Buch verbieten wird.« Konstantin Petrowitsch Pobedonoszew (1827-1907), Senator in Sankt Petersburg, Mitglied des Kaiserlichen Rates und seit 1880 Oberprokurator des Heiligen Synod Rußlands. Während der Amtszeit Alexanders III. und zu Beginn der Herrschaft Nikolajs II. war Pobedonoszew eine der einflußreichsten Politiker des Russischen Reiches und größtenteils verantwortlich für den konservativen Umschwung.

89 Russ. *másleniza* von russ. *máslo*: »Butter«. Traditionelles Fest zum Ende des Winters. Wie der Karneval ursprünglich ein heidnischer Brauch, der seit der Christianisierung jedoch mit dem christlichen Festzyklus korrespondiert und vor der großen Fastenzeit vor Ostern begangen wird. Der Verzehr von Fleisch ist bereits untersagt, Milchprodukte dürfen jedoch noch verzehrt werden.

90 Étienne de La Boétie (1530-1563), frz. Schriftsteller, Freund Michel de Montaignes.

91 Andrian Grigorjewitsch Bolchin (geb. 1866), Bauer aus Jasnaja Poljana.

92 *Kritik der dogmatischen Religion.*

93 Sergej Alexejewitsch Pisarew (um 1855-1909) war bei einem Duell mit Sofja Tolstajas Bruder Alexander Behrs verletzt worden. Tolstaja schreibe diesbezüglich am 22. Oktober 1884 an ihren Mann: »Gestern abend war Stachowitsch bei uns und teilte mit, daß Pisarews Zustand unverändert, jedoch nicht lebensbedrohlich sei.«

94 Russ. »Das russische Altertum«, russ. Monatsschrift.

95 Kapitel 11 und 12 der *Kritik der dogmatischen Religion.*

96 Alexandra Lwowna Tolstaja (18. Juni 1884-26. September 1979), genannt Sascha, zwölftes Kind der Tolstojs.

97 Dieser Brief Sofja Tolstajas vom 24. Oktober 1884 ist nicht erhalten. Drei Wochen nach Tolstajas Niederkunft mit der Tochter Alexandra war es nach einem heftigen Streit der Eheleute zu einem von Sofja Tolstaja ungewolltem Geschlechtsverkehr gekommen, der zu gynäkologischen Komplikationen führte.

98 Jekaterina Nikolajewna Kaschewskaja (verheiratete Fridman; 1862-1939), Musik- und Französischlehrerin.

99 Engl. »Etwas mehr«.

100 Tatjana Tolstaja arbeitete an einer Kopie eines Tolstoj-Portraits von Ilja Repin.

101 Altes russ. Längenmaß. 1 Arschin entspricht 71,12 cm.

102 Sohn des Kutschers Philip.

103 *Was sollen wir denn tun?*

III. Dogma und Leben

1 Dieser Brief Sofja Tolstajas ist nicht erhalten.

2 Tolstoj bezieht sich hier auf sein Traktat *Was sollen wir denn tun?*, das im Dezember 1884 in Druck gegeben worden war und dessen erste Kapitel in der Januar-Ausgabe der Zeitschrift *Russkaja mysl* erscheinen sollte. Die Schrift wurde von den Zensurbehörden allerdings nicht zur Veröffentlichung freigegeben, doch sie zirkulierte in Abschriften. Tolstojs Ausführungen in dem Traktat, in dem er die Verwerflichkeit des gesellschaftlich anerkannten Lebens, welches seine Familie führte, beklagte, führten zu Auseinandersetzungen mit seiner Frau.

3 Jakow Petrowitsch Kurnosenkow (geb. 1862), Bauer aus Jasnaja Poljana.

4 Sofja Tolstajas Schwester Tatjana Kusminskaja und deren Familie.

5 Buchgroßhändler.

6 1885 nahm Sofja Tolstaja ihre Tätigkeit als Verlegerin der Werke ihres Mannes auf. »Unerfahren, ohne eine Kopeke Kapital begann ich von Grund auf das Verlagsgeschäft, den Verkauf und die Subskriptionen der Werke L. N. Tolstois zu erlernen«, berichtet Sofja Tolstaja in ihrer *Kurzen Autobiographie.* »Ich hatte die Verwaltung unserer Güter und alle anderen Geschäfte zu führen. Wie schwierig war all dies neben der großen Familie und ohne jegliche Erfahrung! Wiederholt hatte ich auch mit der Zensur zu tun und mußte deshalb bisweilen nach Petersburg reisen.«

7 Michail Matwejewitsch Stasjulewitsch (1826-1911), Inhaber des Verlags *Westnik Jewropy* [*Europäischer Bote*].

8 Wjatscheslaw Konstantinowitsch Plewe (1846-1904), seit 1881 Direktor des Departements des Staatlichen Sicherheitsdienstes des Innenministeriums. 1884-1894 Senator und Assistent des Innenministers, ab 1902 bis zu seiner Ermordung am 8. Januar 1904 Innenminister und Polizeipräsident Rußlands. Vertreter einer äußerst reaktionären Linie, fiel einem Attentat zum Opfer.

9 Sofja Tolstajas Bemühungen um die Freigabe des Aufsatzes *Worin besteht mein Glaube?* durch die Zensurbehörden waren allerdings vergeblich.

10 Begründet durch die seit 1764 von Katharina der Großen erworbenen Kunstsammlung, die im Sankt Petersburger Winterpalast ausgestellt wurde, ist die Ermitage seit 1852 öffentliches Museum und gilt heute als eines der bedeutendsten Museen weltweit.

11 Sofja Tolstaja wurde auf ihrer Reise nach Sankt Petersburg von ihrer Tochter Tatjana begleitet.

12 Auf einer Postkarte vom 19. Februar 1885 hatte Tolstoj seiner Frau mitgeteilt, »[...] meine Grippe ist schlimmer geworden«.

13 In der ersten Hälfte der 1880er Jahren pflegten die Tolstojs eine intensive Freundschaft mit Leonid Dmitriejwitsch Urussow (gest. 1885).

14 Engl. »Wie ein Gentleman«.

15 Jekaterina Nikolajewna Schostak (gest. 1904), Direktorin eines Kaiserlichen Mädchenpensionats in Sankt Petersburg, entfernte Verwandte Sofja Tolstajas.

16 Frz. »Sophie, bleiben Sie.«

17 Frz. »Die Kaiserin wird Madam Schostak einen Besuch abstatten.«

18 Frz. »Sophie, kommen Sie, und Tanja auch.«

19 Maria Fjodorowna (1847-1928), Witwe Alexanders III., Mutter des Zaren Nikolaj II..

20 Frz. »Meine Tochter.«

21 Frz. »Sind Sie bereits lange hier in Petersburg?«

22 Frz. »Nein, Madame, erst seit gestern.«

23 Frz. »Ihrem Mann geht es gut?«

24 Frz. »Ihre Majestät ist überaus gütig, ja, es geht ihm gut.«

25 Frz. »Ich hoffe, er schreibt etwas?«

26 Frz. »Nein, Madame, im Moment schreibt er nicht, doch mir scheint, er gedenkt etwas für die Schulen zu schreiben, etwas im Stile von ›Wovon die Menschen leben‹.«

27 Frz. »Er wird nie wieder Romane schreiben, so sagte er der Gräfin Alexandrine Tolstoj.«

28 Frz. »Wünschen Sie dies denn nicht, das erstaunt mich.«

29 Frz. »Ich hoffe, die Kinder Ihrer Majestät haben die Bücher meines Mannes gelesen?«

30 Frz. »Oh, das glaube ich wohl.«

31 Das Ende des Briefes ist nicht erhalten.

32 Stadt nahe Sankt Petersburg, berühmt durch die klassizistische Sommerresidenz der Zarenfamilie und deren Parkanlage.

33 Henry George (1839-1897), amerikanischer Sozialphilosoph und Bodenreformer. 1879 war seine Schrift *Progress and Poverty* [*Fortschritt und Armut*] erschienen.

34 Konstantin Alexandrowitsch Islawin.

35 Anspielung auf das Lukas-Evangelium (2, 25-32): »In Jerusalem lebte damals ein Mann namens Simeon. [...] Vom heiligen Geist war ihm geoffenbart worden, er werde den Tod nicht schauen, ehe er den Messias des Herrn gesehen habe. Jetzt führte ihn der Heilige Geist in den Tempel. Und als die Eltern Jesus hereinbrachten, um zu erfüllen, was das Gesetz verlangte, nahm Simeon das Kind in seine Arme und pries Gott mit den Worten: ›Nun läßt du, Herr, deinen Knecht, wie du gesagt hast, in Frieden scheiden.‹«

36 Palastanlage bei Sankt Petersburg, gilt als russisches Versailles. Tolstaja verwechselt in ihrem Brief die Zarenresidenzen Pawlowsk und Peterhof.

37 Anna Grigorjewna Dostojewskaja (1846-1918), Witwe des 1881 verstorbenen Schriftstellers Fjodor Dostojewski, die als Verlegerin von dessen Werken überaus erfolgreich war. »Die Bekanntschaft der Gräfin S. A. Tolstaja machte ich im Jahr 1885«, erinnert sich Anna Dostojewskaja, »als sie, die ich bis zu jenem Tag nicht persönlich kannte, mich bei einem ihrer Aufenthalte in Peterburg aufsuchte und mich um Ratschläge hinsichtlich des Verlagsgeschäfts ersuchte. Die Gräfin legte mir dar, die Werke ihres berühmten Gatten gebe bisher der Moskauer Verlagsbuchhändler Salajew gegen Zahlung einer bescheidenen Summe heraus. Als sie von Bekannten erfuhr, daß ich die Werke meines verstorbenen Mannes recht erfolgreich verlege, beschloß sie, den Versuch zu unternehmen, die Werke des Grafen Lew Nikolajewitsch selbst zu publizieren. Sie wandte sich an mich, um zu erfahren, ob die

Tätigkeit als Verlegerin viele Umstände und Mühen bereite. Die Gräfin machte einen außerordentlich guten Eindruck auf mich, und so teilte ich mit großem Vergnügen alle ›Geheimnisse‹ meiner Verlagsangelegenheiten mit ihr.«

38 Sofja Andrejewna Tolstaja (1824-1895), Schwester Alexandra Andrejewna Tolstajas.

39 Ilja Jefimowitsch Repin (1844-1930), russischer Maler.

40 Tolstoj war nach Djadkowo bei Orjol gereist, wo Leonid Urussow bei einem Bekannten zu Gast war. Von dort begleitete Tolstoj den hinfälligen Urussow auf dessen Reise auf die Krim.

41 Mitrofan Pawlowitsch Schtschepkin, Inhaber einer Druckerei.

42 Sergej Nikolajewitsch Tolstoj.

43 Ortschaft im Gouvernement Orjol.

44 Nikolaj Sergejewitsch Malzow (geb. 1849), Sohn von Sergej Iwanowitsch Malzow (1809-1893), bei dem Urussow und Tolstoj zu Gast waren. Malzow besaß eine der größten Kristallmanufakturen Rußlands und war einer der mächtigsten Fabrikanten des Landes.

45 Michail Jewgrafowitsch Saltykow-Schtschedrin (1826-1889), russischer Schriftsteller.

46 Bekannter Kurort auf der Halbinsel Krim.

47 Der Text *Ilias* erschien 1886.

48 Russ. »Europäischer Bote«, russ. Monatsschrift.

49 Tolstojs Aufsatz *Worin besteht mein Glaube?* war von Leonid Urussow ins Französische übersetzt worden.

50 Alexander Michailowitsch Iwanzow-Platonow (1835-1894), Oberpriester, Theologe, Professor für Kirchengeschichte an der Moskauer Universität. Auf Bitte Sofja Tolstajas begutachtete er Tolstojs religiöse Schriften, um deren Freigabe durch die Zensurbehörden zu erleichtern.

51 Jewgeni Michailowitsch Feoktistow (1828-1898), Vorsitzender der Hauptverwaltungsstelle für Publizistik.

52 vgl. Anm. 131 zu Kap. I.

53 So nannte der Maler Nikolaj Nikolajewitsch Ge (1831-1894) seinen Sohn.

54 Die Gebrüder Salajew führten in Moskau ein Verlag- und Buchhandelskontor.

55 Hufeisenförmige Gesäßauflage aus Roßhaar oder Stahlschienen zur rückwärtigen Hochraffung des Kleides.

56 Nikolaj Alexandrowitsch Bibikow, Sohn von Alexander Nikolajewitsch Bibikow (1822-1886), einem Bekannten der Familie Tolstoj.

57 Iwan Nikolajewitsch Kramskoj (1837-1887), Maler, einer der Gründer der *Wanderer*-Bewegung.

58 Im Brief an seine Tochter Tatjana hatte Lew Tolstoj am 17. Oktober

1885 geschrieben: »Mein einziger Wunsch und mögliches Glück, auf das ich zu hoffen wage, ist es, in meiner Familie Brüder und Schwestern zu finden. [...] Es ist wichtiger für Dich, daß Du Dein Zimmer selbst in Ordnung bringst und Dir selbst Deine Suppe kochst [...], als eine gute oder schlechte Partie zu machen.«

59 *Was sollen wir denn tun?*

60 Isaak Borisowitsch Feinerman (1863-1925), Anhänger der Ideen Tolstojs, konvertierte zur Orthodoxie und lebte, nachdem er kurzzeitig als Lehrer an der Schule in Jasnaja Poljana gearbeitet hatte, als Bauer in Armut. Autor einiger Erinnerungsbücher über Tolstoj.

61 Alexander Petrowitsch Iwanow (1836-1912), Schreiber.

62 Säuerlicher Mehlbrei.

63 *Der Tod des Iwan Iljitsch.*

64 Frz. »Wer sich rechtfertigt«. Die Redewendung lautet in Gänze: »Wer sich rechtfertigt, gesteht damit seine Schuld ein.«

65 Graf Dmitri Andrejewitsch Tolstoj (1823-1889), seit 1882 Minister des Inneren.

66 Hier bricht der Brief ab. Auf einem nächsten Blatt folgt ein Absatz, der das zuvor Gesagte nicht fortsetzt.

67 Diesen Brief schrieb Tolstoj seiner Frau nach einem heftigen Streit. Einer der Gründe für den Streit war Tolstojs Ablehnung der Tätigkeit seiner Frau als Verlegerin, die zu jener Zeit eine neue Ausgabe seiner Werke vorbereitete und die Subskription annoncierte. Tolstoj warf seiner Frau vor, sie betreibe die Verlagsgeschäfte aus Geldgier. Einige Tage nach dem Streit reiste Tolstoj mit der Tochter Tatjana auf das Gut der Familie Olsufjew.

68 Landgut der Familie Olsufjew.

69 In seinem Brief vom 16. Dezember 1885 schrieb Pobedonoszew an Sofja Tolstaja, sie möge sich nicht der Hoffnung hingeben, daß es möglich sei, die religiösen Werke ihres Mannes, die sie im zwölften Band der Werkausgabe publizieren wolle, zur Veröffentlichung freizugeben.

70 Frz. »Sündenbock«.

71 Nikolaj Iljitsch Storoshenko (1836-1906), Professor für Literatur an der Moskauer Universität.

72 In den ersten Apriltagen des Jahres 1886 legte Tolstoj in Begleitung von zwei Gefährten den Weg von Moskau nach Jasnaja Poljan zum ersten Mal zu Fuß zurück. »Ich wandere dorthin, vor allem, um vom verschwenderischen Leben hier ein wenig auszuruhen und wenigstens ein wenig am wahren Leben teilzuhaben«, schrieb er an Tschertkow. »Der große Schriftsteller Lew Nikolajewitsch Tolstoj«, schreibt Sofja Tolstaja in ihren Erinnerungen *Mein Leben* nicht ohne Ironie, »von dem die ganze Welt sprach, wanderte in Bastschuhen auf der Landstraße von Moskau nach Jasnaja Poljana.«

73 Der zwölfte Band der Werkausgabe Tolstojs enthielt *Werke der letzten Jahre.*

74 *Das Märchen von Iwan dem Narren und seinen beiden Brüdern.*

75 Alexej, das zehnte Kind der Tolstojs, war am 18. Januar 1886 im Alter von vier Jahren gestorben.

76 Anna Konstantinowna Dieterichs (1859-1927), Anhängerin der Ideen Tolstojs, seit Herbst 1886 Ehefrau Tschertkows, genannt Galja. Olga Nikolajewna Osmidowa (um 1844-1908), Tochter des Tolstoj-Anhängers Nikolaj Lukitsch Osmidow.

77 vgl. Anm. 36 zu Kap. II.

78 Nikolaj Nikolajewitsch Ge jun. (1857-1940), der Sohn des Malers Nikolaj Ge, führte im Auftrag von Sofja Tolstaja für einige Zeit die Verlagsgeschäfte.

79 Sofja Tolstajas Mutter war in Begleitung ihrer Söhne zur Kur auf die Krim gefahren und lag im Sterben. Ihre Eindrücke vom Aufenthalt bei der sterbenden Mutter verarbeitete Tolstaja in ihrem Roman *Lied ohne Worte.*

80 Pjotr Andrejewitsch Behrs.

81 Wjatscheslaw Andrejewitsch Behrs.

82 Tolstoj hatte seiner Frau am 9. November 1886 geschrieben: »Ich habe einen Kalender mit russischen Sprichwörtern begonnen, die Mädchen sind begeistert damit beschäftigt.«

83 Tolstoj arbeitete zu jener Zeit an dem Drama *Macht der Finsternis.*

84 Alexander Alexandrowitsch Stachowitsch (1830-1913), Tulaer Gutsbesitzer, Bekannter der Familie Tolstoj.

85 Sofja Alexejewna Filosofowa (1847-1901), spätere Schwiegermutter Ilja Tolstojs, Gattin des Direktors der Moskauer Fachhochschule für Malerei, Bildhauerei und Architektur.

86 Sofja Nikolajewna Filosofowa (1867-1934), spätere Ehefrau Ilja Tolstojs. Vor seiner Eheschließung verließ Ilja das Gymnasium ohne Abschluß.

87 Maria Gawrilowna Sawina (1854-1915), seit 1874 Schauspielerin am Alexandrinski-Theater in Sankt Petersburg. Sawina hatte sich an Tolstoj mit der Bitte gewandt, sein Drama *Macht der Finsternis* aufführen zu dürfen. Zu dieser Aufführung kam es allerdings nicht, da die Zensurbehörden das Stück nicht freigaben. Die Uraufführung, bei der Sawina die Rolle der Akulina spielte, fand erst acht Jahre später, am 18. Oktober 1895, am Alexandrinski-Theater in Sankt Petersburg statt.

88 Tolstoj hatte am 3. Januar 1886 seiner Frau nach Moskau telegraphiert: »Wir sind sehr gut hier angekommen. Sind gesund. Legt bitte eine Abschrift für Sissowa bereit.«

89 Alexandra Konstantinowna Sissowa (gest. 1908), Schriftstellerin.

90 Vera Alexandrowna Schidlowskaja (geb. Islenjew) (1825-1910), Tante Sofja Tolstajas.

91 Maria Dmitrijewna Swerbejewa (geb. 1876), Tochter des Vizegouverneuers von Tula.

92 Warwara Walerianowna Nagornowa (geb. Tolstaja).

93 Lew Iwanowitsch Poliwanow (1838-1899), Gründer und Direktor des Knabengymnasiums, das die Tolstoj-Söhne besuchten.

94 Tatjana Kusminskaja berichtet am 7. Januar 1887 aus Sankt Petersburg: »Vor einigen Tagen las Stachowitsch sen. Ljowotschkas jüngstes Drama bei der Obolenskaja, Djakow hatte ihn dorthin eingeladen, und es waren sehr viele Leute dort (alles Gelehrte). Das Stück ist wundervoll, ich habe nichts in dieser Art zuvor gelesen. Alle waren begeistert und begannen (als höchstes Lob) Ljowotschka mit Shakespeare zu vergleichen, doch mich verletzte dies, denn ich kann dies gar nicht mit Shakespeare vergleichen, nach meinem Geschmack ist es sehr viel besser.«

95 Fürstin Alexandra Alexejewna Obolenskaja (1831-1890), Schwester Dmitri Alexejewitsch Djakows. Obolenskaja hatte 1870 ein privates Mädchengymnasium in Sankt Petersburg gegründet.

96 Sofja Tolstaja bereitete zu jener Zeit die siebte Auflage der Gesamtausgabe der Werke ihres Mannes zum Druck vor.

97 *Geht im Licht, solange Licht ist.*

98 »Eierrollen« ist ein russischer Brauch der Osterzeit, bei dem versucht werden mußte, mit Holzeiern bestimmte Ziele zu treffen.

99 Fürst Dmitri Alexandrowitsch Chilkow (1857-1914), Leibhusar, übergab sein Landgut den Bauern und predigte ein »freies« Christentum.

100 M. de Stendhal (d. i. Henry Beyle) (1783-1842), französischer Schriftsteller.

101 Esfir Feinerman, Gattin von Isaak Feinerman, der sie mit den gemeinsamen zwei kleinen Kindern verlassen hatte, um nach Tolstojs Lehre ein Leben als Bauer zu führen.

102 Zu jener Zeit arbeitet Tolstoj an dem Aufsatz *Über Leben und Tod*, den Sofja Tolstaja später ins Französische übersetzte.

103 Im Sommer 1887 begann Sofja Tolstaja, die Manuskripte ins Handschriftenarchiv des Rumjanzew-Museums in Moskau zu übergeben. »Heute habe ich den ganzen Tag Ljowotschkas Manuskripte durchgesehen und ausgewählt, welche ich ins Rumjanzew-Museum zur Aufbewahrung geben möchte«, notiert sie am 25. August 1887 in ihrem Tagebuch. »Es ist mühsam, sich in dieser Unordnung zurechtzufinden, die man vermutlich weder ordnen noch vervollständigen können wird. Ich möchte auch Briefe, Tagebücher, Portraits und alles

sonst, was mit Lew Nikolajewitsch zusammenhängt, dorthin geben. Ich handele *vernünftig*, doch es macht mich auch traurig.«

104 Michail Wladimirowitsch Wsewoloshski (1860-1909), Freund des Tolstoj-Sohns Sergej.

105 Nikolaj Michailowitsch Rumjanzew.

106 Tit Borisowitsch Borisow (Boriskin) (1828-1888), Bauer aus Jasnaja Poljana.

107 Tolstoj arbeitete in jener Zeit an der ersten Fassung der *Kreutzersonate*.

108 Tatjana Tolstaja und die Nichten Tolstojs, Maria und Vera Alexandrowna Kusminskaja.

109 Pawel Petrowitsch Arbusow, Tolstojs Lehrmeister in Sachen Schuhmacherhandwerk.

110 Am 17. April 1888, kaum drei Wochen, nachdem seine Frau mit dem letzten, dreizehnten Kind, dem Sohn Iwan, niedergekommen war, wanderte Tolstoj mit zwei Gefährten von Moskau nach Jasnaja Poljana los.

111 Bei seiner Wanderung nach Jasnaja Poljana im April 1886 hatte Tolstoj die Bekanntschaft eines 95jährigen ehemaligen Soldaten gemacht, dessen Berichte er in der Erzählung *Iwan Palkin* verarbeitete.

112 Engl. »Ich hoffe«.

113 Iwan Lwowitsch Tolstoj (31. März 1888-23. Februar 1895), genannt Wanetschka, dreizehntes und letztes Kind der Tolstojs.

114 René-Prosper Edmont Tastevin, Lehrer am Lyzeum und an der Handelsfachhochschule, assistierte Sofja Tolstaja bei der Übersetzung des Aufsatzes *Über das Leben*.

115 *Über das Leben*.

116 Am 28. Februar 1888 hatte Ilja Tolstoj Sofja Nikolajewna Filosofowa, Sonja, geheiratet.

117 Nikolaj Nikolajewitsch Ge jun.

118 Nikolaj Nikolajewitsch Ge jun.

119 Alexander Nikiforowitsch Dunajew (1850-1920), Direktor der Moskauer Handelsbank, Anhänger der Ideen Tolstojs.

120 In der Familie Tolstoj wurden viele Besucher – sicher nicht immer zu Unrecht – mit einer gewissen Voreingenommenheit betrachtet. Man nannte Tolstojs Verehrer, oftmals »zerlumpte, ungewaschene« Gestalten, die »Dunklen«, ein Begriff, der von einem der Bediensteten geprägt worden war.

121 Tolstaja bezieht sich auf eine Nachricht ihres Gatten vom 22. März 1889, in der es heißt: »Wir sind nach einer Fahrt über prachtvolle Winterwege gegen 9 bei Sergej Semjonowitsch [Urussow] angekommen. [...] Der Fürst war bereits zu Bett gegangen, doch er nahm uns trotzdem sehr erfreut in Empfang.«

122 Sergej Semjonowitsch Urussow.

123 Die Tolstoj-Tochter Maria und Pawel Iwanowitsch Birjukow trugen sich mit Heiratsplänen.

Pawel Iwanowitsch Birjukow (1860-1931), Freund und späterer Biograph Tolstojs.

Sergej Urussow hatte am 23. März 1889 an Sofja Tolstaja geschrieben: »Hochverehrte, nicht genügend geschätzte, wundervolle, bezaubernde, liebenswürdigste Gräfin! Ich danke, danke Ihnen sehr, sehr. L[ew] N[ikolajewitsch] hat mich zum Leben erweckt und für P[awel] I[wanowitsch Birjukow] freue ich mich sehr, auch für Mascha freue ich mich sehr, ich küsse sie und gratuliere ihr von Herzen. Glauben Sie mir, daß sie mit ihm glücklich sein wird. Bedauerlich nur, daß die Hochzeit verschoben wird. Sie wissen, daß Ehen im Himmel geschlossen werden, deshalb sollten Sie alle sich freuen.«

124 Jelena Sergejewna Denisenko.

125 Sergej Tolstoj war zur Aufführung von Richard Wagners *Ring der Nibelungen* am Mariinski-Theater nach Sankt Petersburg gereist.

126 Pawel Iwanowitsch Birjukow.

127 Sofja Tolstajas Übersetzung von *Über das Leben* ins Französische war 1889 in Paris erschienen.

128 Frz.: »Gastgeber«.

129 Tolstoj beschäftigte sich über zehn Jahre lang intensiv mit Fragen der Kunst.

130 *Früchte der Aufklärung*.

131 Miss Kate Hopcraft, Gouvernante der Tolstoj-Kinder.

132 Monsieur Lambert, Erzieher und Hauslehrer der Tolstoj-Kinder.

133 Awdotja Wassiljewna Popowa, in jungen Jahren Kammerzofe, später Haushälterin der Familie Tolstoj.

134 Die Tolstoj-Tochter Tatjana befand sich in Rom.

135 Nadeshda Dmitrijewna Helbig (1845-1924), geb. Fürstin Schachowskaja, in Rom ansässige russische Pianistin, war im Sommer 1887 zu Besuch auf Jasnaja Poljana gewesen.

136 Tolstoj arbeitet zu jener Zeit an den letzten Kapiteln der *Kreutzersonate*.

137 Alexej Mitrofanowitsch Nowikow (1865-1925), Hauslehrer der Tolstoj-Kinder.

138 Maria Dmitrijewna Kolokolzewa.

139 Im Hause der Kusminskis sollte eine Lesung der *Kreutzersonate* stattfinden. »Ich habe einen Brief von Tanja erhalten«, hielt Tolstoj am 2. November 1889 im Tagebuch fest. »Die Kreutzersonate macht Eindruck. Das ist gut und freut mich.«

IV. Im Hungergebiet –
Ein Versuch, das Haus zu verlassen

1 Seit Tolstoj seiner Frau 1883 die Vollmacht für alle Vermögensangelegenheiten übertragen hatte, führte Tolstaja die finanziellen Belange der Familie in alleiniger Verantwortung. Im Winter 1890/91 beschloß Tolstoj, sich auch formal endgültig von jeglichem Grundbesitz zu befreien, und der gesamte Besitz wurde im April 1891 zu gleichen Teilen unter den Nachkommen und seiner Frau aufgeteilt.

2 Sofja Tolstaja arbeitete zu jener Zeit an der Neuauflage der Gesamtausgabe der Werke ihres Mannes, in die im dreizehnten Band auch *Die Kreutzersonate* aufgenommen werden soll. Der bereits zur Drucklegung vorbereitete dreizehnte Band wurde jedoch von den Zensurbehörden beschlagnahmt. Ende März 1891 reiste Tolstaja nach Petersburg, um bei Zar Alexander III. die Freigabe der *Kreutzersonate* zu erbitten. Während einer Audienz erteilte Alexander III. Sofja Tolstaja höchstpersönlich die Erlaubnis zur Veröffentlichung.
Die Briefe Sofja Tolstajas aus Sankt Petersburg sind nicht erhalten.

3 Mit Sofja Tolstaja waren die Söhne Andrej und Michail nach Moskau gereist, um die Aufnahmeprüfung für das Gymnasium abzulegen. Auch Tatjana Tolstaja befand sich in Moskau.

4 So nannte Sofja Tolstaja die damals siebenjährige Tochter Alexandra.

5 Fjodor Grigorowitsch Fljorow (1838-1910), Hausarzt der Familie Tolstoj.

6 In Sofja Tolstajas Kommentar zu den Briefen ihres Mannes an sie heißt es: »Als ich an der Gesamtausgabe arbeitete, schenkte Lew Nikolajewitsch mir diese Erzählung an meinem Namenstag mit den Worten: ›Dies ist mein Geschenk für die neue Werkausgabe.‹ Später setzte er diese Erzählung auf die Liste jener Werke, die nicht dem Urheberrecht unterliegen sollten.«

7 Am 16. September 1891 übersandte Tolstoj folgende Erklärung an die Zeitungen: »Sehr geehrter Herr, aufgrund häufig bei mir eingehender Anfragen betreffs Genehmigung zur Herausgabe, Übersetzung und Inszenierung meiner Werke bitte ich Sie, meine nachstehende Erklärung in Ihrer Zeitung zu veröffentlichen. Hiermit erteile ich jedem, der es wünscht, die Genehmigung, alle meine nach 1881 geschriebenen, im Band 12 der Ausgabe von 1886 und die im laufenden Jahr, 1891, im Band 13 veröffentlichten Werke in Rußland sowie im Ausland, in russischer Sprache sowie in Übersetzungen unentgeltlich herauszugeben beziehungsweise zu inszenieren, desgleichen die in Rußland nicht gedruckten Werke, die in Zukunft, d. h. nach dem heutigen Tage erscheinen könnten.« In ihren Kommentaren zu den Briefen ihres Mannes merkte Sofja Tolstaja an: »Ich hielt es immer für unrecht, die ohnehin

nicht in Luxus schwelgende vielköpfige Familie ihrer Rechte zu berauben.«

8 Mitrofan Philipowitsch Jegorow, Sohn des Kutschers Philip Rodionowitsch.

9 Natalja Nikolajewna Filosofowa (1872-1926), Schwägerin Ilja Tolstojs.

10 Aufgrund einer Mißernte im Sommer 1891 kam es in zahlreichen Gouvernements Zentralrußlands zu einer Hungersnot, die bis 1893 andauerte.

11 Vera Alexandrowna Kusminskaja.

12 Tolstoj und die Töchter Tatjana und Maria Tolstaja hatten beschlossen, in das von der Hungersnot betroffene Gouvernement Rjasan zu reisen und dort Iwan Iwanowitsch Rajewski (1835-1891), einen Freund Tolstojs aus Jugendtagen, bei der Organisation von Garküchen zu unterstützen. Rajewski erkrankte wenige Monate später und starb. Nach Rajewskis Tod übernahm Tolstoj die gesamte Organisation. Das Landgut der Familie Rajewski, Begitschewka, wurde zum Zentrum des Kampfes gegen den Hunger im Gouvernement Rjasan.

13 Der Artikel *Über den Hunger* sollte in der Zeitschrift *Woprosy filosofii i psichologii* [*Fragen der Philosophie und Psychologie*] erscheinen, wurde jedoch von den Zensurbehörden nicht zur Veröffentlichung zugelassen.

14 Der Tolstoj-Sohn Lew reiste ins Gouvernement Samara, um dort die Bevölkerung im Kampf gegen die Hungersnot zu unterstützen.

15 Nikolaj Jakowlewitsch Grot (1852-1899), Professor der Philosophie an der Moskauer Universität, Herausgeber der Zeitschrift *Woprosy filosofii i psichologii.*

16 Landgut Iwan Iwanowitsch Rajewskis im Gouvernement Rjasan, Bezirk Dankow.

17 *Eine furchtbare Frage.*

18 Russ. »Russische Nachrichten«, Tageszeitung.

19 Tolstojs Artikel *Eine furchtbare Frage* erschien am 6. November 1891 in den *Russkije wedomosti.*

20 Wassili Michailowitsch Sobolewski (1846-1913), Redakteur bei den *Russkije wedomosti.*

21 Am 3. November 1891 veröffentlichten die *Russkije wedomosti* einen Spendenaufruf Sofja Tolstajas:
»Meine ganze Familie hat sich getrennt und der Hilfe am notleidenden Volk angeschlossen. Mein Ehemann, Graf Lew Nikolajewitsch Tolstoj, hält sich mit den zwei älteren Töchtern im Gebiet Dankow auf, um dort möglichst viele Garküchen zur kostenlosen Verpflegung der Bevölkerung einzurichten. [...] Meine beiden ältesten Söhne unterstützen das

Rote Kreuz im Gebiet Tschern, der dritte Sohn hat sich ins Gouvernement Samara begeben, um dort ebenfalls Garküchen einzurichten.

Gezwungen, mit den vier jüngeren Kindern in Moskau zu bleiben, ist alles, was ich tun kann, Geld und Vorräte zu senden. Doch es wird so viel benötigt! Der Einzelne ist ob solch großer Not machtlos. Jeder Tag, den wir in einem gut geheizten Haus verbringen, jedes Stück Brot, das wir essen, wird zum Vorwurf, denn in jeder Minute sterben die Menschen an Hunger. Könnten wir alle, die wir hier in Luxus leben und das geringste Leid unserer eigenen Kinder kaum ertragen können, denn den Anblick erschöpfter und gebrochener Mütter aushalten, die zusehen müssen, wie ihre Kinder verhungern oder erfrieren und wie die Alten ohne jegliche Nahrung sind? [...]

Mit dreizehn Rubeln könnte man einen Menschen bis zur nächsten Ernte retten. Doch es sind so viele Menschen, und es werden beträchtliche Mittel zu ihrer Rettung benötigt. Wir geben nicht auf. Wenn jeder von uns einen, zwei, zehn oder hundert Menschen auf diese Art retten würde – jeder nach seinen Möglichkeiten –, dann könnte unser Gewissen ruhiger sein. Und deshalb wende ich mich an all jene, welche helfen können und wollen, mit der Bitte, die Hilfe, die meine Familie begonnen hat, mit ihrem Beitrag zu unterstützen. Jeder gespendete Rubel wird direkt den hungernden Kindern und Alten zugute kommen und in die Garküchen, die mein Mann und meine Kinder eingerichtet haben, fließen.«

Tolstajas Spendenaufruf erschien in Rußland, Frankreich, England und Amerika. Nach der Veröffentlichung gingen 13 000 Rubel ein.

22 Iwan Petrowitsch Braschnin (1826-1898), Moskauer Kaufmann, Anhänger der Ideen Tolstojs.

23 Zu jener Zeit arbeitete Tolstoj an *Das Reich Gottes ist in uns.*

24 Verwandte von Iwan Rajewski.

25 Jewdokija Nikiforowna Morosowa (gest. 1894), Gattin des Moskauer Fabrikanten Wikula Jelisejewitsch Morosow.

26 Nil Fjodorowitsch Filatow (1847-1902), Professor der Moskauer Universität, Kinderarzt.

27 Engl.: »Ich hoffe«.

28 Großfürst Sergej Alexandrowitsch (1857-1906), Generalgouverneur von Moskau.

29 *Das Reich Gottes ist in uns.*

30 Rafail Alexejewitsch Pisarew (1850-1906), Mitglied des Tulaer Semstwo, unterstützte Tolstoj im Kampf gegen die Hungersnot.

31 Wladimir Sergejewitsch Solowjow (1853-1900), Philosoph und Publizist.

32 In den *Moskowskije wedomosti* war am 9. November 1891 ein Leitartikel unter der Überschrift »Der Plan des Grafen L. Tolstoj« erschie-

nen. Am 11. November 1891 wurde ein Leitartikel unter der Überschrift »Eine Wort zu den Unruhestiftern in der Gesellschaft« sowie ein Brief an den Herausgeber unter der Überschrift »Am Ort des Verbrechens festgenommen« veröffentlicht.

33 Lew Alexandrowitsch Tichomirow (1852-1922) gehörte der sozialrevolutionären Bewegung der *Narodniki* [*Volkstümler*] an; nachdem er aufgrund der Begnadigung durch Alexander III. nach Rußland zurückkehren konnte, hatte er die politische Seite gewechselt, sowie Juri Nikolajewitsch Nikolajew (1854-1896), der unter dem Pseudonym Goworucha-Otrok schrieb.

34 Iwan Alexandrowitsch Berger (1867-1916), Verwalter auf Jasnaja Poljana.

35 Johannes von Kronstadt (1829-1909), Priester der russisch-orthodoxen Kirche, bekannter Prediger, genoß im Volk aufgrund seines sozialen Engagements hohe Popularität. 1964 von der Russisch-Orthodoxen Kirche im Ausland, 1990 von der Russisch-Orthodoxen Kirche heiliggesprochen.

36 Statt seines Artikels über die Garküchen hatte Tolstoj den Anfang der nicht fertiggestellten Erzählung *Wer hat Recht?* dem Brief beigelegt.

37 Natalja Nikolajewna Filosofowa (1872-1926).

38 Peter Hansen (1845-1930), dänischer Journalist und Übersetzer.

39 Emil Dillon (1854-1930), Korrespondent des *Daily Telegraph*, Autor der Biographie *Count Leo Tolstoy*, 1934.

40 Ilja Danilowitsch Galperin-Kaminski (1858-1935), Übersetzer der Werke Tolstojs ins Französische.

41 Iwan Rajewski war am 26. November 1891 verstorben.

42 Iwan Iwanowitsch Rajewski (1871-1931), Sohn Iwan Rajewskis.

43 Jelena Pawlowna Rajewskaja (1840-1907), Gattin Iwan Rajewskis.

44 Tatjana Kusminskaja, Veras Mutter.

45 Matwej Nikolajewitsch Tschistjakow (1854-1920), Verwalter des Landguts von Wladimir Tschertkow.

46 Tolstojs Artikel *Über die Hilfe für die von der Mißernte heimgesuchte Bevölkerung* erschien im Sonderheft *Hilfe für die Hungernden* der Zeitung *Moskowskije wedomosti*.

47 Ortschaft im Gouvernement Rjasan.

48 Sofja Tolstaja hatte ihren Mann und die beiden Töchter in Begitschewka besucht.

49 Am 22. Januar 1892 war in den ultrakonservativen *Moskowskije wedomosti* ein gegen Tolstoj gerichteter Leitartikel erschienen. In diesem Artikel wurden durch eine unzureichende Rückübersetzung aus dem Englischen ins Russische verfälschte Fragmente aus Tolstojs in Rußland verbotenem Artikel *Über den Hunger* zitiert, der im Januar 1892 in Form von Briefen unter der Überschrift *Warum die russischen*

Bauern hungern müssen im *Daily Telegraph* erschienen war. Tolstojs Artikel sei ein »offener Aufruf zur Ablehnung der in aller Welt herrschenden sozialen Ordnung«, hieß es im Kommentar der *Moskowskije wedomosti*. »Die Propaganda des Grafen ist eine Propaganda von extremstem und absolut zügellosem Sozialismus, vor der selbst die russische illegale Propaganda erbleicht.«

50 Tatjana Andrejewna Kusminskaja.

51 Alexej Sergejewitsch Suworin (1834-1912), konservativer Schriftsteller und Publizist. Seit 1876 Herausgeber der Zeitschrift *Nowoje wremja [Neue Zeit]*.

52 Alexandra Andrejewna Tolstaja.

53 Frz. »Schützling«.

54 Wie Alexandra Tolstaja in ihren Erinnerungen berichtet, soll Alexander III. gesagt haben: »Es liegt nicht in meinem Sinne, aus Tolstoj einen Märtyrer zu machen und den Unwillen von ganz Rußland auf mich zu lenken. Wenn er schuldig ist – um so schlimmer für ihn.«

55 Maria Petrowna Behrs (gest. 1892), Gattin von Tolstajas Bruder Stepan.

56 Jelena Michailowna Persidskaja (geb. 1865), Anhängerin der Ideen Tolstojs.

57 Michail Alexandrowitsch Stachowitsch, Bekannter der Familie Tolstoj.

58 Jelena Grigorjewan Scheremetewa (1861-1908), Enkelin Nikolaj I., Tochter der Großfürstin Maria Nikolajewnas.

59 Russ. »Regierungsbote«, von der Regierung herausgegebene Zeitschrift.

60 Jekaterina Fjodorwona Junge (1843-1913), Malerin, entfernte Verwandte Tolstojs.

61 Großfürst Sergej Alexandrowitsch.

62 Tolstoj schickte diese Gegendarstellung ohne seine Unterschrift nach Moskau, und Sofja Tolstaja bat daraufhin um eine unterschriebene Version. »Ich habe keinerlei Briefe an englische Zeitungen geschrieben«, erklärt Tolstoj. »Der Auszug, der mir zugeschrieben wird und der in den ›Moskwoskije wedomosti‹ erschien, ist kein Brief, sondern eine (aufgrund von zwiefacher und allzu freier Übersetzung) verfälschte Stelle aus meinem Artikel über die Hungersnot, der von mir für eine russische Zeitung vorgesehen war, von der Zensur jedoch nicht freigegeben und von mir dann, wie gewöhnlich, ausländischen Übersetzern zur uneingeschränkten Verwendung überlassen wurde.«

63 Frz. »Die arme Gräfin, in welch unangenehmen Lage befindet sie sich doch.«

64 Großfürstin Jelisaweta Fjodorowna (1864-1918), Gattin des Großfürsten Sergej Alexandrowitsch.

65 Frz. »Es gäbe nichts, absolut gar nichts zu befürchten.«

66 Pjotr Iwanowitsch Rajewski (1873-1920) und Maria Tolstaja waren in jener Zeit ineinander verliebt.

67 Pawel Iwanowitsch Birjukow.

68 Russ. »Russische Nachrichten«, Tageszeitung.

69 Internationaler Pressedienst.

70 Im Brief Alexandra Andrejewna Tolstajas an Sofja Tolstaja vom 19. Februar 1892 heißt es: »Sehr gerne erführe man, wie Dillon seine unglaubliche Übersetzung erklärt und wie er sie Lew erklärte. Ich habe sie zur Gänze im ›Daily Telegraph‹ gelesen und war entsetzt.«

71 Sofja Tolstaja hektographierte hundert Exemplare der Richtigstellung Tolstojs und sandte ihn an Zeitungen im In- und Ausland, die den Artikel zahlreich veröffentlichten.

72 Russ. »Europäischer Bote«, Tageszeitung.

73 Pawel Iwanowitsch Birjukow.

74 Jewgeni Iwanowitsch Popow (1864-1938), Anhänger Tolstojs, Mitarbeiter des Verlags *Posrednik*.

75 *Das Reich Gottes ist in uns.*

76 Dmitri Adamowitsch Olsufjew (1862-1930), Sohn eines guten Bekannten der Familie Tolstoj.

77 Alexander Sergejewitsch Postnikow, Professor der Ökonomie und Publizist. Von 1886 bis 1897 Redakteur der *Russkije wedomosti*.

78 *Russkije wedomosti*, 31. Oktober 1892.

79 Sarah Bernhardt (1844-1923), Schauspielerin, eine der berühmtesten Darstellerinnen des 19. und frühen 20. Jh.

80 Philip Petrowitsch Borisow, Kutscher.

81 Maria Tolstaja war nach Begitschewka gefahren.

82 Von Tolstoj erdachtes Spiel, bei dem er die Kinder abwechselnd in einen Wäschekorb setzte, mit einer Decke zudeckte und diesen zusammen mit den anderen Kindern durchs Haus trug. Wenn der Korb dann in einem der Zimmer abgestellt wurde, mußte das in ihm sitzende Kind erraten, wo es sich befindet.

83 Nachdem Sofja Tolstaja vor der Ehe ihre eigenen literarischen Ambitionen aufgegeben und sich ganz der Unterstützung der literarischen Arbeit ihres Mannes gewidmet hatte, begann sie mit Anfang fünfzig wieder selbst zu schreiben. Als erstes literarisches Werk verfaßte sie eine literarische Antwort auf *Die Kreutzersonate* ihres Mannes, die sie 1893 fertigstellte, aber unveröffentlicht ließ. Tolstajas Kurzroman erschien 1994 auf russisch und unter dem Titel *Eine Frage der Schuld*. 2008 auf Deutsch.

84 Mathilda Pawlowna Molass, Lehrerin.

85 Das ganze Jahr 1893 arbeitete Sofija Tolstaja an den Korrekturen für die neunte Auflage, eine Vorzugsausgabe der Gesammelten Werke

ihres Mannes. Sie wurde auf bestem Papier gedruckt und war mit Portraits und Illustrationen versehen.

86 Nach der Arbeit gegen die Hungersnot im Gouvernement Samara kehrte Ljowa nach überstandenem Typhus physisch und psychisch zerrüttet nach Jasnaja Poljana zurück. Sein Studium gab er auf und versuchte verzweifelt, seinen Lebenssinn zu finden. Er litt unter heftigen Migräneattacken, Magenschmerzen und Angstzuständen.

87 Nikolaj Wassiljewitsch Dawydow (1848-1920), Richter.

88 Nikolaj Awgustowitsch Sander, Geigenlehrer der Tolstoj-Söhne Andrej und Michail, später Arzt. Den Tolstojs gelang es, die Ehe ihrer Tochter Maria mit ihm zu verhindern.

89 Pawel Iwanowitsch Birjukow.

90 Tolstoj hatte aus Jasnaja Poljana an Wanetschka geschrieben: »Deinen Brief habe ich erhalten und mich sehr darüber gefreut. Ich werde ihn in den Korb legen und ihn herumtragen.« (vgl. Anm. 82 zu Kap. IV.)

91 *Christentum und Patriotismus (Toulon)*. In Toulon wurde 1893 feierlich der Abschluß des französisch-russischen Bündnisses begangen.

92 Bertha von Suttner (1843-1914), österreichische Pazifistin, Schriftstellerin, Herausgeberin der Zeitschrift *Die Waffen nieder! Monatsschrift zur Förderung der Friedens-Idee*. Ihr 1889 erschienener Roman *Die Waffen nieder!* hatte sie zu einer der prominentesten Vertreterin der Friedenbewegung gemacht. 1905 wurde von Suttner mit dem Friedensnobelpreis ausgezeichnet.

93 Vera Alexandrowna Kusminskaja.

94 *Das Reich Gottes ist in uns.*

95 Lew Tolstoj verglich seine Frau oft scherzhaft mit einem »roten Ballon«.

96 Maria Alexandrowna Schmidt (1844-1911), Anhängerin der Ideen Tolstojs.

97 *Mimotschka hat sich vergiftet*, Fortsetzung der Erzählungen über Mimotschka der populären Schriftstellerin Lidija Iwanowna Weselitskaja, Pseudonym: Mikulitsch (1857-1936), erschien im September und Oktober 1893 im *Westnik Jewropy*.

98 Frz. »Wettkampf der Blumen«.

99 Aufgrund seiner langen Krankheit war der Tolstoj-Sohn Lew in Begleitung eines Arztes zu einer Kur nach Südfrankreich aufgebrochen.

100 Sofja Nikolajewna Tolstaja sowie ihre Kinder Anna (1888-1954) und Michail (1893-1919).

101 Landgut des Tolstoj-Sohnes Ilja und seiner Familie.

102 Tolstoj arbeitete zu jener Zeit an *Christentum und Patrotismus (Toulon)*.

103 Der Tolstoj-Sohn Sergej lebte auf dem Gut Nikolskoje.

104 Frz. »Einrichtung«.

105 Landgut Wladimir Tschertkows.

106 Tolstoj arbeitete zu jener Zeit an *Herr und Knecht*.

107 Anna Welsh, seit 1894 Gouvernante und Musiklehrerin in der Familie Tolstoj.

108 *Herr und Knecht*.

109 Am 20. Oktober 1894 war Zar Alexander III. in Liwadija, der an der Südküste der Halbinsel Krim gelegenen Sommerresidenz der Zarenfamilie, gestorben. Sein Leichnam wurde über Moskau nach Sankt Petersburg überführt. Die Bauern leisteten ihren Treueeid auf den neuen Zaren, Nikolaj II. (1868-1918).

110 Nach dem Tod Alexanders III. setzten die Liberalen ihre Hoffnungen darauf, daß sein Sohn Nikolaj nach dem strengen Regiment seines Vaters das Land mit Reformen auf den Weg zu einem modernen Staat führen werde. Schon bald wurde indes klar, daß der auf die Aufgaben des Thronfolgers nur unzureichend vorbereitete Nikolaj II. den Kurs seines Vaters beibehalten und an der absolutistischen Staatsform unerschütterlich festhalten würde. Die Intelligenzija war entsetzt, als der junge Regent im Januar 1895 erklärte, die Wünsche mancher Adelsvertreter nach einer Änderung des Regierungssystems seien »sinnlose Träume« und er werde »die Grundfesten des Absolutismus ebenso fest und unerschütterlich« vertreten, wie sein verstorbener Vater.

111 Der Weg nach Moskau führte über Tula.

112 Engl. »Ich hoffe«.

113 Anna Grigorjewna Dostojewskaja und ihre Tochter Ljobow Fjodorowna Dostojewskaja (1869-1926).

114 Das Historische Museum ist zwischen der Kremlmauer und dem Iwerski-Tor gelegen, durch welches die Prozession mit dem Leichnam des verstorbenen Zaren zog.

115 Iwerski-Tor, d. i. Auferstehungs-Tor, eines der zentralen Stadttore Moskaus. Erbaut 1680, wurde es 1931 demontiert und 1995-96 neuerrichtet.

116 Ihre Eindrücke von der Armenspeisung anläßlich des Todes Alexanders III. verarbeitete Sofja Tostaja in ihrem Roman *Lied ohne Worte*.

117 Tolstoj hatte seiner Frau am 2. Januar geschrieben: »Ich würde hier gern etwas zu schreiben beginnen, was ich schon lange erdacht habe, doch es scheint, dies liegt nicht in meiner Kraft, und heute war ich weiter davon entfernt etwas zu schreiben als jemals zuvor.«
Möglicherweise ist die Rede von dem Drama *Und das Licht scheint in der Finsternis*, mit dessen Niederschrift Tolstoj im Dezember 1895 schließlich begann.

118 Landgut der Familie Olsufjew.

119 Am 22. Februar 1895 war Wanetschka, das letzte Kind der Tolstojs, im Alter von nicht einmal sieben Jahren an Scharlach gestorben. »[Wanetschkas Tod] war der größte Kummer meines Lebens, und lange konnte ich nicht Trost noch Ruhe finden«, heißt es in Tolstajas *Kurzer Autobiographie.* »Ich war in einer solch furchtbaren Verzweiflung, wie man sie nur einmal im Leben durchlebt.« Ihre Trauer um den verstorbenen Sohn verarbeitete Sofja Tolstaja in ihrem Roman *Lied ohne Worte.*

120 Alexander Michailowitsch Kusminski.

121 Vera Alexandrowna Kusminskaja.

122 Das am Ufer des Dnjepr gelegene Kiewer Höhlenkloster [*Kiewsko-Petscherskaja Lawra*] ist eines der ältesten und bedeutendsten russisch-orthodoxen Klöster.

123 Dmitri Alexandrowitsch Kusminski (geb. 1888), Sohn Tatjana Kusminskajas.

124 Sergej Iwanowitsch Tanejew (1856-1915), russischer Komponist und Pianist, eine der wichtigsten Persönlichkeiten des Moskauer Musiklebens jener Jahre. Von Nikolaj Rubinstein im Alter von zehn Jahren als Wunderkind entdeckt, studierte er am Moskauer Konservatorium bei Artur Rubinstein und Pjotr Tschaikowski, dessen Lieblingsschüler er wurde. In den Wochen nach Wanetschkas Tod war Sergej Tanejew häufiger Gast im Moskauer Haus der Tolstojs und spielte für Sofja Tolstaja, die in der Musik und in ihrer Freundschaft zu Sergej Tanejew Beruhigung und Trost fand.

125 Konstantin Alexandrowitsch Ratschinski, Direktor der Akademie für Landwirtschaft, späterer Schwiegervater des Tolstoj-Sohnes Sergej.

126 Maria Konstantinowna Ratschinskaja (1865-1900), erste Ehefrau Sergej Tolstojs.

127 Maria Ratschinskaja hatte vor ihrer Ehe eine Affäre in England. Die Hochzeit mit Sergej Tolstoj fand am 10. Juli 1895 statt.

128 Am 25. Februar 1895 war Wanetschka beigesetzt worden. Der Friedhof, auf dem sich auch das Grab des 1886 verstorbenen Sohnes Alexej befand, lag in der Nähe des Besitzes der Familie Ratschinski in Petrowskoje-Rasumowskoje.

129 Klara Karlowna Boll (geb. 1869), Gouvernante der Familie Dunajew.

130 »Als er diesen Brief gelesen hatte«, heißt es in Tolstajas Erinnerungen *Mein Leben,* »kam Lew Nikolajewitsch in Tränen aufgelöst zu mir, gütig gestimmt und gerührt, küßte mich, bat mich um Verzeihung und versprach, alles Ungerechte und Schlechte aus seinen Tagebüchern zu streichen.« Am 13. Oktober 1895 notierte Tolstoj in seinem Tagebuch: »Bei der Durchsicht der Tagebücher fand ich eine Stelle – es gab mehrere dieser Art –, wo ich die bösen Worte, die ich über sie

schrieb, widerrufe. Diese Worte wurden in Minuten von Verärge-
rung geschrieben. Hier wiederhole ich es nochmals für alle, welchen
diese Tagebücher in die Hände fallen werden. Ich war häufig verärgert über sie wegen ihrer raschen, unbedachten Art, aber, wie Fet zu
sagen pflegte: Jeder hat die Frau, die er braucht. Sie war, und ich weiß
mittlerweile auch, in welchem Sinne, jene Frau, die ich brauchte. Sie
war die ideale Ehefrau im heidnischen Sinne – von Treue, Familien-
sinn, [...] und in ihr ist die Möglichkeit angelegt, christlicher Freund
zu sein. Dies habe ich nach Wanetschkas Tod erkannt.«

131 Am 17. Oktober 1895 fand im Mariinski-Theater in Sankt Petersburg die Uraufführung der Oper *Orestie* von Sergej Tanejew statt.

132 Nadeshda Sergejewna Wassiljewa (1852-1920), Schauspielerin.

133 Nach der Rückkehr aus Jasnaja Poljana begann Sofja Tolstaja in
Moskau, inspiriert von dem Spiel ihres Sommergastes Sergej Tanejew, sich intensiv der Musik zu widmen. Sie nahm Klavierunterricht
und begann mit ihren »zweiundfünfzig Jahren wieder zu repetieren
und [ihr] Spiel zu vervollkommnen«.

134 Maria Michailowna Cholewinskaja (geb. 1856), Landärztin, Anhängerin der Ideen Tolstojs.

135 Tolstoj arbeitete zu jener Zeit an dem Roman *Auferstehung*, der
1899 erschien.

136 Seit Beginn der 1890er Jahre hatte Tschertkow die Tagebücher Tolstojs in Verwahrung, um sie für die Nachwelt zu kopieren. Später
entsprang um die Tagebücher zwischen Tschertkow und Sofja Tolstaja ein heftiger Streit. Tolstoj bezieht sich hier auf den Brief Tolstajas vom 12. Oktober 1895.

137 Figur aus *Die Macht der Finsternis*.

138 Am 2. November 1895 hatte Tolstoj seiner Frau geschrieben: »Die
vergangenen zwei Tage habe ich meine Tagebücher gelesen und jene
Stellen, die nicht der Wahrheit entsprechen, getilgt.«

139 In Tolstojs Tagebüchern der Jahre 1888 bis 1889 sind dreiunddreißig
Stellen geschwärzt bzw. herausgeschnitten. In den Tagebüchern der
Jahre 1890 bis 1895 sind zwölf Stellen geschwärzt.

140 Tolstoj arbeitet zu jener Zeit an dem Drama *Und das Licht scheint in
der Finsternis*.

141 Arthur Nikisch (1855-1922), Dirigent.

142 Oberst Junoscha kommandierte eine bei Tula stationierte Einheit der
Moskauer Armee. Im September 1866 spielte die Blaskapelle seiner
Einheit auf Einladung Tolstojs aus Anlaß des Namenstags seiner Frau.
»Wie glücklich macht mich die Erinnerung an den 17. September mit
der Musik, mit der man mich nach dem Essen überraschte und
erfreute und bei all dem die liebe, liebende Miene Ljowas«, heißt es
in Tolstajas Tagebuch über jenen Tag.

143 Anmerkung Sofja Tolstajas: »Genau dreißig Jahre«. Prinzessin Dagmar von Dänemark (1847-1928) heiratete 1866 Alexander III., trug fortan den Namen Maria Fjodorowna und war von 1881 bis 1894 Zarin des russischen Reiches.

144 Die Probe eines Konzerts in Sankt Petersburg, bei dem Sergej Tanejew auftreten sollte.

145 Sergej Tanejew.

146 Nachdem Tolstoj die Nachricht erhalten hatte, daß Wladimir Tschertkow und Pawel Birjukow aufgrund des Vorwurfs der »Propaganda und rechtswidriger Einmischung in die Obliegenheit bezüglich von Sekten« des Landes verwiesen bzw. verbannt werden sollten, reiste er umgehend nach Sankt Petersburg, um sich von seinen Gefolgsmännern zu verabschieden. Seine Frau begleitete ihn auf dieser Reise.

147 1897 publizierte Sofja Tolstaja die zehnte Auflage der Gesamtausgabe der Werke ihres Mannes in vierzehn Bänden.

148 Die geistlichen Behörden im Gouvernement Samara hatten angeordnet, den Molokanen (vgl. Anm. 16 zu Kap. II.) aufgrund ihres Glaubens die Kinder zu entziehen. Die Molokanen wandten sich mit der Bitte um Unterstützung bei der Obrigkeit an Tolstoj.

149 Juri Nikolajewitsch Pomeranzew (1878-1933), russischer Dirigent und Komponist, Schüler Sergej Tanejews, in jenen Jahren dessen ständiger Begleiter.

150 Diesen Brief sandte Tolstoj nicht ab, daher existiert auch kein Antwortbrief Tolstajas.

151 Erbost über eine erneute Einladung Sergej Tanejews nach Jasnaja Poljana wollte Tolstoj zum wiederholten Mal seine Frau verlassen und schrieb ihr diesen Abschiedsbrief. Er verließ sein Heim allerdings nicht und versteckte den Brief im Polster seines Sessels im Arbeitszimmer. Erst nach seinem Tod gelangte er Tolstaja zur Kenntnis.

152 Edward Carpenter (1844-1929), englischer Publizist. Tolstoj verfaßte ein Vorwort zu dem Artikel *Modern Science*.

153 *Hadschi Murat. Eine Erzählung aus dem Land der Tschetschenen.*

154 Frz. »Mich fesselt.«

155 Die zweiunddreißigjährige Tatjana Tolstaja fühlte sich zu Michail Sergejewitsch Suchotin (1850-1914), einem Freund der Familie, hingezogen, den sie 1899 schließlich heiratete. »[Vater] ist der größte Gegenspieler meiner Verliebtheiten, den bis jetzt noch niemand besiegte«, notierte sie im März 1897 in ihrem Tagebuch.

156 Landgut Ilja Tolstojs und seiner Familie. Nach einer Mißernte im Sommer 1897 widmete sich Tolstoj dort erneut der Organisation von Garküchen für die unter einer Hungersnot leidende Bevölkerung.

157 Sofja Nikolajewna Tolstaja.

158 Maria Nikolajewna Tolstaja.

159 Andrej Tolstoj trug sich mit Heiratsplänen. Die Ehe mit Olga Konstantinowna Dieterichs (1872-1951), der Schwägerin Wladimir Tschertkows, wurde im Januar 1899 geschlossen, 1904 jedoch wieder gelöst.

160 Nach der Trennung des Tolstoj-Sohnes Sergejs von seiner Ehefrau Maria Ratschinskaja im Herbst 1896 lebte der 1897 geborene gemeinsame Sohn Sergej bei der Familie Ratschinski in Petrowskoje-Rasumowskoje.

161 Die Tolstoj-Tochter Alexandra war ein schwieriges Kind, das mit Launen auf sich aufmerksam zu machen versuchte. Sie genoß im Vermittlungsbüro für Gouvernanten einen zweifelhaften Ruf, und bald wollte keine der Gouvernanten eine Anstellung im Hause Tolstoj mehr annehmen: »Ah! La petite Sacha Tolstoy! Non, merci!« [Frz. »Oh! Die kleine Sascha Tolstoj! Nein, danke!«].

162 Die Duchoborzen waren eine religiöse Gemeinschaft, deren Überzeugungen jenen Tolstojs nahestanden. Sie waren aufgrund ihres Glaubens der Verfolgung ausgesetzt. In einem Gesuch an die Regierung hatten sie die Genehmigung zur Ausreise aus Rußland erbeten. Dieses wurde Ende 1897 positiv beschieden, und 7000 Duchoborzen reisten nach Kanada aus. Die Kosten hierfür wurden aus Spenden finanziert.

163 Alexander Borissowitsch Goldenweiser (1875-1961), russischer Pianist, Anhänger der Ideen Tolstojs, Autor der Erinnerungen *In Tolstois Nähe. Aufzeichnungen aus 15 Jahren.*

164 Adolf Fjodorowitsch Marx (1838-1904), Herausgeber der Zeitschrift *Niwa.* Tolstojs Einverständniserklärung bezieht sich auf die Erstveröffentlichung des Romans *Auferstehung* in *Niwa.* Das Honorar hierfür spendete Tolstoj der Glaubensgemeinschaft der Duchoborzen.

165 Frz. »Bleibe nicht auf«.

166 Frz. »Tue, was zu getan werden muß, und komme, was kommen soll.«

167 »Es gibt sehr viel zu tun, ich bin ganz von der Arbeit an *Auferstehung* eingenommen«, heißt es in Tolstojs Tagebuch vom 2. November 1898.

168 Leonid Ossipowitsch Pasternak (1862-1945), Maler, ab 1908 Mitglied der Kaiserlichen Kunstakademie, Vater des Dichters Boris Pasternak (1890-1960). Leonid Pasternak war seit 1893 mit der Familie Tolstoj bekannt und illustrierte zu jener Zeit Tolstojs Roman *Auferstehung.*

169 Frz. »Paris wurde nicht an einem Tag erbaut«.

170 Frz. »Sie setzen viel auf's Spiel, Gräfin.«

171 Der Tolstoj-Sohn Michail hatte das Lyzeum abgebrochen und sich für den Militärdienst verpflichtet. Auf Bitten Sofja Tolstajas beim Großfürsten Sergej Alexandrowitsch wurde er in Moskau stationiert.

172 Pawel Petrowitsch (Paolo) Trubezkoj (1866-1938), Bildhauer. Die Tolstoj-Büste befindet sich heute in der Tretjakow-Galerie in Moskau.

V. Das letzte Jahrzehnt

1 Am 23. September 1862 hatten die Tolstojs geheiratet, 1901 begingen sie also ihren 38. Hochzeitstag.

2 Adrian Alexandrowitsch Krjukow (1849-1908), Augenarzt, Professor für Augenheilkunde an der Moskauer Universität.

3 Landgut der Familie Ratschinski.

4 Sofja Tolstaja war in jener Zeit Schirmherrin eines Waisenhauses.

5 Lew Lwowitsch Tolstoj (geb. 8. Juni 1898), genannt Ljowuschka, Sohn des Tolstoj-Sohnes Lew, war am 24. Dezember 1900 gestorben.

6 Ernest Theodor Westerlund (1839-1924), schwedischer Arzt, Schwiegervater des Tolstoj-Sohnes Lew.

7 Dora Tolstaja (geb. Westerlund) (1878-1933), Ehefrau des Tolstoj-Sohnes Lew.

8 Pawel Lwowitsch Tolstoj (2. August 1900-8. März 1992), Sohn des Tolstoj-Sohnes Lew.

9 Pawel Sergejewitsch Ussow (1867-1917), Professor für Medizin an der Moskauer Universität. In den letzten Lebenstagen Tolstojs in Astapowo einer der behandelnden Ärzte.

10 Landgut der Tolstoj-Tochter Tatjana.

11 Die Tolstoj-Tochter Tatjana hatte im Dezember 1900 eine Fehlgeburt erlitten.

12 Tatjanas Ehemann Michail Suchotin befand sich auf einer Kur im Ausland.

13 Alexandra Wladimirowna Glebowa (1880-1967) und Michail Tolstoj heirateten am 31. Januar 1901.

14 Im Zusammenhang mit seiner Exkommunikation, die aufgrund der vermeintlich gotteslästerlichen Beschreibung eines Gottesdienstes in der Gefängniskapelle in *Auferstehung* erfolgte und am 24. Februar 1901 öffentlich gemacht wurde, erhielt Tolstoj zahlreiche Zuschriften aus dem In- und Ausland. Die Solidaritätsbekundung aus Rjasan war von 103 Bürgern unterschrieben.

15 Balaklawa, Ortschaft südwestlich von Sewastopol, seit 1957 zu Sewastopol gehörig. Im Juni 1901 war Tolstoj schwer an Malaria er-

krankt. Die Gräfin Sofja Vladimirowna Panina, eine der reichsten Frauen Rußlands, stellte dem Schriftsteller ihre Sommerresidenz in Gaspra an der Südküste der Krim zur Erholung zur Verfügung. Da der Schriftsteller auf der Krim schwer erkrankte, verbrachten die Tolstojs zehn Monate dort. »Wir trennten uns während dieser Zeit nicht«, merkte Tolstaja zu diesem Brief an, »nur einmal fuhr ich in geschäftlichen Angelegenheiten nach Moskau.«

16 Ortschaft an der Südküste der Krim.

17 Josef Hofmann (1876-1957), polnischer Komponist und Pianist.

18 Frz. »Die größte Weisheit des Menschen ist das Vermögen zu altern.«

19 Sofja Nikolajewna Tolstaja.

20 Anna Iljinitschna Tolstaja (1888-1954), Tochter Ilja Tolstojs.

21 Iwan Michailowitsch Tolstoj (1901-1982), Sohn Michail Tolstojs.

22 Fjodor Iwanowitsch Schaljapin (1873-1938), russischer Opernsänger.

23 Warwara Iwanowna Maslowa (gest. 1905) und Fjodor Iwanowitsch Maslow (1840-1915), Freunde der Sofja Tolstaja.

24 Das Moskauer Künstlertheater wurde 1897 u. a. von Konstantin Stanislawski (1863-1938) und Wladimir Nemirowitsch-Dantschenko (1858-1913) gegründet. In der Aufführung der Tragödie *Julius Cäsar* von William Shakespeare spielte Stanislawski die Rolle des Brutus.

25 Makarenko, Jurist, der mit Sofja Tolstajas Vertragsangelegenheiten betraut war.

26 Julia Iwanowna Igumnowa (1871-1940), Malerin, Kommilitonin und Freundin der Tolstoj-Tochter Tatjana, 1899-1908 Sekretärin Tolstojs.

27 Pawel Alexandrowitsch Boulanger (1865-1925), Anhänger der Ideen Tolstojs.

28 Im September 1903 hatte Tolstoj die Arbeit an dem Aufsatz *Über Shakespeare und das Drama* begonnen, die er im Dezember desselben Jahres beendete.

29 Olga Konstantinowna Tolstaja, erste Ehefrau des Tolstoj-Sohnes Andrej. Andrej Tolstoj verließ seine Frau 1904.

30 Nikolaj Sergejewitsch Schtscherbatow, Direktor des Historischen Museums.

31 Iwan Jegorowitsch Sabelin (1820-1908), Historiker und Archäologe. Seit 1879 stellvertretender Direktor des Historischen Museums in Moskau.

32 Die Manuskripte Tolstojs befanden sich seit Ende der 1880er Jahre im Archiv des Rumjanzew-Museums. Ende 1903 wurde Sofja Tolstaja von dort mitgeteilt, die Manuskripte könnten dort aufgrund von Renovierungsarbeiten nicht weiter aufbewahrt werden. Tolstaja übergab die Manuskripte ihres Mannes daraufhin dem Historischen Museum.

33 Grigori Moisejewitsch Berkengejm (1872-1919), in jener Zeit Leibarzt Tolstojs.

34 Konstantin Stanislawowitsch Kusminski (geb. 1875).

35 Alexander Sergejewitsch Gribojedow (1795-1829), russischer Diplomat und Dramatiker. Seine Komödie *Verstand schafft Leiden* ist bis heute die meistaufgeführte in Rußland.

36 Alexej Iwanowitsch Stankewitsch (gest. 1921), Bibliothekar am Historischen Museum.

37 In der Nacht vom 8. auf den 9. Februar 1904 hatten japanische Truppen den russischen Militärstützpunkt Port Arthur angegriffen, was einen Tag später zur Kriegserklärung Rußlands an Japan führte.

38 Tolstoj war zu seinem Bruder Sergej, der im Sterben lag, auf dessen Landgut Pirogowo gereist. Sergej Tolstoj starb am 23. August 1904.

39 Die Tolstoj-Tochter Maria. Nach ihrer Hochzeit mit Nikolaj Leonidowitsch Obolenski (1872-1934), dem Sohn der Nichte Tolstojs, Jelisaweta Obolenskaja, im Juni 1897, lebte sie mit ihrem Mann auf ihrem Gut Maloje-Pirogowo in der Nähe des Gutes Sergej Tolstojs.

40 Vorwort Tolstojs zu Tschertkows Artikel *Gewalttätige Revolution oder christliche Befreiung?*

41 Tolstoj arbeitete in jener Zeit an einer Sammlung von Sprüchen und Weisheiten der Völker der Welt, die unter dem Titel *Lesekreis* 1906 und 1907 in zwei Bänden veröffentlicht wurde.

42 Der Tolstoj-Sohn Andrej hatte sich als Freiwilliger zur Teilnahme am Russisch-Japanischen Krieg gemeldet, der im Herbst 1905 mit einer Niederlage Rußlands endete.

43 Zu Beginn des 20. Jahrhunderts wurde das Russische Reich von sozialen Unruhen erschüttert. Die Verarmung der Bevölkerung führte zu Revolten in den Dörfern; Bauern- und Arbeiterunruhen, Streiks und Studentenproteste machten dem Zarismus zu schaffen. Am Sonntag, den 9. Januar 1905, marschierten in der Hauptstadt Sankt Petersburg Tausende Arbeiter unter Führung des Popen Georgi Gapon zum Platz vor dem Winterpalais. Zar Nikolaj II. sollte eine Volkspetition übergeben werden, in der die Demonstranten eine Verbesserung ihrer sozialen Lage forderten. Als die Menge ihren Aufmarsch beendet hatte, gab das Militär den Befehl zu schießen. Mit mehr als tausend Toten ging dieses Massaker als Blutsonntag in die Geschichte ein. Die Empörung über das Blutbad rief eine Woge von Proteststreiks und Aufständen hervor.

44 Alexej Alexandrowitsch Bachruschin (1865-1929), Lederwaren- und Leinenfabrikant, Mäzenat.

45 Sofja Tolstaja gibt die Ereignisse nicht korrekt wider. Tatsächlich schloß Bachruschin seine Fabrik für zwei Wochen, um einen möglichen Streik zu verhindern, und versprach den Arbeitern eine Fortzahlung ihres Lohnes. Diese Arbeitspause nennt Sofja Tolstaja »versäumte Tage«.

46 Dušan Makovický (1866-1921), Leibarzt und Anhänger Tolstojs. Er

begleitete den Schriftsteller auf seiner letzten Reise. Autor der Erinnerungen *Bei Tolstoj. Aufzeichnungen aus Jasnaja Poljana* (russ. 1979).

47 Awdotja Wassiljewna Popowa.

48 Georges Bourdon (1868-1938), französischer Schriftsteller. Er besuchte 1904 Tolstoj auf Jasnaja Poljana und veröffentlichte im selben Jahr seine Schrift *En écoutant Tolstoï*, in der er sich lobend über Sofja Tolstaja äußert.

49 Am 17. Oktober 1905 unterzeichnete Nikolaj II. »zur Befriedung des öffentlichen Lebens« ein Manifest, in dem er Gewissensfreiheit, Pressefreiheit und Versammlungsfreiheit garantierte und die Einführung der Reichsduma ankündigte. Kaum sechs Monate später wurde die erste Duma jedoch wieder aufgelöst.

50 Sergej Tolstoj und sein Sohn.

51 Andrej Tolstoj war damals Beamter für besondere Aufgaben im Büro des Gouverneurs von Tula.

52 Ende 1906 hatte Tolstoi wieder mit der Unterweisung von Bauernkindern begonnen und schrieb in diesem Zusammenhang *Die Lehre Christi für Kinder erläutert*.

53 Maria Nikolajewna Tolstaja (geb. Subowa), (1868-1939), zweite Ehefrau des Tolstoj-Sohn Sergej.

54 Frz. »Schwägerin«.

55 *Du sollst niemanden töten.*

56 Tatjana Michailowna Suchotina (1905-1996), Tochter der Tolstoj-Tochter Tatjana, Autorin der Erinnerungen *Meine Mutter* und *Meine Großmutter*.

57 1907 wurde Tschertkows Verbannung aufgehoben. Er konnte nach Rußland zurückkehren und mietete sich mit seiner Familie in der Nähe von Jasnaja Poljana ein.

58 Engl. »Als letzte, doch nicht zuletzt«.

59 Natalja Michailowna Suchotina (1882-1925), Tochter Michail Suchotins aus erster Ehe.

60 Nach einem Einbruch auf Jasnaja Poljana hatte Sofja Tolstaja beim Gouverneur in Tula um Beistand gebeten, und dieser hatte zwei bewaffnete Wachmänner abkommandiert, die bis zum Sommer 1909 auf dem Landgut blieben.

61 Nikolaj Nikolajewitsch Gussew (1882-1967), 1907-1909 Sekretär Tolstojs. Am 22. Oktober 1907 wurde er aufgrund des Vorwurfs der »Verbreitung schädlicher Ansichten unter der Jugend« festgenommen. Am 20. Dezember wurde er straffrei wieder entlassen. Nach einer weiteren Verhaftung im Jahr 1909 wurde ihm der Aufenthalt im Gouvernement Tula untersagt. Er ist Autor der Erinnerungen *Zwei Jahre mit Tolstoj* (russ. 1973) sowie zahlreicher Bände mit Materialien zur Biographie Tolstojs.

62 Seit Februar 1904 arbeitete Sofja Tolstaja an der Niederschrift ihrer Erinnerungen und suchte häufig das Historische Museum auf, dem sie einen Großteil der Manuskripte und Korrespondenz ihres Mannes übergeben hatte, aus denen sie für ihre Autobiographie exzerpierte. Zunächst bescheiden als *Aufzeichnungen* bezeichnet, erhielten die Erinnerungen später den Titel *Mein Leben*.

63 Engl. »Ich hoffe«.

64 Wladimir Fjodorowitsch Snegirjow (1847-1916), Professor der Gynäkologie.

65 Sofja Tolstaja besuchte u. a. die Ausstellung der Malervereinigung der »Wanderer«, auf der ein Portrait von Ilja Repin mit dem Titel *Tolstoj und seine Frau* gezeigt wurde.

66 Leopold Godowsky (1870-1938), polnisch-amerikanischer Pianist und Komponist.

67 Am 28. August 1908 sollte Tolstojs achtzigster Geburtstag festlich begangen werden. Bereits im Januar war in Sankt Petersburg ein Festtagskomitee ins Leben gerufen worden, das die Feierlichkeiten organisieren sollte. Die Freude über das anstehende Jubiläum war allerdings nicht einhellig. Die Regierung und die Kirche riefen ihre Untertanen auf, den mit dem kirchlichen Bannfluch belegten Atheisten und Aufrührer, dessen Schriften von der Zensur verboten sind, nicht öffentlich zu ehren.

68 Diesen Brief verfaßte Tolstoj nach einem Streit mit seiner Frau, nachdem diese das Manuskript der Erzählung *Der Teufel* gefunden hatte, das Tolstoj fast zwanzig Jahre lang vor ihr geheimgehalten hatte. Die Erzählung entstand zur selben Zeit wie *Die Kreutzersonate* und behandelt das gleiche Thema. Die autobiographischen Bezüge der Erzählung sind so augenfällig, daß Tolstaja außer sich geriet, als sie ihr bekannt wurde.
»Während des Frühstücks war S[onja] furchtbarer Verfassung«, heißt es in Tolstojs Tagebuch vom 13. Mai 1909. »Es erwies sich, daß sie den *Teufel* gelesen hatte und in ihr erhob sich die alte Hefe. [...] Begann einen Brief an sie, der ihr nach meinem Tod zu übergeben sei. Doch ich beendete ihn nicht.«

69 Landgut, das nach der Aufteilung des Besitzes der Tolstoj-Tochter Alexandra zugefallen war. Nach der Rückkehr aus der Emigration erwarb Tschertkow bei Alexandra Tolstaja die Hälfte des Guts und baute dort ein Haus.

70 Im September 1906 mußte Sofja Tolstaja sich einer Unterleibsoperation unterziehen. »Ruhig bereitete ich mich auf den Tod vor«, heißt es in ihrer *Kurzen Autobiographie*, »und die bitteren Tränen all jener, die mich umsorgten, als sie von mir Abschied nahmen, taten mir wohl. Ein merkwürdiges Gefühl erfaßte mich, als ich durch den Äther, den man mich

einatmen ließ, einschlief: Es war etwas Bedeutungsvolles und Neues. Das gesamte komplizierte äußere Leben, besonders jenes der Städte, lief wie ein schnell sich veränderndes Panorama vor meinem inneren Auge ab. Wie nichtig erschien mir die eitle Rastlosigkeit der Menschen! Was ist denn wichtig? schien ich mich selbst zu fragen. Nur eines: Wenn Gott uns nun einmal auf die Erde sendet und wir leben müssen, dann ist das Wichtigste, sich gegenseitig so viel als möglich zu helfen.«

71 Warwara Michailowna Feokritowa (1875-1950), Freundin der Tolstoj-Tochter Alexandra und Sekretärin Tolstojs.

72 Tschertkow hatte Sofja Tolstaja auf deren Bitte hin mitgeteilt, wann die Erzählung *Der Teufel* geschrieben worden war.

73 Der russische Literaturfond bereitete anläßlich seines fünfzigjährigen Bestehens einen Sammelband vor, in den die Erzählung aufgenommen werden sollte. Die Erzählung wurde jedoch zu Lebzeiten Tolstojs nicht veröffentlicht.

74 Nachbarort von Jasnaja Poljana.

75 Wladimir Wladimirowitsch Tschertkow (1889-1964), Sohn Wladimir Tschertkows.

76 Pjotr Arkadjewitsch Stolypin (1862-1911), seit 1905 Innenminister, ab 1906 Premierminister unter Zar Nikolaj II. Fiel im September 1911 einem Attentat zum Opfer.

77 Im März 1909 war Tschertkow aufgrund »subversiver Tätigkeit« der Aufenthalt im Gouvernement Tula untersagt worden.

78 Anna Konstantinowna Tschertkowa.

79 Sofja Tolstajas Autobiographie *Mein Leben*.

80 Das Treffen mit Tschertkow fand am 30. Juni 1909 statt.

81 Im Gouvernement Moskau gelegenes Landgut der Familie Paschkow, Verwandter Tschertkows, auf dem dieser sich nach seiner Ausweisung aus dem Gouvernement Tula niedergelassen hatte. Auf Drängen Tschertkows unterzeichnete Tolstoj dort am 18. September 1909, ohne das Wissen seiner Frau, ein Testament, in dem er alle nach dem 1. August 1881 von ihm verfaßten, veröffentlichten und unveröffentlichten Werke sowie alle davor verfaßten, unveröffentlichten Werke der »Allgemeinheit« vermachte. Dieses Testament erwies sich allerdings als formal ungültig, da es nach dem Gesetz nicht möglich war, sein Eigentum der »Allgemeinheit« zu hinterlassen. Am 1. November 1909 unterzeichnete Tolstoj ein zweites Testament, das von einem Notar im Auftrag Tschertkows aufgesetzt worden war. Laut diesem zweiten Testament sollten die Urheberrechte an Tolstojs Gesamtwerk nach dessen Tod formal auf die Tochter Alexandra übergehen. Die Rolle der Alleinerbin sollte sich jedoch darauf beschränken, »mir die Möglichkeit zu sichern, ungehindert über Lew Nikolajewitschs literarisches Erbe zu verfügen«, schreibt Tschertkow.

82 Wanda Landowska (1879-1959), Cembalistin und Pianistin, Bekannte der Tolstojs. 1908 und 1909 zu Gast auf Jasnaja Poljana.

83 Im Dezember 1910 erschien ein illustrierter Sammelband mit Sofja Tolstajas Erzählungen für Kinder.

84 Jekaterina Wassiljewna Tolstaja (1876-1959), genannt Kate, zweite Ehefrau des Tolstoj-Sohnes Andrej.

85 Maria Andrejewna Tolstaja (1908-1993), Tochter des Tolstoj-Sohnes Andrej.

86 Andrej Tolstoj war zum außerordentlichen Mitglied der Adels- und Bauernbank in Tambow berufen worden.

87 Sofja Tolstaja bereitete die zwölfte Auflage der Gesamtwerke Tolstojs in zwanzig Bänden zur Drucklegung vor.

88 Wladimir Wladimirowitsch Tschertkow.

89 In jener Zeit überarbeitete Tolstoj sein Vorwort für die Sprüchesammlungen *Für jeden Tag* und *Weg des Lebens*, an dem er seit 1907 arbeitete.

90 Diese Worte sind von Sofja Tolstaja rot unterstrichen, und sie setzte hinzu: »Alles Lüge und ich sitze sterbenselend allein zu Hause. 22. Juni 1909.«

91 Dieser Brief Tolstojs wurde versehentlich erst am 21. Juni 1909 abgesandt. Sofja Tolstaja erhielt ihn am 22. Juni 1909.

92 Am 17. Juni 1909 hatte Sofja Tolstaja in Jasnaja Poljana ein Telegramm aus der Redaktion der *Peterburgskije wedomosti* mit der Frage nach dem Gesundheitszustand Tolstojs erhalten. Dessentwegen beunruhigt schickte sie wiederum ein Telegramm an Tschertkow.

93 Tolstoj arbeitete an den Korrekturen zu *Für jeden Tag*.

94 Bei Sofja Tolstaja auf Jasnaja Poljana befanden sich Warwara Michailowna Feokritowa sowie Nikolaj Ge jun.

95 Olga Tolstaja, erste Ehefrau des Tolstoj-Sohnes Andrej mit den Kindern Sofja und Ilja.

96 Sofja Tolstajas Autobiographie *Mein Leben*.

97 Warwara Michailowna Feokritowa.

98 Nikolaj Ge jun.

99 Von Sofja Tolstaja mit Rotstift und dreimal mit Tinte unterstrichen. Zusatz Sofja Tolstajas: »Stil und Herzlosigkeit Tschertkows.«

100 Antworttelegramm auf ein Telegramm aus Jasnaja Poljana, in dem es hieß: »Sofja Andrejewna nervlich stark zerrüttet, Schlaflosigkeit, weint, Puls hundert, bittet zu telegraphieren, Warja.«

101 Antworttelegramm auf ein Telegramm aus Jasnaja Poljana, in dem es hieß: »Unabdingbar, Warja.«

102 Ende Juni 1910 hatte Tolstaja erfahren, daß ihr Mann seine Tagebücher der letzten zehn Jahre Tschertkow überlassen hatte (die Tagebücher der Jahre 1847-1900 waren von ihr bereits dem Archiv des

Rumjanzew-Museums und später dem des Historischen Museums übergeben worden). Zwei Wochen lang wurde ein erbitterter Streit um die Verfügungsgewalt über Tolstojs Tagebücher geführt, bis der Schriftsteller sie schließlich von Tschertkow zurückforderte, um sie in einem Safe der Staatsbank zu hinterlegen. Dies rief bei Tolstaja berechtigtes Mißtrauen hervor. Tatsächlich sollte der Inhalt der Tagebücher vor Tolstaja geheimgehalten werden. »Die Angelegenheit mit den Tagebüchern war sehr verzwickt«, schreibt die Tochter Sascha. »Nachdem Vater [...] sein Testament unterschrieben hatte, das alle seine Werke der Allgemeinheit freigab, erwähnte er dies in seinen Tagebüchern, ohne zu bedenken, daß Mutter es lesen könnte.«

103 Frz. »Im besonderen«.

104 Im Tagebuch schrieb Tolstaja am 25. Juli 1910: »Am Morgen beschloß ich, mein Heim zu verlassen, und sei es auch nur für eine gewisse Zeit. Erstens, um Tschertkow nicht mehr sehen zu müssen und durch seine Anwesenheit, die geheimen Absprachen und seinem ganzen hinterhältigen Wesen nicht aus dem Gleichgewicht gebracht zu werden und dessentwegen zu leiden. Zweitens, um zu Kräften zu kommen und Lew Nikolajewitsch Erholung zu geben von meiner leidenden Seele.« Als Andrej Tolstoj seine Mutter nach Hause zurückbrachte, weinte Tolstoj: »Ich habe erkannt, daß ich ohne dich einfach nicht leben kann, ich hatte das Gefühl, den Boden unter den Füßen zu verlieren; wir sind einander zu nah, sind zu sehr miteinander verwachsen. Ich bin dir so dankbar, mein Herz, daß du zurückgekehrt bist, so dankbar ...« Tolstaja bat daraufhin ihren Mann, Tschertkow nicht mehr zu treffen, und dieser gab ihr sein Wort, es nicht mehr zu tun.

105 Tolstoj hatte seiner Frau versprochen, den Kontakt zu Tschertkow abzubrechen, dieser jedoch akzeptierte Tolstojs Entschluß nicht.

106 Am 2. Juli 1908 hatte Tolstoj ein geheimes Tagebuch zu führen begonnen, das er stets bei sich trug. Dieses hatte Sergej, der dem Vater nach einem Schwächeanfall beim Auskleiden half, gefunden. Aus den Aufzeichnungen entnahmen Tolstaja und ihre Söhne, daß Tolstoj die Rechte an seinen Werken nicht seiner Familie zu hinterlassen gedachte.

107 In einer von Tolstoj unterschriebenen Anlage vom 31. Juli 1910 zum Testament vom 22. Juli 1910, in dem er seine Tochter Tatjana für den Fall des Ablebens der Tochter Alexandra zur formalen Alleinerbin bestimmte, heißt es: »Er wünscht, daß alle seine Werke [...] nach seinem Tode nicht im Besitz irgendeines Menschen seien, sondern von jedem, der dies möchte, nachgedruckt werden können. Er wünscht des weiteren, daß alle Manuskripte und Dokumente nach seinem Tode an W.I. Tschertkow übergeben werden, damit dieser nach L.N.s

Tod die Manuskripte und Dokumente einer Durchsicht unterzieht und daraus veröffentlicht, was er für notwendig hält.«

108 Nachdem Tolstoj am Morgen des 28. Oktober 1910 sein Heim in Jasnaja Poljana verlassen hatte, fuhr er zunächst nach Optina Pustyn. Am nächsten Morgen reiste er weiter nach Schamordino, wo sich das Frauenkloster befand, in dem Tolstojs Schwester Maria Nikolajewna lebte. Dort eingetroffen, machte er sich auf die Suche nach einer Bauernkate, in der er bleiben könne. Am 30. Oktober traf Sascha in Schamordino ein und drängte den Vater zur Weiterreise. Sie behauptete, die Mutter sei auf dem Weg nach Schamordino. »Alexandra [...] bestand darauf, daß man weiterfahren müsse, und zwar schnellstmöglich«, hielt Tolstojs Begleiter Makovický fest. »Sie hatte zwei Fuhrleute beauftragt, bis zum Morgen zu warten, damit sie uns zum Fünfuhrzug [...] bringen könnten. Lew Nikolajewitsch wollte dies nicht. Er saß da, mit übergeworfenem Wams, er fror und war, nachdem er die Briefe aus Jasnaja Poljana gelesen hatte, schweigsam.« Trotzdem reisten die vier am Morgen des 31. Oktober aus Schamordino ab. Auf der Weiterreise erkrankte Tolstoj an Lungenentzündung und starb am Morgen des 7. November 1910 in Astapowo.

109 vgl. Sofja Tolstajas Brief vom 30. Oktober 1910.

110 Valentin Fjodorowitsch Bulgakow (1886-1966), Sekretär Tolstojs im Jahr 1910.

111 Letzter Brief Tolstojs an seine Frau.

Personenregister